IMPRIMERIE DE H. FOURNIER,
RUE DE SEINE, N. 14.

OEUVRES

DE

VOLTAIRE.

TOME I.

DE L'IMPRIMERIE DE FIRMIN DIDOT FRÈRES,
RUE JACOB, N° 24.

OEUVRES
DE
VOLTAIRE

AVEC

PRÉFACES, AVERTISSEMENTS,
NOTES, ETC.

PAR M. BEUCHOT.

TOME I.
BIOGRAPHIE.

A PARIS,

CHEZ LEFÈVRE, LIBRAIRE,
RUE DE L'ÉPERON, N° 6.

FIRMIN DIDOT FRÈRES, LIBRAIRES,
RUE JACOB, N° 24.

M DCCC XXXIV.

PRÉFACE GÉNÉRALE

DU NOUVEL ÉDITEUR.

Lorsqu'en 1802 j'allai, au nom d'un de mes amis, proposer à La Harpe, alors exilé à Corbeil, de donner une édition des *OEuvres choisies de Voltaire* en vingt ou vingt-cinq volumes in-8°, je ne me doutais guère que je serais un jour éditeur des *OEuvres complètes*. La Harpe mourut au commencement de 1803. Fontanes, qui n'était pas encore grand seigneur, demandait à le remplacer. Mais le nom de La Harpe était le seul qui pût laisser l'espoir d'introduire l'édition dans des lieux et des pays d'où les écrits de Voltaire étaient exclus.

Bientôt arriva le règne de Napoléon : personne ne pensait alors à augmenter le nombre déjà très grand des éditions de Voltaire.

I. C'est en 1728 qu'avait été annoncée la première. Elle était intitulée *OEuvres de M. Arouet de Voltaire*, et formait un seul volume petit in-12[1].

Les libraires P. Gosse et J. Néaulme, de La Haye, qui vendaient cette édition, n'avaient imprimé que des frontispices, en réunissant les impressions des ouvrages publiés séparément.

Voici dans quels termes on parle de cette collection dans la *Bibliothèque raisonnée des ouvrages des savants de l'Europe*, tome Ier, page 158 :

[1] Contenant *OEdipe* (avec les six premières lettres sur *OEdipe*; et le *ballet de la Sottise*, un *sonnet*, et deux *couplets*, objets qui ne sont pas de Voltaire), *Hérode et Mariamne, le Mauvais Ménage* (par Legrand et Dominique), *la Henriade* et sa critique. Il existe des exemplaires reliés en deux volumes : *la Henriade* et sa critique sont dans l'un ; *OEdipe*, *Hérode et Mariamne, le Mauvais Ménage*, dans l'autre.

« Ce volume peut passer pour un monument de l'avarice ou pour mieux dire de la lésine bibliopolaire. De deux ouvrages déjà imprimés, auxquels on a joint la *Henriade*, on a fait ce recueil des *OEuvres de M. Arouet*. L'*OEdipe, la critique, un sonnet*, et quelques *couplets*, avaient été imprimés chez Rogissard en 1719; la *Mariamne*, et le *Mauvais Ménage*, chez Néaulme, en 1726. Ce dernier libraire ayant acheté l'*OEdipe* du premier, l'a joint à la *Mariamne*; et pour avoir toutes les œuvres du même poëte dans un volume, il y a fait ajouter, cette année-ci, *la Henriade*, sur l'édition qui en a été faite à Londres chez Prévot; en sorte que ce volume est un assez *mauvais* composé de pièces et de morceaux. Quand je dis *mauvais*, c'est relativement au libraire et à la direction de l'impression; car c'est un livre sans marge et sans fond, et tout au plus propre à être manié par des écoliers ou par un souffleur de la comédie.

« Ceci ne fait rien, pour parler le style du P. Catrou, à la bonté foncière des pièces que ce volume renferme, et qui ne sont pas toutes de M. Arouet; car le *Mauvais Ménage* est une parodie assez fade de la *Mariamne*, de la façon de quelques piliers de Luxembourg ou du café des beaux-esprits de Paris. La *Critique*[1] de *la Henriade* n'est pas aussi de M. Arouet; son style, s'il n'est pas affecté exprès, fait assez connaître qu'elle vient de quelque Anglais. »

II. C'est encore la réunion de pièces imprimées séparément qui forma les *OEuvres de M. de Voltaire, nouvelle édition revue, corrigée, augmentée par l'auteur, et enrichie de figures en taille-douce*; Amsterdam, 1732, deux volumes in-8°.

Le tome Ier contient *la Henriade*, l'*Essai sur la poésie épique* (traduction de Desfontaines), et des *poésies fugitives*. Le tome second renferme *OEdipe* (avec la *préface* de 1730, et sans les *Lettres critiques*), *Mariamne, Brutus*, et l'*Indiscret* : chacune de ces quatre pièces dramatiques a sa pagination particulière.

Dans sa lettre à Cideville, du 2 novembre 1731, Voltaire

---

[1] Ce n'était autre chose que les *Pensées sur la Henriade*, dont je parle pages vii et xii de ma Préface du tome X.

demande que l'on empêche l'entrée en France de cette édition, parcequ'il se propose d'en donner une à Rouen.

Je ne sache pas que le projet ait été exécuté; je n'ai point encore rencontré d'édition des *OEuvres* aux dates de 1733, 34, 35, 36, 37; mais j'en ai vu citer une de 1736, en quatre volumes in-12; elle peut exister.

III. C'est en Hollande que furent imprimées les *OEuvres de M. de Voltaire*, 1738, trois volumes in-8°: un quatrième volume est de 1739.

Voltaire a consenti à cette édition; voyez ses lettres à Helvétius, du 6 juillet 1739, et à d'Argenson, du 21 mai 1740. Cependant il y a une singulière méprise. On a confondu deux pièces : le *Mondain* y est intitulé *Défense du Mondain*, et la *Défense du Mondain* y est intitulée *le Mondain*.

Dans le quatrième volume sont, sous le titre de *Mélanges de littérature et de philosophie*, vingt-sept morceaux. Les deux premiers seuls étaient nouveaux : les n°s III à XXVI ne sont autres que les *Lettres philosophiques*. Le vingt-septième article contient les premières *Remarques sur les Pensées de Pascal*; ces *Lettres* et *Remarques* ayant été condamnées par arrêt du parlement de Paris, du 10 juin 1734, l'auteur n'osait pas les reproduire sous leur première forme (voyez tome XXXVII, page 109).

Sur cette édition d'Amsterdam, la *Bibliothèque française* contient, tome XXIX, pages 308-313, un article auquel Voltaire ne doit pas avoir été étranger, et que dans cette croyance j'ai une raison de plus de reproduire ici :

« Il y a dans cette nouvelle édition plusieurs choses qui ont paru curieuses; en voici quelques échantillons.

« On trouve dans la tragédie d'*OEdipe* ces vers nouveaux :

> Cependant l'univers, tremblant au nom d'Alcide,
> Attendait son destin de sa valeur rapide[1], etc.
> ....
> N'attendez point, seigneur, outrage pour outrage[2], etc.

---

[1] Voyez les douze vers qui suivent, tome II, page 69, acte I, scène 1.
[2] Voyez les neuf vers qui suivent, tome II, page 98, acte III, scène 4.

« On trouve dans *Brutus* beaucoup de scènes nouvelles, entre autres la dernière du second acte, où Brutus parle ainsi de son fils :

> Non, non, le consulat n'est point fait pour son âge[1], etc.

« Cette édition est enrichie de beaucoup de pièces fugitives qui n'avaient point encore paru, de plusieurs morceaux singuliers de philosophie et de littérature. Il serait à désirer que les éditeurs n'eussent point eu des inattentions qui font une vraie peine aux lecteurs.

« Dans la tragédie d'*OEdipe*, scène 1, page 27, après ces mots, *qu'entends-je ! quoi Laïus,...* il manque ce vers entier,

> Seigneur, depuis quatre ans ce héros ne vit plus,

et on fait dire à Dimas cinq vers que Philoctète doit dire.

« Il y a dans cette tragédie quelques fautes moins importantes, mais qui ne laissent pas d'être embarrassantes pour les lecteurs.

« Dans *Alzire*, page 161, l'éditeur a oublié la moitié d'un vers. Au lieu de mettre, *t'engager à penser, à vivre comme lui*, il a mis seulement, *à vivre comme lui*.

« Dans *Zaïre*, page 67, au lieu de ce vers,

> Mais il est trop honteux de craindre une maîtresse,

il a mis :

> Mais il est trop honteux d'avoir une faiblesse.

« Page 132, après ce vers,

> Et dans un champ profane on jette à l'aventure,

il manque un vers entier.

« Dans le *Temple du Goût*, page 23, après ce vers,

> Quand on cherche à le définir,

on a oublié celui-ci :

> Ce dieu qu'on ne sait point servir.

---

[1] Voyez les vingt et un vers qui suivent, tome II, page 389, acte II, scène 4.

« Page 28, « il y avait quarante personnes à le louer, » on a oublié « intéressées à le louer. »

« Dans les *Mélanges de philosophie*, on trouve des fautes beaucoup plus importantes : par exemple, page 203, au lieu de ces paroles, « ce qu'on reproche le plus aux Anglais et avec « raison, c'est le supplice de Charles Ier, monarque digne d'un « meilleur sort, qui fut traité par ses vainqueurs, etc., » on trouve ces paroles également insolentes et ridicules : « Ce qu'on repro- « che le plus aux Anglais, c'est le supplice de Charles Ier, qui « fut et avec raison traité par ses vainqueurs, etc. ; » et l'éditeur a mis ces mots en marge : « Monarque digne d'un meilleur « sort, » comme si c'était une note.

« Page 208 : « N'est-ce pas un bonheur pour les Français que « l'autorité de ces petits brigands ait été éteinte en France par « la puissance légitime des rois, et en Angleterre par celle du « roi et de la nation ? » On voit quel contresens font là ces paroles « pour les Français. » Elles ne sont certainement pas dans l'original.

« L'éditeur, page 255, a mis : « Notre Descartes, né non pour « découvrir les erreurs de l'antiquité, mais pour y substituer les « siennes. » Il y a précisément le contraire dans l'original : « No- « tre Descartes, né pour découvrir les erreurs de l'antiquité et « pour y substituer les siennes. »

« Page 292, l'auteur, en parlant des mauvaises pièces de théâtre qui ont un succès passager, citait ce vers assez connu :

Tout Paris les condamne, et tout Paris les court.

L'éditeur a mis, « pièces que j'ai vues en France attirer la « foule et révolter les lecteurs, et dont on a pu dire : Tout Pa- « ris les court. »

« Page 346, l'auteur s'exprimait ainsi : « Quoi ! de vraie vous « ne pouvez pas la rendre fausse, et de fausse vous pourriez la « rendre vraie ? » L'éditeur a mis : « et de fausse vous ne pourriez « pas la rendre vraie ? » ce qui est absolument inintelligible.

« De pareilles fautes, qui sont en assez grand nombre, exigent absolument des cartons, et il faut un très ample *errata* pour les autres fautes dont cette édition fourmille. Ces cartons et cet *errata* sont d'autant plus nécessaires que les libraires ont employé de grand papier fin, de beaux caractères, et des tailles-douces très bien faites.

« Il y en a une autre édition de Rouen, en trois volumes, sous le nom de la compagnie d'Amsterdam; mais celle-là est si mauvaise et si incomplète, qu'elle ne mérite pas qu'on en parle. »

Les fautes graves de l'édition de 1738-39, en attendant les cartons réclamés, et que les libraires ne firent jamais, furent corrigées sous les yeux de Voltaire. Dans plusieurs exemplaires que j'ai vus, les corrections sont manuscrites, et de la même main.

La préface en tête du premier volume est de Linant, qui retira quelque fruit de son travail.

IV. L'édition de Rouen, sous le nom d'*Amsterdam*, aux dépens de la compagnie, 1739, trois volumes petit in-8°, ne mérite pas qu'on en parle, comme on a vu. Je dois dire cependant qu'au troisième volume on a, dans les exemplaires que j'ai vus, réuni une édition séparée des *Lettres écrites de Londres sur les Anglais*, Amsterdam, Jacques Desbordes, 1739, petit in-8°, imprimé aussi à Rouen, malgré les noms qu'il porte.

V. Une autre édition, portant aussi les noms d'*Amsterdam, aux dépens de la compagnie*, parut en 1740, en trois volumes petit in-8°. Elle avait été faite par Paupie, libraire à La Haye. Voltaire n'en était pas content.

VI. Sous la même date de 1740, on a une édition en quatre volumes in-12, que je crois faite en France. Cette édition n'a de réclames qu'à la dernière page de chaque feuille.

VII. Il y a des réclames à chaque page d'une édition d'Amsterdam, 1741, en quatre volumes in-12. La vignette qui est à leurs frontispices est une copie très peu réduite de celle que Desbordes avait mise à une édition du *Temple du Goût*, en 1733.

VIII. Ce fut Marie-Jacques Barrois, libraire à Paris, qui donna l'édition des *OEuvres mêlées de M. de Voltaire*, Genève, Bousquet, 1742, cinq volumes in-12, dont les frontispices sont gravés.

On fit des suppressions au tome V, qui le réduisirent à 252 pages. Les curieux recherchaient dans le temps les exemplaires sans cartons. Celui que je possède va jusqu'à la page 264, qui a une réclame, ce qui indique une suite. Il contient aussi un cahier de 22 pages, intitulé *Pièces fugitives de M. de Voltaire*.

IX. L'édition d'*Amsterdam*, 1743, en quatre volumes in-8°, est la reproduction, avec de nouveaux frontispices, des quatre volumes de 1738-39, mentionnés sous le n° III ci-dessus. Un cinquième volume fut ajouté en 1744; un sixième, en 1745. Comme on avait, en 1738, donné *la Henriade* d'après le texte antérieur à 1730, on a compris les variantes dans ce sixième volume.

Voltaire a été évidemment étranger à ces deux volumes, puisque, dans le cinquième, on a compris des pièces injurieuses pour lui, telles que la *Voltairomanie*, etc.

X. L'édition des *OEuvres diverses de M. de Voltaire*, Londres, Nourse, 1746, six volumes in-12, a, comme je l'ai dit dans ma préface du tome X, page IX, une préface intéressante, et contient la note des *damnés* au chant VII de *la Henriade*.

XI. On voit, par quelques lettres de Voltaire [1], qu'une édition en douze volumes in-8° parut en 1748; elle avait été faite en Normandie, à Rouen ou à Dreux.

XII. La même année 1748, furent imprimés à Leipzick, chez Breitkof, pour le compte et avec l'adresse de G.-C. Walther de Dresde, huit volumes in-8°, intitulés *OEuvres de M. de Voltaire, nouvelle édition, revue, corrigée et considérablement augmentée par l'auteur, enrichie de figures en taille-douce*.

En tête du premier volume est un fort beau portrait de Voltaire, gravé par Balechou, d'après le tableau de Latour, en 1736. Un neuvième volume vit le jour en 1750; le dixième en 1754.

Cette édition est fort belle; mais, exécutée loin des yeux

---

[1] A d'Argental, 10 juin 1748; à Clément de Dreux, 11 juin 1748; à d'Argental, 14 novembre 1750.

de l'auteur, elle n'est pas exempte de nombreuses fautes d'impression. Les augmentations fournies par l'auteur sont considérables, et consistent en additions faites aux ouvrages déjà imprimés, ou en ouvrages inédits; par exemple, la comédie de *la Prude*. C'est dans cette édition qu'est la version que j'ai suivie pour les vers 3 et 4 de la scène 6 de l'acte III (voyez tome V, pages 419 et 465). La préface de cette édition est datée de Paris, 1er septembre 1748, et signée H. Dumont et J. Bertaud.

Je présume que l'édition qu'on dit de 1749, et en huit volumes in-8°, avec l'adresse de Dresde, n'est autre que celle dont je viens de parler.

XIII. Il n'est pas permis de révoquer en doute l'existence d'une édition en douze volumes, donnée par Baculard d'Arnaud[1], qui y mit une préface. Voltaire parle de cette préface dans sa lettre à d'Argental, du 14 novembre 1750, et dit que l'édition avait été faite à Rouen. La date imprimée des exemplaires de la préface de d'Arnaud ne permet pas de croire que son édition soit celle de 1748.

Je ne compte pas, au nombre des preuves de l'existence de l'édition de 1750, le témoignage de Mazure, qui, dans sa *Vie de Voltaire*, page 121, dit que d'Arnaud désavoua une préface qu'il avait composée pour une édition des *OEuvres de Voltaire*, et qui ajoute: « Sa rétractation fut imprimée dans « les feuilles de Fréron. » Il n'y a mot de cela dans les *Lettres sur quelques écrits de ce temps*, que publiait Fréron en 1749 et années suivantes. Voltaire, dans sa lettre à d'Argental, du 14 novembre 1750, dit qu'une lettre de d'Arnaud à Fréron est *publique*; mais elle n'était pas imprimée. Je l'ai vainement cherchée dans les feuilles de Fréron; et la lettre de d'Argental à

---

[1]. Dans la *Bibliothèque annuelle*, tome II, page 240, on dit que la préface de l'édition de Dresde, 1748, en huit volumes in-8°, est de d'Arnaud. On a vu de qui cette préface est signée. J'ai sous les yeux deux exemplaires d'une *Dissertation historique sur les ouvrages de M. de Voltaire, par M. d'Arnaud, de l'académie de Berlin*, MDCCL, in-12 de xxiv pages, portant à la signature, Volt., *tome I*; ce qui prouve évidemment qu'elle fesait partie d'une édition des OEuvres de Voltaire.

Voltaire, du 25 novembre 1750, prouve[1] qu'il n'y eut point d'impression de la rétractation, qui eût été un mensonge.

Toutes les recherches que j'ai faites pour avoir cette édition de d'Arnaud ne m'ont procuré que deux exemplaires de sa *préface*.

XIV. Une édition de 1751, en onze volumes petit in-12, m'a présenté, pour les *Éléments de la philosophie de Newton*, une variante très remarquable, que j'ai donnée tome XXXVIII, pages 31 et 32.

Le *Journal Encyclopédique*, du 1er décembre 1763, contient, page 138, l'annonce de *Mélanges de M. de Voltaire*, en deux tomes, *pour servir de supplément à l'édition de 1751, en vingt-deux volumes*. Comme je ne connais pas d'édition de 1751 en vingt-deux volumes, je m'imagine que le chiffre 22 est une faute d'impression, et qu'il s'agit de l'édition en onze volumes; mais mon ignorance ne suffit pas pour prouver la justesse de ma conjecture.

Il avait paru, en 1758, deux volumes petit in-12, sous le titre de *Supplément aux OEuvres de M. de Voltaire*; et comme la première pièce qu'ils contiennent est *Rome sauvée*, qui est de 1752, il est assez naturel de conclure qu'ils sont le complément des onze volumes de 1751.

XV. Le même J.-C. Walther, de Dresde, qui avait publié l'édition de 1748, en donna une nouvelle en 1752, sept volumes in-12, d'une impression très serrée, et contenant des ouvrages qui ne sont pas dans les huit volumes de 1748. Malheureusement cette édition de 1752 fourmille de fautes.

XVI. Une édition des *OEuvres choisies*[2] *de M. de Voltaire*, 1756, cinq volumes petit in-12, ne contient que *la Henriade* (avec la *préface* de Marmontel, etc.), l'*Essai sur la poésie épique*; *OEdipe*, *Mariamne*, *Zaïre*; *Alzire*, *Mahomet*, *Mé-*

[1] Voyez tome LV, pages 517-518.
[2] Si, malgré son titre, je mentionne ici cette édition, c'est que ce titre aurait pu être celui de la plupart des éditions données du vivant de l'auteur, toutes ces éditions étant plus ou moins incomplètes.

rope; *Sémiramis, Oreste, Rome sauvée, l'Orphelin de la Chine; l'Indiscret, l'Enfant prodigue, Nanine, la Prude.*

XVII. L'année précédente, Voltaire était venu s'établir sur le lac de Genève, et presque aussitôt les frères Cramer, libraires à Genève, vinrent lui proposer de faire une édition de ses *Œuvres*. Il y consentit. On la commença sur-le-champ; Colini en corrigeait les épreuves [1]. Elle était achevée [2] en juin 1756. On lit aux faux-titres des volumes, *première édition ;* ce qui n'est pas exact, comme on en peut juger : elle était en dix-sept volumes, dont le contenu de chacun a été indiqué ailleurs [3]; elle avait été presque toute débitée en trois semaines, dit Voltaire [4]. Il faut cependant qu'il restât en magasin un nombre assez considérable d'exemplaires de l'*Essai sur l'Histoire générale* qui en fait partie, puisque, pour des additions que Voltaire avait à faire à l'article SAURIN, du *Catalogue des écrivains du siècle de Louis XIV*, on fit des cartons [5]. Dans ces cartons se trouve une pièce datée de 1757, ce qui obligea de refaire les titres avec la date de 1757. On eut beau recommander aux brocheurs et relieurs la suppression des titres au millésime de 1756, il existe des exemplaires portant cette date, et contenant les pièces de 1757; j'en possède un.

Parmi les exemplaires qui ont la date de 1757, il en est qui portent aux faux-titres *seconde édition*.

C'est dans cette édition de 1756 que furent imprimés pour la première fois l'avant-propos que le roi de Prusse avait composé vingt ans avant pour *la Henriade*, et plusieurs écrits de Voltaire qui n'avaient pas encore vu le jour : un prospectus publié à la fin de 1755 en indique la plupart.

XVIII. Lambert, libraire à Paris, et que je ne sais sur quel fondement on a dit le fils de Voltaire, avait entrepris, en 1754, une édition à laquelle il mit tant de lenteur, que Voltaire l'en-

---

[1] *Mon séjour auprès de Voltaire*, page 164.
[2] Lettre à Thieriot, du 4 juin 1756.
[3] Tome LVII, page 482.
[4] Lettre à Thieriot, du 16 juin 1756.
[5] Voyez tome XIX, pages VII et 209.

voya promener[1]. Elle fut pourtant continuée, et parut en 1757, en vingt-deux volumes in-12[2].

Je ne sais ce que c'est qu'une édition de Corbi, dont Voltaire parle dans ses lettres à Thieriot, des 18 juillet et 20 auguste 1760.

XIX. Je n'ai pu découvrir à qui l'on doit la *Collection complète des OEuvres de M. de Voltaire*, Amsterdam, aux dépens de la compagnie, 1764, dix-huit volumes in-12. Les I, III, XVII et XVIII ont chacun deux parties.

Cette édition est bien incorrecte; mais elle ne laisse pas d'être curieuse. Outre qu'on y a réuni plusieurs écrits relatifs à Voltaire, il y a des ouvrages de Voltaire que je n'ai encore vus que là, tels que la *Vie de M. J.-B. Rousseau* (voyez tome XXXVII, page 481); les épîtres au duc d'Aremberg et à Cideville, qui sont tome XIII, pages 21 et 76, et que je croyais inédites quand je les admis le premier dans les poésies de Voltaire.

Je crois cette édition faite à Rouen.

XX. Une fois en relation avec Voltaire, les Cramer, ses voisins, devaient naturellement être ses imprimeurs. C'est de leurs presses en effet que sortirent, en 1759, le Ier volume de l'*Histoire de Russie sous Pierre-le-Grand*; en 1761-1763, les huit volumes de la nouvelle édition de l'*Essai sur l'Histoire générale*, etc.; en 1764, les *Contes de Guillaume Vadé*, et tant d'autres productions du fécond génie de Voltaire.

Ils réimprimèrent, en 1764, les volumes des *OEuvres* qu'ils avaient imprimés en 1756, et cette édition de 1764 se compose ainsi: tome I, *la Henriade*; tomes II, III, IV, *Mélanges*, tomes I à III; tome V, *suite des Mélanges*; tome VI, *seconde suite des Mélanges*; tome VII, *Contes de Guillaume*

---

[1] Lettre à d'Argental, du 15 octobre 1754.
[2] Contenant, t. I, *la Henriade;* II-V, *Théâtre;* VI, *Mélanges de poésies;* VII et VIII, *Mélanges de philosophie, de littérature*, etc.; IX, *Éléments de la philosophie de Newton;* X, *Histoire de Charles XII, et Anecdotes sur Pierre-le-Grand;* XI et XII, *Annales de l'Empire;* enfin il y a dix volumes pour l'*Essai sur l'Histoire générale*, comprenant *le Siècle de Louis XIV.*

Vadé; tome VIII, *Histoire de Charles XII*; tomes IX à XIII, *Théâtre*. Ce sont des exemplaires de l'édition de 1761 à 1763, de l'*Essai sur l'Histoire générale*, qui forment les tomes XIV à XXI. Il y avait alors sous presse une nouvelle édition de l'*Histoire de Russie*, qui parut en 1765, en deux volumes. *La Pucelle*, dont l'édition avouée est de 1762, n'est pas comprise dans les vingt et un volumes, non plus que le *Dictionnaire philosophique*, dont la première impression est de 1764, en un seul volume. L'*Histoire du parlement*, qui est de 1769; les *Questions sur l'Encyclopédie*, qui parurent en 1770 et années suivantes, en neuf volumes; dix-neuf volumes de *Nouveaux Mélanges*, mis au jour de 1765 à 1775; le *Commentaire historique sur la vie et les ouvrages de l'auteur de la Henriade*, publié en 1776; la *Bible enfin expliquée*, imprimée pour la première fois en 1776, en deux volumes, furent dans le temps recueillis par les amateurs, qui avaient ainsi une collection de cinquante-sept volumes des écrits de Voltaire. L'édition de 1768, en quatre volumes, du *Siècle de Louis XIV* et du *Précis du Siècle de Louis XV*, pouvait encore s'y joindre, au risque de faire quelques doubles emplois, ou sous peine de n'avoir qu'une collection incomplète.

Les volumes de *Nouveaux Mélanges* se composaient successivement des opuscules, soit en vers, soit en prose, publiés par Voltaire dans l'intervalle d'un volume à l'autre. Dans ces volumes de *Nouveaux Mélanges*, il s'est glissé des pièces qui ont été désavouées par Voltaire. Parmi ces pièces désavouées, il en est qui sont de lui, par exemple *les Peuples au parlement*; il en est dont il n'est pas l'auteur, par exemple *le Catéchumène*, qui est de Bordes. Voltaire était-il entièrement étranger à l'impression de ces volumes? était-ce à dessein qu'il y laissait ou fesait insérer des pièces étrangères, pour donner ainsi plus de poids aux désaveux que la prudence lui conseillait de faire de certains écrits? Je n'ose prononcer; chacun, selon sa disposition, portera son jugement.

XXI. Les frères Cramer donnèrent, en 1768, les sept premiers volumes d'une édition in-4°; cette édition fut continuée, et avait trente volumes à la mort de Voltaire, en 1778. Longtemps après, on a imprimé quinze volumes (pour la Correspondance), qui portent ainsi la collection à quarante-cinq volumes.

XXII. En 1770, parut d'abord une réimpression que je crois aussi des frères Cramer, et qui, avec les volumes publiés depuis, a, dans l'exemplaire que j'ai vu, soixante et un volumes.

XXIII. Une édition commencée à Lausanne en 1770, chez Grasset, avait trente-six volumes[1] in-8° en 1773; les tomes XXXVII à XLVIII sont de 1775; les tomes XLIX à LVII sont de 1780. J'en ai parlé tome LXIX, page 351.

Il n'est pas toujours facile aujourd'hui de reconnaître à quelle édition appartiennent les volumes isolés qu'on rencontre. Chaque éditeur, pour conserver quelque valeur à ce qu'il avait en magasin, imprimait des volumes supplémentaires. Les possesseurs des exemplaires en circulation étaient exposés à prendre des volumes destinés à une édition autre que celle qu'ils avaient.

XXIV. Je possède le tome IX d'une troisième édition de 1770. Ce volume, le seul que j'aie pu me procurer, porte l'adresse de Dresde, mais ce n'est pas là qu'il a été imprimé.

XXV. Une édition en trente gros volumes in-12, d'une impression serrée, fut faite à Liége de 1771 à 1777.

XXVI. J'ai vu cinquante-deux volumes d'une édition in-8°, dont les premiers volumes sont de 1772.

XXVII. On a long-temps recherché l'édition encadrée ou de 1775, en quarante volumes in-8°, dont les trois derniers sont intitulés *Pièces détachées attribuées à divers hommes célèbres* (voyez ma note, tome LXIX, page 398).

XXVIII. Il se fit de cette édition encadrée une contrefaçon aussi encadrée, et ayant le même nombre de volumes.

Il s'en faut de beaucoup, sans doute, que les vingt-huit éditions dont je viens de parler soient toutes celles qui existent de Voltaire. J'en ai vu citer une douzaine d'autres,

---

[1] Voyez lettre à d'Argental, du 4 janvier 1773.

dont quelques unes sont peut-être imaginaires. Je possède la plupart de celles dont j'ai fait mention.

XXIX. On pourrait diviser en trois âges les éditions des OEuvres de Voltaire. Le premier âge comprenant les éditions antérieures à 1756 ; le second, les éditions de 1756 et autres jusqu'à la mort de l'auteur ; le troisième, commençant aux éditions de Kehl.

Il y avait à Lille un homme instruit et modeste, qui avait passé sa vie à recueillir ce qu'il pouvait se procurer de Voltaire. Panckoucke, originaire de cette ville, établi libraire à Paris, et qui après être devenu acquéreur du fonds de l'édition in-4° des *OEuvres de Voltaire*, était intéressé dans l'édition encadrée en quarante volumes, alla à Ferney en juin 1777, avec son compatriote M. Decroix.

Celui-ci soumit à Voltaire un *tableau* où ses ouvrages étaient rangés par genres ou par sujets. Voltaire en fut très flatté, et l'approuva. Ce tableau a depuis été gravé, et joint à des exemplaires de l'édition de Kehl ; mais il manque à la plupart.

Panckoucke voulait faire une nouvelle édition des *OEuvres de Voltaire*. Le philosophe y consentit, et lui promit des ouvrages encore manuscrits, il avait aussi promis de revoir et corriger d'un bout à l'autre tout ce qui avait été imprimé de lui. Les corrections devaient être portées sur un exemplaire de l'édition encadrée, que Panckoucke lui avait remis, interfolié de papier blanc. Quand Voltaire mourut, il n'avait pas eu le temps de revoir tous les volumes : on remit à Panckoucke tous ceux qu'on trouva, et des manuscrits. Mais le libraire, sentant le besoin d'une protection puissante pour son édition, s'adressa à Catherine II, qui avait acquis de madame Denis la bibliothèque de Voltaire. L'impératrice ne se pressa pas de répondre. Beaumarchais, qui avait gagné une grande fortune dans les fournitures faites aux insurgés américains, et qui desirait avoir une opération qu'il pût présenter comme source de ses richesses, traita avec Panckoucke de l'édition de Voltaire. On raconte que, le lendemain de la signature du traité, Panckoucke, après sept mois d'attente, reçut une lettre de l'impératrice qui acceptait la dédicace, se chargeait de faire les frais de l'édition, et accompagnait sa réponse d'une lettre de change de cent cinquante mille francs. Beaumarchais ne voulut pas résilier son marché. Il forma un vaste établissement à Kehl, sur la rive droite du Rhin, et y éleva une imprimerie. Il avait acquis les caractères de l'imprimeur anglais Baskerville, et les employa pour ses éditions.

Il en confia ou en laissa la direction littéraire à MM. de Condorcet et Decroix [1]; la classification que ce dernier avait proposée, en 1777, à Voltaire fut suivie. Il y avait deux grandes divisions, *Poésie* et *Prose*. Les volumes de poésie comprenaient le *Théâtre, la Henriade, la Pucelle,* les *Poëmes,* les *Épîtres, Stances, Odes,* les *Contes, Satires, Poésies mêlées,* et un volume de *Lettres en vers et en prose*.

La division *Prose* était subdivisée en *Histoire, Philosophie, Littérature*. L'histoire comprend l'*Essai sur les mœurs*, le *Siècle de Louis XIV*, le *Précis du Siècle de Louis XV*, l'*Histoire de Charles XII*, l'*Histoire de Russie sous Pierre Ier*, les *Annales de l'Empire*, l'*Histoire du parlement de Paris*, divers ouvrages réunis sous la rubrique de *Mélanges historiques*, d'autres sous celle de *Politique et Législation*.

La *Philosophie* embrassait les ouvrages de *Physique* et d'*Histoire naturelle*, plusieurs ouvrages réunis sous le titre de *Philosophie générale*, les *Dialogues*, le *Dictionnaire philosophique*.

La *Littérature* se composait des *Romans* (ou contes en prose), de *Facéties* (titre sous lequel on reproduisait beaucoup d'opuscules de divers temps), de *Mélanges littéraires*, réunion de différents écrits, des *Commentaires sur Corneille*, et de la *Correspondance*.

---

[1] Beaumarchais ne fut guère dans l'entreprise que l'éditeur financier, si l'on peut parler ainsi. Il a donné cependant quelques notes qui, comme celle de la page 182 du présent volume, sont signées de ces mots : *Note du correspondant général de la Société littéraire typographique*. Au bas des frontispices des volumes de l'édition de Kehl, on lit en effet, sans indication de ville, ces mots : *De l'imprimerie de la Société littéraire typographique*.

Cette *Correspondance* formait près du quart de l'édition. Il n'en avait été publié qu'une très petite partie. C'était un travail immense que de rassembler et de classer ce nombre prodigieux de lettres; c'était faciliter la classification que de la diviser. Il y eut donc : 1° *Correspondance générale*, c'est-à-dire avec la foule de ses correspondants ; 2° *Correspondance du roi de Prusse*, contenant les lettres du prince, et appendice pour les lettres de Voltaire aux princes de Prusse, et des princes à Voltaire ; 3° *Correspondance de Catherine*, contenant les lettres de l'impératrice, et appendice pour la correspondance avec divers souverains ; 4° *Correspondance de Dalembert*, où sont aussi les lettres de Dalembert.

Les fautes inséparables de l'humaine nature qui ont échappé aux éditeurs de Kehl, quelque graves qu'on les trouve ou qu'on les fasse, sont peu de chose dans un si vaste travail, et ne doivent pas diminuer la reconnaissance de la postérité.

Si quelques lettres sont mal classées, si parfois les passages de la même lettre ne sont pas tous de la même époque, c'est que Voltaire ne mettait pas toujours la date à ses lettres ; c'est que, dans l'impossibilité de se procurer tous les originaux, les éditeurs étaient obligés de s'en rapporter aux copies qui leur avaient été communiquées, qui de main en main devaient s'altérer, et dans lesquelles, de plusieurs lettres, on en avait fait une seule ; chose difficile alors d'imaginer, impossible aujourd'hui de ne pas reconnaître.

Les suppressions qu'ils ont faites dans quelques lettres leur étaient commandées par les égards que l'on doit aux vivants, comme dit Voltaire [1], ou par la prudence. Les parlements étaient tout puissants, le parlement de Paris surtout, dont le ressort était si étendu. Au lieu de fermer les yeux, il eût sévi contre l'édition, si l'on n'en eût retranché quelques phrases bien violentes contre lui [2]. Il serait d'autant plus inconvenant

---

[1] Voyez tome II, page 18. Les éditeurs de Kehl pouvaient-ils imprimer le nom de Ximenès (qui n'est mort qu'en 1817) dans les lettres à d'Argental, des 10 et 12 septembre 1755 ; à Richelieu, du 27 septembre, etc.?

[2] Par exemple, cette phrase de la lettre de Dalembert, du 31 juillet

de ma part de faire à ce sujet le moindre des reproches aux éditeurs de Kehl, que c'est à feu Decroix, l'un d'eux, que je dois la communication des passages que j'ai rétablis en 1821, dans la correspondance de Voltaire et de Dalembert (tome LXII de l'édition de M. Renouard).

Ils n'ont pas toujours pu se procurer les éditions originales de chacun des écrits de Voltaire, et ont ainsi répété des fautes qui, selon l'usage, se perpétuaient d'édition en édition, n'ayant pas été corrigées par l'auteur.

On ne peut qu'applaudir à la division des poésies, et des ouvrages en prose. Tous leurs successeurs s'y sont conformés, et même jusqu'à moi ont adopté leurs sous-divisions. J'expliquerai plus bas en quoi je m'en suis écarté. En faisant autrement, j'ai voulu faire mieux. Ce n'est pas moi qui puis dire si j'ai réussi.

Il devait y avoir de l'arbitraire dans la classification, dans telle ou telle sous-division, de plusieurs écrits, et par conséquent ils ont pu agir à leur arbitre.

On ne doit point oublier surtout quelle était leur position. L'édition ne pouvait se faire en France; or l'un des éditeurs demeurait à Paris, l'autre à Lille. Ils ne pouvaient ainsi faire toutes les dispositions dont l'idée ne survient souvent que pendant le tirage.

On chercherait, il est vrai, vainement dans l'édition de Kehl les *Lettres philosophiques ou sur les Anglais*, que la lecture de la correspondance donne tant envie de connaître. Mais ces *Lettres* avaient été condamnées par arrêt du parlement de Paris, du 10 juin 1734. Or si l'on avait reproduit ces *Lettres* en corps d'ouvrage, il était à craindre que le parlement, quoique renouvelé en entier, et peut-être plus d'une fois, ne fît, par esprit de corps, exécuter l'arrêt rendu cinquante ans auparavant. En déguisant ou disséminant ces lettres, les éditeurs de Kehl n'avaient fait au reste que suivre l'exemple de

1762 : « *Enfin, le 6 du mois prochain, la canaille parlementaire nous délivrera de la canaille jésuitique.* »

Voltaire, qui avait pris ce parti en 1739[1], et qui n'avait jamais osé les faire rétablir sous leur première forme.

Je viens de parler si longuement des éditeurs, que je n'ose entrer dans quelques détails bibliographiques. Je dirai seulement que l'édition in-8° en soixante-dix volumes fut tirée à vingt-huit mille exemplaires, et qu'il y a quelques volumes qui ne sont pas rangés dans le même ordre dans tous les exemplaires.

C'est pour être jointes à l'édition de Kehl in-8° qu'ont été faites cent huit gravures exécutées d'après les dessins de Moreau. Cette première suite, ou collection, parut à la même époque que l'édition in-8°.

Chantreau a eu le courage d'entreprendre des soixante-dix volumes une table analytique, qui a été imprimée en 1801, en deux volumes in-8°. A ceux qui ont des exemplaires où quelques volumes sont disposés autrement que dans l'exemplaire sur lequel Chantreau a fait son travail, sa table paraîtra plus fautive qu'elle n'est réellement. Ce qu'on ne peut lui contester, c'est le mérite d'avoir ouvert la carrière.

XXX. En même temps que l'édition in-8°, on fit à Kehl, sur le même plan, une édition en quatre-vingt-douze volumes in-12, et pour laquelle il n'existe point de table analytique.

Cette édition in-12, tirée à quinze mille exemplaires, a été, ainsi que l'in-8°, imprimée sur cinq papiers de différentes qualités.

XXXI. A mesure qu'une feuille in-8° sortait de la presse à Kehl, elle était, par infidélité, envoyée à Bâle, où on la réimprimait page par page. C'est ainsi que fut faite l'édition de Bâle. Les éditeurs s'étant procuré une soixantaine de lettres inédites de Voltaire, les ajoutèrent dans leur édition, et à leur place. Ce fut le motif pour donner un volume de plus à leur édition, qui est en soixante-onze volumes. Les tomes I à LI sont réimprimés, comme je l'ai dit, page par page. C'est dans les six premiers volumes de la *Correspondance générale* que sont toutes les lettres nouvelles; et ces six volumes em-

---

[1] Voyez ce que j'ai dit, tome XXXVII, page 112.

brassent un espace de temps qui ne remplit que cinq volumes dans l'édition de Kehl. Pour les volumes suivants, les éditeurs de Bâle reprirent la réimpression page par page. Les différentes divisions de la *Correspondance* ne sont pas, dans tous les exemplaires de l'édition de Bâle, rangées dans le même ordre que dans l'édition de Kehl; mais avec un peu d'attention, et en élevant d'une unité le tomage de certains volumes, la table faite par Chantreau pour l'édition in-8° de Kehl peut servir pour l'édition de Bâle.

Il existe de cette édition de Bâle des exemplaires portant l'adresse de Gotha. En examinant plusieurs volumes, je me suis convaincu qu'il n'y avait de différence que dans le frontispice; et je n'ai pas dû compter pour deux une seule édition.

XXXII. Il en est de même d'une édition en cent volumes in-12, commencée à Lyon, en 1791, par le libraire La Mollière, et dont des exemplaires portent l'adresse de *Bâle;* d'autres, celle de *Deux-Ponts;* d'autres enfin, celle de *Hambourg.*

XXXIII. L'édition de Kehl était à peine terminée, que Palissot annonça qu'il allait en donner une. C'était un bon moyen de publication qu'une dédicace à l'assemblée nationale. Palissot fit hommage de la dédicace dans la séance du 24 septembre 1789, et des remerciements lui furent votés. Mais dans la séance du lendemain 25, sur la réclamation d'un membre du clergé, et après une discussion dans laquelle le duc de Lévis ne flatta point Palissot, l'assemblée nationale décida qu'elle n'accepterait aucune dédicace.

Un prospectus, distribué en 1792, ne parlait que de quarante volumes; mais, dans la séance de la convention du 23 prairial an II (11 juin 1794), en fesant hommage des vingt premiers volumes, il était question de deux autres livraisons, chacune de vingt volumes. Cependant elle n'en a que cinquante-cinq; les derniers sont de 1802.

Ce n'est point une édition complète. Il est beaucoup de pamphlets de Voltaire que Palissot n'y a pas compris. Il a aussi supprimé beaucoup de lettres dans la *Correspondance*. Il faut le louer d'avoir eu ce courage, et aussi d'avoir ajouté quelques lettres que lui avait adressées Voltaire, avec les réponses.

Mais il était dominé par la pensée de discréditer les éditions de Kehl. Il ne manque aucune occasion de leur faire des reproches violents : il relève leurs fautes avec aigreur, et se vante hautement de donner seul le vrai texte, qu'il a pris lui-même dans l'*errata* des éditions de Kehl. Car il ne faut pas croire que Palissot se soit avisé de faire beaucoup de recherches ; et, faute d'en avoir fait un peu, le désir de trouver en défaut les éditeurs de Kehl l'entraîne beaucoup trop loin.

Les éditeurs de Kehl, en refondant d'autres écrits dans le *Dictionnaire philosophique*, avaient porté à sept le nombre des volumes de cet ouvrage. On peut blâmer cette disposition ; mais Palissot reproche aux éditeurs de Kehl d'avoir mis, par cet ouvrage, Voltaire dans la classe des lexicographes ; comme si Voltaire ne s'y était pas mis lui-même en publiant, en 1764, le petit volume intitulé *Dictionnaire philosophique*, dont il est parlé dans des lettres de Voltaire fesant partie de l'édition de Palissot.

On pense bien que ce *Dictionnaire philosophique*, inconnu, à ce qu'il paraît, à Palissot, n'a pas été compris dans son édition de Voltaire, quelque piquant qu'il soit.

Avide de trouver des torts aux éditeurs de Kehl, et recherchant toutes les occasions de faire autrement qu'eux, il voulut donner les *Lettres philosophiques*. Il fait sonner bien haut qu'il les rétablit telles que l'auteur les *avait composées dans toute la force de son génie, et dans l'ordre qu'il leur avait donné*. Mais les *Lettres philosophiques* n'ont jamais été tout au plus qu'au nombre de vingt-sept[1] ; et sous ce titre Palissot donna trente-neuf morceaux, dans l'ordre où ils étaient parmi les *Mélanges de philosophie* dans les éditions de 1775 et antérieures.

---

[1] Voyez ce que je dis, tome XXXVII, pages 113-114.

Quelque mauvaise que soit l'édition de Palissot, elle n'était pas à dédaigner à cause des préfaces mises par l'éditeur à ceux des ouvrages de Voltaire qu'il a compris dans sa collection. Ces préfaces, dans lesquelles il se montre homme d'esprit et de goût, ont été recueillies sous ce titre : *Le génie de Voltaire apprécié dans tous ses ouvrages*, 1806, in-8° et in-12.

On projeta, en 1800, une édition stéréotype des *OEuvres de Voltaire*. Il en a été successivement publié soixante-neuf volumes in-18. Pour être complète, l'édition ne peut avoir moins de cent trente volumes. Elle paraît abandonnée, ou du moins indéfiniment ajournée.

Une autre édition stéréotype, in-12, fut commencée en 1810; mais il n'en a paru que quelques volumes.

Je n'ai donc pu comprendre ces impressions au nombre des éditions de Voltaire.

XXXIV. Feu Desoër émit, en 1817, le prospectus d'une édition de Voltaire en 12 volumes in-8°, qu'il fit bientôt paraître; chaque volume est en deux parties, et il en est de très grosses. L.-S. Auger avait consenti à se charger de cette édition ; mais l'impatience du public et du libraire ne lui permit pas de faire ce qu'il fallait. Ce qui fut fait est plutôt l'ouvrage du libraire. C'est Desoër qui, croyant rétablir les *Lettres philosophiques*, donna, à l'exemple de Palissot, trente-neuf articles, dont plusieurs n'ont aucun rapport à ces *Lettres*. Il refondit dans la *Correspondance* les lettres formant les deux volumes publiés en 1808, sous le titre de *Supplément au recueil des Lettres de M. de Voltaire*; il ajouta la correspondance de Bernis avec Voltaire, en conservant les lettres des deux correspondants. Il se procura les lettres, alors inédites, de Voltaire à d'Olivet, et en enrichit son édition. Les douze volumes se relient souvent en vingt-quatre. Une table très ample, et par cela seul très utile, quoique fautive quelquefois, fut rédigée par Alexandre Goujon, et forme le treizième ou le vingt-cinquième volume.

Un mandement des grands-vicaires du diocèse de Paris

donna de la vogue à cette édition, et fit naître l'idée d'en entreprendre d'autres. Ce fut une véritable *Voltairomanie*.

XXXV. Sous le titre de *Voltaire, OEuvres complètes*, M. Plancher commença, en 1817, une édition dirigée par M. Regnault-Warin, et qui devait avoir trente-cinq vol. in-12. Le quarante-quatrième et dernier, qui est de 1822, comprend une table analytique très abrégée, et par conséquent insuffisante. C'est peut-être encore plus que ne méritait l'édition, qui sans contredit est bien inférieure à celles qui paraissaient concurremment. D'ailleurs, malgré son titre, elle n'est pas complète, même pour le temps où elle a paru.

XXXVI. Je fus chargé par madame Perronneau de diriger l'édition qu'elle avait annoncée en cinquante volumes in-12; j'en avais donné les tomes I à XXIII, et XXV à XXXII, lorsque j'en fus évincé par jugement, mais avec les honneurs de la guerre. Mon continuateur fut M. Louis Dubois, qui malheureusement n'avait pas étudié mon travail avant de le continuer; de sorte qu'il y a souvent défaut de rapport entre les derniers volumes et les premiers, tels qu'omissions, faux renvois, etc. Le nombre des volumes de l'édition fut porté à cinquante-six, qu'on relie quelquefois en soixante. M. L. Dubois avait fait pour cette édition une *Table*, qui est restée dans les cartons du libraire.

XXXVII. MM. Déterville et Lefèvre en annoncèrent une en trente-six volumes in-8°, et la publièrent de 1817 à 1818, en quarante-un volumes. Le travail littéraire fut confié à M. Miger, qui fit de notables améliorations et additions dans la *Correspondance*, et rédigea une table formant le quarante-deuxième volume, avec le millésime 1820.

XXXVIII. Toutes ces éditions récentes étaient faites sans élégance; aucune n'avait de gravures. M. A.-A. Renouard, propriétaire d'une nouvelle suite de cent quarante-six estampes, aussi d'après les dessins de Moreau, à laquelle il joignait quatorze portraits, fit une édition qui, pour l'exécution typographique, l'emporte de beaucoup sur celles dont je viens de parler. Mais M. Renouard ne se contenta pas d'apporter ses soins au matériel de son édition, il y fit des annotations et des additions, dont plusieurs lui avaient été communiquées par M. Clogenson. Ainsi, c'est dans l'édition de M. Renouard qu'ont été admis, pour la première fois, les *Sentiments des citoyens*, des *articles* fournis par Voltaire à *la Gazette littéraire*, etc., etc. Cette édition, annoncée en soixante volumes, en a soixante-six, y compris un volume de *Lettres inédites* (toutes ne le sont pas), qui fait le soixante-troisième; la *Vie de Voltaire*, etc., qui est le soixante-quatrième, et deux petits volumes de tables, qui ont le millésime 1825. L'auteur de cette table est encore M. Miger.

XXXIX. L'édition de M. Lequien, 1820 et années suivantes, est en soixante-dix volumes in-8°, y compris le volume de table analytique. L'éditeur ayant collationné souvent les éditions originales, a eu occasion de faire de nombreuses restitutions de texte.

Le succès de son édition fut très grand; il lui fallut réimprimer plusieurs fois les premiers volumes. Voilà pourquoi tous les exemplaires ne portent pas la même date.

XL. La même année 1820, MM. Carez, Thomine et Fortic publièrent les premiers volumes d'une édition in-18 qui s'imprimait à Toul, et qui a soixante volumes. Rien de spécial ne recommande cette édition, qui n'a point de table analytique.

XLI. En 1820, M. Esneaux entreprit une édition in-8° qui devait être en soixante volumes, et qui en a soixante-trois, ou plutôt soixante-cinq; car le tome XLV est triple, c'est-à-dire qu'il y a tome XLV, XLV *bis*, et XLV *ter*.

Cette seule disposition suffit pour faire juger cette édition, commencée avant d'avoir été méditée, conduite péniblement à sa fin, et pour laquelle il n'existe point de table analytique.

XLII. En 1821, le colonel Touquet, devenu libraire, publia, en quinze volumes in-12, un *Voltaire*. Ce n'était, comme on le pense bien, qu'un choix. Le succès l'enhardit, et il annonça d'abord en soixante-dix volumes, puis en soixante-quinze volumes in-12, une édition qui ne devait être que la reproduction des éditions de Kehl, sans aucune des améliorations faites depuis.

Cependant des annonces pompeuses furent faites; le prospectus est intitulé QUATRE VOLTAIRE, ÉDITION TOUQUET. Il faut convenir qu'il y avait un peu, peut-être même beaucoup, de charlatanisme dans ces annonces. On distinguait ces quatre éditions par un nom spécial : 1° Le *Voltaire des chaumières* était le restant de l'édition des *OEuvres choisies*, en quinze volumes ; 2° le *Voltaire de la petite propriété* ; 3° le *Voltaire du commerce* ; 4° le *Voltaire de la grande propriété* : ces trois espèces ne différaient que par la qualité du papier sur lequel elles étaient tirées, et par leur prix. Ce n'est donc qu'une seule et même édition. Elle était stéréotype; et les clichés qui ont été employés depuis pour un tirage, dont les exemplaires portent le nom de M. Garnery, pourraient encore servir à d'autres tirages sous d'autres noms, et même de divers formats. La table analytique par M. Miger forme le 75e volume.

XLIII. L'édition commencée par M. P. Dupont, en 1823, a été distribuée en soixante-douze volumes in-$8°$, dont les deux derniers sont datés de 1827, et n'en doivent former qu'un seul. Le soixante-douzième se compose de la fin de la table analytique, et d'un nombre très considérable de cartons pour divers volumes de l'édition. Ces cartons enlevés et mis à leur place, il reste trop peu de chose pour former un volume; et ce qui reste, c'est-à-dire le commencement de ce volume soixante-douzième, a une pagination qui fait suite à celle du soixante-onzième. C'est donc en soixante-onze volumes que cette édition doit être reliée.

A un très petit nombre de dispositions près, ce n'est que la reproduction de l'édition Lequien. Les livraisons s'en fesaient avec une régularité qui répondait aux exigences du public, mais qui n'eût pas permis de faire un grand travail. Ce n'est pas en littérature et en imprimerie qu'il est possible de faire vite et bien [1].

---

[1] De cette édition, trente-trois volumes furent tirés à plus grand nombre que les autres, et l'on en forma les *OEuvres choisies*, comprenant la

XLIV. C'est en 1825 que M. Dalibon annonça une édition en soixante-quinze vol., mais qui devait évidemment en avoir davantage, à en juger par la distribution des premiers volumes. Je présumai dès-lors qu'elle en aurait quatre-vingt-seize. Je me trompais ; elle n'en a que quatre-vingt-quinze, plus deux volumes de tables par M. Miger, qui ont paru en 1834.

Le second prospectus était fait pour séduire. On lisait en tête les noms de MM. Arago, Auguis, Clogenson, Daunou, L. Dubois, Étienne, Ch. Nodier; ceux de MM. François de Neufchâteau et V. Le Clerc furent ajoutés sur les frontispices des premiers volumes. Cependant MM. Arago, Étienne, François de Neufchâteau et V. Le Clerc n'ont pas mis une seule note dans l'édition. M. Daunou a donné quelques préfaces, et a laissé reproduire son excellent travail sur *la Henriade*; quant à ses notes sur l'*Essai sur les mœurs*, elles sont en si petit nombre, qu'il est évident qu'elles ont été faites dans des lectures passagères ou accidentelles, et qu'elles ne sont pas le résultat d'un travail suivi, qui eût été bien précieux venant d'une telle plume.

M. Charles Nodier a fait la préface des *Romans*, sans aucun travail sur ces ouvrages.

M. Auguis a ajouté des préfaces et notes à quelques uns des ouvrages historiques.

La plus grande part est restée à MM. Clogenson et L. Dubois. Les notes de M. Clogenson se recommandent par l'exactitude. Il en a mis de très intéressantes aux *Annales de*

Vie de Voltaire, par Condorcet (avec les *Mémoires, Commentaire historique,* et *Pièces justificatives*), l'*Essai sur les mœurs et l'esprit des nations,* le *Théâtre* complet, le *Dictionnaire philosophique,* les *Romans* et *Contes en prose,* les *Contes en vers et Poésies légères, la Pucelle, la Henriade,* le *Siècle de Louis XIV,* le *Siècle de Louis XV,* l'*Histoire de Pierre-le-Grand,* l'*Histoire de Charles XII.*

Puisque par exception j'ai parlé d'une édition des *OEuvres choisies,* il en est une autre dont il faut rapporter le singulier intitulé : *Ouvrages classiques de l'élégant poète M. Arouet, fameux sous le nom de Voltaire, nouvelle édition,* Oxford, 1771, in-8°. J'en parle t. X, p. 399-400.

l'Empire, et à la *Correspondance* dont il s'était chargé. Malheureusement les fonctions publiques absorbant tous ses moments dans des temps difficiles, il a mieux aimé abandonner l'entreprise que la mal continuer.

M. L. Dubois, qui, dans l'édition, avait donné des soins au *Théâtre*, à *la Pucelle*, aux *Poésies*, au *Dictionnaire philosophique*, etc., et qui précédemment avait été mon continuateur dans l'édition en cinquante ou soixante volumes in-12, a été aussi le continuateur de M. Clogenson. Sans doute ses fonctions de sous-préfet ne lui ont pas laissé tout le loisir nécessaire. Son travail est bien au-dessous de celui de son prédécesseur. Si l'on peut improuver la profusion des notes et la vivacité de quelques expressions dans ce qu'a fait M. Clogenson, il faut avouer que M. L. Dubois s'est bien mis à l'abri de tels reproches. La disette et l'inexactitude de ses notes sont fréquentes. Il prend un ton doctoral pour relever les fautes de ses devanciers, et signale soigneusement des améliorations qu'il donne pour siennes. Mais il est arrivé que les corrections n'étaient pas de lui, ou que même ce n'étaient que des fautes [1].

Cette édition a suivi en général la classification de l'édition de Kehl, hors en un seul point.

C'est dans cette édition que, pour la première fois, toutes les lettres de Voltaire ont été classées chronologiquement, sans distinction des personnes à qui ou par qui elles sont écrites, c'est-à-dire sans les subdivisions de correspondances particulières établies dans les éditions de Kehl, et conservées depuis.

---

[1] Ainsi, dans la lettre de Voltaire à d'Argental, du 19 juillet 1773, au lieu de:
        Monsieur l'évêque de Noyon,
il a mis:
        Monsieur l'évêque de Nyon,
puis a ajouté en note:

« Tous nos prédécesseurs ont *mal-à-propos* imprimé ici, et dans les vers qui suivent, *l'évêque de Noyon*. »

Ce *mal-à-propos* est lui-même un mal-à-propos, car il n'y avait point d'évêché à Nyon, et il y en avait un à Noyon; voyez, dans mon édition, tome LXVIII, pages 280-281.

Quelques ouvrages y paraissent pour la première fois, et sont donnés pour être de Voltaire; mais tous n'en sont pas. Je dirai plus bas quels sont ceux que j'ai rejetés, et pour quelles raisons.

On n'avait pensé à faire cette édition que sur du grand papier, appelé *cavalier vélin*. Mais la *Voltairomanie*, née du mandement des grands-vicaires de Paris en 1817, durait encore.

MM. Baudouin frères achetèrent le droit de faire tirer sur les formes de cette édition un mille d'exemplaires sur *papier carré*; et c'est ce qu'on appelle la *première édition Baudouin*.

XLV. Bientôt on répandit le prospectus d'une édition de Voltaire, en un seul volume in-8°. MM. Roux-Durfort frères mirent au jour les premières livraisons de cette édition, sortant des presses de M. J. Didot aîné, et qui devait être distribuée en soixante-dix livraisons. Elle en a eu quatre-vingt-seize, et se compose de 5,551 pages, dont il serait impossible de ne former qu'un seul volume; aussi la divise-t-on en deux volumes, et même en quatre parties : elle est sans table analytique.

XLVI. D'autres libraires annoncèrent en même temps une édition en deux volumes in-8°, qui devaient former soixante livraisons. Sur ce dernier point les engagements ont été religieusement tenus, et l'on n'a point levé sur les souscripteurs ces contributions honteuses qui ne devraient pas être tolérées. Mais, au lieu de deux volumes, l'édition en forme trois. Elle a été imprimée chez M. H. Fournier, et est aussi sans table analytique.

XLVII. Les mille exemplaires que MM. Baudouin frères fesaient tirer sur les formes du *Voltaire* imprimé chez M. Didot aîné, avec les notes de MM. Auguis, Clogenson, Daunou, etc., ayant été promptement épuisés, et ces libraires n'ayant pu obtenir la permission de faire un nouveau tirage, ils se décidèrent à faire stéréotyper tout Voltaire dans le format in-8°. On ne parla toujours que de soixante-quinze volumes in-8°; et l'on fit clicher chez M. Rignoux les ouvrages déjà imprimés chez M. Didot aîné. Mais l'impression se fesait lentement chez M. Didot aîné. L'horizon politique se rembrunissait; des bruits se répandaient que le gouvernement de Charles X projetait de ne pas laisser imprimer, même en collection, certains ouvrages de Voltaire. Les souscripteurs se plaignirent de la lenteur de l'entreprise; d'autres, plus clairvoyants, déclarèrent formellement qu'ils ne prétendaient pas payer plus de soixante-quinze volumes, et qu'ils exigeraient pourtant les *Œuvres complètes*. Les libraires se décidèrent à faire stéréotyper des volumes qui n'avaient point encore été imprimés dans l'édition qui se fesait chez M. Didot l'aîné. On se mit sur-le-champ à la *Correspondance;* c'était se priver des notes, additions nombreuses, et autres améliorations que devait contenir la *première édition*. Il fallut calculer le nombre de volumes, tellement qu'on regagnât ce qui avait été perdu sur d'autres ouvrages, et qu'on se contînt dans soixante-quinze volumes.

On se borna à prendre pour copie de la *Correspondance* une des éditions précédentes, où l'on avait conservé les sous-divisions par correspondances particulières. Force fut encore d'employer un petit caractère, et de faire des volumes très gros.

Le premier tirage des premiers volumes qu'on avait stéréotypés fut appelé *seconde édition* (Baudouin); puis on donna une *troisième*, une *quatrième*, une *cinquième* édition, qui étaient tout au plus un *second*, *troisième*, *quatrième* tirages.

J'en ai dit assez pour faire voir combien ces *seconde*, *troisième*, *quatrième*, *cinquième* éditions (qui ne sont que la même) en soixante-quinze volumes, sont inférieures à la *première*, qui en a quatre-vingt-quinze, plus deux volumes de tables.

Tous les ouvrages faits ou à faire sur les mêmes clichés peuvent présenter quelques différences dans le nombre des volumes en en mettant deux en un seul, ou en en mettant un seul en deux; ils peuvent offrir de légères améliorations, et des corrections purement typographiques importantes, suppléer même dans certains cas à quelques omissions : de sorte que les derniers tirages seront bien préférables aux précédents; mais il est impossible de remédier à tout. On peut substituer une lettre et même un mot à un autre; mais on ne peut rétablir des passages omis, quand ils sont longs, et en grand nombre. Comment, dans les clichés de la *Correspondance*, introduire les lettres en grand nombre qui ont été ajoutées dans la *première édition?* M. Léon Thiessé n'a pu faire l'impossible pour le tirage fait après sa révision, quelque soin qu'il y ait apporté. Il y aura toujours une immense distance entre la *première édition* Baudouin en quatre-vingt-quinze volumes (ou quatre-vingt-dix-sept avec la table) et les autres éditions faites sur les clichés en soixante-quinze volumes ou environ.

Ces mêmes clichés ont servi pour un tirage dont les volumes portent au frontispice le nom de M. Tissot. Le travail de M. Tissot, pour cette édition, consiste en une préface de sept pages et trois lignes.

XLVIII. C'est en 1829 que M. Armand Aubrée a publié les premiers volumes d'une édition promise en cinquante volumes in-8°, et qui en a cinquante-quatre, sans table analytique.

XLIX. Ce fut aussi en 1829 que parurent les premiers volumes d'une édition en cinquante volumes petit in-12.

L. Une autre édition in-18, commencée par M. Fortic, et imprimée dans diverses villes, doit avoir soixante-quinze volumes. Elle est sur le point d'être terminée; mais elle est bien moins complète que quelques unes de celles qui l'ont précédée.

Feu Doyen, imprimeur à Paris, avait entrepris une édition in-16. Il s'est arrêté après avoir publié le *Dictionnaire philosophique* et les *Romans*. On avait aussi commencé une édition in-32, qui a été abandonnée. C'est pour cela que je ne les fais pas entrer en ligne de compte. A plus forte raison est-il inutile de parler de plusieurs éditions dont il n'a paru que le prospectus.

LI. Je n'ai donc plus à parler que de mon édition. J'avais, dès 1802, lors de celle que devait donner La Harpe, fait rapidement quelques recherches et recueilli quelques notes, que je ralentis bientôt. Mais dans mes lectures je continuai de relever par écrit ce qui concernait Voltaire ou ses ouvrages. C'était encore fort peu de chose, quand, en 1817, je fus chargé de l'édition de madame Perronneau. Je dus me livrer sérieusement à des recherches dont beaucoup furent alors inutiles, puisque, comme je l'ai dit, on ne me laissa point terminer l'édition.

J'avais plus que jamais pris goût à Voltaire; j'avais commencé à voir tout ce qu'il y avait à faire pour une édition de ce fécond auteur. Je me mis à rechercher, à acquérir les diverses éditions, surtout les premières, de chacun de ses écrits, sans en dédaigner aucun. J'y joignis tout ce que je pouvais me procurer de brochures du temps sur ces écrits. Ce n'était pas encore assez. J'achetai les collections de journaux du temps, tels que le *Journal littéraire*, la *Bibliothèque française* (de Camusat, et autres), les *Observations sur les écrits modernes*, les *Jugements sur quelques ouvrages nouveaux*, la *Bigarrure*, la *Nouvelle Bigarrure*, le *Mercure*, le *Journal encyclopédique*, l'*Année littéraire*, etc.

C'était la plume à la main que je lisais ou feuilletais ces collections, en ayant soin de noter tout ce qui concernait les productions de Voltaire. Je classais chaque note près de l'ouvrage qu'elle regardait.

Je collationnais les différentes éditions que j'avais des écrits de Voltaire, en relevant les variantes, non seulement des ouvrages en vers, mais même des ouvrages en prose, sauf à ne pas tout employer.

Ce moyen était le seul qui pût procurer de bons matériaux pour une édition, et je ramassai ces matériaux, sans m'inquiéter si j'en ferais usage, et si j'en tirerais profit. J'aurais peut-être continué indéfiniment mes recherches, si, en 1828, M. Lefèvre n'eût résolu de comprendre Voltaire dans sa belle *Collection des classiques français*.

Il me fallut alors cesser les recherches pour me mettre à la rédaction.

Je ne pouvais mieux faire que d'adopter les deux grandes divisions, *Poésie* et *Prose*, introduites par les éditeurs de

Kehl. Les changements que j'ai faits dans la distribution de
la *Poésie* sont trop peu de chose pour en parler. J'ai agi autrement pour les ouvrages en prose. J'ai donné, comme les
éditeurs de Kehl, les ouvrages historiques, le *Dictionnaire
philosophique*, les *Romans*, le *Commentaire sur Corneille*;
mais je n'ai tenu aucun compte de toutes les autres distributions qu'ils avaient faites sous les titres de *Mélanges historiques*, *Politique et Législation*, *Philosophie*, *Physique*,
Dialogues, *Facéties*, *Mélanges littéraires*. Tout ce qui, dans
les éditions de Kehl et celles qui l'ont suivie, compose ces divisions ou sections, a été par moi classé sous le titre de *Mélanges*, dans l'ordre chronologique, sans distinction de genre
ni de matière. La classification que j'ai adoptée fait suivre au
lecteur la marche de l'esprit de Voltaire. En commençant l'édition, je craignais d'être obligé de justifier longuement cette
disposition; cela est superflu aujourd'hui, qu'elle a eu la sanction d'un grand nombre de personnes.

Cependant, comme, dans beaucoup de livres, on cite les ouvrages de Voltaire d'après les divisions ou classifications
adoptées dans les éditions de Kehl, et suivies dans tant d'autres, je donne, à la fin du tome LXX, une concordance de la
classification de Kehl avec les volumes de mon édition.

Cette concordance est précédée de deux tables fort amples,
l'une alphabétique, l'autre chronologique, des écrits de Voltaire; ce qui peut, dans certain cas, suppléer à une table analytique [1].

Je n'avais pas différé un instant d'opinion avec M. Clogenson pour l'ordre à mettre dans la *Correspondance*, et sa
classification en une seule série. C'était une conséquence de ce
que j'avais fait pour les *Mélanges*.

Comme j'ai mis, en tête de chaque division et de chaque ouvrage ou opuscule, des préfaces, ou notes, dans lesquelles je
donne les explications que j'ai jugées nécessaires, je n'ai point

---

[1] Cette table analytique, rédigée par M. Miger, formera deux volumes
in-8°, et paraîtra en 1835. Il y a apparence qu'elle ne sera tirée qu'à moitié
du nombre où l'édition l'a été.

à en parler ici ; mais je puis dire deux mots des additions que j'ai faites. Les principales sont :

Tome Ier. Dans les *Pièces justificatives* de la *Vie de Voltaire*, par Condorcet, j'en ai ajouté vingt-neuf qui étaient inédites. J'ai eu le soin de les numéroter, d'indiquer dans les notes du texte quel est le n° donné à la pièce, et en tête de la pièce, d'indiquer à quelle page elle se rapporte.

Tome II. Nouveaux fragments d'*Artémire* ; dans les variantes de *Brutus*, les scènes 1, 2, et 3 de l'acte II, et la scène 1re de l'acte IV.

Tome IV. Fragments de *Thérèse*.

Tome V. *L'Envieux*, comédie en trois actes et en vers.

Tome IX. L'*Épître dédicatoire* des *Guèbres*, et la *Lettre de M. Legoux de Gerland*, en tête de *Sophonisbe*.

Tome XIX. L'importante variante de l'article SAURIN, dans le *Catalogue des écrivains du Siècle de Louis XIV*.

Tome XXXVIII. Le *Mémoire du sieur de Voltaire*.

Tome XXXIX. *Compliment fait au roi par Richelieu; Lettre à l'occasion de l'impôt du vingtième;* l'*Extrait de la Bibliothèque raisonnée*.

Tome XL. Les *Remarques au sujet d'une omission*; un *Avis* qui est de 1761 ; les *Lettres sur la Nouvelle Héloïse ;* un *Avertissement aux éditeurs ;* le texte rétabli dans un passage de la *Conversation de monsieur l'intendant des menus*.

Tome XLII. L'*Appel au public contre un Recueil de prétendues lettres de M. de Voltaire*.

Tome XLIII. *Lettre de M. de Voltaire ; Mémoire présenté au ministère de France*, que malheureusement je n'ai pu me procurer entier.

Tome XLV. La *Lettre anonyme*.

Tome XLVI. La *Lettre de l'auteur de la tragédie des Guèbres;* les *Notes sur le* Cymbalum mundi; *Lettre d'un jeune abbé; Réponse aux Remontrances de la cour des aides; Avis important à la noblesse du royaume ; Sentiment des six conseils supérieurs; Très humbles et très respectueuses remontrances ; Les peuples aux parlements; L'Équivoque*.

Tome XLVII. Une *Déclaration* qui est page 229.

Tome L. *Remarques sur le Christianisme dévoilé; Remarques sur l'ouvrage intitulé* l'Existence de Dieu, etc., par Nieuwentyt; *Remarques sur le Bon Sens ; Le Système vraisemblable*, fragment; *Lettre de M. Hude*, fragment; le *Sommaire des droits de S. M. le roi de Prusse sur Herstall;* un *Mémoire* (de 1752).

Le desir de donner une édition aussi complète que possible des *OEuvres* de Voltaire ne m'a pas fait toutefois admettre aveuglément tout ce qui était dans les éditions précédentes. Dans un *Avis* que j'ai mis en tête des *Poésies mêlées*, tome XIV, page 303, j'ai déduit les raisons pour lesquelles j'ai rejeté un assez grand nombre de pièces de vers. Je suis peut-être, sur chaque pièce, entré dans de trop longues explications.

Deux ou trois pièces de Morellet avaient été placées dans le volume des *Facéties;* je les ai rejetées : voyez tome XL, page 152.

N'ayant pas regardé comme consacrées par le temps les erreurs, quelque anciennes qu'elles puissent être, je ne devais pas avoir plus de respect pour les erreurs récentes.

Dans l'édition en quatre-vingt-quinze volumes, avec les tomes XLI et XLII ont été distribuées quelques feuilles qui doivent se joindre aux tomes XLIV et XLVI (II et IV de la division *Philosophie*), qui étaient déjà imprimés. Voici ce que contiennent ces feuilles :

Pour le tome XLIV, 1° *Réflexions sur l'idée qu'on doit avoir de Dieu, selon nos lumières* (pages 431-468); 2° *Des cinq propositions attribuées à Jansénius*, et *Formulaire* (469 et 470); 3° *Remarques critiques sur les passages des quatre évangélistes, touchant la mort de J.-C.* (471-474);

Pour le tome XLVI, 1° *Extrait du livre de l'abbé Houteville, sur la vérité de la religion chrétienne prouvée par les faits* (pages 405-446); 2° *Passage tiré de l'histoire de Josèphe* (447-449); 3° *Le Philosophe, par M. du M.* (450-468); 4° *Extrait du livre De l'état de l'homme dans le péché originel* (469-477); 5° *Extrait du livre d'Antoniana Margarita*, *de Gometius Pereyra, sur l'ame des bêtes* (pages 478-479); 6° *Extrait de la vérité de la religion chrétienne*, par M. le marquis de Pianesse, Italien, sur l'existence de Dieu (480); 7° *Extrait d'un manuscrit intitulé* Le ciel ouvert à tous les hommes, où l'on prouve, par la religion et par la raison, que tous les hommes seront sauvés (481-497); 8° *Prière du curé de Fresne* (498-507).

Les premiers éditeurs de ces onze pièces n'ont donné aucune explication à leur égard. Voici ce que j'en sais. Un habitant de Genève proposa, en 1825, à des libraires de Paris, de leur vendre un manuscrit contenant précisément les ouvrages dont j'ai rapporté les titres, et qu'il avait, plus de vingt-cinq ans auparavant, reçu en paiement de ce que lui devait un homme de lettres qui avait vécu dix ans avec Voltaire. Rien de cela n'était appuyé de preuves. On n'offrait pas, au reste, le manuscrit comme étant de la main de Voltaire, mais comme pouvant être de celle de madame Denis. Les libraires à qui la proposition était faite la refusèrent. D'autres éditeurs furent moins difficiles, comme on voit.

La lecture de la première de ces onze pièces suffisait pour motiver un refus. Dans les *Réflexions sur l'idée qu'on doit avoir de Dieu selon nos lumières*, l'auteur, après avoir dit que, pour avoir une idée de Dieu, il n'est pas nécessaire qu'on le voie, de même qu'on n'a pas besoin d'avoir vu certaines personnes pour croire à leur existence et les connaître, ajoute : « C'est ainsi que nous pouvons à présent connaître, par exemple, le cardinal de Richelieu mieux que ceux qui vivaient de son temps, puisqu'il nous a laissé, dans son *Testament politique*, un portrait de son ame qui nous en montre toutes les qualités. »

Ce raisonnement ne pouvait être fait par Voltaire, qui n'a jamais changé d'opinion sur le *Testament politique*, qu'il regardait comme apocryphe[1].

[1] En 1737, dans ses *Conseils à un journaliste*, Voltaire a dit : « Si on réimprime le livre fameux connu sous le nom de *Testament politique du cardinal de Richelieu*, montrez combien on doit douter que ce ministre en

J'ai cependant admis dans mon édition, tome L, la *Prière du curé de Fresne*. Il le fallait bien, puisque, tome LXVIII, pages 102 et 131, j'avais dit qu'on trouverait cette *Prière* au tome L.

Quant au *Philosophe*, que j'ai donné tome XLVII, page 230, le texte que j'ai adopté est bien différent de celui que contient l'édition en quatre-vingt-quinze volumes ; et j'ai expliqué pourquoi je préférais la version que j'ai reproduite.

Il est encore un de ces écrits attribués à Voltaire, dont je parlerai ; c'est l'*Extrait d'un manuscrit intitulé* Le ciel ouvert à tous les hommes, *où l'on prouve, par la religion et par la raison, que tous les hommes seront sauvés.* C'est P. Cuppé qui est auteur du *Ciel ouvert à tout le monde*, ouvrage imprimé en 1768, in-8°. Voltaire, qui était bien au courant des impressions de cette nature, n'aurait point dit que l'ouvrage était manuscrit quand il était imprimé.

Les autres écrits du cahier provenant de l'habitant de Genève, sur lesquels je ne reviens pas ici, sont trop peu de chose pour que je discute leur authenticité. Elle n'est pas mieux prouvée que celle des *Réflexions sur l'idée qu'on doit avoir de Dieu*, etc.

Je me félicitais, dans mon prospectus, de me rencontrer souvent dans mes recherches avec MM. Clogenson et Dubois. Cela est arrivé avec ce dernier bien plus rarement que je ne l'espérais. Au contraire, le résultat du travail de M. Clogenson se trouvait tellement conforme au mien, qu'avec la permission ou plutôt l'offre de cet honorable ami, j'ai presque toujours reproduit sa rédaction avec sa signature ; il m'est arrivé quelquefois de réduire ses notes.

On pense bien que, quelque imparfait que soit mon travail, il l'eût été bien davantage si je n'avais reçu d'amples secours. M. Decroix, l'un des éditeurs de Kehl, non seule-

soit l'auteur. » (Voyez t. XXXVII, p. 384.) Trente-neuf ans après, le 2 mars 1776, il écrivait : « Il y avait de la démence à croire cette rapsodie écrite par un ministre d'état. » (Voyez tome LXX, page 28.)

ment m'a fourni des indications qui m'ont mis sur la trace de choses qu'il n'avait pu se procurer, et que je suis parvenu à posséder, une seule exceptée, mais il m'a donné la note des fautes qu'il relevait de temps à autre dans son édition; il m'a communiqué des passages qu'il était impossible d'imprimer dans le temps. Avant de mourir, il m'envoya un manuscrit de *l'Envieux*, copié de sa main, ainsi que quelques autres manuscrits. Ses conseils m'ont été souvent utiles; ils l'auraient été bien plus pendant l'impression. C'est un chagrin pour moi de n'avoir pu lui faire hommage de l'édition, et d'être privé de son suffrage.

Je dois des communications plus ou moins nombreuses, mais toutes importantes, à MM. Azevedo, Berriat-Saint-Prix père, Berriat-Saint-Prix fils, Breghot-du-Lut, Champollion-Figeac, Dugas-Montbel, Fayolle, Montvéran, Niel, Pericaud, Requien, Rodet, Romey, de Soleinne, Thomas, la société des Bibliophiles, et plus spécialement MM. H. de Châteaugiron, de La Bédoyère, H. de La Porte et Monmerqué.

Je dois tant à MM. de Cayrol et Ravenel, sous-bibliothécaire de la ville de Paris, que je les puis appeler mes collaborateurs. M. de Cayrol a fait pour la *Correspondance* de Voltaire un dépouillement immense, judicieusement exécuté, qu'il m'a communiqué sans réserve.

C'est pour toutes les parties des OEuvres de Voltaire, sans excepter la *Correspondance*, que j'ai des obligations à M. Ravenel et à une autre personne. Tous deux ont relu d'un bout à l'autre toutes les productions de Voltaire, pour me signaler les passages qui demandaient attention ou explications, et très fréquemment m'ont donné même les explications. On juge quelle assurance cela me donnait dans mon travail lorsque nous nous trouvions d'accord, et quel examen j'ai dû faire quand nous différions d'opinion.

J'ai parlé d'assurance dans mon travail : qu'on ne pense pas que cette assurance soit de la présomption. J'avouerai que je crois avoir fait beaucoup; mais qu'il y a loin de là à tout ce qu'il y avait à faire pour une bonne édition de Voltaire ! Personne ne sent plus que moi mon insuffisance pour une si forte tâche. « C'en est une terrible, disait Voltaire[1], que d'être obligé « d'avoir toujours raison dans quatorze tomes; » et c'est dans soixante-dix qu'il me faudrait l'avoir eue. La bienveillance avec laquelle tant de personnes que je respecte ont accueilli mon travail ne m'aveugle pas. Je dois avoir failli très fréquemment; et, comme le disait Bayle[2], « je ne doute point « qu'outre mes péchés d'omission, qui sont infinis, il ne m'en « soit échappé un très grand nombre de commission. »

J'attachais une grande importance à distinguer ce qui, dans les préfaces et notes, était de Voltaire, d'avec ce qui appartenait à ses éditeurs. Ce n'est que pour les notes de Voltaire qu'ont été employées les lettrines, ce qui les fait tout d'abord reconnaître. En ajoutant assez fréquemment la date à des notes et même à des parties de notes, j'ai encore augmenté les chances de fautes.

J'ai indiqué par des chiffres les notes d'éditeurs. J'ai mis un K aux notes des éditeurs de Kehl; un B aux miennes. Il doit m'être arrivé quelquefois d'avoir employé une de ces deux lettres pour l'autre. Les notes de M. Clogenson sont signées CL. J'ai donné, en lieu opportun, l'explication des autres signatures. Par exemple, toutes les notes du onzième volume sont signées d'un R. J'ai dit, dans ma préface de ce volume, que ces notes sont de M. Ravenel.

J'aurais pu, sans doute, donner le titre d'*OEuvres complètes* à l'édition qui est incontestablement la plus ample de toutes les éditions de Voltaire. Le devais-je, convaincu que je suis de l'existence d'ouvrages de Voltaire que je n'ai pu me procurer, sans parler de sa correspondance, dont je ne serais point étonné qu'il ne nous soit parvenu que la moitié? Les lettres que j'ai ajoutées sont au nombre de plus de cinq cents.

Si ce n'était que Voltaire recommande de ne pas multiplier les êtres sans nécessité, je pourrais reproduire le prospectus,

---

[1] Lettre à Schowalow, du 13 auguste 1762.

[2] Paragraphe IV de la préface de la première édition de son *Dictionnaire historique et critique*.

sans craindre qu'on me reproche d'avoir manqué à aucune de mes promesses. Le libraire a aussi religieusement tenu ses engagements.

Malgré les mesures et précautions prises, il a été impossible d'achever l'édition en trois ans, comme le promettait le prospectus. L'impression aura duré cinq ans et demi; c'est encore plus d'un volume par mois. Un hiver rigoureux a forcé de suspendre les travaux de papeterie et d'imprimerie pendant près de deux mois. Une grande commotion politique est survenue, qui a ralenti les opérations commerciales; il a fallu le courage de M. Lefèvre pour mener à fin une lourde entreprise, que tout autre libraire que lui aurait, sinon abandonnée, du moins ajournée. Ces retardements ont profité à l'édition; ils m'ont donné le temps de me procurer des renseignements difficiles à obtenir.

Les personnes qui pensent qu'une édition de Voltaire n'est bonne et utile qu'avec une table analytique pourront s'en procurer une que rédige M. Miger, et qui paraîtra en 1835, en deux volumes in-8°; mais qui sera, comme je l'ai déjà dit, tirée à beaucoup moindre nombre que l'édition.

BEUCHOT.

Paris, 10 juin 1834, centenaire de la condamnation
des *Lettres philosophiques*.

P. S. Je m'aperçois que, tome L, page 341, j'ai déjà dit que le 10 avril était la centenaire de la condamnation des *Lettres philosophiques*; c'est une faute que, suivant les principes de Bayle et de Gryphe, je relève *à la plus belle place*.

FIN DE LA PRÉFACE GÉNÉRALE.

ÉLOGES
DE VOLTAIRE.

AVERTISSEMENT

DES ÉDITEURS DE L'ÉDITION DE KEHL.

On a cru devoir imprimer ici ces deux Éloges, consacrés à la mémoire de Voltaire par deux de ses disciples.

L'Éloge prononcé solennellement dans l'académie de Prusse est une assez belle réparation de la tyrannie exercée à Francfort. Ce n'est pas, comme les hommes puissants sont trop tentés de le croire, que des louanges expient des injustices, et qu'ils n'aient plus rien à se reprocher lorsqu'ils ont daigné dire quelque bien de ceux qui ont été opprimés par leurs ordres. Cette contradiction coûte moins à leur amour-propre que le noble aveu d'une erreur; et nous sommes fâchés que le roi de Prusse ne se soit pas élevé au-dessus de cette petitesse commune.

Le discours de M. de La Harpe est un monument élevé par l'admiration et par la reconnaissance. Aucun des hommes de lettres dont Voltaire a été le maître et le modèle n'a plus hérité de la justesse et de la pureté de son goût, et ne s'est montré plus digne, par ses propres ouvrages, de louer en lui l'écrivain et le poëte.

Autrefois chaque auteur mettait bonnement à la tête de ses livres les éloges en vers que ses amis s'étaient hâtés d'en faire d'avance; et depuis peu on a grossi les éditions de plusieurs écrivains célèbres d'un fatras de critiques, de réfutations, et d'apologies. Nous sommes loin d'approuver ces petites ruses de la vanité des auteurs et de l'avarice des éditeurs ; mais il n'en est pas moins vrai que les ouvrages dont un homme célèbre est l'objet sont mieux placés dans la collection de ses œuvres, lorsque le nom de leur auteur ou leur mérite réel les en rend dignes, que dans les œuvres de ceux mêmes qui les ont faits. C'est un défaut dans un ouvrage d'être plus recherché pour l'auteur que pour le sujet. Cela prouve où que le sujet a été mal choisi, ou que l'auteur l'a traité avec plus de prétention que de raison ou de goût.

ÉLOGE
DE VOLTAIRE,

LU A L'ACADÉMIE ROYALE DES SCIENCES ET BELLES-LETTRES DE BERLIN,
DANS UNE ASSEMBLÉE PUBLIQUE EXTRAORDINAIRE
CONVOQUÉE POUR CET OBJET LE 26 NOVEMBRE 1778[1].

MESSIEURS,

Dans tous les siècles, surtout chez les nations les plus ingénieuses et les plus polies, les hommes d'un génie élevé et rare ont été honorés pendant leur vie, et encore plus après leur mort. On les considérait comme des phénomènes qui répandaient leur éclat sur leur patrie. Les premiers législateurs qui apprirent aux hommes à vivre en société; les premiers héros qui défendirent leurs concitoyens; les philosophes qui pénétrèrent dans les abîmes de la nature, et qui découvrirent quelques vérités; les poëtes qui transmirent les belles actions de leurs contemporains aux

---

[1] Tel est le titre de cet *Éloge* dans les éditions séparées qui en furent faites en 1778, et dans les *OEuvres de Frédéric II, roi de Prusse*, qui en est l'auteur. Dans les éditions de Kehl, cet *Éloge* est imprimé dans le dernier volume (tome LXX, in-8°, ou tome XCII, in-12). Depuis lors on l'a souvent imprimé dans le même volume que la *Vie de Voltaire*, disposition que j'ai suivie.

Frédéric l'avait composé au camp de Schazlar, pendant la guerre de 1778, pour la succession de la Bavière. B.

races futures : tous ces hommes furent regardés comme des êtres supérieurs à l'espèce humaine. On les croyait favorisés d'une inspiration particulière de la Divinité. De là vint qu'on éleva des autels à Socrate, qu'Hercule passa pour un dieu, que la Grèce honorait Orphée, et que sept villes se disputèrent la gloire d'avoir vu naître Homère. Le peuple d'Athènes, dont l'éducation était la plus perfectionnée, savait l'*Iliade* par cœur, et célébrait avec sensibilité la gloire de ses anciens héros dans les chants de ce poëme. On voit également que Sophocle, qui remporta la palme du théâtre, fut en grande estime pour ses talents ; et de plus, que la république d'Athènes le revêtit des charges les plus considérables. Tout le monde sait combien Eschine, Périclès, Démosthène, furent estimés ; et que Périclès sauva deux fois la vie à Diagoras ; la première, en le garantissant contre la fureur des sophistes, et la seconde fois, en l'assistant par ses bienfaits. Quiconque en Grèce avait des talents était sûr de trouver des admirateurs et même des enthousiastes : ces puissants encouragements développaient le génie, et donnaient à l'esprit cet essor qui l'élève, et lui fait franchir les bornes de la médiocrité. Quelle émulation n'était-ce pas pour les philosophes d'apprendre que Philippe de Macédoine choisit Aristote comme le seul précepteur digne d'élever Alexandre ! Dans ce beau siècle, tout mérite avait sa récompense, tout talent ses honneurs. Les bons auteurs étaient distingués ; les ouvrages de Thucydide, de Xénophon, se trouvaient entre les mains de tout le monde ; enfin chaque citoyen semblait participer à la célébrité de ces génies qui élevèrent alors le nom de la Grèce au-dessus de celui de tous les autres peuples.

Bientôt après, Rome nous fournit un spectacle semblable. On y voit Cicéron qui, par son esprit philosophique et par son éloquence, s'éleva au comble des honneurs. Lucrèce ne vécut pas assez pour jouir de sa réputation. Virgile et Horace furent honorés des suffrages de ce peuple roi; ils furent admis aux familiarités d'Auguste, et participèrent aux récompenses que ce tyran adroit répandait sur ceux qui, célébrant ses vertus, fesaient illusion sur ses vices.

A l'époque de la renaissance des lettres dans notre Occident, l'on se rappelle avec plaisir l'empressement avec lequel les Médicis et quelques souverains pontifes accueillirent les gens de lettres. On sait que Pétrarque fut couronné poëte, et que la mort ravit au Tasse l'honneur d'être couronné dans ce même Capitole où jadis avaient triomphé les vainqueurs de l'univers. Louis XIV, avide de tout genre de gloire, ne négligea pas celui de récompenser ces hommes extraordinaires que la nature produisit sous son règne. Il ne se borna pas à combler de bienfaits Bossuet, Fénelon, Racine, Despréaux; il étendit sa munificence sur tous les gens de lettres, en quelque pays qu'ils fussent[1], pour peu que leur réputation fût parvenue jusqu'à lui.

Tel est le cas qu'ont fait tous les âges de ces génies heureux qui semblent ennoblir l'espèce humaine, et dont les ouvrages nous délassent et nous consolent

---

[1] Voyez tome XX, page 156. B.

des misères de la vie. Il est donc bien juste que nous payions aux mânes du grand homme dont l'Europe déplore la perte, le tribut d'éloges et d'admiration qu'il a si bien mérité.

Nous ne nous proposons pas, messieurs, d'entrer dans le détail de la vie privée de M. de Voltaire. L'histoire d'un roi doit consister dans l'énumération des bienfaits qu'il a répandus sur ses peuples ; celle d'un guerrier, dans ses campagnes ; celle d'un homme de lettres, dans l'analyse de ses ouvrages : les anecdotes peuvent amuser la curiosité ; les actions instruisent. Mais comme il est impossible d'examiner en détail la multitude d'ouvrages que nous devons à la fécondité de M. de Voltaire, vous voudrez bien, messieurs, vous contenter de l'esquisse légère que je vous en tracerai, me bornant d'ailleurs à n'effleurer qu'en passant les événements principaux de sa vie. Ce serait donc déshonorer M. de Voltaire, que de s'appesantir sur des recherches qui ne concernent que sa famille. A l'opposé de ceux qui doivent tout à leurs ancêtres, et rien à eux-mêmes, il devait tout à la nature : il fut seul l'instrument de sa fortune et de sa réputation. On doit se contenter de savoir que ses parents, qui avaient des emplois dans la robe, lui donnèrent une éducation honnête ; il étudia au collége de Louis-le-Grand, sous les pères Porée et Tournemine, qui furent les premiers à découvrir les étincelles de ce feu brillant dont ses ouvrages sont remplis.

Quoique jeune, M. de Voltaire n'était pas regardé comme un enfant ordinaire ; sa verve s'était déjà fait connaître. C'est ce qui l'introduisit dans la maison de madame de Rupelmonde[1] : cette dame, charmée de la vivacité d'esprit et des talents du jeune poëte, le produisit dans les meilleures sociétés de Paris. Le grand monde devint pour lui l'école où son goût acquit ce tact fin, cette politesse, et cette urbanité à laquelle n'atteignent jamais ces savants érudits et solitaires qui jugent mal de ce qui peut plaire à la société raffinée, trop éloignée de leur vue pour qu'ils puissent la connaître. C'est principalement au ton de la bonne compagnie, à ce vernis répandu dans les ouvrages de M. de Voltaire, que ceux-ci doivent la vogue dont ils jouissent.

Déjà sa tragédie d'*OEdipe* et quelques vers agréables de société avaient paru dans le public, lorsqu'il se débita à Paris une satire en vers indécents contre le duc d'Orléans, alors régent de France. Un certain Lagrange[2], auteur de cette œuvre de ténèbres, pour éviter d'être soupçonné, trouva le moyen de la faire passer sous le nom de M. de Voltaire. Le gouvernement agit avec précipitation ; le jeune poëte, tout innocent qu'il était, fut arrêté, et conduit à la Bastille, où il demeura quelques mois[3]. Mais, comme le propre de la vérité est de se faire jour tôt ou tard,

---

[1] A qui Voltaire adressa l'*Épître à Uranie* ; voyez tome XII, pages 15 et 20. B.

[2] Lagrange-Chancel est auteur des *Philippiques*, odes pour lesquelles il fut emprisonné plusieurs années, mais qui n'ont jamais été attribuées à Voltaire. La pièce qui fit, dit-on, mettre Voltaire à la Bastille était intitulée *Les j'ai vu;* elle est dans les *Pièces justificatives* à la suite de la *Vie de Voltaire*, dans le présent volume. B.

[3] Entré à la Bastille le 17 mai 1717, Voltaire n'en sortit que le 11 avril 1718. B.

le coupable fut puni[1], et M. de Voltaire justifié et relâché. Croiriez-vous, messieurs, que ce fut à la Bastille même que notre jeune poëte composa les deux premiers chants de sa *Henriade?* cependant cela est vrai : sa prison devint un Parnasse pour lui, où les muses l'inspirèrent. Ce qu'il y a de certain, c'est que le second chant est demeuré tel qu'il l'avait d'abord minuté : faute de papier et d'encre, il en apprit les vers par cœur, et les retint.

Peu après son élargissement, soulevé contre les indignes traitements et les opprobres dont il avait enduré la honte dans sa patrie, il se retira en Angleterre[2], où il éprouva non seulement l'accueil le plus favorable du public, mais où bientôt il forma un nombre d'enthousiastes. Il mit à Londres la dernière main à *la Henriade*, qu'il publia alors sous le nom du *Poëme de la Ligue*[3]. Notre jeune poëte, qui savait tout mettre à profit, pendant qu'il fut en Angleterre s'appliqua principalement à l'étude de la philosophie. Les plus sages et les plus profonds philosophes y fleurissaient alors. Il saisit le fil avec lequel le circonspect Locke s'était conduit dans le dédale de la métaphysique, et refrénant son imagination impétueuse, il l'assujettit aux calculs laborieux de l'immortel Newton. Il s'appropria si bien les découvertes de ce philosophe, et ses progrès furent tels, que, dans un

---

[1] Il ne paraît pas que Le Brun ait été puni. Mais Frédéric croyait que c'était l'ouvrage de Lagrange qu'on avait attribué à Voltaire. B.

[2] Le voyage de Voltaire en Angleterre n'est que de 1726. B.

[3] Voyez ma Préface du tome X. B.

abrégé[1], il exposa si clairement le système de ce grand homme, qu'il le mit à la portée de tout le monde.

Avant lui, M. de Fontenelle était l'unique philosophe qui, répandant des fleurs sur l'aridité de l'astronomie, l'eût rendue susceptible d'amuser le loisir du beau sexe. Les Anglais étaient flattés de trouver un Français qui, non content d'admirer leurs philosophes, les traduisait dans sa langue. Tout ce qu'il y avait de plus illustre à Londres s'empressait à le posséder; jamais étranger ne fut accueilli plus favorablement de cette nation; mais, quelque flatteur que fût ce triomphe pour l'amour-propre, l'amour de la patrie l'emporta dans le cœur de notre poëte, et il retourna en France.

Les Parisiens, éclairés par les suffrages qu'une nation aussi savante que profonde avait donnés à notre jeune auteur, commencèrent à se douter que dans leur sein il était né un grand homme. Alors parurent les *Lettres sur les Anglais*[2], où l'auteur peint avec des traits forts et rapides les mœurs, les arts, les religions, et le gouvernement de cette nation. La tragédie de *Brutus*[3], faite pour plaire à ce peuple libre, succéda bientôt après, ainsi que *Mariamne*, et une foule d'autres pièces[4].

Il se trouvait alors en France une dame célèbre par son goût pour les arts et pour les sciences. Vous de-

[1] Les *Éléments de la Philosophie de Newton*; voyez tome XXXVIII, page 11. B.

[2] Ou *Lettres philosophiques*; voyez tome XXXVII, page 103. K.

[3] Tome II, page 347. B.

[4] *Mariamne*, jouée le 6 mars 1724, est antérieure de deux ans au voyage de Voltaire à Londres. B.

vinez bien, messieurs, que c'est de l'illustre marquise du Châtelet dont nous voulons parler. Elle avait lu les ouvrages philosophiques de notre jeune auteur; bientôt elle fit sa connaissance; le desir de s'instruire, et l'ardeur d'approfondir le peu de vérités qui sont à la portée de l'esprit humain, resserra les liens de cette amitié, et la rendit indissoluble. Madame du Châtelet abandonna tout de suite la *Théodicée* de Leibnitz, et les romans ingénieux de ce philosophe, pour adopter à leur place la méthode circonspecte et prudente de Locke, moins propre à satisfaire une curiosité avide qu'à contenter la raison sévère. Elle apprit assez de géométrie pour suivre Newton dans les calculs abstraits; son application fut même assez persévérante pour composer un abrégé de ce système à l'usage de son fils. Cirey devint bientôt la retraite philosophique de ces deux amis. Ils y composaient, chacun de son côté, des ouvrages de genres différents qu'ils se communiquaient, tâchant, par des remarques réciproques, de porter leurs productions au degré de perfection où elles pouvaient probablement atteindre. Là furent composés *Zaïre*[1], *Alzire*, *Mérope*, *Sémiramis*, *Catilina*, *Électre* ou *Oreste*.

M. de Voltaire, qui fesait tout entrer dans la sphère de son activité, ne se bornait pas uniquement au plaisir d'enrichir le théâtre par ses tragédies. Ce fut proprement pour l'usage de la marquise du Châtelet qu'il composa son *Essai sur les mœurs et l'esprit*

[1] *Zaïre* fut jouée en 1732 : Voltaire ne connut madame du Châtelet que l'année suivante. B.

des nations; l'*Histoire de Louis XIV*, et l'*Histoire de Charles XII*, avaient déjà paru [1].

Un auteur d'autant de génie, aussi varié que correct, n'échappa point à l'académie française; elle le revendiqua comme un bien qui lui appartenait. Il devint membre de ce corps illustre [2], dont il fut un des plus beaux ornements. Louis XV l'honora de la charge de son gentilhomme ordinaire, et de celle d'historiographe de France, qu'il avait, pour ainsi dire, déjà remplie, en écrivant l'*Histoire de Louis XIV*.

Quoique M. de Voltaire fût sensible à des marques d'approbation aussi éclatantes, il l'était pourtant davantage à l'amitié. Inséparablement lié avec madame du Châtelet, le brillant d'une grande cour n'offusqua pas ses yeux au point de lui faire préférer la splendeur de Versailles au séjour de Lunéville, bien moins à la retraite champêtre de Cirey. Ces deux amis y jouissaient paisiblement de la portion de bonheur dont l'humanité est susceptible, quand la mort de la marquise du Châtelet mit fin à cette belle union. Ce fut un coup assommant pour la sensibilité de M. de Voltaire, qui eut besoin de toute sa philosophie pour y résister.

Précisément dans le temps qu'il fesait usage de toutes ses forces pour apaiser sa douleur, il fut appelé à la cour de Prusse. Le roi, qui l'avait vu en l'année 1740, desirait de posséder ce génie aussi

---

[1] L'*Histoire de Charles XII* parut en 1731 (voyez tome XXIV). Le *Siècle de Louis XIV* ne parut que lors du voyage de Voltaire à Berlin, après la mort de madame du Châtelet. B.

[2] Son *Discours de réception* est t. XXXVIII, p. 545. B.

rare qu'éminent; ce fut en 1752 qu'il vint à Berlin[1]. Rien n'échappait à ses connaissances; sa conversation était aussi instructive qu'agréable, son imagination aussi brillante que variée, son esprit aussi prompt que présent; il suppléait par les graces de la fiction à la stérilité des matières; en un mot, il fesait les délices de toutes les sociétés. Une malheureuse dispute qui s'éleva entre lui et M. de Maupertuis brouilla ces deux savants, qui étaient faits pour s'aimer, et non pour se haïr; et la guerre qui survint en 1756 inspira à M. de Voltaire[2] le desir de fixer son séjour en Suisse. Il se rendit à Genève, à Lausanne; ensuite il fit l'acquisition des Délices[3], et enfin il s'établit à Ferney. Son loisir se partageait entre l'étude et l'ouvrage; il lisait et composait. Il occupait ainsi, par la fécondité de son génie, tous les libraires de ces cantons.

La présence de M. de Voltaire, l'effervescence de son génie, la facilité de son travail, persuada à tout son voisinage qu'il n'y avait qu'à le vouloir pour être bel esprit. Ce fut comme une espèce de maladie épidémique dont les Suisses, qui passent d'ailleurs pour n'être pas des plus déliés, furent atteints; ils n'exprimaient plus les choses les plus communes que par antithèses ou en épigrammes. La ville de Genève fut le plus vivement atteinte de cette contagion; les bourgeois, qui se croyaient au moins des Lycurgues, étaient tout disposés à donner de nouvelles lois à leur

---

[1] Le voyage de Voltaire est de 1750. B.
[2] Le départ de Voltaire de la cour de Prusse est de mars 1753. B.
[3] En février 1755; voyez tome LVI, page 591. B.

patrie; mais aucun ne voulait obéir à celles qui subsistaient. Ces mouvements, causés par un zèle de liberté mal entendu, donnèrent lieu à une espèce d'émeute ou de guerre qui ne fut que ridicule. M. de Voltaire ne manqua pas d'immortaliser cet événement en chantant cette soi-disant guerre[1], sur le ton que celle des rats et des grenouilles l'avait été autrefois par Homère. Tantôt sa plume féconde enfantait des ouvrages de théâtre, tantôt des mélanges de philosophie et d'histoire, tantôt des romans allégoriques et moraux : mais, en même temps qu'il enrichissait ainsi la littérature de ses nouvelles productions, il s'appliquait à l'économie rurale. On voit combien un bon esprit est susceptible de toute sorte de formes. Ferney était une terre presque dévastée quand notre philosophe l'acquit : il la remit en culture : non seulement il la repeupla, mais il y établit encore quantité de manufacturiers et d'artistes.

Ne rappelons pas, messieurs, trop promptement les causes de notre douleur; laissons encore M. de Voltaire tranquillement à Ferney, et jetons, en attendant, un regard plus attentif et plus réfléchi sur la multitude de ses différentes productions. L'histoire rapporte que Virgile, en mourant, peu satisfait de *l'Énéide*, qu'il n'avait pu autant perfectionner qu'il aurait desiré, voulait la brûler. La longue vie dont jouit M. de Voltaire lui permit de limer et de corriger son poëme de *la Ligue,* et de le porter à la perfection où il est parvenu maintenant sous le nom de *la Henriade.*

[1] Voyez la *Guerre civile de Genève,* tome XII, page 241. B.

Les envieux de notre auteur lui reprochèrent que son poëme n'était qu'une imitation de *l'Énéide ;* et il faut convenir qu'il y a des chants dont les sujets se ressemblent; mais ce ne sont pas des copies serviles. Si Virgile dépeint la destruction de Troie, Voltaire étale les horreurs de la Saint-Barthélemi ; aux amours de Didon et d'Énée, on compare les amours d'Henri IV et de la belle Gabrielle d'Estrées ; à la descente d'Énée aux enfers, où Anchise lui découvre la postérité qui doit naître de lui, l'on oppose le songe d'Henri IV, et l'avenir que saint Louis dévoile en lui annonçant le destin des Bourbons. Si j'osais hasarder mon sentiment, j'adjugerais l'avantage de deux de ces chants au Français : savoir, celui de la Saint-Barthélemi et du songe de Henri IV. Il n'y a que les amours de Didon où il paraît que Virgile l'emporte sur Voltaire, parceque l'auteur latin intéresse et parle au cœur, et que l'auteur français n'emploie que des allégories.

Mais si l'on veut examiner ces deux poëmes de bonne foi, sans préjugés pour les anciens ni pour les modernes, on conviendra que beaucoup de détails de *l'Énéide* ne seraient pas tolérés de nos jours dans les ouvrages de nos contemporains ; comme par exemple les honneurs funèbres qu'Énée rend à son père Anchise, la fable des Harpies, la prophétie qu'elles font aux Troyens qu'ils seront réduits à manger leurs assiettes, et cette prophétie qui s'accomplit; la truie avec ses neuf petits, qui désigne le lieu d'établissement où Énée doit trouver la fin de ses travaux ; ses vaisseaux changés en nymphes; un cerf tué par Ascagne qui occasionne la guerre des Troyens et des Rutules; la haine que les dieux mettent dans le cœur d'Amate et de Lavinie contre cet Énée que Lavinie épouse à la fin. Ce sont peut-être ces défauts, dont Virgile était lui-même mécontent, qui l'avaient déterminé à brûler son ouvrage, et qui, selon le sentiment des censeurs judicieux, doivent placer *l'Énéide* au-dessous de *la Henriade*.

Si les difficultés vaincues font le mérite d'un auteur, il est certain que M. de Voltaire en trouva plus à surmonter que Virgile. Le sujet de *la Henriade* est la réduction de Paris, due à la conversion de Henri IV. Le poëte n'avait donc pas la liberté de mouvoir à son gré le système merveilleux; il était réduit à se borner aux mystères des chrétiens, bien moins féconds en images agréables et pittoresques que n'était la mythologie des gentils. Toutefois on ne saurait lire le dixième chant de *la Henriade* sans convenir que les charmes de la poésie ont le don d'ennoblir tous les sujets qu'elle traite. M. de Voltaire fut le seul mécontent de son poëme; il trouvait que son héros n'était pas exposé à d'assez grands dangers, et que par conséquent il devait intéresser moins qu'Énée, qui ne sort jamais d'un péril sans retomber dans un autre.

En portant le même esprit d'impartialité à l'examen des tragédies de M. de Voltaire, l'on conviendra qu'en quelques points il est supérieur à Racine, et que dans d'autres il est inférieur à ce célèbre dramatique. Son *Œdipe* fut la première pièce qu'il composa; son imagination s'était empreinte des beautés de Sophocle et d'Euripide, et sa mémoire lui rappelait sans cesse l'élégance continue et fluide de Racine : fort de ce double avantage, sa première production passa au théâtre comme un chef-d'œuvre. Quelques censeurs, peut-être trop sourcilleux, trouvèrent à redire qu'une vieille Jocaste sentît renaître à la présence de Philoctète une passion presque éteinte : mais si l'on avait élagué le rôle de Philoctète, on n'aurait pas joui des beautés que produit le contraste de son caractère avec celui d'Œdipe.

On jugea que son *Brutus* était plutôt propre à être représenté sur le théâtre de Londres que sur celui de Paris, parcequ'en France un père qui de sang froid condamne son fils à la mort est envisagé comme un barbare; et qu'en Angleterre un consul qui sacrifie son propre sang à la liberté de sa patrie est regardé comme un dieu.

Sa *Mariamne* et un nombre d'autres pièces signalèrent encore l'art et la fécondité de sa plume. Cependant il ne faut pas déguiser que des critiques, peut-être trop sévères, reprochèrent à notre poëte que la contexture de ses tragédies n'approchait pas du naturel et de la vraisemblance de celles de Racine. Voyez, disent-ils, représenter *Iphigénie*, *Phèdre*, *Athalie*: vous croyez assister à une action qui se développe sans peine devant vos yeux; au lieu qu'au spectacle de *Zaïre* il faut vous faire illusion sur la vraisemblance, et couler légèrement sur certains défauts qui vous choquent. Ils ajoutent que le second acte est un hors-d'œuvre : vous êtes obligé d'endurer le radotage du vieux Lusignan, qui, se retrouvant dans son palais, ne sait où il est ; qui parle de ses anciens faits d'armes comme un lieutenant-colonel du régiment de Navarre, devenu gouverneur de Péronne : on ne sait pas trop comment il reconnaît ses enfants ; pour rendre sa fille chrétienne, il lui raconte qu'elle est sur la montagne où Abraham sacrifia ou voulut sacrifier son fils Isaac au Seigneur ; il l'engage à se faire baptiser, après que Châtillon atteste l'avoir baptisée lui-même ; et c'est là le nœud de la pièce. Après que Lusignan a rempli cet acte froid et languissant, il meurt d'apoplexie, sans que personne s'intéresse à son sort. Il semble, puisqu'il fallait un prêtre et un sacrement pour former cette intrigue, qu'on aurait pu substituer au baptême la communion.

Mais, quelque solides que puissent être ces remarques, on les perd de vue au cinquième acte : l'intérêt, la pitié, la terreur, que ce grand poëte a l'art d'exciter si supérieurement, entraînent l'auditeur, qui, agité de passions aussi fortes, oublie de petits défauts en faveur d'aussi grandes beautés.

On conviendra donc que M. Racine a l'avantage d'avoir quelque chose de plus naturel, de plus vraisemblable dans la texture de ses drames, et qu'il règne une élégance continue, une mollesse, un fluide dans sa versification, dont aucun poëte n'a pu approcher depuis. D'autre part, en exceptant quelques vers trop épiques dans les pièces de M. de Voltaire, il faut convenir qu'au cinquième acte près de *Catilina*, il a possédé l'art d'accroître l'intérêt de scène en scène, d'acte en acte, et de le pousser au plus haut point à la catastrophe : c'est bien là le comble de l'art.

Son génie universel embrassait tous les genres. Après s'être essayé contre Virgile, et l'avoir peut-être surpassé, il voulait se mesurer avec l'Arioste; il composa *la Pucelle* dans le goût du *Roland furieux*. Ce poëme n'est point une imitation de l'autre; la fable, le merveilleux, les épisodes, tout y est original, tout y respire la gaîté d'une imagination brillante.

Ses vers de société fesaient les délices de toutes les personnes de goût. L'auteur seul n'en tenait aucun compte, quoique Anacréon, Horace, Ovide, Tibulle, ni tous les auteurs de la belle antiquité, ne nous aient laissé aucun modèle en ces genres qu'il n'eût égalé. Son esprit enfantait ces ouvrages sans peine; cela ne le satisfesait pas; il croyait que, pour posséder une réputation bien méritée, il fallait l'acquérir en vainquant les plus grands obstacles.

Après vous avoir fait un précis des talents du poëte, passons à ceux de l'historien. L'*Histoire de Charles XII* fut la première qu'il composa; il devint le Quinte-Curce de cet Alexandre. Les fleurs qu'il répand sur sa matière n'altèrent point le fond de la vérité; il peint la valeur brillante du héros du Nord avec les plus vives couleurs, sa fermeté dans de certaines occasions, son obstination en d'autres, sa prospérité, et ses malheurs.

Après avoir éprouvé ses forces sur Charles XII, il essaya de hasarder l'histoire du *Siècle de Louis XIV*. Ce n'est plus le style romanesque de Quinte-Curce qu'il emploie : il y substitua celui de Cicéron, qui, plaidant pour la loi Manilia, fait l'éloge de Pompée. C'est un auteur français qui relève avec enthousiasme les événements fameux de ce beau siècle; qui expose dans le jour le plus brillant les avantages qui donnèrent alors à sa nation une prépondérance sur d'autres peuples, les grands génies en foule qui se trouvèrent sous la main de Louis XIV, le règne des arts et des sciences protégés par une cour polie, les progrès de l'industrie en tout genre, et cette puissance intrinsèque de la France qui rendait en quelque sorte son roi l'arbitre de l'Europe.

Cet ouvrage unique méritait d'attirer à M. de Voltaire l'attachement et la reconnaissance de toute la nation française, qu'il a mieux relevée qu'elle ne l'a été par aucun de ses autres écrivains.

C'est encore un style différent qu'il emploie dans son *Essai sur les mœurs et l'esprit des nations;* le style en est fort et simple; le caractère de son esprit se manifeste plus dans la façon dont il a traité cette histoire que dans ses autres écrits. On y voit la fougue d'un génie supérieur qui voit tout dans le grand, qui s'attache à ce qu'il y a d'important, et néglige tous les petits détails. Cet ouvrage n'est pas composé pour apprendre l'histoire à ceux qui ne l'ont pas étudiée, mais pour en rappeler les faits principaux dans la mémoire de ceux qui la savent. Il s'attache à la première loi de l'histoire, qui est de dire la vérité; et les réflexions qu'il y sème ne sont pas des hors-d'œuvre, elles naissent de la matière même.

Il nous reste une foule d'autres traités de M. de Voltaire qu'il est presque impossible d'analyser. Les uns roulent sur des sujets de critique; dans d'autres ce sont des matières métaphysiques qu'il éclaircit;

dans d'autres encore, d'astronomie, d'histoire, de physique, d'éloquence, de poétique, de géométrie. Ses romans mêmes portent un caractère original : *Zadig*, *Micromégas*, *Candide*, sont des ouvrages qui, semblant respirer la frivolité, contiennent des allégories morales ou des critiques de quelques systèmes modernes, où l'utile est inséparablement uni à l'agréable.

Tant de talents, tant de connaissances diverses réunies en une seule personne, jettent les lecteurs dans un étonnement mêlé de surprise.

Récapitulez, messieurs, la vie des grands hommes de l'antiquité dont les noms nous sont parvenus, vous trouverez que chacun d'eux se bornait à son seul talent. Aristote et Platon étaient philosophes; Eschine et Démosthène, orateurs; Homère, poëte épique; Sophocle, poëte tragique; Anacréon, poëte agréable; Thucydide et Xénophon, historiens; de même que, chez les Romains, Virgile, Horace, Ovide, Lucrèce, n'étaient que poëtes; Tite-Live et Varron, historiens; Crassus, le vieil Antoine, et Hortensius, s'en tenaient à leurs harangues. Cicéron, ce consul orateur, défenseur et père de la patrie, est le seul qui ait réuni des talents et des connaissances diverses : il joignait au grand art de la parole, qui le rendait supérieur à tous ses contemporains, une étude approfondie de la philosophie, telle qu'elle était connue de son temps. C'est ce qui paraît par ses *Tusculanes*, par son admirable traité *de la Nature des Dieux*, par celui des *Offices*, qui est peut-être le meilleur ouvrage de morale que nous ayons. Cicéron fut même poëte; il traduisit en latin les vers d'Aratus, et l'on croit que ses corrections perfectionnèrent le poëme de Lucrèce.

Il nous a donc fallu parcourir l'espace de dix-sept siècles pour trouver, dans la multitude des hommes qui composent le genre humain, le seul Cicéron dont nous puissions comparer les connaissances avec celles de notre illustre auteur. L'on peut dire, s'il m'est permis de m'exprimer ainsi, que M. de Voltaire valait seul toute une académie. Il y a de lui des morceaux où l'on croit reconnaître Bayle armé de tous les arguments de sa dialectique; d'autres, où l'on croit lire Thucydide : ici, c'est un physicien qui découvre les secrets de la nature; là, c'est un métaphysicien qui, s'appuyant sur l'analogie et l'expérience, suit à pas mesurés les traces de Locke. Dans d'autres ouvrages, vous trouvez l'émule de Sophocle; là, vous le voyez répandre des fleurs sur ses traces; ici, il chausse le brodequin comique; mais il semble que l'élévation de son esprit ne se plaisait pas à borner son essor à égaler Térence ou Molière. Bientôt vous le voyez monter sur Pégase, qui, en étendant ses ailes, le transporte au haut de l'Hélicon, où le dieu des muses lui adjuge sa place entre Homère et Virgile.

Tant de productions différentes et d'aussi grands efforts de génie produisirent à la fin une vive sensation sur les esprits; et l'Europe applaudit aux talents supérieurs de M. de Voltaire. Il ne faut pas croire que la jalousie et l'envie l'épargnassent; elles aiguisèrent tous leurs traits pour l'accabler. Cet esprit d'indépendance, inné dans les hommes, qui leur inspire une aversion contre l'autorité la plus légitime, les révoltait avec bien plus d'aigreur contre une supériorité de talents à laquelle leur faiblesse ne put atteindre. Mais les cris de l'envie étaient étouffés par de plus forts applaudissements ; les gens de lettres s'honoraient de la connaissance de ce grand homme. Quiconque était assez philosophe pour n'estimer que le mérite personnel plaçait M. de Voltaire bien au-dessus de ceux dont les ancêtres, les titres, l'orgueil, et les richesses, font tout le mérite. M. de Voltaire était du petit nombre des philosophes qui pouvaient dire : *Omnia mea mecum porto*. Des princes, des souverains, des rois, des impératrices, le comblèrent des marques de leur estime et de leur admiration. Ce n'est pas que nous prétendions insinuer que les grands de la terre soient les meilleurs appréciateurs du mérite, mais cela prouve au moins que la réputation de notre auteur était si généralement établie, que les chefs des peuples, loin de contredire la voix publique, croyaient devoir s'y conformer.

Cependant, comme dans ce monde le mal se trouve partout mêlé au bien, il arrivait que M. de Voltaire, sensible à l'applaudissement universel dont il jouissait, ne l'était pas moins aux piqûres de ces insectes qui croupissent dans les fanges de l'Hippocrène. Loin de les punir, il les immortalisait en plaçant leurs noms obscurs dans ses ouvrages. Mais il ne recevait d'eux que des éclaboussures légères, en comparaison des persécutions plus violentes qu'il eut à souffrir des ecclésiastiques, qui, par état, n'étant que des ministres de paix, n'auraient dû pratiquer que la charité et la bienfesance : aveuglés par un faux zèle autant qu'abrutis par le fanatisme, ils s'acharnèrent sur lui, et voulurent l'accabler en le calomniant. Leur ignorance fit échouer leur projet; faute de lumières, ils confondaient les idées les plus claires; de sorte que les passages où notre auteur insinue la tolérance furent interprétés par eux comme contenant les dogmes de l'athéisme. Et ce même Voltaire, qui avait employé toutes les ressources de son génie pour prouver avec force l'existence d'un Dieu, s'entendit accuser, à son grand étonnement, d'en avoir nié l'existence.

Le fiel que ces ames dévotes répandirent si maladroitement sur lui trouva des approbateurs chez les gens de leur espèce, et non pas chez ceux qui avaient la moindre teinture de dialectique. Son crime véritable consistait en ce qu'il n'avait pas lâchement déguisé dans son histoire les vices de tant de pontifes qui ont déshonoré l'Église; de ce qu'il avait dit avec Fra-Paolo, avec Fleury, et tant d'autres, que souvent les passions influent plus sur la conduite des prêtres que l'inspiration du Saint-Esprit; que dans ses ouvrages il inspire de l'horreur contre ces massacres abominables qu'un faux zèle a fait commettre, et qu'enfin il traitait avec mépris ces querelles inintelligibles et frivoles auxquelles les théologiens de toute secte attachent tant d'importance. Ajoutons à ceci, pour achever ce tableau, que tous les ouvrages de M. de Voltaire se débitaient aussitôt qu'ils sortaient de la presse, et que, dans ce même temps, les évêques voyaient avec un saint dépit leurs mandements rongés des vers, ou pourrir dans les boutiques de leurs libraires.

Voilà comme raisonnent des prêtres imbéciles. On leur pardonnerait leur bêtise, si leurs mauvais syllogismes n'influaient pas sur le repos des particuliers : tout ce que la vérité oblige de dire, c'est qu'une aussi fausse dialectique suffit pour caractériser ces êtres vils et méprisables qui, fesant profession de captiver leur raison, font ouvertement divorce avec le bon sens.

Puisqu'il s'agit ici de justifier M. de Voltaire, nous ne devons dissimuler aucune des accusations dont on le chargea. Les cagots lui imputèrent donc encore d'avoir exposé les sentiments d'Épicure, de Hobbes, de Woolston, du lord Bolingbroke, et d'autres philosophes. Mais n'est-il pas clair que, loin de fortifier ces opinions par ce que tout autre y aurait pu ajouter, il se contente d'être le rapporteur d'un procès dont il abandonne la décision à ses lecteurs? Et de plus, si la religion a pour fondement la vérité, qu'a-t-elle à appréhender de tout ce que le mensonge peut inventer contre elle? M. de Voltaire en était si convaincu, qu'il ne croyait pas que les doutes de quelques philosophes pussent l'emporter sur les inspirations divines.

Mais allons plus loin, comparons la morale répandue dans ses ouvrages à celle de ses persécuteurs: Les hommes doivent s'aimer comme des frères, dit-il; leur devoir est de s'aider mutuellement à supporter le fardeau de la vie, où la somme des maux l'emporte sur celle des biens; leurs opinions sont aussi différentes que leurs physionomies; loin de se persécuter, parcequ'ils ne pensent pas de même, ils doivent se borner à rectifier le jugement de ceux qui sont dans l'erreur, par le raisonnement, sans substituer aux arguments le fer et les flammes; en un mot, ils doivent se conduire envers leur prochain comme ils voudraient qu'il en usât envers eux. Est-ce M. de Voltaire qui parle? ou est-ce l'apôtre saint Jean, ou est-ce le langage de l'Évangile?

Opposons à ceci la morale pratique de l'hypocrisie ou du faux zèle; elle s'exprime ainsi : Exterminons ceux qui ne pensent pas ce que nous voulons qu'ils pensent, accablons ceux qui dévoilent notre ambition et nos vices; que Dieu soit le bouclier de nos iniquités, que les hommes se déchirent, que le sang coule, qu'importe, pourvu que notre autorité s'accroisse? Rendons Dieu implacable et cruel, pour que la recette des douanes du purgatoire et du paradis augmente nos revenus.

Voilà comme la religion sert souvent de prétexte aux passions des hommes, et comme par leur perversité la source la plus pure du bien devient celle du mal!

La cause de M. de Voltaire étant aussi bonne que nous venons de l'exposer, il emporta les suffrages de tous les tribunaux où la raison était plus écoutée que les sophismes mystiques. Quelque persécution qu'il endurât de la haine théologale, il distingua toujours la religion de ceux qui la déshonorent; il rendait justice aux ecclésiastiques dont les vertus ont été le véritable ornement de l'Église; il ne blâmait que ceux dont les mœurs perverses les rendirent l'abomination publique.

M. de Voltaire passa donc ainsi sa vie entre les persécutions de ses envieux et l'admiration de ses enthousiastes, sans que les sarcasmes des uns l'humiliassent, et que les applaudissements des autres accrussent l'opinion qu'il avait de lui-même; il se contentait d'éclairer le monde, et d'inspirer par ses ouvrages l'amour des lettres et de l'humanité. Non content de donner des préceptes de morale, il prêchait la bienfesance par son exemple. Ce fut lui dont l'appui courageux vint au secours de la malheureuse famille des Calas; qui plaida la cause des Sirven, et les arracha des mains barbares de leurs juges; il aurait ressuscité le chevalier de La Barre, s'il avait eu le don des miracles. Il est beau qu'un philosophe, du fond de sa retraite, élève sa voix, et que l'humanité, dont il est l'organe, force les juges à réformer des arrêts iniques. Si M. de Voltaire n'avait par-devers lui que cet unique trait, il mériterait d'être placé parmi le petit nombre des véritables bienfaiteurs de l'humanité.

La philosophie et la religion enseignent donc de concert le chemin de la vertu. Voyez lequel est le plus chrétien, ou le magistrat qui force cruellement une famille à s'expatrier, ou le philosophe qui la recueille et la soutient; le juge qui se sert du glaive de la loi pour assassiner un étourdi, ou le sage qui veut sauver la vie du jeune homme pour le corriger; le bourreau de Calas, ou le protecteur de sa famille désolée?

Voilà, messieurs, ce qui rendra la mémoire de M. de Voltaire à jamais chère à ceux qui sont nés avec un cœur sensible et des entrailles capables de s'émouvoir. Quelque précieux que soient les dons de l'esprit, de l'imagination, l'élévation du génie, et les vastes connaissances, ces présents, que la nature ne prodigue que rarement, ne l'emportent cependant jamais sur les actes de l'humanité et de la bienfesance; on admire les premiers, et l'on bénit et vénère les seconds.

Quelque peine que j'aie, messieurs, de me séparer à jamais de M. de Voltaire, je sens cependant que le moment approche où je dois renouveler la douleur que vous cause sa perte. Nous l'avons laissé tranquille à Ferney; des affaires d'intérêt l'engagèrent à se transporter à Paris, où il espérait venir encore assez à temps pour sauver quelques débris de sa fortune d'une banqueroute dans laquelle il se trouvait enveloppé. Il ne voulut pas reparaître dans sa patrie les mains vides; son temps, qu'il partageait entre la philosophie et les belles-lettres, fournissait un nombre d'ouvrages dont il avait toujours quelques uns en réserve: ayant composé une nouvelle tragédie dont Irène est le sujet, il voulut la produire sur le théâtre de Paris.

Son usage était d'assujettir ses pièces à la critique la plus sévère, avant de les exposer en public. Conformément à ses principes, il consulta à Paris tout ce qu'il y avait de gens de goût de sa connaissance, sacrifiant un vain amour-propre au désir de rendre ses travaux dignes de la postérité. Docile aux avis éclairés qu'on lui donna, il se porta avec un zèle et une ardeur singulière à la correction de cette tragédie; il passa des nuits entières à refondre son ouvrage; et, soit pour dissiper le sommeil, soit pour ranimer ses sens, il fit un usage immodéré du café : cinquante tasses[1] par jour lui suffirent à peine. Cette liqueur, qui mit son sang dans la plus violente agitation, lui causa un échauffement si prodigieux, que, pour calmer cette espèce de fièvre chaude, il eut recours aux opiates, dont il prit de si fortes doses, que, loin de soulager son mal, elles accélérèrent sa fin. Peu après ce remède pris avec si peu de ménagement, se manifesta une espèce de paralysie qui fut suivie du coup d'apoplexie qui termina ses jours.

Quoique M. de Voltaire fût d'une constitution faible; quoique le chagrin, le souci, et une grande application, aient affaibli son tempérament, il poussa pourtant sa carrière jusqu'à la quatre-vingt-quatrième année. Son existence était telle qu'en lui l'esprit l'emportait en tout sur la matière. C'était une ame forte qui communiquait sa vigueur à un corps presque diaphane : sa mémoire était étonnante, et il conserva toutes les facultés de la pensée et de l'imagination

---

[1] A la séance de l'académie française où Voltaire lut le plan d'un dictionnaire (voyez tome L, page 582), il prit, en cinq fois, deux tasses et demie de café. « On a induit le roi de Prusse en erreur, ajoute Wagnière; et j'ai eu l'honneur de le dire à sa majesté » (voy. page 153 du tome 1er des *Mémoires sur Voltaire*, 1826; deux volumes in-8°). B.

jusqu'à son dernier soupir. Avec quelle joie vous rappellerai-je, messieurs, les témoignages d'admiration et de reconnaissance que les Parisiens rendirent à ce grand homme durant son dernier séjour dans sa patrie! Il est rare, mais il est beau que le public soit équitable, et qu'il rende justice de leur vivant à ces êtres extraordinaires que la nature ne se complaît de produire que de loin en loin, afin qu'ils recueillent de leurs contemporains mêmes les suffrages qu'ils sont sûrs d'obtenir de la postérité!

L'on devait s'attendre qu'un homme qui avait employé toute la sagacité de son génie à célébrer la gloire de sa nation en verrait rejaillir quelques rayons sur lui-même: les Français l'ont senti, et, par leur enthousiasme, ils se sont rendus dignes de partager le lustre que leur compatriote a répandu sur eux et sur le siècle. Mais croirait-on que ce Voltaire, auquel la profane Grèce aurait élevé des autels, qui eût eu dans Rome des statues, auquel une grande impératrice [1], protectrice des sciences, voulait ériger un monument à Pétersbourg; qui croira, dis-je, qu'un tel être pensa manquer dans sa patrie d'un peu de terre pour couvrir ses cendres? Eh quoi! dans le dix-huitième siècle, où les lumières sont plus répandues que jamais, où l'esprit philosophique a tant fait de progrès, il se trouve des hiérophantes plus barbares que les Hérules, plus dignes de vivre avec les peuples de la Taprobane qu'au milieu de la nation française! Aveuglés par un faux zèle, ivres de fanatisme, ils empêchent qu'on ne rende les derniers devoirs de

[1] Catherine II survécut vingt ans à cet éloge. B.

l'humanité à un des hommes les plus célèbres que jamais la France ait portés. Voilà cependant ce que l'Europe a vu avec une douleur mêlée d'indignation.

Mais, quelle que soit la haine de ces frénétiques, et la lâcheté de leur vengeance de s'acharner ainsi sur des cadavres, ni les cris de l'envie, ni leurs hurlements sauvages, ne terniront la mémoire de Voltaire. Le sort le plus doux qu'ils peuvent attendre est qu'eux et leurs vils artifices demeurent ensevelis à jamais dans les ténèbres de l'oubli; tandis que la mémoire de Voltaire s'accroîtra d'âge en âge, et transmettra son nom à l'immortalité.

FIN DE L'ÉLOGE DE VOLTAIRE PAR LE ROI DE PRUSSE.

ÉLOGE

DE VOLTAIRE

PAR M. DE LA HARPE,

DE L'ACADÉMIE FRANÇAISE [1].

> Cujus gloriæ neque profuit quisquam laudando,
> nec vituperando quisquam nocuit. (Tit. Liv.)

Heureux, sans doute, celui qui n'aura pas attendu pour célébrer le génie que les hommages qu'on lui doit ne puissent plus s'adresser qu'à des cendres insensibles ; celui qui s'est acquis le droit de lui rendre témoignage devant la postérité, après avoir osé le lui rendre en présence de l'envie ! Heureux encore jusque dans ce devoir douloureux le panégyriste et

---

[1] On n'a presque point mis de notes à ce discours, précisément parcequ'il en comportait trop. Tout le personnel de M. de Voltaire, sa vie, qui tient à tout, son histoire littéraire si fertile en événements, l'examen réfléchi de ses innombrables ouvrages, la foule d'anecdotes et de commentaires dont ils sont susceptibles, tous ces objets si étendus et si intéressants auraient été morcelés dans des notes, et sont réservés pour un autre cadre, dans lequel ils occuperont un juste espace. Les personnes dont la curiosité empressée chercherait ici ces détails doivent songer que la nature de l'ouvrage devait les exclure, et qu'il ne fallait pas que l'orateur empiétât sur le critique, ni le panégyriste sur l'historien. (*Avertissement de l'auteur*.)

— La première édition de l'*Éloge de Voltaire*, par La Harpe, est de 1780. Cet ouvrage n'a été composé pour aucun concours ; mais l'auteur en avait lu des fragments dans une séance de l'académie française, du 20 décembre 1779. B.

l'ami d'un grand homme, si, en approchant de son tombeau (quel qu'il soit, hélas!), il peut dire: « La « louange que je t'ai offerte a toujours été pure; ja- « mais elle ne fut ni souillée par l'intérêt, ni exagé- « rée par la complaisance; et comme l'adulation n'y « ajouta rien tant que tu as vécu, l'équité n'en retran- « chera rien quand tu n'es plus! »

Je vais parcourir cette longue suite de travaux qui ont rempli la vie de Voltaire. L'éclat de ses talents paraîtra s'augmenter de celui de ses succès, et l'intérêt qu'ils inspirent s'accroîtra par les contradictions qu'ils ont éprouvées. Cet homme extraordinaire s'agrandira encore plus à nos yeux par cette influence si marquée qu'il a eue sur son siècle, et qui s'étendra dans la postérité. En considérant sa destinée, nous aurons lieu quelquefois de plaindre celui qu'il faudra si souvent admirer; nous reconnaîtrons le sort de l'humanité dans l'homme qui s'est le plus élevé au-dessus d'elle. Ce tableau du génie, fait pour rassembler tant de leçons et tant d'exemples, montrera tout ce qu'il peut obtenir de gloire et rencontrer d'obstacles; et, en voyant tout ce qu'il peut avoir à souffrir, peut-être on sentira davantage tout ce qu'il faut lui pardonner.

PREMIÈRE PARTIE.

Il était passé ce siècle que l'on peut appeler celui de la France, puisqu'il fut l'époque de nos grandeurs, et qu'il a gardé le nom d'un de nos monarques. Déjà commençait à pâlir cette lumière des arts qui s'était levée au milieu de nous et répandue dans l'Europe; ses clartés les plus brillantes s'étaient toutes éteintes dans la nuit de la tombe. La mort avait frappé les héros, les artistes, les écrivains. Fénelon avait fini ses jours dans l'exil; la cendre de Molière n'avait trouvé qu'à peine où reposer obscurément; Corneille avait survécu quinze ans à son génie; Racine avait lui-même marqué un terme au sien; et, enlevé avant le temps, il n'avait rempli ni toute la carrière de son talent, ni celle de la vie. Deux hommes seuls alors pouvaient rappeler encore la splendeur de cet âge qui venait de finir. On eût dit que Rousseau avait hérité de Despréaux même la science si difficile d'écrire en vers. L'ame tragique de Crébillon, après avoir jeté quelques lueurs sombres dans *Atrée*, et les plus beaux traits de lumière dans *Électre*, s'était enfin élevée dans *Rhadamiste* aux plus grands effets de l'art; mais, après cet effort, il était tombé au-dessous de lui-même, il ne donnait plus que *Sémiramis* et *Xerxès*; et Rousseau, sur nos frontières, corrompant de plus en plus son style, semblait avoir quitté le Parnasse en quittant la France; lorsqu'*OEdipe* et *la Henriade*, qui se suivirent de près, annoncèrent au monde littéraire le véritable héritier du grand siècle, celui qui devait être l'ornement du nôtre, et qui, remarquable par la hardiesse de ses premiers pas, s'ouvrait déjà plus d'un chemin vers la gloire.

La nature, que nous voulons en vain assujettir à l'uniformité de nos calculs, et qui se plaît si souvent à les démentir par la diversité de ses procédés; la nature, en produisant des grands hommes, sait varier ses moyens autant que leurs caractères. Tantôt elle les mûrit à loisir dans le silence et l'obscurité; et les humains, levant les yeux avec surprise, aperçoivent tout-à-coup à une hauteur immense celui qu'ils ont vu long-temps à côté d'eux; tantôt elle marque le génie naissant d'un trait de grandeur qui est pour lui comme le signe de sa mission, et alors elle semble dire aux hommes, en le leur donnant: Voilà votre maître. C'est avec cet éclat qu'elle montra Voltaire au monde. Destiné à être extraordinaire en tout, il le fut dès son enfance; et, par un double privilége, son esprit était mûr dès ses premières années, comme il fut jeune dans ses dernières. A peine eut-il fait des vers, qu'ils parurent être la langue qui lui appartenait. A peine eut-il reçu quelques leçons de ses maîtres, qu'ils le crurent capable d'en donner. La force de son jugement l'élevait déjà au-dessus de ses contemporains, lorsqu'à dix-huit ans il conçut, malgré l'exemple de Corneille et la contagion générale, que l'amour ne devait point se mêler aux horreurs du sujet d'*OEdipe*; et, s'il fut forcé de céder au préjugé, le courage qu'il eut de se condamner sur cette faute involontaire était une nouvelle espèce de gloire, celle de l'homme supérieur, qui instruit les autres en se jugeant lui-même. C'était quelque chose sans doute de l'emporter sur un ouvrage que défendait le nom de Corneille; mais qu'il était beau surtout de balancer Sophocle dans l'un de ses chefs-d'œuvre; d'annoncer, dès le premier moment, ce goût des beautés antiques que Racine n'eut qu'après plusieurs essais; enfin de posséder de si bonne heure le grand art de l'éloquence tragique! Tout se réunit alors pour faire de ce brillant coup d'essai le présage des plus hautes destinées : Corneille vaincu, Sophocle égalé, la scène française relevée, l'envie déjà avertie et poussant un long cri, comme le monstre qui a senti sa proie; la voix des hommes justes nommant un successeur à Racine; enfin, au milieu de tant d'honneurs, le jeune auteur s'élevant, par l'aveu de ses fautes, au-dessus de son propre ouvrage et à la hauteur de l'art.

La muse de l'épopée avait paru jusque là nous être encore étrangère; et même dans ce siècle mémorable, où il semblait que la gloire n'eût rien à refuser à Louis XIV et à la France, c'était la seule exception qu'elle eût mise à ses faveurs. On en accusait à-la-fois et le génie de notre langue et celui de notre nation. Voltaire conçut à vingt ans le projet de venger l'un et l'autre. Cette heureuse audace de la jeunesse, qu'animait encore en lui le sentiment de ses forces, ne fut point épouvantée par tant d'exemples faits pour le décourager. Au milieu de toutes les voix du préjugé qui lui criaient, Arrête, il entendit la voix plus impérieuse et plus forte du talent créateur, qui lui criait, Ose; et, guidé par cet instinct irrésistible qui repousse la réflexion timide, il s'abandonna sans crainte sur une mer inconnue, dont on ne racontait que des naufrages. Il trouva cette terre ignorée où nul Français n'était abordé avant lui; et tandis qu'on répétait encore de toute part que nous n'étions pas faits pour l'épopée, la France avait un poëme épique.

Je sais que la critique s'est élevée contre le choix d'un sujet trop voisin de nous pour permettre à l'auteur la ressource séduisante des fictions. On a dit, et non sans fondement, que pour nous l'épopée doit être placée dans ce favorable éloignement, dans cette perspective magique d'où naît l'illusion de tous les arts; que la muse épique ne doit nous apparaître que dans le lointain, couverte du voile des allégories, entourée du cortége des fables, ainsi que d'un nuage religieux; d'où sa voix semble sortir plus imposante et plus majestueuse, comme ces divinités antiques, cachées dans la sombre horreur des forêts, semblaient plus augustes et plus vénérables, à mesure qu'on les adorait de plus loin.

Je ne rejetterai point ces idées fondées sur le pouvoir de l'imagination; mais aussi quel Français peut reprocher à Voltaire d'avoir choisi Henri IV pour son héros? N'eut-il pas, au moins pour ses concitoyens, le mérite si précieux d'avoir chanté le seul de leurs rois dont la gloire soit devenue pour ainsi dire populaire? n'eut-il pas, pour les connaisseurs de toutes les nations, cet autre mérite si rare de suppléer par des beautés nouvelles à celles qui lui étaient interdites? C'est là qu'il déclare à la tyrannie, aux préjugés, à la superstition, au fanatisme, cette haine inexpiable, cette guerre généreuse qui n'admit jamais ni traité ni trève, et qui n'a eu de terme que celui de sa vie. Pour la première fois l'humanité entendit plaider sa cause en beaux vers, et vit ses intérêts confiés à l'éloquence poétique. Celle-ci avait plus d'une fois consacré dans Louis XIV les victoires remportées sur le monstre de l'hérésie, victoires trop souvent déshonorées par la violence, et que la religion même a pleurées : Voltaire lui apprit à célébrer d'autres triomphes, ceux de la raison sur le monstre de l'intolérance : triomphes purs, et qui ne coûtent de larmes qu'aux ennemis du genre humain.

Des vérités d'un autre ordre ont paru dans ce même ouvrage revêtues des couleurs de la poésie. Uranie s'est étonnée de parler la même langue que Calliope. Ce n'était pas Lucrèce chantant les erreurs d'Épicure ; c'étaient les grands secrets de la nature, long-temps inconnus et récemment découverts, tracés dans le style de l'épopée avec autant d'exactitude qu'ils auraient pu l'être sous le compas de la philosophie[1]. Dans le même temps, et par un effet de la

---

[1] Lorsque, dans *les Muses rivales*, je fis dire à Uranie, en parlant de Voltaire :

    J'empruntai de ses vers la parure pompeuse ;
    Je parus étalant des vêtements nouveaux,
    Et gardant, sous les traits dont m'ornaient ses pinceaux,
        Une beauté majestueuse,
    Je ne dus qu'à lui seul ces brillants attributs.
        C'est par lui que la poésie
    Fit entendre des sons aux mortels inconnus,
        Et que le voile d'Uranie
        Devint l'écharpe de Vénus.

M. Marmontel (à qui d'ailleurs je ne dois que des remerciements du compte très avantageux qu'il rendit de la pièce dans le *Mercure*) observa que *l'éloge était trop exclusif, et que Lucrèce et Pope, avant Voltaire, avaient fait parler Uranie en beaux vers*. La remarque serait juste, s'il eût été question de vérités morales et métaphysiques. Elles ont été traitées par Pope d'une manière supérieure ; mais il est ici question du système de Newton, et par conséquent de physique. Il est vrai que Lucrèce a mis en vers celle d'Épicure ; mais cette philosophie erronée ne lui a guère fourni que des vers durs et raboteux ; et son poëme ne serait point au rang des monuments précieux de l'antiquité, s'il n'y eût joint des morceaux de poésie morale ou

même magie, il chantait en vers sublimes les merveilles révélées à Newton, le principe universel qui meut et attire les corps, la grande révolution des mondes dans la carrière de l'espace et de la durée. Il étalait, sous des pinceaux avant lui inconnus aux muses, l'éclatant tissu de la robe du soleil et les rayons de sa lumière[1]; et cette poésie était sans modèle,

---

descriptive qui en ont fait le mérite. Au contraire, dans *la Henriade*, c'est une beauté absolument neuve que le système planétaire de Copernic et l'attraction de Newton, détaillés en très beaux vers, et avec des expressions exactes, en même temps que magnifiques :

> Dans le centre éclatant de ces orbes immenses,
> Qui n'ont pu nous cacher leur marche et leurs distances,
> Luit cet astre du jour par Dieu même allumé,
> Qui tourne autour de soi sur son axe enflammé.
> De lui partent sans fin des torrents de lumière ;
> Il donne en se montrant la vie à la matière,
> Et dispense les jours, les saisons, et les ans,
> A des mondes divers autour de lui flottants.
> Ces astres, asservis à la loi qui les presse,
> S'attirent dans leur course, et s'évitent sans cesse;
> Et, servant l'un à l'autre et de règle et d'appui,
> Se prêtent les clartés qu'ils reçoivent de lui.
> Par-delà tous les cieux le Dieu des cieux réside, etc.

C'est là sans doute mêler le sublime de la poésie aux principes de la plus saine physique; et qui a eu ce mérite avant Voltaire? Ce mérite se trouve à un degré encore plus étonnant dans le discours en vers adressé à madame du Châtelet, à la tête des *Éléments* de Newton. Il n'y a point de morceau pareil dans aucune langue connue. (*Note de l'auteur.*)

[1] Voyez, dans la dédicace des *Éléments de Newton*, citée ci-dessus, ces vers admirables :

> Il découvre à mes yeux, par une main savante,
> De l'astre des saisons la robe étincelante :
> L'émeraude, l'azur, le pourpre, le rubis,
> Sont l'immortel tissu dont brillent ses habits.
> Chacun de ses rayons, dans sa substance pure,
> Porte en soi les couleurs dont se peint la nature ;
> Et, confondus ensemble, ils éclairent nos yeux,
> Ils animent le monde, ils remplissent les cieux.

(*Note de l'auteur.*)

comme les découvertes de Newton étaient sans exemple.

Avec des beautés si neuves et si frappantes, avec l'intérêt attaché au nom du héros, avec un style toujours élégant et harmonieux, tour-à-tour plein de force ou de charme, faut-il s'étonner que la *Henriade*, quoique destituée de l'ancienne mythologie, ait triomphé de toutes les attaques, se soit encore affermie par le temps dans l'opinion des connaisseurs, et soit devenue un ouvrage national? L'honneur d'avoir fait le seul poëme épique dont notre langue se glorifie n'est peut-être pas encore la récompense la plus flatteuse que l'auteur ait obtenue. Il eut le plaisir de voir que son ouvrage avait ajouté quelque chose à cet amour si vrai que les Français gardent à la mémoire du meilleur de leurs rois. On s'est accoutumé à joindre ensemble les noms du poëte et du héros. Quel honorable assemblage! et n'est-ce pas une immortalité bien douce que celle qu'on partage avec Henri IV?

Mais s'il était difficile d'atteindre le premier parmi nous jusqu'à l'épopée, il l'était peut-être encore plus de trouver une place parmi les deux fondateurs et les deux maîtres de la scène française, qui semblaient n'y pouvoir plus admettre que des disciples, et non pas des concurrents. L'opinion, aussi empressée à resserrer les limites des arts que le génie est ardent à les reculer, si prompte à donner des rivaux aux grands hommes vivants, mais, dès qu'ils ne sont plus, si lente à leur reconnaître des successeurs; l'opinion, qui s'assied comme un épouvantail à l'entrée du champ où le talent va s'élancer, oppose à ses premiers pas une barrière qui lui coûte souvent plus à renverser que la carrière ne lui coûte ensuite à parcourir. Rien n'était plus à respecter que l'admiration qui consacrait les noms de Corneille et de Racine; mais rien n'était plus à craindre que le préjugé qui renfermait dans la sphère de leurs travaux l'étendue de l'art dramatique. Quelque difficulté qu'il y ait à revenir sur un sujet presque épuisé, la gloire du grand homme que je célèbre m'oblige de jeter un coup d'œil sur ceux qui l'ont précédé. Comment pourrai-je retracer ce qu'a fait Voltaire, sans rappeler ce qui a été fait avant lui? Comment mesurer ses pas dans la lice, sans y rechercher les traces de ses prédécesseurs?

Écartons d'abord ces préventions générales, si vaguement conçues et si légèrement adoptées; ces idées si exagérées de l'influence des mœurs et du siècle sur les fruits du génie, qui lui-même en eut toujours une bien plus marquée sur ce qui l'environnait, et qui est plus fait pour donner la loi que pour la recevoir. Je conçois sans peine que la lecture d'un écrivain tel que Corneille, la représentation de ses tragédies, ait accoutumé la classe la plus choisie de ses concitoyens à penser et à parler avec noblesse; que Racine leur ait appris à mettre plus de délicatesse et de pureté dans leurs sentiments et dans leurs expressions; mais je ne crois point que les troubles de la Fronde aient fait naître la tragédie de *Cinna*[1];

---
[1] Il serait inutile de dissimuler que ces idées, qui me paraissent dénuées de fondement, ont été renouvelées dans le discours de M. Ducis, d'ailleurs

que les chansons contre Mazarin aient éveillé le talent qui a produit *les Horaces*, ni qu'il y eût rien de commun entre les harangues du coadjuteur et les scènes de Sévère et de Pauline.

Je ne crois pas davantage que la cour de Louis XIV ait mis dans la main de Racine le pinceau qui a tracé la cour de Néron ; que les faiblesses d'un grand roi, les intrigues de ses maîtresses et de ses favoris, l'esprit de ses courtisans, aient inspiré la muse qui a peint les égarements de Phèdre, les fureurs d'Hermione, et la vertu de Burrhus; et si le faible sujet de *Bérénice* fut traité pour plaire à une princesse

rempli de beautés supérieures. En lui rendant toute la justice qu'il mérite, et que je lui ai déjà rendue ailleurs, je crois pouvoir observer, pour l'intérêt de la vérité, que les définitions qu'il trace du talent tragique de Corneille, de Racine, de Crébillon, sont plus subtiles que réfléchies, et plus brillantes que solides. « Corneille, dit-il, fit la tragédie de sa nation... Racine fit la tragédie de la cour de Louis XIV; Crébillon fit la tragédie de son caractère et de son génie. » Ces résultats peuvent paraître éblouissants; mais n'est-ce pas plutôt une recherche d'antithèses qu'un jugement sain et motivé? Quel rapport y a-t-il entre la nation française, même du temps de Corneille, et le génie de cet écrivain? et comment l'un aurait-il déterminé le caractère de l'autre? N'a-t-on pas dit, avec beaucoup de justesse, qu'il semblait que Corneille fût né Romain, et qu'il eût écrit à Rome? et dans quel temps les Français ont-ils ressemblé aux Romains? Quoi! c'est aux inconséquences, aux folies, aux ridicules de la Fronde, que nous serions redevables de *Cinna* et des *Horaces!* Trouverait-on le rapport le plus éloigné entre le caractère de ces compositions mâles et sublimes, et l'esprit léger et follement factieux des Français de ce temps-là? Comment cette fermentation passagère, cette épidémie politique, qui ne dura qu'un moment, et qui fut remplacée aussitôt par l'idolâtrie prodiguée à Louis XIV, aurait-elle décidé le genre de tragédie qu'a choisi Corneille, Corneille qui, pendant longtemps, ne fit qu'imiter les Espagnols, et qui, depuis *Cinna* jusqu'à *Agésilas*, eut constamment la même trempe de génie, la même tournure d'idées et de style, à des époques très différentes? Est-il plus vraisemblable que Racine n'ait écrit que pour la cour de Louis XIV, Racine, nourri de la lecture des anciens, idolâtre des Grecs, évidemment formé par eux, épris

aimable et malheureuse[1], souvenons-nous que le sévère Corneille eut la même condescendance, bien plus dangereuse pour lui que pour son jeune et fortuné rival.

Revenons donc à la vérité, et ne voyons surtout dans les ouvrages des grands écrivains que la trempe de leur caractère, qui toujours détermina plus ou moins celle de leur génie. Avec une ame élevée et une conception forte, Corneille donna à la tragédie française l'énergie de ses sentiments et de ses idées. Le sublime de la pensée fut sa qualité distinctive;

d'Euripide et de Sophocle, comme Corneille l'était de Lucain et de Sénèque; entraîné par la pureté de son goût vers les peintres de la nature, comme Corneille l'était, par son caractère, vers tout ce qui était grand, ou ressemblait à la grandeur? Comment d'ailleurs se permet-on de rétrécir à ce point la sphère d'un esprit tel que celui de Racine? Quoi! *Andromaque, Phèdre, Iphigénie, Athalie,* ces chefs-d'œuvre faits pour toutes les nations éclairées, ne seraient que les *tragédies de la cour de Louis XIV!* Et pourquoi n'accorderait-on pas à Racine ce qu'on donne à Crébillon? Celui-ci, dit-on, *fit la tragédie de son caractère et de son génie.* Je n'examine point si cette manière de parler est bien exacte; j'entends ce que l'auteur a voulu dire, et cela me suffit. Oui sans doute Crébillon a puisé ses ouvrages dans son génie, et leur a donné la teinte de son caractère; et en cela il a fait comme Racine et Corneille; et Voltaire a fait comme tous les trois. Voilà la vérité, et M. Ducis l'a reconnue lui-même, lorsqu'il rappelle, dans un autre endroit de son discours, ce principe généralement admis par tous ceux qui ont réfléchi sur les arts, que « le caractère particulier que leur imprime « un grand homme dépend toujours de l'empreinte originale et primitive « qu'il a reçue des mains de la nature. »

Au reste, je le répète, forcé de combattre en ce point un de mes confrères dont j'honore le plus les talents, si je le contredis sur des idées essentielles au sujet que je traite, je ne puis m'en consoler qu'en le remerciant encore de l'extrême plaisir que m'a fait son discours, qui m'aurait fait tomber la plume des mains, si cet ouvrage n'avait été, pour ainsi dire, voué d'avance à la mémoire d'un grand homme, à qui même je fais de cette manière un sacrifice de plus, celui de mon amour-propre. (*Note de l'auteur.*)

[1] Henriette d'Angleterre; voyez tome XXXVI, page 384. B.

l'abus du raisonnement fut son défaut principal. Ainsi l'expression de la grandeur, la noblesse des caractères, la précision du dialogue, cette espèce de force qui consiste à suivre le jeu compliqué d'une multitude de ressorts, comme dans *Héraclius* et *Rodogune*; cette autre force beaucoup plus heureuse, qui amène de grands effets par des moyens simples, comme dans *Cinna* et *les Horaces*: voilà le genre de mérite qu'il signala sur le théâtre dont il fut le père. Racine, né avec une imagination tendre et flexible, l'esprit le plus juste, le goût le plus délicat, nous offrit la peinture la plus vraie et la plus approfondie de nos passions. Il régna surtout par le charme d'un style dont un siècle entier n'a pas encore suffi à découvrir toutes les beautés. Il renouvela dans l'art des vers cette perfection qui, avant lui, n'avait été connue que de Virgile; et, joignant la sagesse du plan à celle des détails, il est demeuré le modèle des écrivains.

Je m'écarte encore ici des sentiers battus; et, malgré la coutume et le préjugé, je n'associerai point aux deux hommes rares qui se partageaient la scène avant Voltaire un écrivain qui eut du génie sans doute, puisqu'il a fait *Rhadamiste*, mais que trop de défauts excluent du rang des maîtres de l'art; et je ne parlerai de Crébillon que lorsque, racontant les injustices de l'envie, je rappellerai les rivaux trop faibles qu'elle se fit un jeu cruel d'opposer tour-à-tour à celui qui n'eut plus de rival, du moment où il eut donné *Zaïre*.

Mais avant de parvenir à cette époque, qui est celle

de sa plus grande force, observons ce qui l'arrêta dans ses premiers efforts, et ce que le caractère et le bonheur de son talent lui permirent d'ajouter à un art déjà porté si haut avant lui.

Tout écrivain est d'abord plus ou moins entraîné par tout ce qui l'a précédé. Cette admiration sensible pour les vraies beautés, si prompte et si vive dans ceux qui sont faits pour en produire eux-mêmes, les conduit de l'enthousiasme à l'imitation; et c'est le premier hommage que rend aux grands hommes celui qui est né pour les remplacer. Un peintre prend d'abord la touche de son maître, avant d'en avoir une qui lui soit propre; et les plus fameux écrivains ont suivi des modèles avant d'en servir. Molière commença par nous apporter les dépouilles du théâtre italien, avant d'élever sur le nôtre des monuments tels que *le Tartufe* et *le Misanthrope.* Corneille, déjà si grand dans *le Cid,* était cependant encore l'imitateur des Espagnols, avant d'avoir produit les compositions originales de *Cinna* et des *Horaces,* marquées de l'empreinte d'un esprit créateur. Racine, si différent de Corneille, chercha pourtant à l'imiter dans ses deux premières tragédies, jusqu'au moment où son génie s'empara de lui, et lui dicta son chef-d'œuvre d'*Andromaque,* dont les Grecs pouvaient réclamer le sujet, mais dont l'exécution donnait la première idée d'un art également inconnu aux anciens et aux modernes. Voltaire, constant admirateur de Racine, affecta de se rapprocher de sa manière dans *Œdipe* et dans *Mariamne;* mais en même temps, doué par la nature d'une facilité prodigieuse à saisir tous les tons et à profiter de tous les esprits, en conservant la marque particulière du sien, il lutta, dans *Brutus* et dans *la Mort de César*, contre l'élévation et l'énergie de Corneille; et, ce qui est très remarquable, il soutint mieux ce parallèle que celui de la perfection de Racine.

La littérature anglaise, qui commençait à être connue en France, et qu'il fut un des premiers à étudier, lui donna aussi des pensées nouvelles sur la tragédie. Il distingua, dans cet amas informe d'horreurs et d'extravagances, des traits de force et des lueurs de vérité; comme au fond des abîmes où l'avarice industrieuse va chercher les métaux on aperçoit parmi le sable et la fange l'or brut qui doit servir aux merveilles que fait naître la main de l'artiste. Le spectre d'*Hamlet* amena sur la scène le spectre d'*Éryphile*, qui ne réussit pas alors, mais qui depuis a produit dans *Sémiramis* un des plus grands effets de la terreur et de l'illusion théâtrales.

Enfin, après des essais multipliés, parvenu à cet âge où un esprit heureux s'est affermi par l'expérience, sans être encore refroidi par les années, riche à-la-fois des secours de l'étranger et des trésors de l'antiquité, éclairé par ses réflexions, ses succès, et ses disgraces, Voltaire est en état d'interroger en même temps et l'art et son génie; et, du point où tous les deux sont montés, il lève la vue, et découvre d'un regard sûr et vaste jusqu'où il peut les élever encore. Une imagination ardente et passionnée lui montre de nouvelles ressources dans le pathétique; et ses vues justes et lumineuses qu'il porte dans tous les arts lui apprennent à fortifier celui du théâtre par l'alliance de la philosophie. Des effets plus profonds, plus puissants, plus variés à tirer de la terreur et de la pitié; des mœurs nouvelles à étaler sur la scène, en soumettant toutes les nations au domaine de la tragédie; un plus grand appareil de représentation à donner à Melpomène, qui exerce une double puissance quand elle peut frapper les yeux en remuant les cœurs; enfin les grandes vérités de la morale, mêlées habilement à l'intérêt des grandes situations: voilà ce que l'art pouvait acquérir, voilà ce que Voltaire a su lui donner.

Il s'avance dès-lors dans la carrière du théâtre comme dans un champ de conquête, et tous ses pas sont des triomphes. Y en eut-il jamais de plus éclatant que celui de *Zaïre?* Ce moment marqua dans la vie de Voltaire comme *Andromaque* dans celle de Racine, comme *le Cid* dans celle de Corneille; et observons cette singularité qui peut donner lieu à plus d'une réflexion, que, du côté de l'intérêt tragique, aucun des trois n'est allé plus loin que dans l'ouvrage qui a été pour chacun d'eux le premier sceau de leur supériorité. Corneille n'a rien de plus touchant que *le Cid;* Racine, qu'*Andromaque;* et Voltaire, que *Zaïre.* Serait-ce que la perfection du pathétique fût celle où le génie atteint plus aisément? ou plutôt n'est-ce pas qu'en effet il y a des sujets si heureux que, lorsqu'il les a rencontrés, il doit les regarder, non pas comme le dernier terme de ses efforts, mais comme celui de son bonheur?

Zaïre est la tragédie du cœur et le chef-d'œuvre

de l'intérêt. Mais à quoi tient cet attrait universel qui en a fait l'ouvrage de préférence que redemandent les spectateurs de tout âge et de toute condition? Aurait-on cru qu'après Racine on pût sur la scène ajouter quelque chose aux triomphes de l'amour? Ah! c'est que, parmi ses victimes, on n'a jamais montré deux êtres plus intéressants, plus aimables que Zaïre et son amant. La douleur de Bérénice est tendre, mais la passion de Titus est faible. Hermione, Roxane, Phèdre, sont fortement passionnées: mais les deux premières parlent d'amour le poignard à la main; l'autre ne peut en parler qu'en rougissant. Tout l'effort de l'auteur ne peut aller qu'à faire plaindre ces femmes malheureuses et forcenées; et c'est tout l'effet que peut produire sur le théâtre un amour qui n'est pas partagé. Mais jamais on n'y plaça deux personnages aussi chers aux spectateurs qu'Orosmane et son amante; jamais il n'y en eut dont on desirât plus ardemment l'union et le bonheur. Tous deux entraînés l'un vers l'autre par le premier choix de leur cœur; tous deux dans cet âge où l'amour, à force d'ardeur et de vérité, semble avoir le charme de l'innocence; tous deux prêts à s'unir par le nœud le plus saint et le plus légitime; Orosmane enivré du bonheur de couronner sa maîtresse; Zaïre toute remplie de ce plaisir plus délicat peut-être encore de devoir tout à ce qu'elle aime : quel tableau! et quel terrible pouvoir exerce le génie dramatique, quand tout-à-coup, à ce que l'amour a de plus séduisant et de plus tendre, il vient opposer ce que la nature a de plus sacré, ce que la religion a de plus auguste! A-t-il jamais fait mouvoir ensemble de plus puissants ressorts? et n'est-ce pas là que, se changeant pour ainsi dire en tyran, tourmentant à-la-fois et l'auteur qu'il inspire et le spectateur qu'il subjugue, il se plaît à nous faire passer par toutes les angoisses de la crainte, du desir, de la douleur, de la pitié, et à régner parmi les larmes et les sanglots? Quel moment que celui où l'infortuné Orosmane, dans la nuit, le poignard à la main, entendant la voix de Zaïre.... Mais prétendrais-je retracer un tableau fait de la main de Voltaire avec les crayons de Melpomène?

C'est à l'imagination des spectateurs à se reporter au théâtre et dans cette nuit de désolation; c'est aux cœurs qui ont aimé à lire dans celui d'Orosmane, à comparer ses souffrances et les leurs, à juger de cet état épouvantable où l'ame, mortellement atteinte, ne peut être soulagée ni par les pleurs, ni par le sang, ne trouve dans la vengeance qu'un malheur de plus, et, pour se sauver de l'abîme du désespoir, se jette dans les bras de la mort.

Melpomène, déjà redevable à l'auteur de *Zaïre* des situations les plus déchirantes, et des plus profondes émotions que l'on eût connues au théâtre, va lui devoir encore de nouveaux attributs faits pour la décorer et l'enrichir. *Alzire, Mahomet, Mérope, Sémiramis, Adélaïde, l'Orphelin, Tancrède,* vont marquer à-la-fois et les pas de Voltaire et ceux de l'art dramatique. Avec Zamore et Gusman, avec Zopire et Séide, avec Idamé et Zamti, montera pour la première fois sur la scène cette philosophie touchante et sublime qui ne s'était pas encore montrée aux hommes sous des formes si brillantes, et qui jamais n'avait parlé aux cœurs avec tant de force et de pouvoir. Elle va donner des leçons qui pénétreront dans l'ame avec l'attendrissement que la magie des vers fixera dans la mémoire, et que le spectateur remportera avec le souvenir de ses plaisirs et de ses larmes. Laissons l'injustice et l'envie, qui quelquefois aperçoivent les fautes, mais qui toujours oublient les beautés ; laissons-les reprocher à cette philosophie d'être celle de l'auteur, et non pas celle du sujet ; mais nous, admirons avec l'équitable postérité, qui ne nous démentira pas, admirons le talent créateur qui a tiré cette morale des situations et des caractères, qui souvent en a fait le fond même des scènes les plus attachantes, et a fondé le précepte dans l'intérêt et dans l'action. Reconnaissons la voix de la nature qui crie contre la tyrannie et l'oppression ; ces idées primitives d'égalité et de justice qui semblent faire de la vengeance un droit sacré, reconnaissons-les, lorsque Zamore, aux pieds d'Alvarez, et lui présentant le glaive teint du sang de Gusman, dit, avec le ton et le langage d'un habitant des tribus du Canada : J'ai tué ton fils, et j'ai fait mon devoir : fais le tien, et tue-moi. Quelle vérité dans cette terrible répartition des droits de la force et du fer, dans ce code de représailles, qui est la morale des hordes sauvages ! mais quel triomphe pour cette religion qui est le complément de la nature perfectionnée, quand, élevant l'homme au-dessus de lui-même, elle dicte à Gusman ces paroles mémorables que le génie a empruntées à la vertu[1] pour les

---

[1] Les paroles du duc de Guise : « Ta religion t'a ordonné de m'assassiner ;

transmettre aux générations les plus reculées; cette belle leçon de clémence qui nous fait tomber avec Alzire aux pieds du chrétien qui pardonne à son meurtrier ; ce rare exemple de générosité qui fait sentir à Zamore lui-même qu'il y a une autre grandeur que celle de se venger, une autre justice que celle qui compense le meurtre par le meurtre, et rend le sang pour le sang!

Est-ce donc, comme on l'a répété si souvent, et avec si peu d'équité, est-ce une philosophie factice et déplacée qui a mis dans la bouche d'Alzire cette prière qu'elle adresse au Père commun de tous les hommes, ces vers si touchants et si simples :

> Les vainqueurs, les vaincus, tous ces faibles humains,
> Sont tous également l'ouvrage de tes mains?

Ces vers sont-ils des maximes recherchées, ou l'expression d'un sentiment qui est dans tous les cœurs justes et dans tous les esprits éclairés ? ne parle-t-elle pas le langage qui lui est propre, lorsqu'elle distingue cet honneur qui tient à l'opinion, de la vertu qui tient à la conscience ? Quand Idamé défend les jours de son fils contre l'héroïsme patriotique de Zamti, qui le sacrifie à son roi; quand elle s'écrie avec tant d'éloquence :

> La nature et l'hymen, voilà les lois premières,
> Les devoirs, les liens des nations entières :
> Ces lois viennent des dieux, le reste est des humains;

est-ce là le faste des sentences qui appartient à un

« la mienne m'ordonne de pardonner à mon assassin. » (*Note de l'auteur de l'Éloge.*) — Voyez tome IV, page 230. B.

rhéteur, ou le cri de la nature qui s'échappe d'un cœur maternel? Ces vers seraient beaux sans doute dans une épître morale; mais combien est-il plus beau de les avoir fait sortir pour ainsi dire des entrailles d'une mère! et quel ordre de beautés neuves que de faire naître de la situation la plus pathétique ces traits de la plus haute philosophie; que de faire douter dans *Mahomet* lequel est le plus terrible du tableau ou de la leçon! Oh! quel autre que l'ardent et courageux ennemi du fanatisme a pu traîner ainsi ce monstre sur la scène, lui arracher son masque imposteur, le montrer infectant de ses poisons l'ame la plus innocente, souillant la vertu même du plus affreux des crimes, et plaçant dans la main la plus pure le poignard du parricide! Si vous doutez que cette image soit aussi fidèle qu'elle est effrayante, rappelez-vous que, comme autrefois l'hypocrisie s'était débattue contre Molière, qui la peignait dans toute sa bassesse, le fanatisme s'est efforcé d'échapper à Voltaire, qui le peignait dans toute son horreur.

Mais cette horreur s'arrête au terme que l'art lui a prescrit; et ce même art sait la tempérer par la pitié. S'il serre l'ame, il la soulage. Le poëte, semblable à ce guerrier dont la lance guérissait les blessures qu'elle avait faites, sait mêler aux sentiments amers qui déchirent le cœur un sentiment plus doux qui le console; il nous attendrit après nous avoir fait frémir, et nous délivre par les larmes de l'oppression qui nous tourmentait. Ce mélange heureux des émotions les plus douloureuses et les plus douces; ce passage continuel et rapide de la terreur à l'attendrissement, de l'impression violente des peintures atroces au charme consolant des affections les plus chères de la nature ; ce secret de la tragédie, qui l'a jamais possédé comme l'auteur de *Mahomet* et de *Sémiramis ?* Si vous avez entendu Zopire s'écrier d'une voix mourante,

....................J'embrasse mes enfants;

si vous avez vu Sémiramis aux genoux de son fils, arrosant ses mains de larmes en lui demandant la mort, rappelez-vous comme à ce moment se sont échappés de vos yeux les pleurs que vous aviez besoin de répandre, et combien ils ont adouci l'horreur profonde et la sombre épouvante que vous avaient inspirées Mahomet armant le fils contre le père, et les mânes de Ninus menaçant Sémiramis.

C'est dans ce drame auguste et pompeux, rempli d'une terreur religieuse, et sur lequel semble s'arrêter, dès la première scène, un nuage qui renferme les secrets du ciel et des enfers, et d'où sort enfin la vengeance ; c'est dans cette tragédie sublime, aussi imposante qu'*Athalie*, et plus intéressante ; c'est dans le troisième acte de *Tancrède*, dans le cinquième de *Mérope*, dans le premier de *Brutus*, que la scène s'est agrandie par un appareil qu'elle avait eu bien rarement depuis les Grecs.

Eh ! n'était-ce pas encore une nouvelle richesse que cette peinture des nations qui a donné aux ouvrages de Voltaire un coloris si brillant et si varié ? Sans doute ce mérite ne fut pas étranger au peintre de la grandeur romaine [1], encore moins à celui [2] qui traça avec tant de fidélité et d'énergie les mœurs grecques, les mœurs du sérail, l'avilissement de Rome sous les tyrans, la théocratie toujours si puissante chez les Juifs. Mais combien cette partie du drame a-t-elle eu encore plus d'effet et plus d'étendue entre les mains de l'écrivain fécond qui a mis sous nos yeux le contraste savant et théâtral des Espagnols et des Américains, des Chinois et des Tartares ; qui a su attacher l'intérêt de ses tragédies aux grandes époques de l'histoire, à la naissance du mahométisme, qui depuis a étendu sur tant de peuples le voile de l'ignorance et le joug d'un despotisme stupide ; à l'invasion d'un nouveau monde, devenu la proie du nôtre ; à ce triomphe, unique dans les annales du genre humain, de la raison sur la force, et des lois sur les armes, qui a soumis les sauvages conquérants de l'Asie aux tranquilles législateurs du Katay ; à ce règne de la chevalerie qui, seule en Europe, au dixième siècle, balançait la férocité des mœurs, épurait l'héroïsme guerrier, le seul que l'on connût alors, et suppléait aux lois par les principes de l'honneur !

Ces caractères, esquissés dans *Zaïre*, ont été reproduits avec le plus grand éclat dans *Tancrède*, dernier monument où l'auteur, plus que sexagénaire, ait empreint sa force dramatique, et dans lequel il eut la gloire de donner, trente ans après *Zaïre*, le seul ouvrage qui puisse être comparé, pour l'intérêt théâtral, au plus attendrissant de ses chefs-d'œuvre.

[1] Corneille. B.
[2] Racine. B.

Mais si l'amour n'a jamais été plus tendre et plus éloquent que dans *Zaïre* et *Tancrède*, la nature n'a jamais été plus touchante que dans *Mérope*. S'il peut être intéressant pour ceux qui étudient l'esprit humain d'observer des époques dans l'histoire du génie, j'en remarquerai quatre principales dans celui de Voltaire : *OEdipe*, qui a été le moment de sa naissance; *Zaïre*, celui de sa force; *Mérope*, celui de sa maturité; *Tancrède*, où il a fini.

Mérope, qui de tous ses ouvrages eut le succès le plus universel, excita le plus d'enthousiasme, et fut pour lui le temps de la justice, des honneurs, et des récompenses; *Mérope* est aussi ce qu'il a composé de plus parfait, de plus irréprochable dans le plan, de plus sévère dans la diction. Elle respire cette simplicité antique, la tradition la plus précieuse que nous ayons reçue des Grecs, ce naturel si aimable, encore perfectionné par ce goût délicat, cette élégance moderne qui tient à des mœurs plus épurées. Le poëte n'y prend jamais la place de ses personnages, et le style a cette espèce de sagesse qui n'exclut point la douceur et les graces, mais qui écarte le luxe des ornements. Enfin, c'est le premier drame, depuis *Athalie*, où l'on ait su intéresser sans amour; et Voltaire eut encore une fois cette gloire dans la belle tragédie d'*Oreste*, que le goût de l'antique, l'éloquence du rôle d'Électre, l'art admirable de celui de Clytemnestre, ont rendue chère aux juges éclairés des arts et aux amateurs des anciens.

Supérieur à tous les écrivains dramatiques par la réunion des grands effets et des grandes leçons, par l'illusion du spectacle et la vérité des mœurs, en est-il qui l'emporte sur lui pour la beauté des caractères? Dans les deux Brutus, la fermeté romaine, la rigidité républicaine et stoïque, l'amour des lois et de la liberté; dans Cicéron, l'enthousiasme de la patrie et de la vertu; dans César naissant, une ame dévorée de tous les desirs de la domination, mais une ame sublime qui ne veut être au-dessus des autres que parcequ'elle se sent digne de commander; dans Zopire, la haine des forfaits et le zèle d'un citoyen; dans Mahomet, la scélératesse altière et réfléchie qui ne trompe et ne subjugue les hommes qu'à force de les mépriser; dans Alvarez, la bonté compatissante; dans Couci, l'amitié ferme et magnanime; dans Vendôme, cette sensibilité passionnée et impétueuse qui ne met qu'un instant entre la fureur et le crime, entre le crime et les remords; dans Zamti, le dévouement héroïque d'un sujet qui sacrifie tout à son roi; dans Idamé, une ame pure et maternelle, attachée à tous ses devoirs, mais n'en reconnaissant aucun avant ceux de la nature; dans Tancrède, le cœur d'un chevalier qui ne respire que pour la gloire et pour sa maîtresse, et qui ne peut supporter la vie, s'il faut que l'une lui soit infidèle, ou qu'il soit lui-même infidèle à l'autre. Que peut-on mettre au-dessus de cette foule de portraits qui prouvent à-la-fois tant de fécondité dans l'invention, tant de force dans le jugement, et qui brillent de ce singulier éclat que, par une expression transportée de la peinture à la poésie, on a nommé le coloris de Voltaire?

Le talent du style a toujours été regardé comme la

qualité distinctive des hommes supérieurs dans les lettres et dans les arts de l'esprit ; c'est lui qui fait l'orateur et le poëte. La manière de s'exprimer tient à celle de sentir ; les grandes beautés de diction appartiennent à une grande force de tête ; et l'homme qui excelle dans l'art d'écrire ne peut pas être médiocre dans la faculté de concevoir. On peut apprendre à être correct et pur : mais c'est la nature seule qui donne à ses favoris cette sensibilité active et féconde qui se répand de l'ame de l'écrivain, et anime tout ce qu'il compose.

C'est en effet le même feu qui fait vivre les ouvrages et l'auteur ; c'est de là qu'on a dit avec tant de vérité que l'on se peint dans ses productions. Comment, en effet, ces enfants du génie ne porteraient-ils pas l'empreinte de la ressemblance paternelle? comment n'offriraient-ils pas les mêmes traits, étant formés de la même substance? C'est la naïveté de La Fontaine que j'aime dans celle de ses vers. Je reconnais dans ceux de Molière le grand sens et la simplicité de mœurs de leur auteur ; dans ceux de Racine, le goût exquis et les graces qui le distinguaient dans la société ; dans ceux de Boileau, la raison sévère qui le fesait craindre ; dans ceux de Voltaire, ce feu d'imagination qui a été proprement son caractère autant que celui de ses ouvrages.

Par une suite de cette faculté, la plus prompte de toutes et la plus agissante, avec quelle flexibilité son style se variait incessamment d'un genre à l'autre, et se pliait à tous les tons ! Quel charme dans *Zaïre*! quelle énergie dans *Brutus*! quelle douce simplicité dans *Mérope!* quelle élévation dans *Mahomet!* quelle pompe étrangère et sauvage dans *Alzire!* quelle magnificence orientale dans *Sémiramis* et dans *l'Orphelin!*

Il s'offre encore ici un de ces parallèles séduisants qu'entraîne toujours l'éloge d'un grand homme. Le style de Voltaire rappelle aussitôt celui de Racine ; et c'est un honneur égal pour ces deux poëtes immortels, de ne pouvoir être comparés que l'un à l'autre. Pourquoi d'ailleurs se refuser à ces rapprochements que l'on aime, et qui peuvent être une nouvelle source de vérités et d'idées, lorsqu'on n'en fait pas une vaine affectation d'esprit? Nos jugements ne sont guère que des comparaisons et des préférences : heureux quand ils ne sont pas des exclusions!

Tous deux ont possédé ce mérite si rare de l'élégance continue et de l'harmonie, sans lequel, dans une langue formée, il n'y a point d'écrivain[1] ; mais

---

[1] Quoiqu'on se soit proposé de ne faire que très peu de notes, il s'en présente une ici qui peut être utile à ceux qui la liront avec réflexion. De jeunes têtes exaltées par la vaine prétention de trouver du neuf avant de chercher le raisonnable ont mis en avant un principe fort dangereux, celui de se faire en poésie *une autre langue,* disent-ils, que celle de Despréaux, de Racine, et de Voltaire, qui leur semble *usée.* En conséquence les uns tâchent de rajeunir celle de Ronsard et de Dubartas; les autres se font un jargon composé de barbarismes et de figures incohérentes et insensées, et croient s'être bien défendus contre la critique, en disant qu'il faut encourager ces hardiesses en poésie, et que ce sont ces fautes mêmes qui prouvent le talent. Ils sont égarés par un faux principe. Sans doute il faut chercher des beautés neuves, et c'est la marque du vrai talent que de les rencontrer. Mais il y a des règles universelles, des données, pour ainsi dire, dans l'art d'écrire, comme dans tous les autres; et il faut avant tout s'être accoutumé à les observer, parceque sans elles il n'y a point de style. Ce n'est point la violation de ces règles indispensables qui défendent de bles-

l'élégance de Racine est plus égale, celle de Voltaire est plus brillante. L'une plaît davantage au goût, l'autre à l'imagination. Dans l'un le travail, sans se faire sentir, a effacé jusqu'aux imperfections les plus légères; dans l'autre, la facilité se fait apercevoir à-la-fois et dans les beautés et dans les fautes. Le premier a corrigé son style, sans en refroidir l'intérêt; l'autre y a laissé des taches, sans en obscurcir l'éclat. Ici les effets tiennent plus souvent à la phrase poétique; là ils appartiennent plus à un trait isolé, à un vers saillant. L'art de Racine consiste plus dans le rapprochement nouveau des expressions; celui de Voltaire, dans de nouveaux rapports d'idées. L'un ne

---

ser jamais ni la justesse des idées ni celle des images et des expressions; ce n'est point l'infraction si facile d'un précepte si important qui peut donner à la diction un caractère de nouveauté. Si cela était, il suffirait d'être bizarre pour être neuf, et extravagant pour être sublime. C'est dans une imagination sensible qu'il faut chercher les beautés d'expression qui ont pu échapper à nos prédécesseurs. Voltaire n'écrit pas comme Racine; ces deux manières sont fort différentes; mais toutes deux sont subordonnées aux mêmes principes. La combinaison nouvelle et des idées et des termes, voilà ce qui distingue l'écrivain supérieur, en vers comme en prose; mais il ne doit ni la chercher toujours, ni surtout laisser trop sentir cette recherche. Le grand mérite est de paraître toujours naturel, même lorsqu'on est le plus neuf; c'est celui de Racine; et quoique Voltaire ne l'ait pas eu au même degré, parceque le caractère de son génie ne le portait pas à travailler autant ses vers, il s'en faut beaucoup que ce genre de beauté lui soit étranger, comme l'ont dit des censeurs passionnés. Quand il fait dire à Idamé, dans *l'Orphelin de la Chine*:

> Il vous souvient du temps et de la vie obscure
> Où le ciel *enfermait* votre grandeur future,

cette expression est neuve; mais en est-elle moins juste? paraît-elle extraordinaire? Il n'y a même que les connaisseurs qui fassent remarquer ces sortes de beautés; mais tous les lecteurs les sentent sans les analyser; et c'est ce qui fait lire et vivre les bons ouvrages long-temps avant que l'on ait reconnu tout leur prix. (*Note de l'auteur de l'*Éloge.)

se permet rien de ce qui peut nuire à la perfection ; l'autre ne se refuse rien de ce qui peut ajouter à l'ornement. Racine, à l'exemple de Despréaux, a étudié tous les effets de l'harmonie, toutes les formes du vers, toutes les manières de le varier. Voltaire, sensible surtout à cet accord si nécessaire entre le rhythme et la pensée, semble regarder le reste comme un art subordonné, qu'il rencontre plutôt qu'il ne le cherche. L'un s'attache plus à finir le tissu de son style, l'autre à en relever les couleurs. Dans l'un, le dialogue est plus lié ; dans l'autre, il est plus rapide. Dans Racine, il y a plus de justesse ; dans Voltaire, plus de mouvement. Le premier l'emporte pour la profondeur et la vérité ; le second, pour la véhémence et l'énergie. Ici, les beautés sont plus sévères, plus irréprochables ; là, elles sont plus variées, plus séduisantes. On admire dans Racine cette perfection toujours plus étonnante à mesure qu'elle est plus examinée ; on adore dans Voltaire cette magie qui donne de l'attrait même à ses défauts. L'un vous paraît toujours plus grand par la réflexion ; l'autre ne vous laisse pas le maître de réfléchir. Il semble que l'un ait mis son amour-propre à défier la critique, et l'autre à la désarmer. Enfin, si l'on ose hasarder un résultat sur des objets livrés à jamais à la diversité des opinions, Racine, lu par les connaisseurs, sera regardé comme le poëte le plus parfait qui ait écrit; Voltaire, aux yeux des hommes rassemblés au théâtre, sera le génie le plus tragique qui ait régné sur la scène.

Quand il n'aurait mérité que ce titre, joint à celui du seul poëte épique qu'ait eu la France, combien ne serait-il pas déjà grand dans la postérité! Mais quelle idée doit-on se former de cet homme prodigieux, puisque nous n'avons jusqu'ici considéré que la moitié de sa gloire, et que, des autres monuments qui lui restent, on formerait encore une vaste dépouille pour l'ambition de tant de concurrents qui aspirent à se partager son héritage!

Et d'abord, pour ne pas sortir de la poésie, ce brillant rival de Racine n'est-il pas encore celui de l'Arioste et de Pope? Oublions quelques traits que lui-même a effacés; effaçons-en même d'autres, échappés à l'intempérance excusable d'un génie ardent: que la France ne soit pas plus sévère que l'Italie, qui a pardonné tant d'écarts au chantre de Roland; ne jugeons pas dans toute la sévérité de la raison ce qui a été composé dans des accès de verve et de gaîté. Peignons, s'il le faut, au-devant de ce poëme où le talent a mérité tant d'éloges, s'il a besoin de quelques excuses; peignons l'Imagination à genoux, présentant le livre aux Graces, qui le recevront en baissant les yeux, et en marquant du doigt quelques pages à déchirer; et après avoir obtenu pardon (car les Graces sont indulgentes), osons dire, en leur présence et de leur aveu, que nous n'avons point dans notre langue d'ouvrage semé de détails plus piquants et plus variés, où la plaisanterie satirique ait plus de sel, où les peintures de la volupté aient plus de séduction, où l'on ait mieux saisi cet esprit original qui a été celui de l'Arioste, cet esprit qui se joue si légèrement des objets qu'il trace, qui mêle un trait de plaisanterie à une image terrible, un trait de morale à une peinture grotesque, et confond ensemble le rire et les larmes, la folie et la raison[1].

Si ce mélange ne peut être goûté par ces juges trop rigoureux, à qui la raison seule est en droit de plaire, qu'ils lisent les *Discours sur l'homme, la Loi naturelle, le Désastre de Lisbonne*; et s'ils n'y trouvent pas l'étendue de plan, le sublime des idées, la rapidité de style que l'on admire dans les poésies philosophiques de Pope, ils y sentiront du moins une raison plus intéressante, plus aimable, plus rapprochée de nous; ils ne résisteront pas à cette réunion si rare, et jusque là si peu connue, d'une philosophie consolante, et de la plus belle poésie. Ils applaudiront à ces richesses nouvelles, et pour ainsi dire étrangères, apportées par Voltaire dans le trésor de la littérature nationale, et qui ont donné à notre poésie un caractère qu'elle n'avait pas avant lui.

Mais celui de tous les genres où il a été le plus original, qu'il s'est le plus particulièrement approprié, dans lequel il a eu un ton que personne ne lui avait donné, et que tout le monde a voulu prendre; enfin, où il a prédominé, de l'aveu même de l'envie, qui consent quelquefois à vous reconnaître un mérite, pour paraître moins injuste quand elle vous refuse tous les autres; ce genre est celui des poésies que l'on appelle fugitives, parcequ'elles semblent s'échapper avec la même facilité, et de la plume qui les produit, et des mains qui les recueillent; mais qui, après avoir couru de bouche en bouche, restent dans

---

[1] J'ai rapporté, dans ma Préface du tome XI, page xvij, un tout autre jugement de La Harpe sur *la Pucelle*. B.

la mémoire des amateurs, et sont consacrées par le goût.

Il serait également difficile, ou de se rappeler toutes les siennes, ou de choisir dans la foule, ou d'en rejeter aucune. Ce n'est ni la finesse d'Hamilton, ni la douceur naïve de Deshoulières, ni la gaîté de Chapelle, ni la mollesse de Chaulieu ; c'est l'ensemble et la perfection de tous les tons ; c'est la facilité brillante d'un esprit toujours supérieur, et aux sujets qu'il traite, et aux personnes à qui il s'adresse. S'il parle aux rois, aux grands, aux femmes, aux beaux-esprits, c'est le tact le plus sûr de toutes les convenances, avec l'air d'être au-dessus de toutes les formes ; c'est cette familiarité libre, et pourtant décente, qui laisse au rang toutes ses prérogatives, et au talent toute sa dignité.

Il est le premier qui, dans cette correspondance, ait mis une espèce d'égalité qui ne peut pas blesser la grandeur, et qui honore le génie ; et cet art, qui peut être aussi celui de l'amour-propre, est caché du moins sous l'agrément des tournures. C'est là, surtout, qu'il fait voir que la grace était un des caractères de son esprit. La grace distingue sa politesse et ses éloges. Chez lui, la flatterie n'est que ce desir de plaire, dont on est convenu de faire un des liens de la société. Il se joue avec la louange ; et quand il caresse la vanité, sûr qu'alors le seul moyen d'avoir la mesure juste, c'est de la passer un peu, jamais du moins il ne paraît ni être dupe lui-même, ni prétendre qu'on le soit. Il écrit à-la-fois en poëte et en homme du monde, mais de manière à faire croire qu'il est aussi naturel lement l'un que l'autre. Il loue d'un mot, il peint d'un trait. Il effleure une foule d'objets, et rapproche les plus éloignés; mais ses contrastes sont piquants, et non pas bizarres. Il n'exagère point le sentiment, et ne charge pas la plaisanterie.

Cette imagination dont le vol est si rapide, le goût ne la perd jamais de vue. Le goût lui a appris comme par instinct que, si les fautes disparaissent dans un grand ouvrage, une bagatelle doit être finie; que le talent, qui peut être inégal dans ses efforts, doit être toujours le même dans ses jeux, et qu'il ne peut se permettre d'autre négligence que celle qui est une grace de plus, et qui ne peut appartenir qu'à lui.

Tant de succès et de chefs-d'œuvre semblent caractériser un homme que la nature appelle de préférence à être poëte: une seule chose pourrait en faire douter, c'est sa prose. Quoique parmi les qualités qu'exigent ces deux genres d'écrire il y en ait nécessairement de communes à tous ceux qui ont excellé dans l'un et dans l'autre; quoiqu'il soit vrai même que la prose, quand elle s'élève au sublime, peut avoir quelque ressemblance avec la poésie, et que la poésie à son tour doit, pour être parfaite, se rapprocher de la régularité de la prose; cependant on a observé que de tout temps les prosateurs et les poëtes ont formé deux classes très distinctes, et que les lauriers de ces deux espèces de gloire ne s'entrelaçaient point sur un même front. Sans s'étendre ici sur l'inutile énumération des noms célèbres dans les lettres, il suffit de pouvoir affirmer que, jusqu'à nos jours, il n'avait été donné à aucun homme d'être grand dans les deux genres ; et c'était donc à Voltaire qu'était réservé l'honneur de cette exception, unique dans les annales des arts !

La nature a-t-elle assez accumulé de dons et de faveurs sur cet être privilégié? a-t-elle voulu honorer notre espèce en fesant voir une fois tout ce qu'un mortel pouvait rassembler de talents? ou bien a-t-elle prétendu marquer elle-même les dernières limites de son pouvoir et de l'esprit humain? a-t-elle fait pour Voltaire ce qu'autrefois la fortune avait fait pour Rome? Faut-il qu'il y ait dans chaque ordre de choses des destinées à ce point prédominantes, et que, comme après la chute de la reine des nations, toutes les grandeurs n'ont été que des portions de sa dépouille, de même, après la mort du dominateur des arts, désormais toute gloire ne puisse être qu'un débris de la sienne !

Fait pour appliquer à tous les objets une main hardie et réformatrice, et pour remuer toutes les bornes posées par l'impérieux préjugé et l'imitation servile, il s'empare de l'histoire comme d'un champ neuf, à peine effleuré par des mains faibles et timides. Bientôt il y fera germer, pour le bien du genre humain, ces vérités fécondes et salutaires, ces fruits de la philosophie, que l'ignorance aveugle et l'hypocrisie à gages font passer pour des poisons, et que les ennemis de la liberté et de la raison voudraient arracher; mais qui, malgré leurs efforts, renaissent sous les pieds qui les écrasent, et croissent enfin sous l'abri d'une autorité éclairée, comme l'aliment des meilleurs esprits, et l'antidote de la superstition et de la tyrannie.

Il lutte d'abord, dans le premier sujet qu'il choisit, contre l'éloquence antique, contre les Quinte-Curce et les Tite-Live; il donne à notre langue toute la richesse et la majesté de leur style. On sera surpris peut-être qu'un historien philosophe ait commencé par écrire la vie d'un conquérant; mais la singularité du sujet pouvait plaire à une imagination poétique, et la renommée décida son choix. L'Europe s'entretenait encore de ce fameux Suédois, plus fait pour être l'étonnement de ses contemporains que l'admiration des âges suivants; qui ne connut ni la mesure des vertus ni celle des prospérités; fit plus d'un roi, et ne sut pas l'être; se trompa également, et sur la gloire qu'il idolâtrait, et sur un ennemi qu'il méprisait; qui, envahissant tant de pays, ne fit à aucun tant de mal qu'au sien; dont l'héroïsme ne fut qu'un excès, et la fortune une illusion; enfin qui, après avoir voulu tout forcer, la nature et les événements, alla porter chez des barbares une réputation éclipsée, une existence précaire, une royauté captive et insultée, et fut réduit à n'être plus célèbre que comme un aventurier, et à mourir comme un soldat.

A ce portrait achevé par la main de Voltaire, succéda celui d'un monarque supérieur à Charles XII, autant que les héros de l'histoire sont au-dessus de ceux de la fable; de Louis XIV, mémorable à double titre, et pour avoir donné son nom à un siècle, et pour en avoir reçu celui de grand. Nul prince n'a obtenu plus de louanges pendant sa vie, ni essuyé plus de reproches après sa mort ; mais la postérité équitable a couvert ses fautes de tout le bien qu'il a fait ; elle l'absout d'avoir été conquérant, parcequ'en même temps il sut être roi. Son courage dans le malheur a expié l'orgueil de ses victoires, et sa grandeur ne lui sera point ôtée, parcequ'elle est attachée à la grandeur française, qui fut son ouvrage. Voltaire a rendu le nom de Louis XIV plus respectable, comme il avait rendu celui de Henri IV plus cher ; et cet âge brillant, si souvent peint dans le nôtre, ne l'a jamais été sous des traits plus intéressants et plus magnifiques que dans cet ouvrage, placé parmi les monuments de notre histoire au même rang que *la Henriade* parmi ceux de notre poésie.

Le même homme qui avait étendu et enrichi l'art de la tragédie agrandit alors la carrière nouvelle où il venait d'entrer ; il y laissa, comme dans toutes les autres, des traces neuves et profondes, sur lesquelles tout s'est empressé de marcher après lui ; et il était bien juste que celui qui le premier avait mis la philosophie sur la scène l'introduisît dans l'histoire. L'histoire dès-lors fut tracée sur un plan plus vaste, et dirigée vers un but plus utile et plus moral ; elle ne se borna plus à satisfaire l'imagination avide des grands événements ; elle sut contenter aussi cette autre curiosité plus sage qui cherche des objets d'instruction.

Ce ne fut plus seulement le récit des calamités de tant de peuples et des fautes de tant de souverains, ce fut surtout la peinture de l'esprit humain au milieu de ses secousses politiques, le résultat de ses connaissances et de ses erreurs, de ses acquisitions et de ses pertes. Clio, accoutumée auparavant à n'habiter que les champs de bataille et les conseils des rois, entra dans la demeure des sages et dans les ateliers des artistes; elle assista à ces rares travaux du génie qui ont illustré les nations, à ces découvertes nombreuses qui ont fait de tous nos besoins les sources de toutes nos jouissances, et qui, des instruments d'utilité première, sont parvenus jusqu'aux derniers raffinements de la mollesse, et aux plus séduisantes inventions du luxe. Ces images de la destruction et du malheur qui remplissent les annales du monde, ces teintes tristes et sanglantes, ces touches lugubres, furent variées et adoucies par les images consolantes de la civilisation et des progrès de la société.

Ce nouveau système historique, si attachant et si fécond, déjà développé dans la peinture brillante du règne de Louis XIV, eut encore plus d'étendue dans ce vaste tableau des mœurs et de l'esprit des nations [1]; entreprise unique en ce genre, et dont on chercherait en vain le modèle dans l'antiquité. Tacite a dessiné de ses crayons énergiques les mœurs d'un peuple agreste et guerrier, mais peut-être moins avec le desir de montrer ce qu'étaient les Germains, qu'avec l'affectation satirique d'opposer la simplicité sauvage à la corruption civilisée, et de faire de la Germanie le contraste et la leçon de Rome.

Mais cette haute et sublime idée d'interroger tous

---

[1] *Essai sur les mœurs et l'esprit des nations*, tome XV à XVIII de la présente édition. B.

les siècles, et de demander à chacun d'eux ce qu'il a fait pour le genre humain; de suivre, dans ce chaos de révolutions et de crimes, les pas lents et pénibles de la raison et des arts, qui l'avait conçue avant Voltaire? Si nous avions recueilli de quelque ancien de simples fragments d'un semblable ouvrage, avec quel respect religieux, avec quelle admiration superstitieuse on consacrerait ces restes informes et mutilés! quelle opinion ils nous donneraient de l'élévation et de l'immensité de l'édifice! combien de fois nous nous écrierions dans nos regrets: Quel devait être le génie qui l'a conçu et achevé! que de reproches adressés au temps et à la barbarie, qui ne nous en auraient laissé que les ruines! Eh quoi! faudra-t-il donc toujours que l'imagination adulatrice ajoute à la majesté d'un débris antique, et que l'œil des contemporains ne s'arrête qu'avec indifférence, et même avec insulte, sur les chefs-d'œuvre de nos jours? Y a-t-il cette contrariété nécessaire entre le regard de l'esprit et l'organe de la vue? et, comme pour celui-ci tout s'accroît en se rapprochant, et tout diminue par la distance, faut-il que pour l'autre les monuments du génie s'agrandissent en s'enfonçant dans la nuit des siècles, et soient à peine aperçus quand ils s'élèvent auprès de nous?

Dans le même temps où Voltaire écrivait l'histoire et la tragédie en philosophe, il embrassait cette autre partie de la philosophie qui comprend les sciences exactes, et mêlait ainsi l'étude de la nature à celle de l'homme. Ce n'est pas que je veuille compter parmi les efforts de son talent ces spéculations mathématiques, fruits du temps et du travail, ni que je veuille tourner cette louange en reproche contre ceux qui se sont contentés de n'être que de grands écrivains. Corneille, Racine, Despréaux, n'en sont pas moins immortels, ne sont pas moins les bienfaiteurs de la langue française, et l'honneur éternel de leur nation, quoiqu'ils n'aient pas expliqué les découvertes de Galilée, ni disputé à Pascal la gloire de ses recherches géométriques. Mais ne devons-nous pas un tribut particulier d'admiration à ce génie si avide et si mobile qui composait à-la-fois *Brutus* et les *Lettres sur la Métaphysique de Locke*, *Zaïre* et l'*Histoire de Charles XII*, et envoyait à Paris, avec *Alzire*, les *Éléments de Newton* ?

Quelle est cette trempe d'esprit extraordinaire que rien ne peut ni émousser ni affaiblir; cette chaleur d'imagination que rien ne refroidit; cette force constante et flexible d'une tête que rien ne peut ni épuiser ni remplir? Enfin, quel est cet homme qui, d'un moment à l'autre, passe avec tant de facilité des élans du génie qui enfante, au travail de la raison qui calcule; quitte les illusions de la scène pour les vérités de l'histoire; et, rendant Racine aux Français, leur fait connaître en même temps Locke, Shakespeare, et Newton?

Y avait-il parmi tant de travaux des délassements et des loisirs? oui; et c'était une foule de productions de tout genre qui auraient encore été pour tout autre des travaux et des titres, mais qui n'étaient que les jeux de son inépuisable facilité, et semblaient se perdre dans l'immensité de sa gloire : des contes charmants, des romans d'une originalité piquante, où la raison consent à amuser la frivolité française, pour obtenir le droit de l'instruire, nous fait rire de nos travers, de nos inconséquences, de nos injustices, et nous conduit par degrés à rougir et à nous corriger; des essais dans chaque partie de la littérature, toujours reconnaissables à cet agrément qui embellit tous les sujets, et qui attache tous les lecteurs; des morceaux pleins de grace, ou d'intérêt, ou de bonne plaisanterie, ou d'éloquence: *Zadig*, *Nanine*, *Candide*, le *Traité de la Tolérance*; mille autres dont les titres innombrables n'ont été retenus que parceque les presses de l'Europe ne se sont point lassées de les reproduire, ni les lecteurs de toutes les nations de les dévorer.

De cette hauteur où nous a portés la contemplation de son génie, abaissons maintenant nos regards sur les effets qu'il a produits. Nous avons suivi l'astre dans son cours; examinons les objets éclairés de sa lumière. En regardant autour de nous, reconnaissons les traces de la pensée législatrice, et cette influence de l'écrivain supérieur qui a instruit la postérité, et dominé ses contemporains.

SECONDE PARTIE.

Cette domination, qui naît de l'ascendant d'un grand homme, a, comme toute autre espèce d'empire, ses dangers et ses abus, qu'il ne faut pas reprocher à celui qui l'exerce; ce serait lui interdire la liberté de rien tenter que de le rendre garant des fautes de ses imitateurs. Ainsi les révolutions que Voltaire a faites dans les lettres, dans l'histoire, et le théâtre, et dont je viens de suivre le cours en même temps que celui de ses travaux, ont pu, je l'avoue, en étendant la carrière des arts, en multiplier les écueils : les richesses qu'il est venu apporter ont pu introduire un luxe contagieux; ses hardiesses heureuses ont pu préparer de dangereuses licences ; et la séduction de ses beautés, qui sont par elles-mêmes si près de l'abus, ce charme qui se retrouve jusque dans ses défauts, a pu contribuer à la corruption de ce goût dont il a été si long-temps le défenseur et le modèle.

Mais cet effet du talent, inséparable de son pouvoir sur la foule imitatrice, est le tort de la nature, et non pas le sien. Reprocherons-nous à Voltaire d'avoir mis sur la scène une philosophie intéressante, parcequ'on y a maladroitement substitué une morale déplacée, factice, et déclamatoire; d'avoir soutenu une grande action par un magnifique appareil, et proportionné la pompe du théâtre à celle de ses vers, parceque, depuis, on a cru pouvoir se passer de vraisemblance et de style à la faveur du spectacle et des décorations?

Le blâmerons-nous d'avoir été éloquent dans l'histoire, parceque d'autres y ont été rhéteurs; d'y avoir eu souvent la sagesse du doute, parceque d'autres l'ont remplacée par la folie des paradoxes? La légèreté et la grace de ses poésies familières perdront-elles de leur mérite, parceque des esprits faux et frivoles, en voulant lui ressembler, ont pris le jargon pour de la gaîté, la déraison pour de la saillie, et l'indécence pour le bon ton? La flexibilité de sa diction rapide et variée, et l'art piquant de ses contrastes, ont-ils moins de prix, parceque la multitude, qui croit le copier, a dénaturé tous les genres et confondu tous les styles ? Enfin lui aurons-nous moins d'obligation d'avoir mêlé dans son coloris tragique quelques teintes sombres et fortes du pinceau des Anglais, parceque l'on s'est efforcé depuis de noircir la scène française d'horreurs dégoûtantes et d'atrocités froides, de faire parler à Melpomène le langage de la populace, et de dégrader Corneille et Racine devant Shakespeare? Ces écarts du vulgaire, toujours prêt à s'égarer en voulant aller plus loin que ceux qui le mènent, peuvent-ils balancer tant de leçons utiles et frappantes, qui perpétueront dans l'avenir le nom et l'ascendant de Voltaire?

Sans doute il ne faut pas s'attendre à voir renaître rien de semblable à lui; car, avec les mêmes talents, il faudrait encore la même activité pour les mettre en œuvre, et la même indépendance pour les exercer; et comment se flatter de voir une seconde fois la même réunion de circonstances fortuites et d'attributs naturels? Cependant, comme il ne faut jamais désespérer ni de la nature ni de la fortune, supposons un moment que toutes deux paraissent d'intelligence pour lui donner un successeur et un rival capable d'égaler tant de travaux et de succès, il restera toujours à Voltaire une gloire particulière qui ne peut plus être ni partagée ni remplacée, celle d'avoir imprimé un grand mouvement à l'esprit humain.

Descartes avait fait une révolution dans la philosophie spéculative; Voltaire en a fait une bien plus étendue dans la morale des nations et dans les idées sociales. L'un a secoué le joug de l'école, qui ne pesait que sur les savants; l'autre a brisé le sceptre du fanatisme, qui pesait sur l'univers.

Les arts, dont la lumière douce et consolante est comme l'aurore qui devance le grand jour de la raison, avaient commencé à adoucir les mœurs, en polissant les esprits. Telle est la marche ordinaire de l'homme; il jouit avant de réfléchir, et imagine avant de penser. Souvenons-nous qu'il n'y a pas plus de deux cents ans que l'Europe est sortie de la barbarie, et ne nous étonnons pas de voir la société si perfectionnée, et l'économie politique encore si imparfaite. Cette dernière est pourtant le but auquel tout doit tendre, et la base sur laquelle tout doit s'affermir; mais c'est le plus lent ouvrage de l'homme et du temps. Pour fonder l'empire des arts, il suffit que la nature fasse naître des talents; mais, pour que l'existence politique de chaque citoyen soit la meilleure possible, il faut que la raison se propage de tout côté, que les lumières deviennent générales, et que la force qui combat les préjugés et les abus devienne d'abord égale, et ensuite supérieure à celle qui les défend.

Il suffit de consulter un moment l'histoire et le cœur humain, pour voir combien cette lutte doit être longue et pénible. Mais au milieu de tant d'oppresseurs de toute espèce, dont l'existence est attachée à des abus absurdes et cruels, qui se sentira fait pour les attaquer? Des hommes capables de préférer l'ambition d'éclairer leurs semblables à celle de les asservir, et l'honneur dangereux d'être leurs bienfaiteurs et leurs guides, à la facilité d'être leurs tyrans; des hommes qui aimeront mieux la reconnaissance des peuples que leurs dépouilles, et leurs louanges que leur soumission. Et qui donc, j'ose le dire, sera plus susceptible de cette généreuse ambition que ceux qui se sont voués à la culture des lettres? La plupart, éloignés, par ce dévouement même, de toutes les places qui flattent la vanité ou qui tentent l'avarice, n'attendent rien des autres qu'un suffrage, et de leur travail que l'honneur. Ils ne peuvent avoir d'intérêt à tromper, car leur gloire est fondée sur la raison. Aussi, depuis ce grand art de l'imprimerie, si favorable aux progrès de l'esprit humain, leur influence a été de plus en plus sensible, et a préparé celle de Voltaire.

La dialectique de Bayle avait aiguisé le raisonnement, et accoutumé au doute et à la discussion; les agréments de Fontenelle avaient tempéré la sévérité que l'on portait en tous sens dans les matières abstraites; Montesquieu surtout avait agité les têtes pensantes : mais tous ces différents effets avaient été plus ou moins circonscrits, et par le nombre des lecteurs, et par la nature des objets. Voltaire parla de tout et à tous. Il dut au charme particulier de son style et à la tournure de ses ouvrages d'être plus lu qu'aucun écrivain ne l'avait jamais été; et la mode se mêlant à tout, et chacun voulant lire Voltaire, il rendit l'ignorance honteuse, et le goût de l'instruction général. Ce fut là le premier fondement de sa puissance. L'éloquence et le ridicule en furent les armes. Il émeut une nation douce et sensible par des peintures touchantes, et amusa un peuple frivole et gai par des plaisanteries. Il fit retentir à nos oreilles le mot d'humanité; et si quelques déclamateurs en ont fait depuis un mot parasite, il sut le rendre sacré.

Cette dureté intolérante, née de l'habitude des querelles, fut adoucie par la morale persuasive que respirent ses écrits; et cette malheureuse importance que la médiocrité cherche à se donner par l'esprit de parti tomba devant le ridicule. Il reproduisait sous toutes les formes ces maximes d'indulgence fraternelle et réciproque, devenues le code des honnêtes gens; ces anathèmes lancés contre l'espèce de tyrannie qui veut tourmenter les ames et assujettir les opinions; ce mépris mêlé d'horreur pour la basse hypocrisie qui se fait un mérite et un revenu de la délation et de la calomnie.

Le persécuteur fut livré à l'opprobre, et l'enthousiaste à la risée. La méchanceté puissante craignit une plume qui écrivait pour le monde entier, et qui fixait l'opinion; et alors s'établit une nouvelle magistrature dont le tribunal était à Ferney, et dont les oracles, rendus en prose éloquente et en vers charmants, se fesaient entendre au-delà des mers, dans les capitales, dans les cours, dans les tribunaux, et dans les conseils des rois. Le pouvoir inique, ou prévenu, ou oppresseur, qui essayait d'échapper à cette juridiction suprême, se trouvait de toute part heurté, investi par cette force qu'exerce la société chez un peuple où elle est le premier besoin. Partout on rencontrait Voltaire, partout on entendait sa voix; et il n'y avait personne qui ne dût craindre d'être inscrit sur ces tables de justice et de vengeance, où la main du génie gravait pour l'immortalité.

Cette autorité extraordinaire devait naturellement être appuyée sur une considération personnelle, aussi rare que les talents qui en étaient la source. Les tributs de l'Europe entière apportés chaque jour à Ferney ; le marbre taillé par Pigalle, et chargé de reproduire à la postérité, et les traits de Voltaire, et l'hommage aussi libre qu'honorable de l'admiration des gens de lettres ; le commerce intime, les présents, les caresses, les visites des souverains, le prix qu'ils semblaient attacher à ses louanges, l'empressement qu'ils montraient à l'honorer, le concours de toutes les grandeurs, de toutes les réputations, et, ce qui est plus respectable, de tous les opprimés, dans l'asile d'un vieillard retiré au pied des Alpes ; tout contribuait à donner du poids à son suffrage, tout consacrait une vieillesse qui était l'appui de l'infortune et de l'innocence, et une demeure qui en était le refuge.

C'est là que vous vîntes, couverts des haillons de l'indigence et baignés des larmes du désespoir, déplorables enfants de Calas, et toi, malheureux Sirven, victimes d'un fanatisme atroce et d'une jurisprudence barbare ! c'est là que vous vîntes embrasser ses genoux, lui raconter vos désastres, et implorer ses secours et sa pitié. Hélas ! et qui vous amenait dans la solitude champêtre d'un philosophe chargé d'années ? On ne vous avait point dit que ce fût un homme puissant par ses places ou par ses titres ; vous ne vîtes autour de lui aucune de ces marques imposantes des fonctions publiques, qui annoncent un soutien et une sauvegarde à quiconque fuit l'oppression; et vous êtes à ses pieds! et vous venez l'invoquer comme un dieu tutélaire! Peut-être ne connaissiez-vous de lui que son nom et sa renommée; vous aviez seulement entendu dire que la nature l'avait créé supérieur aux autres hommes; et vous avez pensé que, fait pour les éclairer, il l'était aussi pour les secourir. Sans autre recommandation que votre malheur, sans autre soutien que votre conscience, vous avez espéré de trouver en lui un juge au-dessus de tous les préjugés, un défenseur au-dessus de toutes les craintes.

Vous ne vous êtes pas trompés. Jouissez déjà des pleurs qu'il mêle à ceux que vous versez. Reçus dans ses bras, dans son sein, vous êtes désormais sacrés; et la persécution va s'éloigner de vous. Ah! ce moment lui est plus doux et plus cher que celui où il voyait triompher *Zaïre* et *Mérope*, et l'agrandit davantage à nos yeux. Oui, s'il est beau de voir le génie donnant aux hommes rassemblés de puissantes émotions, oh! qu'il paraît encore plus auguste quand il s'attendrit lui-même sur le malheur, et qu'il jure de venger l'innocence!

Et combien il savait mettre à profit jusqu'à ces attentats du fanatisme, grace à lui devenus si rares! comme il se servait des derniers crimes pour lui arracher les restes de sa puissance! Alors le monstre épouvanté se cachait long-temps dans les ténèbres et le silence, semblable à la bête farouche et dévorante qui, s'élançant de la profondeur des forêts pour enlever une proie, a porté dans les habitations l'alarme et la terreur : bientôt tout est en armes pour la poursuivre et la combattre ; mais elle se retire sans bruit et sans menace, et, tranquille dans son repaire, elle attend le moment d'en sortir encore pour détruire et dévorer.

Mais Voltaire goûta du moins dans sa vieillesse cette satisfaction consolante de voir que l'ennemi qu'il avait tant combattu était enfin ou désarmé ou enchaîné, et presque réduit parmi nous à une entière impuissance. Il osa s'applaudir de cette victoire : et pourquoi lui eût-il été défendu de jouir du bien qu'il avait fait? Ce fut pour lui un des avantages d'une longue vie. Il vit succéder à ceux qui, nourris dans les préjugés, avaient repoussé la vérité, une génération nouvelle qui ne demandait qu'à la recevoir, et qui croissait en s'instruisant dans ses écrits ; il vit la lumière pénétrer partout, et des hommes de tous les états, des hommes supérieurs par leur mérite ou par leurs emplois, la porter dans tous les genres d'administration. C'est alors qu'il se félicita d'avoir long-temps vécu. En effet, parmi les bienfaiteurs de l'humanité, combien peu ont eu assez de vie pour voir à-la-fois et toute leur gloire, et toute leur influence ! Ce n'est pas la destinée ordinaire du génie. On ne lui a donné qu'un instant d'existence pour laisser une trace éternelle : et qu'il est rare qu'il en aperçoive autour de lui les premières empreintes, et qu'il emporte dans la tombe les premiers fruits de ses bienfaits !

Ce bonheur fut celui de Voltaire. Ses yeux furent témoins de la révolution qui était son ouvrage. Il vit naître dans les esprits cette activité éclairée qui cherche dans tous les objets le bien possible, et ne se repose plus qu'elle ne l'ait trouvé. L'inquiétude naturelle à un peuple ardent et ingénieux, si long-temps consumé dans de tristes et frivoles querelles, se porta vers tous les moyens d'adoucir et d'améliorer la condition humaine, assez affligée de maux inévitables, pour n'y en pas ajouter de volontaires.

Il ne vit pas, il est vrai, disparaître entièrement ces restes honteux de la barbarie qui déshonorent une nation policée, et qu'il nous a tant reprochés; mais du moins il les vit attaquer de toutes parts, et dut espérer avec nous leur anéantissement.

Il ne vit pas abolir cet usage absurde et funeste d'entasser les sépultures des morts dans les demeures des vivants, de faire du lieu saint un amas d'infection et de pourriture, de changer les temples en cimetières, et de placer les autels sur des cadavres : mais il entendit la voix des prélats les plus illustres, et des tribunaux les plus respectables, s'élever avec lui contre la force de la coutume, qui leur a résisté jusqu'ici, et qui sans doute doit céder un jour.

Il ne vit pas une réforme absolue et régulière retrancher les abus odieux de notre jurisprudence, simplifier les procédures civiles, adoucir les lois criminelles, supprimer ces tortures autrefois inventées par les tyrans contre les esclaves, et employées par les sauvages contre leurs captifs; et ces supplices recherchés, ajoutés à l'horreur de la mort, qui, sous prétexte de venger les lois, violent la première de toutes, l'humanité : mais il vit la sagesse des juges suppléer souvent aux défauts de la législation, et tempérer les ordonnances par leurs arrêts.

Il ne vit pas combler ces cachots abominables qui rappellent les cruautés tant reprochées aux Caligula, aux Tibère; ces retraites infectes où des hommes enferment des hommes, sans songer que le coupable, quel qu'il soit, ne doit mourir qu'une fois, et qu'enchaîné par la loi vengeresse, il doit respirer l'air des vivants, jusqu'à ce qu'elle lui ait ôté la vie. Il ne vit pas fermer au milieu de nous ces demeures non moins destructives et meurtrières, fondées pour être l'asile de l'infirmité et de la maladie, et qui ne sont que des gouffres où vont incessamment s'engloutir des milliers d'hommes, victimes de la contagion qu'ils se communiquent.

Il ne vit pas remédier aux vices mortels de cette autre institution, si précieuse dans son origine, destinée à assurer les premiers secours à ces malheureux enfants qui n'ont de père que l'état, institution faite pour l'honorer et l'enrichir, et qui, soit négligence dans les fonctions, soit défaut dans les moyens, éteint dans leur germe les générations naissantes, et tarit le sang de la patrie; mais au regret qu'il dut sentir de voir des maux si grands attendre encore les derniers remèdes, combien il se mêla de consolation! Il versa des larmes d'attendrissement quand il jeta les yeux sur le tableau de ces calamités, exposé dans la chaire de vérité par de dignes et éloquents ministres de la parole évangélique, présenté dans Versailles à l'ame pure et sensible d'un jeune roi qui en fut ému, et qui, ne se bornant pas à une pitié stérile, donna sur-le-champ des ordres pour arrêter le cours de ces fléaux que son règne doit voir finir. Hélas! le bien est toujours si difficile, même aux souverains! L'or, nécessairement prodigué contre les ennemis de la France, ne peut être dispensé qu'avec tant de réserve, même pour les réformes les plus pressantes.

Tu les achèveras sans doute, ô toi l'héritier du génie de Colbert[1], dont tu as été le panégyriste! toi que la reconnaissance publique a dû naturaliser Français, lorsque, par des moyens dont le secret n'a été connu que de toi seul, tu as su créer tout-à-coup ces trésors destinés à faire régner le pavillon français sur les mers des deux mondes! C'est la première fois, depuis les jours de Sulli et de Henri IV, qu'on a su illustrer la nation sans charger le peuple, et que la gloire n'a point coûté de larmes. C'est la première fois qu'on a vu l'administration, portant de tout côté la lumière et la réforme, exécuter au milieu de la guerre tout le bien qu'on n'aurait pas osé espérer même dans la paix. Ah! le grand homme que je célèbre s'applaudirait sans doute de voir associer ton éloge au sien : mais que n'a-t-il pu lire cet édit[2] qu'il avait tant desiré; cet édit mémorable, émané d'un souverain qui, se glorifiant de commander à un peuple libre, sûr de trouver partout des enfants dans ses

---

[1] Necker, contrôleur général des finances lorsque La Harpe publia l'*Éloge de Voltaire*, est auteur d'un *Éloge de Colbert*, couronné, en 1773, par l'académie française; voyez tome LXVIII, page 312. B.

[2] L'édit portant abolition du droit de mainmorte dans les domaines du roi. (*Note de l'auteur de l'Éloge.*)

sujets, ne veut point d'esclaves dans ses domaines! Oh! comme, en voyant remplir l'un des vœux qu'il a le plus souvent formés, Voltaire se serait écrié dans sa joie : « Je ne m'étais pas trompé quand j'ai regardé
« ce nouveau règne comme le présage des plus heu-
« reux changements! La vertu du jeune monarque a
« devancé l'expérience; l'expérience a été suppléée en
« lui par cet amour du bien qui est l'instinct des belles
« ames. »

Ainsi se réalisent tôt ou tard les vœux et les pensées du génie; ainsi croît et s'établit de jour en jour ce juste respect pour l'homme, respect qui seul peut apprendre aux maîtres de ses destinées à assurer son bonheur. Ce sentiment sublime dut être inconnu dans les siècles d'ignorance, où tous les droits étant fondés sur la force et la conquête, il semblait qu'il n'y eût de condition dans l'humanité que celle de vainqueur ou de vaincu, de maître ou d'esclave; mais il devait naître à la voix de la philosophie, et s'affermir par l'étude et le progrès des lettres. La considération de ceux qui les cultivent a dû s'augmenter avec le pouvoir des vérités qu'ils ont enseignées, et s'est encore fortifiée du nom et de la gloire de Voltaire : car si nul homme n'a tiré des lettres un plus grand éclat, nul aussi ne leur a donné plus de lustre. Les écrivains distingués, les hommes d'un mérite véritable, apprirent de lui à mieux sentir leurs droits et leur dignité, et surent plus que jamais ennoblir leur existence. Ils apprirent à substituer aux dédicaces serviles, qui avaient été si long-temps de mode, des hommages désintéressés et volontaires, rendus à la vraie supériorité, ou des tributs plus nobles encore payés à la simple amitié. En étendant l'usage de leurs talents, ils conçurent une ambition plus relevée ; ils sentirent que le temps était venu pour eux d'être les interprètes des vérités utiles, plutôt que les modèles d'une flatterie élégante ; les organes des nations, plutôt que les adulateurs des princes ; et des philosophes indépendants, plutôt que des complaisants titrés. Il est vrai qu'irritée de leur gloire nouvelle, la haine a employé contre eux de nouvelles armes ; mais la raison, qu'il est difficile d'étouffer quand une fois elle s'est fait entendre, confond à tout moment et livre au mépris ces calomniateurs hypocrites, ces déclamateurs à gages, qui représentent les gens de lettres comme les ennemis des puissances, parcequ'ils sont les défenseurs de l'humanité ; et comme les détracteurs de toute autorité légitime, parcequ'ils aspirent à l'honneur de l'éclairer.

Si Voltaire a été égaré par un sentiment trop vif des maux qu'a faits à l'humanité l'abus d'une religion qui doit la protéger ; si, en retranchant des branches empoisonnées, il n'a pas assez respecté le tronc sacré qui rassemble tant de nations sous son ombre immense, je laisse à l'Arbitre suprême, à celui qui seul lit dans les consciences, à juger ses intentions et ses erreurs, ses fautes et ses excuses, les torts qu'il eut et le bien qu'il fit : mais je dis à ceux qui s'alarment de ces atteintes impuissantes : Fiez-vous à la balance déposée dans les mains du temps, qui d'un côté retient et affermit tout ce qu'a fait le génie sous les yeux de la raison, et secoue de l'autre tout ce que les passions humaines ont pu mêler à son ouvrage. Le mal que vous craignez est passager, et le bien sera durable.

Voltaire fut du moins un des plus constants adorateurs de la Divinité :

Si Dieu n'existait pas, il faudrait l'inventer.

Ce beau vers fut une des pensées de sa vieillesse[1], et c'est le vers d'un philosophe. Quand on ira visiter le séjour qu'il a long-temps embelli et vivifié, on lira son nom sur le frontispice d'un temple simple et rustique, élevé, par son ordre et sous ses yeux, au Dieu qu'il avait chanté[2]. Ses vassaux, qui l'ont perdu, leurs enfants, héritiers de ses bienfaits, diront au voyageur qui se sera détourné pour voir Ferney : « Voilà les « maisons qu'il a bâties, les retraites qu'il a données « aux arts utiles, les terres qu'il a rendues à la cul- « ture, et dérobées à l'avidité des exacteurs. Cette « colonie nombreuse et florissante est née sous ses « auspices, et a remplacé un désert. Voilà les bois, « les avenues, les sentiers où nous l'avons vu tant de « fois. C'est ici que s'arrêta le chariot qui portait la « famille désolée de Calas; c'est là que tous ces infor- « tunés l'environnèrent en embrassant ses genoux. Re- « gardez cet arbre consacré par la reconnaissance, et « que le fer n'abattra point; c'est celui sous lequel « il était assis quand des laboureurs ruinés vinrent

---

[1] Voltaire avait soixante-quatorze ou soixante-quinze ans quand il fit ce vers, qui est dans l'*Épître à l'auteur du livre Des trois Imposteurs*; voyez tome XIII, page 265. B.

[2] Il avait fait mettre cette inscription : DEO EREXIT VOLTAIRE; voyez tome XLVIII, page 373. B.

« implorer ses secours, qu'il leur accorda en pleurant,
« et qui leur rendirent la vie. Cet autre endroit est
« celui où nous le vîmes pour la dernière fois... » Et
à ce récit le voyageur qui aura versé des larmes en
lisant *Zaïre* en donnera peut-être de plus douces à
la mémoire des bienfaits.

Voilà ce qu'a fait Voltaire : quel a été son sort?
ces talents chéris à tant de titres, et qui ont été les
délices et l'instruction de tant de peuples, qu'ont-ils
pu pour son bonheur? en prenant tant de pouvoir
sur les ames, quel était celui qu'ils exerçaient sur la
sienne? cette gloire qui remplissait le monde avait-
elle rempli son cœur? eut-il, dans le long cours de
cette vie laborieuse et illustre, plus de jours sereins
que de jours orageux? a-t-il obtenu plus de récompenses qu'il n'a essuyé de persécutions? enfin, dans
la balance de ses destinées, les honneurs amassés sur
lui par la renommée l'ont-ils emporté sur les outrages
accumulés par la haine?... Ici un sentiment de tristesse, un trouble involontaire me saisit, et m'arrête
un moment; il suspend cet enthousiasme qui, dans
l'éloge d'un grand homme, entraînait vers lui toutes
mes facultés. Cette image que j'aimais à contempler,
si pure et si brillante, semble déjà se couvrir de nuages et s'envelopper de ténèbres. Ah! viens les dissiper; lève-toi dans ton éclat, ô divinité consolante,
fille du temps, ô justice! toi que j'ai vue sortir de la
poussière de quatre générations ensevelies, et venir,
les lauriers dans la main, placer sur cette tête octogénaire la couronne qu'un moment après a renver-
sée la faux de la mort! Prêt à passer à travers tant

d'orages, j'ai besoin d'entrevoir de loin ce jour si beau que tu fis luire sur sa vieillesse; et je me souviendrai alors que les épreuves du génie ne servent pas moins que ses triomphes, et à l'instruction des hommes, et à sa propre grandeur.

TROISIÈME PARTIE.

L'amour de la gloire n'appartient qu'aux ames faites pour la mériter. La médiocrité vaine et inquiète s'agite dans ses prétentions pénibles et trompées; elle cherche de petits succès par de petits moyens: mais la première pensée du grand écrivain est celle d'exercer sur les esprits l'empire du talent et de la vérité. Cette ardente passion de la gloire, l'infatigable activité qui en est la suite nécessaire, un besoin toujours égal et du travail et de la louange; c'était là le double ressort qui remuait si puissamment l'ame de Voltaire; ce fut le mobile et le tourment de sa vie. La nature et la fortune le servirent comme de concert, et aplanirent sa route. L'une l'avait doué de cette rare facilité pour qui l'étude et l'application sont des jouissances et non pas des efforts, et qui ne laisse sentir que le plaisir et jamais la fatigue de produire; l'autre lui procura cette précieuse indépendance qui élève l'ame et affranchit le talent, lui permet le choix de ses travaux, et ne met aucune borne à son essor.

Malheur à toi, qui que tu sois, à qui le ciel a départi à-la-fois le génie et la pauvreté! celle-ci, par un mélange funeste, altérera souvent ce que l'autre a de plus pur, et avilira même ce qu'il a de plus noble. Si elle ne réduit pas ta vieillesse comme celle d'Homère aux affronts de la mendicité; si elle ne t'arrache pas comme à Corneille des ouvrages précipités, et des flatteries serviles également indignes de toi; si elle ne plie pas la fermeté de ton ame jusqu'à l'intrigue et la souplesse, du moins elle embarrassera tes premiers pas dans ses piéges, multipliera devant toi les barrières et les obstacles, et jettera des nuages sur tes plus beaux jours, qui en seront long-temps obscurcis. Dans la culture des arts, l'imagination inconstante n'a qu'un certain nombre de moments heureux qu'il faut pouvoir attendre et saisir, et souvent tu ne pourras ni l'un ni l'autre. Ton ame sera préoccupée ou asservie, et tes heures ne seront pas à toi. Tu seras détourné dans des sentiers longs et pénibles avant de pouvoir tendre au but que tu cherches; et l'envie, toujours occupée à t'empêcher d'y parvenir, t'attendra à tous les passages pour insulter ta marche et la retarder. Tu consumeras, dans de tristes et infructueux combats, une partie des forces destinées pour un meilleur usage; et lorsqu'enfin, rendu à toi-même, tu verras la carrière ouverte, tu n'y entreras que fatigué de tant d'assauts, et ne pouvant plus donner à la gloire que la moitié de ton talent et de ta vie.

Celle de Voltaire ne fut point chargée de ce fardeau, toujours si difficile à secouer; il put la dévouer librement, la consacrer tout entière à cette gloire qu'il idolâtrait, et aux travaux qu'il avait choisis, si l'on peut appeler travaux les productions faciles de cette tête agissante et féconde, qui semblait répandre ses idées comme le soleil répand ses rayons. On a demandé plus d'une fois si cette facilité extrême était une marque essentiellement distinctive de la supériorité : c'en est du moins un des plus beaux attributs, mais ce n'en est pas un des caractères indispensables. Je l'ai déjà dit : ne soumettons point la nature à des procédés uniformes ; elle est aussi sublime et aussi magnifique dans la formation de ces métaux lentement durcis et élaborés sous le poids des rochers et sous le torrent des âges, que dans la reproduction si prompte et si continuelle des substances animales, et dans l'abondance d'une végétation rapide. Il est des philosophes, des orateurs, des poëtes, dont l'éloquence est plus travaillée, et dont la perfection a plus coûté ; mais cette différence, analogue à celle des caractères, serait-elle la mesure du génie ?

Si Voltaire composait en un mois une tragédie, et si Racine y employait une année, établirai-je sur cette disproportion celle de leur mérite ? non : mais, d'un autre côté, si Voltaire, qui n'avait pas moins de goût que Racine, a pourtant un style moins châtié ; si, pouvant balancer les beautés de son rival, il offre plus de défauts, je chercherai seulement pourquoi, de deux écrivains nés avec la même facilité, l'un s'est fait une loi de la restreindre, et l'autre s'y est laissé emporter ; et je verrai dans l'un le grand poëte qui n'a voulu faire que des tragédies, et qui de bonne heure a cessé d'en faire ; dans l'autre, l'esprit vaste et hardi dont l'entrée dans le pays des arts a été une invasion, et qui a embrassé à-la-fois l'épopée, le drame, la philosophie, et l'histoire. Le travail que le premier mettait dans un ouvrage, celui-ci l'étendait sur tous les genres; et si leur ambition n'a pas été la même, est-ce à nous de nous en plaindre, nous qui en recueillons les fruits? Racine, tranquille et modéré, pouvait se reposer à loisir sur un ouvrage qui se perfectionnait sous ses mains; Voltaire, impatient et fougueux, voulait achever aussitôt qu'il avait conçu, concevait ensemble plusieurs ouvrages, et remplissait encore les intervalles de l'un à l'autre par des productions différentes.

Il composait avec enthousiasme, corrigeait avec vitesse, et revenait aussi facilement sur ses corrections. Il fallait sans cesse de nouveaux aliments à cette ardeur dévorante. Les jours, qu'il savait étendre et multiplier par l'usage qu'il en fesait, lui paraissaient toujours trop courts et trop rapides pour celui qu'il en eût voulu faire. Le temps, qu'il regardait comme le trésor du génie, il le dispensait avec une économie scrupuleuse, et le mettait en œuvre de toutes les manières, comme l'avarice tourmente ses richesses pour les augmenter. Chacun de ses moments devait un tribut à sa renommée, et chaque portion de la durée, un titre à son immortalité. Il eût voulu qu'il n'y eût pas une de ses heures stérile pour le monde ni pour lui. Jamais le loisir ne parut nécessaire à cette tête robuste, qui n'avait besoin que de changer de travaux. Jamais son action ne fut interrompue ni ralentie par les distractions de la société, ni par l'embarras des affaires, ni dans le tumulte des voyages, ni dans la dissipation des cours, ni même au milieu des séductions du plaisir et parmi les orages des passions. Elles ne furent pas sans doute étrangères à cette imagination bouillante et impétueuse ; mais toujours elles furent subordonnées à l'ascendant de la gloire, qui absorbait tout. Il ne restait de ces tempêtes passagères que l'impression qui sert à les mieux peindre, comme l'excellente compagnie où il fut admis dès sa jeunesse, sans l'amollir et l'enchaîner par ses charmes, ne fit qu'épurer son goût, et lui donner cette politesse noble qui le distingua toujours, et qui semblait un des heureux attributs qu'il avait hérités du siècle de Louis XIV.

Je sais que la raison vulgaire n'a souvent jeté qu'un regard de pitié sur cette agitation continuelle, élément de tout ce qui est né pour les grandes choses ; qu'elle affecte de n'y voir que les faiblesses humiliantes de l'humanité. Elle nous représente un homme tel que Voltaire incessamment entraîné par un fantôme impérieux auquel il s'est soumis, et qui lui a dit, au moment où il lui apparut pour la première fois : Tu ne reposeras plus. Elle nous le montre courant sans relâche sur les traces de ce spectre qui lui commande, le suivant dans les villes, dans les campagnes, dans les cours ; le retrouvant dans la solitude, au fond des bois, et sur le bord des fontaines ; elle nous retrace, avec une compassion insultante, les angoisses d'un homme battu par tous les vents de l'opinion, veillant jour et nuit, l'oreille ouverte au moindre bruit de la renommée, et ne respirant qu'au gré des caprices d'une multitude aveugle et inconstante ; cette inquiétude, que rien ne peut calmer ; cette soif, que rien ne peut éteindre ; des succès toujours incertains et toujours empoisonnés; une lutte éternelle contre l'injustice et la haine; des fatigues sans terme, et une vieillesse sans repos; et, après cette affligeante peinture, on nous demande avec dédain si c'est là le partage de ces hommes que l'on appelle grands!

Ames communes, de quel droit vous faites-vous les juges des destinées du génie? Avez-vous assisté à ses pensées, et vous est-il permis de vous mettre à sa place? Vous voyez ses épreuves et ses sacrifices; connaissez-vous ses besoins et ses dédommagements? savez-vous ce que vaut un jour de véritable gloire, quel espace il occupe dans la vie d'un grand homme et dans le souvenir de l'envie, quel poids il a dans la balance de la postérité? Tel est, si vous l'ignorez, tel est le calcul de toute passion forte : des moments de jouissance et des années de tourments. Cette compensation ne peut pas exister pour le commun des hommes; mais s'il n'y en eût pas eu de faits pour la connaître, le monde serait encore dans l'enfance, et les arts dans le néant.

Oui, je l'avoue, et l'on ne saurait le nier sans démentir l'expérience; au moment où le talent supérieur se présente aux hommes pour obtenir leurs suffrages, il doit s'attendre à une résistance égale à ses prétentions. La sévérité des jugements sera proportionnée à l'opinion qu'il aura donnée de lui; car, si on loue avec complaisance quelques beautés dans ce qui n'est que médiocre, on recherche avec une curiosité maligne quelques fautes dans ce qui est excellent. D'ailleurs l'admiration est un hommage involontaire; et à peine est-il arraché, qu'on regarde comme un soulagement tout ce qui peut nous en affranchir. C'est là le soin dont se charge l'envie, presque toujours sûre que sa voix sera entendue par le génie et écoutée par la multitude : elle s'applaudit de ce double avantage ; il faut bien le lui laisser, elle est toujours si malheureuse, même lorsqu'elle jouit ! Quand elle parviendrait à égarer pour un temps l'opinion publique, elle ne peut ni s'ôter à elle-même le sentiment de sa bassesse, ni ôter au talent celui de sa force. Quand elle insultait avec une joie si lâche et si furieuse aux disgraces qu'essuya Voltaire au théâtre dans ses premières années ; quand elle voyait d'un œil si content *Amasis*[1] applaudi trois mois, et *Brutus* abandonné ; quand les plus beaux esprits du temps[2], devenus les échos de la prévention et de la malignité, conseillaient à l'auteur d'*OEdipe* de renoncer à un art qu'il devait porter si loin, que fesait alors le grand homme méconnu ? il fesait *Zaïre*. *Zaïre* était déchirée dans vingt libelles, mais on ne se lassait pas plus de la voir que de la censurer. La chute d'*Adélaïde*, injure qui ne fut expiée que trente ans après, consola les ennemis de Voltaire ; *Alzire* vint renouveler leurs douleurs. Ils s'en vengèrent, en réduisant à l'exil l'auteur de la charmante bagatelle du *Mondain*. *Zulime* fut encore pour eux une consolation. Ils eurent surtout le plaisir si digne d'eux, et si honteux pour la France, d'arrêter les représentations de *Mahomet* ; *Mérope* les accabla.

---

[1] Tragédie de Lagrange, jouée en 1701 ; voyez tome V, page 102 ; et LIII, 37. B.
[2] Fontenelle. B.

La haine ne se lasse jamais, il est vrai; mais il vient un temps où la foule, qu'elle fait mouvoir d'ordinaire, se lasse de la croire et de la seconder. L'intérêt qu'excite à la longue le talent persécuté l'emporte alors sur les clameurs du préjugé et de la calomnie. On veut être juste, au moins un moment; la justice devient faveur, la faveur devient enthousiasme. Un pareil instant devait se rencontrer dans la vie de Voltaire. Il est appelé au théâtre par les acclamations publiques, et à la cour par des honneurs, des récompenses, et des titres. Un monarque étranger[1] le dispute à son souverain. Berlin veut déjà l'enlever à la France; et enfin l'on permet à l'académie française[2] de compter parmi ses membres un grand homme de plus.

Cependant, si l'envie avait été forcée de souffrir qu'il obtînt la justice qui lui était due, elle était loin de consentir qu'il en jouît en paix, et n'y était encore ni résignée ni réduite. Elle connaît trop les hommes, pour s'opposer à cette ivresse passagère, à ce torrent rapide qu'elle ne se flatte pas d'arrêter; et dans ces jours brillants et rares, où le génie semble avoir toute sa puissance naturelle, elle souffre, se tait, et attend. Bientôt, plus il a été élevé, plus elle a de moyens de l'attaquer. Les hommes sont si prompts à s'armer contre tout ce qu'on veut placer au-dessus d'eux! Supportera-t-on volontiers cette prééminence qui semble reconnue et établie? laissera-t-on dans la capitale et à la cour un homme qui doit faire ombrage

---

[1] Frédéric II, roi de Prusse. B.
[2] En 1746; voyez ma note, tome XXXVIII, page 545. B.

à tant d'autres? Mais comment l'en écarter? comment forcer à la fuite celui qui a déjà résisté à tant de contradictions et de dégoûts? et d'ailleurs qui lui opposer? Rousseau, long-temps son antagoniste, n'était plus [1]; et nul autre que lui n'ayant alors illustré ce nom, devenu depuis célèbre dans la prose comme dans la poésie; Rousseau, assez honoré d'être le lyrique de la France, n'avait pas encore été appelé *grand*. Piron, prodiguant les sarcasmes et les satires; Piron, qui avait fait moins de bonnes épigrammes que Voltaire n'avait fait de chefs-d'œuvre, affectait en vain une rivalité qui n'était que ridicule, et à laquelle lui-même ne croyait pas.

Mais alors vivait à Paris, dans une obscurité volontaire, dans une oisiveté que l'on pouvait reprocher à ses goûts, et dans une indigence qu'on pouvait reprocher à sa patrie, un homme d'un génie brut et de mœurs agrestes, qui, après s'être fait, quoique un peu tard, une réputation acquise par plus d'un succès, depuis trente ans s'était laissé oublier, en oubliant son talent. Cet homme était Crébillon, écrivain mâle et tragique, qui, avec plus de verve que de goût, un style énergique et dur, des beautés fortes, et une foule de défauts, avait pourtant eu la gloire de remplir l'intervalle entre la mort de Racine et la naissance de Voltaire. Mais ce feu sombre et dévorant dont il avait pour ainsi dire noirci ses premières compositions n'avait depuis jeté de loin en loin que de pâles étincelles, et paraissait même entièrement con-

---

[1] J.-B. Rousseau est mort en 1741. B.

sumé : semblable à ces volcans éteints qui, après quelques explosions subites et terribles, se sont refroidis et refermés, et sur lesquels le voyageur passe, en demandant où ils étaient.

A Dieu ne plaise que je veuille accuser les bienfaits si légitimes et si noblement répandus sur la vieillesse pauvre d'un homme de génie! Que les libéralités royales soient venues le chercher dans sa retraite, qu'on ait voulu l'en tirer déjà presque octogénaire, le produire à la cour, pour laquelle il était si peu fait, et ressusciter un talent qui n'était plus; que ses drames, si imparfaits, et la plupart déjà condamnés, aient été confiés aux presses du Louvre, tandis que toutes celles de l'Europe reproduisaient à l'envi les immortelles tragédies de Voltaire; je souscris à ces honneurs, peut-être d'autant plus exagérés qu'ils étaient tardifs. Si le crédit qui les attira sur lui ne fut pas dirigé par des intentions pures, au moins les effets en furent louables; et si l'envie méditait le mal, au moins, pour la première fois peut-être, elle commença par faire le bien. Mais bientôt ses fureurs, en éclatant, manifestèrent quelle avait été sa politique; bientôt l'intérêt qu'avait inspiré le mérite que l'on tirait de l'oubli se tourna contre celui qu'on voulait détruire, parcequ'il jetait trop d'éclat.

Des voix passionnées, des plumes mercenaires, pour rendre odieux les succès de Voltaire, comme usurpés par la cabale, peignaient la vieillesse de Crébillon, si long-temps délaissée et ensevelie dans l'ombre. « C'était là l'homme de la France, l'Eschyle et le

« Sophocle du siècle, le dieu de la tragédie, le seul et
« digne rival de Corneille et de Racine; et, après nos
« trois tragiques, marchait un *bel-esprit*, que quel-
« ques beautés, le caprice du public, et la faveur de
« la cour, avaient mis à la mode. »

Voilà ce qu'on répétait dans vingt brochures, avec toute l'amertume et tous les emportements de la haine. La France demandait à grands cris un *Catilina* qui allait tout effacer. Paris retentissait des lectures de *Catilina*, et en pressait la représentation. Au milieu de cette effervescence générale des esprits, Voltaire prend une résolution noble et hardie, que le préjugé condamna, la seule pourtant qui convînt à la supériorité méconnue. Il ne veut combattre ses détracteurs et ses adversaires qu'avec les armes du talent. On lui préfère un rival; il offre de se mesurer avec lui corps à corps, en traitant les mêmes sujets; mais ce qui pour les Grecs, pour les vrais juges de la gloire, n'était qu'une généreuse émulation, digne des Euripide et des Sophocle, fut dans nos idées étroites et pusillanimes une basse jalousie, et aux yeux de l'esprit de parti, un crime atroce. Dès-lors le déchaînement fut au comble.

Quand des ennemis ardents et adroits ont, sous un prétexte spécieux, échauffé les têtes du vulgaire, il n'y a plus ni frein ni mesure. Le mouvement une fois donné se communique de proche en proche, et acquiert une force irrésistible. L'homme innocent, que la calomnie hypocrite poursuit au nom de la morale et de la vertu, n'est plus qu'une victime dévouée à l'anathème; contre lui toutes les attaques sont légitimes, et toutes ses défenses sont coupables. Le mensonge a raison dans la bouche de ses persécuteurs, et la vérité a menti dans la sienne. Tous les faits sont altérés et tous les principes confondus. Le méchant, si satisfait de pouvoir prononcer le mot d'honnêteté, au moment où il en viole toutes les lois; le plus vil détracteur, flatté de jouer un rôle; tous viennent lancer leurs traits dans la foule. Les libelles, les diffamations, les invectives, se succèdent et se renouvellent. C'est une sorte de vertige qui agit sur tous les esprits, jusqu'à ce qu'enfin cette rage épidémique s'épuise par ses propres excès, comme un incendie s'arrête faute d'aliment.

Cette époque était le règne de l'injustice : elle triompha. Dans la même année, un drame insensé et barbare, *Catilina*, est accueilli avec des transports affectés; et la sublime tragédie de *Sémiramis* ne recueille que le mépris et l'outrage. *Nanine*, l'ouvrage des Graces, est à peine supportée; *Oreste* est à peine entendu; *Oreste*, ce beau monument de l'antique simplicité, et dix ans après si justement applaudi. La haine jouit de tant de victoires; Voltaire lui cède enfin, et abandonne sa patrie.

Sa renommée lui préparait un asile illustre; et comme l'amitié l'avait autrefois fixé à Cirey, la reconnaissance l'attirait à Berlin. Sans doute il fallait que la destinée rapprochât les deux hommes les plus extraordinaires de leur siècle. On citera souvent ce commerce d'un monarque et d'un homme de lettres, et cette confiance intime et familière qui peut-être n'avait jamais eu d'exemple, et qui honorait encore plus, s'il est possible, le souverain que le poëte; car quel prince ose ainsi descendre de la majesté, si ce n'est celui qui se sent au-dessus d'elle? Le séjour de Voltaire à Berlin, les soirées de Potsdam et de Sans-Souci, occuperont sans doute une place brillante dans l'histoire des lettres. On rappellera quels nuages passagers vinrent obscurcir cette union si honorable pour la royauté et le talent. Sans prétendre juger entre les deux, j'observerai seulement deux faits peu communs dans l'ordre des choses et des destinées : l'un, qu'après l'éclat d'une rupture, ce fut le prince qui revint le premier; l'autre, qu'après cette liaison renouée, que rien n'altéra plus entre le monarque et l'homme de lettres, ce fut le premier qui fit l'oraison funèbre de l'autre.

Une leçon plus importante qui se présente ici, c'est que, pour l'écrivain et le philosophe, une cour, quelle qu'elle soit, ne saurait valoir la retraite. La retraite appelait Voltaire à son déclin : là il commença à respirer pour la première fois; là, après tant de courses et d'agitations, après les succès et les disgraces, la faveur et les exils, après avoir habité les palais des rois, et éprouvé leurs caresses et leurs vengeances, il entendit la voix de la liberté, qui, des vallées riantes que baigne le Léman, invitait sa vieillesse à venir chercher la tranquillité et la paix, si pourtant la paix était faite pour cette ame dont la sensibilité toujours si prompte se portait sur tous les objets, et recherchait toutes les émotions. Mais alors du moins l'instabilité de sa vie, long-temps errante et troublée, fut fixée sans retour, jusqu'au moment où son destin, le tirant de sa solitude, le ramena dans Paris pour triompher et mourir.

A ce long séjour dans les campagnes de Genève, commence un nouvel ordre de choses. Les jours de Voltaire vont être plus libres et plus calmes, ses pensées plus hardies et plus vastes, et la sphère de ses travaux va s'étendre sous les auspices de la liberté. Si chère à tout être qui pense, de quel prix elle devait être pour lui! Qui sait tout ce qu'il a dû, et ce que nous devons nous-mêmes à cette entière indépendance, l'un des premiers besoins de son esprit, et l'un des premiers vœux de son cœur, mais dont il n'a joui que dans son asile des Délices et dans celui de Ferney?

Jusque là il n'avait pu que lutter, avec plus ou moins de hardiesse et de danger, contre les entraves arbitraires, les convenances impérieuses, et la vigilance menaçante des délateurs; mais alors il n'eut plus à respecter et à craindre que cette censure, la seule peut-être que l'on dût imposer à l'écrivain, celle du public honnête et de la postérité équitable, qui applaudissent à l'usage de la liberté, et qui en condamnent l'abus. En m'élevant contre l'esclavage sous lequel une politique mal entendue voudrait enchaîner les esprits, contre cette tyrannie futile et importune, qui n'est faite que pour flétrir le talent, intimider la raison, et arrêter les progrès de tous les deux, je suis loin d'invoquer la licence et l'oubli de toutes les lois.

Mais quel avantage est sans inconvénient, et quel bien sans mélange? Je connais les jugements des hommes; je sais que, par une inconséquence établie, ils exigent, dans l'exercice des qualités les plus susceptibles d'abus et les plus voisines de l'excès, une mesure qu'eux-mêmes ne gardent pas dans leurs opinions: ils voudraient que la sensibilité qui anime les ouvrages n'égarât jamais l'auteur; que l'imagination qui lui fait franchir un espace immense ne l'emportât jamais hors des bornes; qu'il fût passionné pour la gloire, et impassible aux injustices; ils voudraient que l'astre qui, en échauffant la terre, pompe et attire tant de vapeurs, nous dispensât des jours sans nuages, et que les vents qui portent les vaisseaux ne les jetassent jamais hors de leur route : ils voudraient, en un mot, que l'éloge des grands hommes n'eût jamais besoin d'en être l'apologie. Il n'entre point de superstition dans le culte que je leur rends. Persuadé qu'un des premiers avantages de leur grandeur est de pouvoir avouer des fautes, je ne croirai point celle de M. de Voltaire affaiblie par un semblable aveu : je ne veux point le refuser à ceux qui peuvent en jouir ; et je ne m'arrête qu'à ce singulier effet de l'âge et de la retraite, qui redoublèrent son activité laborieuse, lorsqu'il semblait que le temps eût dû la diminuer, et qui accrurent ses travaux avec ses ans.

C'est une remarque qui n'a échappé à personne, que la dernière moitié de sa vie est celle où il a composé la plus nombreuse partie de ses ouvrages, et qu'il n'a jamais travaillé plus qu'à l'époque où les autres hommes se reposent. Il s'offre plusieurs causes de cette espèce de singularité. Dans une vieillesse saine et robuste, la raison est la faculté qui conserve le plus de vigueur; elle s'enrichit des pertes de l'imagination et des progrès de l'expérience. L'esprit d'un vieillard imagine moins, mais il réfléchit plus; l'habitude a plus de pouvoir sur lui, et celle de Voltaire était de penser et d'écrire. Pour lui l'occupation était devenue plus nécessaire que jamais, parceque les distractions étaient plus rares. Sa composition était moins difficile, et par la nature des sujets qui demandaient moins d'invention, et par une suite de l'âge où l'on devient moins sévère pour soi-même. Cet âge au reste ne lui avait guère ôté que la force qui invente, et le travail qui perfectionne; car d'ailleurs, si l'on excepte les grands ouvrages d'imagination, qui peut-être, passé un certain temps, ne sont plus permis à l'homme, sa facilité n'avait jamais eu plus d'éclat, son style plus d'agrément et de charme. Toujours prêt à traiter toutes les matières, à saisir tous les événements, à marquer tous les ridicules et tous les abus, à combattre toute iniquité, sa plume courait avec une rapidité piquante et une négligence aimable, avouée par ce goût qui ne l'abandonna pas jusqu'à son dernier moment.

Chaque jour voyait naître une production nouvelle. Heureux du seul droit de tout dire, il jetait sur tous les objets ce coup d'œil libre et hardi d'un observateur octogénaire, retiré dans une solitude, retranché dans sa gloire, et sur le bord de sa tombe. Cette gloire qu'il avait tant aimée, et qu'il aimait alors plus que jamais, dont il était toujours rassasié et toujours avide; cette gloire, qui protégeait sa vieillesse, était encore le dernier aliment de son existence défaillante, le dernier ressort d'une vie usée. A mesure qu'il sentait la vie lui échapper, il embrassait plus fortement la gloire, comme le seul lien qui pût l'y attacher ; il ne respirait plus que pour elle et par elle, il n'avait plus que ce seul sentiment; et à la vue de la mort, qui s'approchait, il se hâtait de remplir les moments qu'il pouvait lui dérober, et de les ajouter à sa renommée.

Mais il n'était plus en son pouvoir d'y rien ajouter, et l'envie même ne lui en contestait plus ni l'étendue ni la durée. L'absence avait commencé à affermir parmi nous l'édifice de sa réputation, et ses longues années l'avaient achevé. Vieilli loin de nous, Voltaire s'était agrandi à nos yeux. Il semble que le génie, quand nous le voyons de près, tienne trop à l'humanité : il faut qu'il y ait une distance entre lui et nous, pour ne laisser voir que ce qu'il a de divin. Il faut le placer dans l'éloignement, comme la Divinité dans les temples : tant il est vrai qu'en tout genre les hommes ont besoin de barrières pour sentir le respect !

Le temps, qui mûrit tout, avait enfin mis Voltaire à sa place, et c'était celle du premier des êtres pensants. Le temps avait moissonné tout ce qui pouvait prétendre à quelque concurrence, tout ce qui portait un nom fait pour servir de ralliement à l'inimitié et à la jalousie. Il restait bien peu de ceux qui, l'ayant vu naître, pouvaient être moins accoutumés à son élévation, parcequ'ils avaient été témoins de ses commencements et de ses progrès. Tout ce qui, depuis quarante ans, était entré dans le monde, l'avait trouvé déjà rempli du nom et des écrits de Voltaire. La scène ne retentissait que de ses vers. Les femmes, dont il flattait la sensibilité vive et le goût délicat; la jeunesse, qu'il instruisait à penser; les vrais connaisseurs, dont la voix avait entraîné tous les suffrages, qu'à la longue elle maîtrise toujours; en un mot, tous les hommes éclairés et justes lui rendaient un hommage dont l'expression était un enthousiasme; car il ne pouvait pas inspirer un sentiment médiocre: à son égard l'admiration était un culte, et la haine était de la rage. Mais les ennemis qu'il avait encore étaient d'une espèce propre à rehausser sa gloire, loin de l'altérer. Ce n'étaient plus des hommes qui eussent le moindre prétexte de lui rien disputer; c'étaient de vils satiriques en prose plate et grossière, et en vers froids et durs [1], qui n'avaient d'autre instinct que celui de la méchanceté impuissante, d'autre moyen de subsister que le mal qu'ils disaient de lui; son nom seul donnait quelque cours à leurs satires éphémères. Ces malheureux, vendus à un parti assez maladroit pour les encourager, désavoués par le bon sens, la vérité, et le public, osaient, pour dernière ressource, invoquer la religion, en violant le premier de ses préceptes; ils mêlaient la sainteté de ce nom à l'horreur de leurs libelles, et, mal couverts du masque de l'hypocrisie, ne cachaient pas même la bassesse de leurs motifs, en défendant une cause respectable.

O vous, qui avez fait revivre l'éloquence des Bossuet et des Massillon, c'est vous, ô dignes pasteurs! dont la plume vraiment évangélique nous a montré la loi éternelle et immuable, telle qu'elle est née dans le ciel et gravée dans les ames pures. Votre doctrine

[1] C'est surtout Clément, de Dijon, que La Harpe désigne ici. B.

est consolante, comme celle du maître dont vous répétez les leçons; votre zèle éclaire et n'insulte pas; vous parlez aux cœurs, bien loin de révolter les esprits, et vous n'opposez aux écarts d'une raison audacieuse, aux sinistres influences de l'irréligion, que la vérité et la vertu [1].

Il eût été à souhaiter sans doute que Voltaire lui-même n'opposât à ses ennemis que le mépris qu'il leur devait. Élevé assez haut pour ne pas les apercevoir, il daigna descendre jusqu'à s'en venger, et se compromit en les accablant. L'opprobre de leur nom, qui ne souillera point cet éloge, est attaché à l'immortalité de ses écrits; et, ce qui peut donner une idée de leur ignominie, ils se sont enorgueillis plus d'une fois de lui devoir cette flétrissante renommée. Mais en reconnaissant que le parti du silence est en général le plus noble et le plus sage, en regrettant même que Voltaire, qui sut donner à la satire une forme dramatique si piquante et si neuve, ne l'ait pas toujours restreinte dans de justes limites, sera-t-il permis de tempérer par quelques réflexions la rigueur de cette loi qui prescrit ce silence si rarement gardé, et d'affaiblir les reproches si sévères que l'on fait aux transgresseurs?

Cette loi, aujourd'hui établie par l'opinion, n'a-t-elle été dictée que par un sentiment de vénération pour le génie, et par la haute idée de ce qu'il se doit

---

[1] Le public instruit et juste nommera sans peine les personnes respectables à qui s'adresse cet éloge. (*Note de l'auteur de l'Éloge.*)
— Je pense que les prélats dont La Harpe parle sont Beauvais, évêque de Senez, et de La Luzerne, évêque de Langres, depuis cardinal. B.

à lui-même? Les hommes ont-ils en effet pour lui ce respect si épuré et si religieux? ne serait-ce pas plutôt une suite de cette espèce d'ostracisme dont le principe est dans leurs cœurs, et de ce plaisir secret qu'ils goûtent à entendre médire de ce qu'ils sont forcés d'estimer? n'est-ce pas qu'ils veulent jouir à-la-fois des travaux du grand écrivain et des assauts qu'on lui livre ; qu'ils croient que ce double spectacle leur appartient également, et qu'ils regardent la résistance comme un attentat à leurs droits? Ils ne pardonnent pas, s'il faut les en croire, qu'on réfute ce qui est méprisable; mais ne sont-ils pas toujours prêts à accueillir avec complaisance la plus méprisable censure? Ils ne conçoivent pas cette sensibilité de Racine, qui avouait le mal que lui fesait la plus mauvaise critique ; mais qu'est-ce autre chose, après tout, que l'indignation d'un cœur droit et d'un bon esprit contre tout ce qui est faux et injuste? Et qu'a donc ce sentiment de si étrange et de si répréhensible? Ils s'étonnent que parmi tant de suffrages on entende les contradictions, qu'au milieu de tant de gloire on s'aperçoive des offenses ; mais n'est-ce pas ainsi que l'homme est fait? n'est-il pas d'ordinaire plus touché de ce qui lui manque que de ce qu'il obtient? toutes les jouissances ne sont-elles pas faciles à troubler? et quel bonheur enfin n'est pas aisément altéré par la méchanceté et la calomnie?

Que l'on ait amèrement reproché à Voltaire une sensibilité trop irritable, ce n'est qu'un excès de sévérité. Mais cette espèce d'inquisition si terrible et souvent si odieuse que l'on porte sur la vie des hommes célèbres, et jusque dans les replis de leur conscience, a chargé sa mémoire d'un reproche plus grave. Ce même homme, que j'ai représenté toujours en butte à l'envie, est accusé de l'avoir sentie lui-même. On a prétendu que cette passion forcenée pour la gloire ne pouvait pas être exempte de jalousie; qu'attachant un si grand prix à l'opinion, il ne pouvait souffrir rien de ce qui partageait ou occupait la renommée. Ses jugements sévères ou passionnés sur des écrivains illustres ont appuyé cette accusation; mais sa manière de juger ne peut-elle pas tenir d'un côté à la délicatesse de son goût, et de l'autre à sa préférence exclusive pour la poésie, et surtout pour la poésie dramatique, mérite devant qui tous les autres s'effaçaient à ses yeux?

Quand la passion l'a emporté jusqu'à l'injustice, n'était-ce pas un ressentiment particulier qui l'animait, et n'était-il pas alors irrité plutôt qu'envieux? Rappelons-nous son admiration constante pour Racine, celui de tous les écrivains dont il doit le plus redouter la comparaison; le témoignage si flatteur et si éclatant qu'il rendit dans l'académie française aux talents de Crébillon; ce sentiment profond des beautés sublimes de Corneille, exprimé à tout moment dans ce même *Commentaire* où il a relevé tant de défauts. Enfin, si j'étais forcé de croire que cet homme, qui ne pouvait regarder qu'au-dessous de lui, a eu le regard de l'envie; que celui à qui l'on peut appliquer si justement ce vers d'une de ses tragédies [1],

De qui dans l'univers peut-il être jaloux?

[1] *Tancrède*, acte IV, scène 5. B.

a pourtant été jaloux lui-même; si des indices toujours suspects, des apparences toujours trompeuses, quand il s'agit de juger le cœur humain, pouvaient se changer en démonstration, je détournerais les yeux avec confusion et avec douleur de cette triste et affligeante vérité; car il y a pour l'homme de bien une sorte de religion à baisser la vue, pour ne rencontrer ni les faiblesses du génie, ni les fautes de la vertu.

Mais parmi ces faiblesses heureusement il en est de bien pardonnables, et qu'on peut avouer sans peine; par exemple, celle qu'il eut de prétendre encore à la force tragique dans un âge à qui elle n'est plus possible, et d'oublier les leçons qu'il donnait à cette vieillesse, qui *n'est faite*, disait-il lui-même dans le Temple du Goût, *que pour le bon sens*. La sienne, il est vrai, était faite pour les Graces; elle pouvait se couronner de fleurs : il voulut l'armer du poignard de Melpomène. Et quel homme, après tout, devait aimer le théâtre plus que Voltaire, et plus long-temps? Sans doute sa carrière théâtrale, si *Tancrède* l'avait fermée, aurait été sans égale; toutes les traces en étaient lumineuses, et la gloire sans mélange. Rival de Sophocle à vingt ans, il voulut l'être à quatre-vingts, et finir, comme lui, par remporter la palme dramatique. Plein de cette idée séduisante, il souriait avec complaisance à ces nombreux enfants de sa vieillesse, qui n'offraient plus que les traits presque effacés d'une belle nature affaiblie. Sophocle, avec deux scènes, avait pu, *à cent ans, charmer encore*

Athènes[1] ; mais Voltaire lui-même, après Racine, nous avait accoutumés à être plus difficiles sur nos plaisirs, et la pénible étendue de nos cinq actes ne pouvait pas être embrassée par une tête octogénaire.

C'est pourtant, il faut l'avouer, cette ambition d'occuper encore le théâtre qui peut-être a précipité ses derniers moments, et qui a fait que le favori de la gloire a fini par en être la victime. Elle le tira de sa retraite, malgré les infirmités de l'âge ; mais aussi elle lui préparait une journée qui valait seule une vie entière. Il vient, il apporte sur la scène sa dernière tragédie, *Irène*.... Mais qu'importe alors *Irène?* il vient, après trente ans d'absence : c'est lui ! c'est Voltaire ! O vous, adorateurs des arts et de la gloire, vous qui auriez suivi le Tasse au Capitole, hélas ! où il n'a point monté ; vous qui avez été chercher parmi les ronces d'un champ désert la pierre oubliée qui couvre Racine[2] ; vous qui avez laissé tomber quelques larmes sur le coin de terre[3] où reposent

---

[1] C'est Corneille qui, dans son Discours au roi (1676), a dit :
  Tel Sophocle à cent ans charmait encore Athènes ;
  Tel bouillonnait encor son vieux sang dans ses veines. B.

[2] J. Racine étant mort le 21 avril 1699, son corps fut porté à Saint-Sulpice, et mis en dépôt, pendant la nuit, dans le chœur de cette église, puis transporté à Port-Royal des champs. Après la destruction de ce monastère, la famille obtint la permission de faire exhumer son corps, qui fut apporté à Paris le 2 décembre 1711, et placé dans l'église de Saint-Étienne-du-Mont, derrière le maître-autel. La pierre contenant l'épitaphe a été retrouvée, et replacée le 21 avril 1818. B.

[3] Le cimetière Saint-Joseph, dans le faubourg Montmartre. La tradition disait que c'était aussi là que fut enterré La Fontaine ; ce qui est très douteux. Des os qu'on en retira en 1792, comme étant ceux de Molière et de La Fontaine, furent, en 1799, installés dans le musée des Petits-Augustins, et, en 1817, transportés au cimetière du Père Lachaise. B.

ensemble Molière et La Fontaine; qui vous êtes prosternés aux pieds des statues qu'une reconnaissance tardive vient enfin de leur décerner; venez, c'est pour vous que ce spectacle est fait. Voyez cette foule qui s'empresse sous ces portiques, ces avenues pleines d'un peuple immense; entendez ces cris qui annoncent l'approche du char, de ce char vraiment triomphal qui porte l'objet des adorations publiques. Le voilà !... Les acclamations redoublent; tous veulent le contempler, le suivre, le toucher; et tous, respectant la caducité fragile et tremblante qui peut succomber au milieu de tant de gloire, le couvrent, le protégent contre leurs propres transports, assurent sa marche, et lui ouvrent la route. Tout retentit du bruit des applaudissements, tout est emporté par la même ivresse. On porte devant lui les lauriers, les couronnes: il les écarte de son front; elles tombent à ses pieds....

O quel jour pour l'humanité que celui où les rangs, les titres, les richesses, le crédit, le pouvoir, toutes les décorations extérieures, toutes les distinctions passagères, tout est ensemble confondu dans la foule qu'un grand homme entraîne après lui! En ce moment il n'y a plus rien ici que Voltaire et la nation.

Et où donc est l'envie? où se cache-t-elle? où fuit-elle devant toute cette pompe? a-t-elle encore une voix que l'on distingue parmi ces cris et ces transports? Qu'elle se console pourtant: bientôt elle sera trop vengée.

Un jour viendra que ceux qui, témoins dans leur enfance de ce triomphe inouï, n'en auront pu conserver que des traces confuses, se rappelleront, après de longues années, cet étonnant spectacle, et le raconteront à nos neveux. « Nous y étions, diront-ils; « nous l'avons vu. Il était comme porté par tout un « peuple. On couronna sa tête. Il pleurait.... et un « moment après il n'était plus.... »

Il n'était plus! cet éclatant appareil était dressé sur une tombe!... Que dis-je, une tombe?.... Voix souveraine et inexorable de la postérité! toi, que nulle puissance ne peut ni prévenir ni étouffer, qui révèles au monde entier ce que l'on croit cacher à une nation, et redis dans tous les âges ce qu'on a voulu taire un moment; le temps n'est pas éloigné où tu raconteras ce que je craindrais de retracer; tu ne m'imputeras point mon silence, et ce sera même une injure de plus que tu auras à venger.

Et moi, tandis que la haine fesait servir ton nom à la calomnie qui m'outrageait, ô grand homme! je n'adressais mes plaintes qu'à ton ombre. Elle était présente à mes yeux quand je lui préparais en silence ces tributs secrets, alors seul objet de mes veilles, seul adoucissement de tant d'amertumes. Je t'appelais sur ce théâtre où t'attendaient les honneurs funèbres que je t'offris au nom et en présence de la nation [1]. La pompe dont tes yeux avaient joui se renouvela pour tes mânes, qui peut-être n'y furent pas insensibles, s'il est vrai que le sentiment de la vraie gloire soit immortel en nous, comme l'esprit qui nous anime.

---

[1] Les comédiens français avaient représenté, le 1er février 1779, *les Muses rivales, ou l'Apothéose de Voltaire*, en un acte et en vers libres, par La Harpe. B.

J'ai chanté la tienne sur tous les tons [1] qu'a pu essayer ma faible voix, qui du moins s'est fait entendre; et ce n'est enfin qu'après m'être acquitté ainsi de tout ce que mon cœur destinait à ta mémoire, que je pouvais pardonner à l'injustice.

[1] L'académie française ayant, pour le sujet du prix de poésie de 1779, proposé l'éloge de Voltaire, La Harpe, membre de l'académie, avait, contrairement aux statuts et usages, envoyé au concours un *Dithyrambe aux mânes de Voltaire*, qui obtint le prix; mais le billet cacheté joint à l'ouvrage ne contenait aucun nom, et d'Argental ayant déclaré que l'auteur du *Dithyrambe* ne voulait point être connu, le montant du prix fut donné à Murville, dont la pièce avait eu l'accessit.

Ce n'est pas tout encore. La Harpe avait, du vivant de Voltaire, composé, pour la *Galerie universelle*, un *Précis historique sur M. de Voltaire*, qui a aussi été imprimé in-8°. B.

FIN DE L'ÉLOGE DE VOLTAIRE PAR M. DE LA HARPE.

VIE

DE VOLTAIRE

PAR

M. LE MARQUIS DE CONDORCET.

AVIS DU NOUVEL ÉDITEUR.

Cette Vie de Voltaire a paru, pour la première fois, en 1789, dans le tome LXX de l'édition in-8° des *OEuvres de Voltaire* faite à Kehl. C'est un vaste et très bon tableau de l'esprit de Voltaire, plus peut-être que sa vie. Le plan de l'auteur ne lui permettait pas de suivre rigoureusement la chronologie ; ce qui m'a obligé d'y mettre quelques notes.

BEUCHOT.

VIE DE VOLTAIRE.

La vie de Voltaire doit être l'histoire des progrès que les arts ont dus à son génie, du pouvoir qu'il a exercé sur les opinions de son siècle, enfin de cette longue guerre contre les préjugés, déclarée dès sa jeunesse, et soutenue jusqu'à ses derniers moments.

Mais lorsque l'influence d'un philosophe s'étend jusque sur le peuple, qu'elle est prompte, qu'elle se fait sentir à chaque instant, il la doit à son caractère, à sa manière de voir, à sa conduite, autant qu'à ses ouvrages. D'ailleurs ces détails sont encore utiles pour l'étude de l'esprit humain. Peut-on espérer de le connaître, si on ne l'a pas observé dans ceux en qui la nature a déployé toutes ses richesses et toute sa puissance; si même on n'a pas recherché en eux ce qui leur est commun avec les autres hommes, aussi bien que ce qui les en distingue? L'homme ordinaire reçoit d'autrui ses opinions, ses passions, son caractère; il tient tout des lois, des préjugés, des usages de son pays, comme la plante reçoit tout du sol qui la nourrit et de l'air qui l'environne. En observant l'homme vulgaire, on apprend à connaître l'empire auquel la nature nous a soumis, et non le secret de nos forces et les lois de notre intelligence.

François-Marie Arouet, qui a rendu le nom de Voltaire si célèbre, naquit à Chatenay le 20 de février 1694, et fut baptisé à Paris, dans l'église de Saint-André-des-Arcs, le 22 de novembre de la même année[1]. Son excessive faiblesse fut la cause de ce retard, qui pendant sa vie a répandu des nuages sur le lieu et sur l'époque de sa naissance. On fut aussi obligé de baptiser Fontenelle dans la maison paternelle, parcequ'on désespérait de la vie d'un enfant si débile. Il est assez singulier que les deux hommes célèbres de ce siècle, dont la carrière a été la plus

---

[1] Voltaire donne lui-même trois dates différentes de sa naissance. Dans un article envoyé par lui, en 1755 ou 1756, aux frères Parfaict pour leur *Dictionnaire des théâtres de Paris* (voy. ma note, tome XLVIII, page 315), il dit être né le 20 novembre. Dans la lettre à Damilaville, du 20 février 1765, il parle du 20 février 1694; dans sa lettre au roi de Prusse, du 25 novembre 1777, il dit : « J'ai *aujourd'hui* quatre-vingt-quatre ans. »

Aucune de ces dates n'est exacte : la dernière n'a été adoptée, ni même remarquée, par personne. Beaucoup de personnes ont regardé comme bonne celle du 20 février. Mais M. Berriat Saint-Prix, dans son édition des *OEuvres de Boileau* (tome Ier, *Essai sur Boileau*, page xj et suivantes), établit qu'elle est inadmissible. L'acte de baptême, du 22 novembre 1694, porte : *né le jour précédent*. Cet acte est signé du père, alors notaire, et qui, en cette qualité, eût senti tous les inconvénients qu'il pouvait y avoir à ne pas donner la date précise de la naissance de l'enfant. Cet acte ne fait pas mention de l'ondoiement qu'on prétend avoir eu lieu en février, d'où M. Berriat conclut encore contre la date du 20 février. Il observe que le frère aîné de Voltaire avait été ondoyé, circonstance rappelée, suivant l'usage, dans l'acte de baptême ; et il est porté à croire qu'il y a confusion à attribuer à Voltaire l'ondoiement de son frère. Il pense que c'était pour détourner la persécution qu'il redoutait que Voltaire se vieillissait de quelques mois. Il est donc persuadé que Voltaire est né le 21 novembre 1694, à Paris même, et non à Chatenay (voyez ci-après les *Pièces justificatives*, n° I). B.

longue, et dont l'esprit s'est conservé tout entier le plus long-temps, soient nés tous deux dans un état de faiblesse et de langueur.

Le père de M. de Voltaire exerçait la charge de trésorier de la chambre des comptes[1]; sa mère, Marguerite[2] Daumard, était d'une famille noble du Poitou. On a reproché à leur fils d'avoir pris ce nom de Voltaire, c'est-à-dire d'avoir suivi l'usage alors généralement établi dans la bourgeoisie riche, où les cadets, laissant à l'aîné le nom de famille, portaient celui d'un fief, ou même d'un bien de campagne[3]. Dans une foule de libelles on a cherché à rabaisser sa naissance. Les gens de lettres, ses ennemis, semblaient craindre que les gens du monde ne sacrifiassent trop aisément leurs préjugés aux agréments de sa société, à leur admiration pour ses talents, et

---

[1] Lors de la naissance de Voltaire, son père n'était pas encore trésorier de la chambre des comptes. Il n'eut cette charge que le 10 octobre 1696. François Arouet, père de Voltaire, était né à Saint-Loup, bourg sur les bords du Thouet (aujourd'hui département des Deux-Sèvres). En 1811 et 1812 il existait encore, à Saint-Loup et dans les environs, des Arouet. François Arouet avait environ trente-deux ans quand il se maria, le 7 juin 1683; il est mort en 1723 ou 1724. B.

[2] Elle ne s'appelait pas Marguerite, mais Marie-Catherine Daumart. B.

[3] Voltaire est le nom d'un petit bien de famille qui appartenait à la mère de l'auteur de *la Henriade*. On a prétendu que le nom de Voltaire était l'anagramme de la signature qu'il avait dans sa jeunesse, *Arouet L. J.* (Arouet le jeune). Je suis porté à croire que ce n'était pas là sa signature, et qu'il s'appelait *Arouet le cadet*. C'est sous ce nom qu'il écrivait à mademoiselle Dunoyer, le 6 décembre 1713, de lui adresser ses lettres (voyez tome LI, page 12). La dédicace d'*OEdipe* à Madame, femme du régent, est signée Arouet de Voltaire (voyez tome II, page 10). Cette dédicace est de 1719; l'auteur avait vingt-cinq ans. La réunion des deux noms prouve que ce n'était pas pour faire oublier le premier qu'il avait pris le second. B.

qu'ils ne traitassent un homme de lettres avec trop d'égalité. Ces reproches sont un hommage : la satire n'attaque point la naissance d'un homme de lettres, à moins qu'un reste de conscience qu'elle ne peut étouffer ne lui apprenne qu'elle ne parviendra point à diminuer sa gloire personnelle.

La fortune dont jouissait M. Arouet procura deux grands avantages à son fils : d'abord celui d'une éducation soignée, sans laquelle le génie n'atteint jamais la hauteur où il aurait pu s'élever. Si on parcourt l'histoire moderne, on verra que tous les hommes du premier ordre, tous ceux dont les ouvrages ont approché de la perfection, n'avaient pas eu à réparer le défaut d'une première éducation.

L'avantage de naître avec une fortune indépendante n'est pas moins précieux. Jamais M. de Voltaire n'éprouva le malheur d'être obligé ni de renoncer à sa liberté pour assurer sa subsistance, ni de soumettre son génie à un travail commandé par la nécessité de vivre, ni de ménager les préjugés ou les passions d'un protecteur. Ainsi son esprit ne fut point enchaîné par cette habitude de la crainte, qui non seulement empêche de produire, mais imprime à toutes les productions un caractère d'incertitude et de faiblesse. Sa jeunesse, à l'abri des inquiétudes de la pauvreté, ne l'exposa point à contracter ou cette timidité servile que fait naître dans une ame faible le besoin habituel des autres hommes, ou cette âpreté et cette inquiète et soupçonneuse irritabilité, suite infaillible pour les ames fortes de l'opposition entre la dépendance à laquelle la nécessité les soumet, et la liberté que demandent les grandes pensées qui les occupent.

Le jeune Arouet fut mis au collège des jésuites, où étaient élevés les enfants de la première noblesse, excepté ceux des jansénistes; et les jansénistes, odieux à la cour, étaient rares parmi des hommes qui, alors obligés par l'usage de choisir une religion sans la connaître, adoptaient naturellement la plus utile à leurs intérêts temporels. Il eut pour professeurs de rhétorique le P. Porée [1], qui, étant à-la-fois un homme d'esprit et un bon homme, voyait dans le jeune Arouet le germe d'un grand homme; et le père Lejay [2], qui, frappé de la hardiesse de ses idées et de l'indépendance de ses opinions, lui prédisait qu'*il serait en France le coryphée du déisme;* prophéties que l'événement a également justifiées [3].

[1] Voyez tome XIX, page 179. B.

[2] Gabriel-François Lejay, né à Paris vers 1660, mort le 21 février 1734. B.

[3] Le roi de Prusse, dans son *Éloge de Voltaire* (voyez ci-dessus, p. 8), dit que le P. Tournemine fut un des professeurs de Voltaire, ce qui est confirmé par une lettre de Voltaire à ce jésuite (voyez t. LII, p. 35). Voltaire dit ailleurs (voyez tome XLVIII, page 490) avoir eu le P. Charlevoix pour préfet.

Voltaire eut ce qu'on appelle des succès de collège. J.-B. Rousseau, qui assistait à une distribution de prix, fut frappé d'entendre appeler souvent le nom d'Arouet, en parla au P. Tarteron, qui lui présenta le jeune écolier.

Le Constitutionnel du 15 décembre 1833 contient cette singulière annonce:

« Premier grand prix de discours latin remporté par Voltaire en 1710. Cet ouvrage sera livré à la personne qui aura mis la plus forte enchère, d'ici au 15 janvier 1834, midi précis, sur la mise à prix de 2,000 fr. Une notice sur cet ouvrage, rare et unique sous un rapport, auquel est

Au sortir du collége, il retrouva dans la maison paternelle l'abbé de Châteauneuf son parrain, ancien ami de sa mère. C'était un de ces hommes qui, s'étant engagés dans l'état ecclésiastique par complaisance, ou par un mouvement d'ambition étrangère à leur ame, sacrifient ensuite à l'amour d'une vie libre la fortune et la considération des dignités sacerdotales, ne pouvant se résoudre à garder toujours sur leur visage le masque de l'hypocrisie.

joint un certificat authentique, sera envoyée aux personnes qui la desireraient. S'adresser, franc de port, à M. Cartier, artiste, rue des Ursulines, n° 38, à Saint-Germain-en-Laye. »

Les chalands ne se présentant pas, le volume fut compris dans un *Catalogue de livres où se trouvent quelques ouvrages en langue italienne, espagnole, et allemande, provenant de la bibliothèque de M. ***, dont la vente se fera le jeudi 13 mars 1834 et jours suivants, à six heures de relevée, rue des Bons-Enfants, n° 30, maison Silvestre.*

Voici ce qu'on lit à la page 43 de ce catalogue :

« 448. Histoire des guerres civiles de France, par Davila; in-fol., v. dent. »

Et en note :

« Ce volume paraît avoir appartenu à Voltaire, auquel il aurait été donné comme premier prix de discours latin au collège des jésuites de Louis-le-Grand. A la page 655 de ce volume sont deux vers alexandrins manuscrits, attribués aussi à Voltaire. »

A ce volume était jointe l'attestation d'un prix à François Arouet, le 1ᵉʳ janvier 1710, pour *vers latins (strictæ orationis)*. Le frontispice du volume est enlevé; mais par *l'achevé d'imprimer* on voit qu'il est de l'édition de 1657. Rien ne prouve l'identité de ce volume avec celui qui doit avoir été donné en prix à Voltaire, si ce n'est que le volume a le monogramme des jésuites.

A la page 655, on lit en marge et en majuscules ces deux vers manuscrits :

DE MA GLOIRE PASSÉE ILLUSTRE TÉMOIGNAGE,
POUR CINQUANTE-DEUX SOLS JE T'AI MIS EN OTAGE.

N'ayant jamais vu de l'écriture moulée de Voltaire, je ne puis que douter que ces deux vers soient de sa main. Ce que je puis affirmer, c'est que, le 17 mars, le livre, mis sur table, a été adjugé pour six francs. B.

L'abbé de Châteauneuf était lié avec Ninon, à laquelle sa probité, son esprit, sa liberté de penser, avaient fait pardonner depuis long-temps les aventures un peu trop éclatantes de sa jeunesse. La bonne compagnie lui avait su gré d'avoir refusé son ancienne amie, madame de Maintenon, qui lui avait offert de l'appeler à la cour, à condition qu'elle se ferait dévote. L'abbé de Châteauneuf avait présenté à Ninon Voltaire enfant, mais déjà poëte, désolant déjà par de petites épigrammes *son janséniste de frère*[1], et récitant avec complaisance la *Moïsade*[2] de Rousseau.

Ninon avait goûté l'élève de son ami, et lui avait légué, par testament, deux mille francs pour acheter des livres. Ainsi, dès son enfance, d'heureuses circonstances lui apprenaient, même avant que sa raison fût formée, à regarder l'étude, les travaux de l'esprit, comme une occupation douce et honorable ; et, en le rapprochant de quelques êtres supérieurs aux opinions vulgaires, lui montraient que l'esprit de l'homme est né libre, et qu'il a droit de

---

[1] C'est Voltaire lui-même qui, dans une épître au maréchal de Villars, a dit :
    Et mon janséniste de frère.

Voyez tome XIII, page 55. B.

[2] La *Moïsade*, pièce de vers que Rousseau attribuait à Voltaire (voyez tome LII, page 288), et que Voltaire attribuait à Rousseau, est de Lourdet ; voyez *Jugements sur quelques ouvrages nouveaux*, I, 273. La *Moïsade* commence ainsi :

    Votre impertinente leçon
    Ne détruit pas mon pyrrhonisme, etc.

Elle est dans quelques éditions de Rousseau. B.

juger tout ce qu'il peut connaître; tandis que, par une lâche condescendance pour les préjugés, les éducations ordinaires ne laissent voir aux enfants que les marques honteuses de la servitude.

L'hypocrisie et l'intolérance régnaient à la cour de Louis XIV; on s'y occupait à détruire le jansénisme, beaucoup plus qu'à soulager les maux du peuple. La réputation d'incrédulité avait fait perdre à Catinat la confiance due à ses vertus et à son talent pour la guerre. On reprochait au duc de Vendôme de manquer à la messe quelquefois, et on attribuait à son indévotion les succès de l'hérétique Marlborough et de l'incrédule Eugène. Cette hypocrisie avait révolté ceux qu'elle n'avait pu corrompre, et, par aversion pour la sévérité de Versailles, les sociétés de Paris les plus brillantes affectaient de porter la liberté et le goût du plaisir jusqu'à la licence.

L'abbé de Châteauneuf introduisit le jeune Voltaire dans ces sociétés, et particulièrement dans celle du duc de Sulli, du marquis de La Fare, de l'abbé Servien, de l'abbé de Chaulieu, de l'abbé Courtin. Le prince de Conti, le grand-prieur de Vendôme, s'y joignaient souvent.

M. Arouet crut son fils perdu en apprenant qu'il fesait des vers, et qu'il voyait bonne compagnie. Il voulait en faire un magistrat, et il le voyait occupé d'une tragédie[1]. Cette querelle de famille finit par

---

[1] C'était probablement *Amulius et Numitor*, dont deux petits fragments font partie du volume intitulé *Pièces inédites de Voltaire*, 1820, in-8° et in-12. B.

faire envoyer le jeune Voltaire chez le marquis de Châteauneuf, ambassadeur de France en Hollande.

Son exil ne fut pas long. Madame Dunoyer, qui s'y était réfugiée avec ses deux filles, pour se séparer de son mari, plus que par zèle pour la religion protestante, vivait alors à La Haye d'intrigues et de libelles, et prouvait, par sa conduite, que ce n'était pas la liberté de conscience qu'elle y était allée chercher.

M. de Voltaire devint amoureux d'une de ses filles; la mère, trouvant que le seul parti qu'elle pût tirer de cette passion était d'en faire du bruit, se plaignit à l'ambassadeur, qui défendit à son jeune protégé de conserver des liaisons avec mademoiselle Dunoyer, et le renvoya dans sa famille pour n'avoir pas suivi ses ordres.

Madame Dunoyer ne manqua pas de faire imprimer cette aventure, avec les lettres[1] du jeune Arouet à sa fille, espérant que ce nom, déjà très connu, ferait mieux vendre le livre; et elle eut soin de vanter sa sévérité maternelle et sa délicatesse dans le libelle même où elle déshonorait sa fille.

On ne reconnaît point dans ces lettres la sensibilité de l'auteur de *Zaïre* et de *Tancrède*. Un jeune homme passionné sent vivement, mais ne distingue pas lui-même les nuances des sentiments qu'il éprouve; il ne sait ni choisir les traits courts et rapides qui caractérisent la passion, ni trouver des termes qui peignent à l'imagination des autres le sentiment qu'il

[1] Ce sont les quatorze premières lettres de la *Correspondance;* voyez tome LI, pages 3-31. B.

éprouve, et le fassent passer dans leur ame. Exagéré ou commun, il paraît froid lorsqu'il est dévoré de l'amour le plus vrai et le plus ardent. Le talent de peindre les passions sur le théâtre est même un des derniers qui se développe dans les poëtes. Racine n'en avait pas même montré le germe dans les *Frères ennemis* et dans *Alexandre*; et *Brutus* a précédé *Zaïre* : c'est que, pour peindre les passions, il faut non seulement les avoir éprouvées, mais avoir pu les observer, en juger les mouvements et les effets dans un temps où, cessant de dominer notre ame, elles n'existent plus que dans nos souvenirs. Pour les sentir, il suffit d'avoir un cœur; il faut, pour les exprimer avec énergie et avec justesse, une ame long-temps exercée par elles, et perfectionnée par la réflexion.

Arrivé à Paris, le jeune homme oublia bientôt son amour : mais il n'oublia point de faire tous ses efforts pour enlever une jeune personne estimable et née pour la vertu à une mère intrigante et corrompue. Il employa le zèle du prosélytisme. Plusieurs évêques, et même des jésuites, s'unirent à lui. Ce projet manqua; mais Voltaire eut dans la suite le bonheur d'être utile à mademoiselle Dunoyer, alors mariée au baron de Winterfeld[1].

Cependant son père, le voyant toujours obstiné à faire des vers et à vivre dans le monde, l'avait exclu de sa maison. Les lettres les plus soumises ne le touchaient point : il lui demandait même la permission

---

[1] Voyez tome XX, page 540; et LII, 304. B.

de passer en Amérique, pourvu qu'avant son départ il lui permît d'embrasser ses genoux. Il fallut se résoudre, non à partir pour l'Amérique, mais à entrer chez un procureur[1].

Il n'y resta pas long-temps. M. de Caumartin[2], ami de M. Arouet, fut touché du sort de son fils, et demanda la permission de le mener à Saint-Ange[3], où, loin de ces sociétés alarmantes pour la tendresse paternelle, il devait réfléchir sur le choix d'un état. Il y trouva le vieux Caumartin[4], vieillard respectable, passionné pour Henri IV et pour Sulli, alors trop oubliés de la nation. Il avait été lié avec les hommes les plus instruits du règne de Louis XIV, savait les anecdotes les plus secrètes, les savait telles qu'elles s'étaient passées, et se plaisait à les raconter. Voltaire revint de Saint-Ange, occupé de faire un poëme épique dont Henri IV serait le héros, et plein d'ardeur pour l'étude de l'histoire de France. C'est à ce voyage que nous devons *la Henriade* et le *Siècle de Louis XIV*.

Ce prince venait de mourir[5]. Le peuple, dont il avait été si long-temps l'idole; ce même peuple qui lui avait pardonné ses profusions, ses guerres, et

---

[1] Ce procureur s'appelait Alain. Voltaire le nomme dans ses lettres 13 et 14 à mademoiselle Dunoyer. Ce fut chez ce procureur que Voltaire connut Thieriot et Bainast, à qui est adressée la lettre 222, tome LI, page 401. B.

[2] Voyez ma note, tome XIX, page 79. B.

[3] Château à trois lieues de Fontainebleau; voyez ma note, tome X, page 366; et aussi les jolis vers de Voltaire sur ce château, dans son épitre au prince de Vendôme, tome XIII, page 14. B.

[4] Voyez la note, tome LV, page 679. K.

[5] Le 1er septembre 1715. B.

son despotisme, qui avait applaudi à ses persécutions contre les protestants, insultait à sa mémoire par une joie indécente. Une bulle sollicitée à Rome contre un livre de dévotion [1] avait fait oublier aux Parisiens cette gloire dont ils avaient été si long-temps idolâtres. On prodigua les satires à la mémoire de Louis-le-Grand, comme on lui avait prodigué les panégyriques pendant sa vie. Voltaire, accusé d'avoir fait une de ces satires, fut mis à la Bastille : elle finissait par ce vers,

J'ai vu ces maux, et je n'ai pas vingt ans [2].

Il en avait un peu plus de vingt-deux [3]; et la police

---

[1] *Explication des Maximes des saints sur la vie intérieure, par Fénelon;* voyez tome XX, page 447. B.

[2] Voyez la pièce entière parmi les pièces justificatives, n° II. B.

[3] Voltaire, né en 1694, avait plus de vingt-deux ans en 1717; il n'en avait pas encore vingt-deux lorsqu'en mai 1716 il fut exilé à Tulles; mais Arouet père obtint que son fils fût envoyé à Sulli-sur-Loire, où il avait des parents. Cette première persécution eut lieu à cause des vers sur le duc d'Orléans et la duchesse de Berri, qui sont t. XIV, p. 317.

Ce fut le jour de la Pentecôte 1717 que Voltaire fut arrêté, comme il le dit dans sa pièce intitulée *la Bastille* (voyez tome XII, page 3). Or, en 1717 la Pentecôte tombait le 16 mai; mais il paraît qu'il ne fut mis à la Bastille que le 17. Il y avait plus de vingt mois que Louis XIV était mort. Les *J'ai vu* de Le Brun doivent être de 1715, et devaient être oubliés en 1717. Voltaire, en parlant de la persécution qu'il essuya alors (voy. t. II, p. 13), dit que la cause fut la pièce de Le Brun. J'en doute; et je pense que le sujet de la détention de Voltaire était la pièce commençant par ces mots: *Regnante puero* (voyez *Pièces justificatives*, n° III). Il faut convenir que si Voltaire est auteur de ce morceau, il a bien changé depuis d'opinion sur le compte du régent; car il n'a cessé de le défendre des accusations odieuses répandues contre lui (voyez tome XX, pages 208, 537; et XLIV, 430).

C'était sur la dénonciation d'un nommé Beauregard (voyez, dans les *Pièces justificatives*, n° IV, le *Mémoire instructif*, etc.)

Il paraît que la police mit une grande activité dans ses recherches. Le

regarda cette espèce de conformité d'âge comme une preuve suffisante pour le priver de sa liberté.

C'est à la Bastille que le jeune poëte ébaucha le poëme de *la Ligue*, corrigea sa tragédie d'*OEdipe*, commencée long-temps auparavant, et fit une pièce de vers[1] fort gaie sur le malheur d'y être. M. le duc d'Orléans, instruit de son innocence, lui rendit sa liberté, et lui accorda une gratification.

« Monseigneur, lui dit Voltaire, je remercie votre « altesse royale de vouloir bien continuer à se char- « ger de ma nourriture; mais je la prie de ne plus « se charger de mon logement. »

La tragédie d'*OEdipe* fut jouée en 1718[2]. L'auteur n'était encore connu que par des pièces fugitives, par quelques épîtres où l'on trouve la philosophie de Chaulieu, avec plus d'esprit et de correction, et par une ode[3] qui avait disputé vainement le prix de l'académie française. On lui avait préféré une pièce

---

commissaire Ysabeau fut chargé d'aller fouiller les latrines de la maison où demeurait Voltaire. Il n'y trouva rien (voyez *Pièces justificatives*, n° V).

Ce n'est que le 11 avril 1718 que fut donné l'ordre de mise en liberté de Voltaire, et en même temps de son exil à Chatenay.

Ainsi cette première détention de Voltaire dura près de onze mois.

Le 19 mai 1718, il demanda la permission de venir à Paris pour deux heures seulement. Le 29 mai, il obtint d'y venir vingt-quatre heures. D'autres permissions, pour un plus long temps, lui furent accordées. Enfin son exil fut levé le 12 octobre 1718 (voyez la *Revue rétrospective*, tome II, page 124 et suiv.). B.

[1] *La Bastille;* voyez tome XII, page 3. B.

[2] Le 18 novembre. B.

[3] L'*Ode sur le vœu de Louis XIII* est de 1712; voy. tome XII, page 398. L'*Ode sur sainte Geneviève* est de 1709; voyez tome XII, page 393. B.

ridicule de l'abbé Du Jarry [1]. Il s'agissait de la décoration de l'autel de Notre-Dame, car Louis XIV s'était souvenu, après soixante et dix ans de règne, d'accomplir cette promesse de Louis XIII ; et le premier ouvrage en vers sérieux que Voltaire ait publié fut un ouvrage de dévotion.

Né avec un goût sûr et indépendant, il n'aurait pas voulu mêler l'amour à l'horreur du sujet d'*OEdipe*, et il osa même présenter sa pièce aux comédiens, sans avoir payé ce tribut à l'usage ; mais elle ne fut pas reçue. L'assemblée trouva mauvais que l'auteur osât réclamer contre son goût. « Ce jeune homme mérite-
« rait bien, disait Dufresne, qu'en punition de son
« orgueil, on jouât sa pièce avec cette grande vilaine
« scène traduite de Sophocle. »

Il fallut céder, et imaginer un amour épisodique et froid. La pièce réussit ; mais ce fut malgré cet amour : et la scène de Sophocle en fit le succès. La Motte, alors le premier homme de la littérature, dit, dans son approbation [2], que cette tragédie promettait un digne successeur de Corneille et de Racine ; et cet hommage rendu par un rival dont la réputation était déjà faite, et qui pouvait craindre de se voir surpasser, doit à jamais honorer le caractère de La Motte.

---

[1] Voyez tome XII, page 402 ; et XXXVII, 1. B.

[2] Voici le texte de cette approbation : « J'ai lu, par ordre de monseigneur le garde-des-sceaux, *OEdipe, tragédie*. Le public, à la représentation de cette pièce, s'est promis un digne successeur de Corneille et de Racine ; et je crois qu'à la lecture il ne rabattra rien de ses espérances. A Paris, ce 2 décembre 1718. HOUDAR DE LA MOTTE. »

J'ai rapporté, tome II, page 52, une autre approbation de La Motte, qui lui fait aussi honneur. B.

Mais Voltaire, dénoncé comme un homme de génie et comme un philosophe à la foule des auteurs médiocres, et aux fanatiques de tous les partis, réunit dès-lors les mêmes ennemis dont les générations, renouvelées pendant soixante ans, ont fatigué et trop souvent troublé sa longue et glorieuse carrière. Ces vers si célèbres[1] :

> Nos prêtres ne sont pas ce qu'un vain peuple pense ;
> Notre crédulité fait toute leur science,

furent le premier cri d'une guerre que la mort même de Voltaire n'a pu éteindre.

A une représentation d'*OEdipe*[2], il parut sur le théâtre, portant la queue du grand-prêtre. La maréchale de Villars demanda qui était ce jeune homme qui voulait faire tomber la pièce. On lui dit que c'était l'auteur. Cette étourderie, qui annonçait un homme si supérieur aux petitesses de l'amour-propre, lui inspira le desir de le connaître. Voltaire, admis dans sa société, eut pour elle une passion, la première et la plus sérieuse qu'il ait éprouvée. Elle ne fut pas heureuse, et l'enleva pendant assez long-temps à l'étude, qui était déjà son premier besoin ; il n'en parla jamais depuis qu'avec le sentiment du regret et presque du remords.

Délivré de son amour, il continua *la Henriade*, et fit la tragédie d'*Artémire*. Une actrice formée par

---

[1] *OEdipe*, acte IV, scène 1. B.

[2] A l'occasion de cette pièce, le prince de Conti adressa une pièce de vers à Voltaire ; voyez *Pièces justificatives*, n° VI. On n'a pas la réponse de Voltaire aux vers du prince ; voyez t. XLVIII, p. 320. B.

lui[1], et devenue à-la-fois sa maîtresse et son élève, joua le principal rôle. Le public, qui avait été juste pour *OEdipe*, fut au moins sévère pour *Artémire*[2]; effet ordinaire de tout premier succès. Une aversion secrète pour une supériorité reconnue n'en est pas la seule cause, mais elle sait profiter d'un sentiment naturel, qui nous rend d'autant moins faciles que nous espérons davantage.

Cette tragédie ne valut à Voltaire que la permission de revenir à Paris[3], dont une nouvelle calomnie et ses liaisons avec les ennemis du régent, et entre autres avec le duc de Richelieu et le fameux baron de Gortz[4], l'avaient fait éloigner. Ainsi cet ambitieux, dont les vastes projets embrassaient l'Europe et menaçaient de la bouleverser, avait choisi pour ami, et presque pour confident, un jeune poëte : c'est que les hommes supérieurs se devinent et se cherchent, qu'ils ont une langue commune qu'eux seuls peuvent parler et entendre.

En 1722, Voltaire accompagna madame de Rupelmonde[5] en Hollande. Il voulait voir, à Bruxelles, Rousseau, dont il plaignait les malheurs, et dont il estimait le talent poétique. L'amour de son art l'em-

---

[1] Mademoiselle de Corsembleu, probablement de la famille du poëte Desmahis. B.

[2] Jouée le 15 février 1720, et dont on n'a que des fragments; voyez tome II, page 137. B.

[3] La permission de venir à Paris quand bon lui semblera fut accordée à Voltaire le 12 octobre 1718 (voyez *Revue rétrospective*, t. II, p. 127), plus d'un mois avant la première représentation d'*OEdipe*. B.

[4] Voyez sur ce personnage le livre VIII de l'*Histoire de Charles XII*, tome XXIV, pages 330 et suiv. B.

[5] Voyez ma note sur cette dame, tome XII, pages 20-21. B.

portait sur le juste mépris que le caractère de Rousseau devait lui inspirer. Voltaire le consulta sur son poëme de *la Ligue*, lui lut l'*Épître à Uranie*, faite pour madame de Rupelmonde, et premier monument de sa liberté de penser, comme de son talent pour traiter en vers et rendre populaires les questions de métaphysique ou de morale. De son côté, Rousseau lui récita une *Ode à la Postérité, qui,* comme Voltaire le lui dit alors, à ce qu'on prétend, *ne devait pas aller à son adresse* ; et le *Jugement de Pluton*, allégorie satirique, et cependant aussi promptement oubliée que l'ode. Les deux poëtes se séparèrent ennemis irréconciliables. Rousseau se déchaîna contre Voltaire, qui ne répondit qu'après quinze ans de patience. On est étonné de voir l'auteur de tant d'épigrammes licencieuses, où les ministres de la religion sont continuellement livrés à la risée et à l'opprobre, donner sérieusement pour cause de sa haine contre Voltaire, sa contenance évaporée pendant la messe, et l'*Épître à Uranie*[1]. Mais Rousseau avait pris le masque de la dévotion ; elle était alors un asile honorable pour ceux que l'opinion mondaine avait flétris, asile sûr et commode que malheureusement la philosophie, qui a fait tant d'autres maux, leur a fermé depuis sans retour[2].

En 1724, Voltaire donna *Mariamne*[3]. C'était le

---

[1] Voyez cette pièce, tome XII, page 15. B.

[2] Voltaire était de retour en France à la fin de 1722. Ce fut à la fin de 1723 qu'il eut la petite vérole, au château de Maisons, près de Saint-Germain-en-Laye ; voyez sa lettre au baron de Breteuil, t. LI, p. 100. B.

[3] Le 6 mars ; voyez tome II, page 179. B.

sujet d'*Artémire* sous des noms nouveaux, avec une intrigue moins compliquée et moins romanesque; mais c'était surtout le style de Racine. La pièce fut jouée quarante fois. L'auteur combattit, dans la préface, l'opinion de La Motte[1], qui, né avec beaucoup d'esprit et de raison, mais peu sensible à l'harmonie, ne trouvait dans les vers d'autre mérite que celui de la difficulté vaincue, et ne voyait dans la poésie qu'une forme de convention, imaginée pour soulager la mémoire, et à laquelle l'habitude seule fesait trouver des charmes. Dans ses lettres imprimées à la fin d'*Œdipe*[2], il avait déjà combattu le même poëte, qui regardait la règle des trois unités comme un autre préjugé.

On doit savoir gré à ceux qui osent, comme La Motte, établir dans les arts des paradoxes contraires aux idées communes. Pour défendre les règles anciennes, on est obligé de les examiner : si l'opinion reçue se trouve vraie, on a l'avantage de croire par raison ce qu'on croyait par habitude; si elle est fausse, on est délivré d'une erreur.

Cependant il n'est pas rare de montrer de l'humeur contre ceux qui nous forcent à examiner ce que nous avons admis sans réflexion. Les esprits qui, comme Montaigne, s'endorment tranquillement sur l'oreiller du doute, ne sont pas communs; ceux qui sont tourmentés du desir d'atteindre à la vérité sont plus rares

---

[1] Ce n'est pas dans la préface de *Mariamne*, mais dans la seconde préface d'*Œdipe* (1730), que Voltaire combat les sentiments de La Motte; voyez tome II, page 52. B.

[2] Voyez ces *Lettres* en tête d'*Œdipe*, tome II, page 13. B.

encore. Le vulgaire aime à croire, même sans preuve, et chérit sa sécurité dans son aveugle croyance, comme une partie de son repos.

C'est vers la même époque que parut la *Henriade*, sous le nom de *la Ligue* [1]. Une copie imparfaite, enlevée à l'auteur, fut imprimée furtivement; et non seulement il y était resté des lacunes, mais on en avait rempli quelques unes.

La France eut donc enfin un poëme épique. On peut regretter sans doute que Voltaire, qui a mis tant d'action dans ses tragédies, qui y fait parler aux passions un langage si naturel et si vrai, qui a su également les peindre, et par l'analyse des sentiments qu'elles font éprouver, et par les traits qui leur échappent, n'ait point déployé dans *la Henriade* ces talents que nul homme n'a encore réunis au même degré; mais un sujet si connu, si près de nous, laissait peu de liberté à l'imagination du poëte. La passion sombre et cruelle du fanatisme, s'exerçant sur les personnages subalternes, ne pouvait exciter que l'horreur. Une ambition hypocrite était la seule qui animât les chefs de la Ligue. Le héros, brave, humain, et galant, mais n'éprouvant que les malheurs de la fortune, et les éprouvant seul, ne pouvait intéresser que par sa valeur et sa clémence; enfin il était impossible que la conversion un peu forcée de Henri IV formât jamais un dénoûment bien héroïque.

Mais si, pour l'intérêt des événements, pour la variété, pour le mouvement, *la Henriade* est inférieure aux poëmes épiques qui étaient alors en possession

---

[1] Voyez ma Préface du tome X. B.

de l'admiration générale, par combien de beautés neuves cette infériorité n'est-elle point compensée! Jamais une philosophie si profonde et si vraie a-t-elle été embellie par des vers plus sublimes ou plus touchants? quel autre poëme offre des caractères dessinés avec plus de force et de noblesse, sans rien perdre de leur vérité historique? quel autre renferme une morale plus pure, un amour de l'humanité plus éclairé, plus libre des préjugés et des passions vulgaires? Que le poëte fasse agir ou parler ses personnages, qu'il peigne les attentats du fanatisme ou les charmes et les dangers de l'amour, qu'il transporte ses lecteurs sur un champ de bataille ou dans le ciel que son imagination a créé, partout il est philosophe, partout il paraît profondément occupé des vrais intérêts du genre humain. Du milieu même des fictions on voit sortir de grandes vérités, sous un pinceau toujours brillant et toujours pur.

Parmi tous les poëmes épiques, *la Henriade* seule a un but moral; non qu'on puisse dire qu'elle soit le développement d'une seule vérité, idée pédantesque à laquelle un poëte ne peut assujettir sa marche, mais parcequ'elle respire partout la haine de la guerre et du fanatisme, la tolérance, et l'amour de l'humanité. Chaque poëme prend nécessairement la teinte du siècle qui l'a vu naître, et *la Henriade* est née dans le siècle de la raison. Aussi plus la raison fera de progrès parmi les hommes, plus ce poëme aura d'admirateurs.

On peut comparer *la Henriade* à *l'Énéide* : toutes deux portent l'empreinte du génie dans tout ce qui a dépendu du poëte, et n'ont que les défauts d'un sujet dont le choix a également été dicté par l'esprit national. Mais Virgile ne voulait que flatter l'orgueil des Romains, et Voltaire eut le motif plus noble de préserver les Français du fanatisme, en leur retraçant les crimes où il avait entraîné leurs ancêtres.

La Henriade, *OEdipe*, et *Mariamne*, avaient placé Voltaire bien au-dessus de ses contemporains, et semblaient lui assurer une carrière brillante, lorsqu'un événement fatal vint troubler sa vie. Il avait répondu par des paroles piquantes au mépris que lui avait témoigné un homme de la cour [1], qui s'en vengea en

---

[1] Du Vernet ayant, à ce sujet, demandé des renseignements à Voltaire, Voltaire lui répondit de s'adresser à Thieriot (voyez t. LXVIII, p. 334); et voici comment s'exprime Du Vernet : « Le chevalier de Rohan-Chabot (plante dégénérée; on lui reprochait un défaut de courage et le métier d'usurier)... dinait quelquefois chez le duc de Sulli, où Voltaire dinait très souvent. Un jour, il trouva fort mauvais que Voltaire ne fût pas de son sentiment : « Quel est ce jeune homme, demande-t-il, qui, pour me contredire, parle si haut ? — Monsieur le chevalier, reprit Voltaire, c'est un homme qui ne traine pas un grand nom, mais qui honore celui qu'il porte. » Le chevalier de Rohan sortit en se levant de table, et les convives applaudirent à Voltaire. Le duc de Sulli lui dit hautement : « Nous sommes heureux si vous nous en avez délivrés. »

« Peu de jours après cette scène, Voltaire, étant encore à diner chez le duc de Sulli, fut demandé à la porte pour une bonne œuvre : à ce mot de bonne œuvre, il se lève avec précipitation, et, tenant sa serviette à la main, il court à la porte, où était un fiacre, et dans ce fiacre deux hommes qui, d'un ton dolent, le prient de monter à la portière. A peine y fut-il, que l'un d'eux le retint par son habit, tandis que l'autre lui appliquait sur les épaules cinq ou six coups d'une petite baguette. Le chevalier de Rohan, qui, à dix pas de là, était dans sa voiture, leur crie : *C'est assez.....* Voltaire, rentré dans l'hôtel, demande au duc de Sulli de regarder cet outrage fait à l'un de ses convives comme fait à lui-même. Il le sollicite de se joindre à lui pour poursuivre la vengeance, et de venir chez le commissaire en certifier la déposition. Le duc de Sulli se refuse à tout. Cette indifférence de la part d'un homme qui depuis dix ans le traitait en ami l'irrita

le fesant insulter par ses gens, sans compromettre sa sûreté personnelle. Ce fut à la porte de l'hôtel de Sulli, où il dînait, qu'il reçut cet outrage, dont le duc de Sulli ne daigna témoigner aucun ressentiment, persuadé sans doute que les descendants des Francs ont conservé droit de vie et de mort sur ceux des Gaulois. Les lois furent muettes; le parlement de Paris, qui a puni ou fait punir de moindres outrages,

encore davantage : il sort, et depuis ce moment il ne voulut ni voir, ni entendre parler du duc de Sulli.

« Voltaire outragé... n'a recours qu'à son seul courage... Un maître d'armes vient tous les matins lui donner des leçons : quand il a acquis toute la dextérité nécessaire, il se rend au Théâtre-Français, entre dans la loge où était le chevalier de Rohan : « Monsieur, lui dit-il, si quelque affaire d'intérêt ne vous a point fait oublier l'outrage dont j'ai à me plaindre, j'espère que vous m'en rendrez raison. » Thieriot, dont nous tenons le fait, était resté à la porte de la loge.

« Le chevalier de Rohan accepte le défi pour le lendemain à neuf heures, assigne lui-même le rendez-vous à la porte Saint-Antoine, et le soir même fait part à sa famille du cartel qu'il a reçu. Tous les Rohans se mettent en mouvement; ils courent à Versailles... et Voltaire est envoyé à la Bastille. »

Guy-Auguste de Rohan-Chabot, né en 1683, nommé maréchal-de-camp en 1719, lieutenant général en 1734, est mort le 13 septembre 1760. Il avait épousé la fille de madame Guyon, dont Voltaire parle dans son *Siècle de Louis XIV*, chapitre XXXVIII; voyez tome XX, page 441. B.

Voltaire fut mis à la Bastille le 17 avril 1726. Il demanda la permission d'aller en Angleterre; et le 29 avril, fut donné l'ordre de son élargissement, sous la condition d'aller en Angleterre. Il dut partir le 2 mai, sous la conduite d'un nommé Condé, qui avait mission de l'accompagner jusqu'à Calais (voyez l'*Histoire de la détention des philosophes*, etc., par J. Delort, 1829, tome II, pages 34 et suiv.).

Cette seconde détention de Voltaire fut donc, tout au plus, de seize jours.

Voltaire, pour punir le duc de Sulli de l'indifférence qu'il avait montrée lors de l'insulte faite par Rohan, supprima, dans *la Henriade*, le personnage de Sulli qu'il y avait d'abord placé, et le remplaça par Mornay; voyez tome X, page 68. B.

lorsqu'ils ont eu pour objet quelqu'un de ses subalternes, crut ne rien devoir à un simple citoyen qui n'était que le premier homme de lettres de la nation, et garda le silence.

Voltaire voulut prendre les moyens de venger l'honneur outragé, moyens autorisés par les mœurs des nations modernes, et proscrits par leurs lois : la Bastille, et au bout de six mois[1] l'ordre de quitter Paris, furent la punition de ses premières démarches. Le cardinal de Fleury n'eut pas même la petite politique de donner à l'agresseur la plus légère marque de mécontentement. Ainsi, lorsque les lois abandonnaient les citoyens, le pouvoir arbitraire les punissait de chercher une vengeance que ce silence rendait légitime, et que les principes de l'honneur prescrivaient comme nécessaire. Nous osons croire que de notre temps la qualité d'homme serait plus respectée, que les lois ne seraient plus muettes devant le ridicule préjugé de la naissance, et que, dans une querelle entre deux citoyens, ce ne serait pas à l'offensé que le ministère enlèverait sa liberté et sa patrie.

Voltaire fit encore à Paris un voyage secret et inutile[2]; il vit trop qu'un adversaire, qui disposait à son gré de l'autorité ministérielle et du pouvoir judiciaire, pourrait également l'éviter et le perdre. Il s'ensevelit dans la retraite, et dédaigna de s'occuper plus longtemps de sa vengeance, ou plutôt il ne voulut se

[1] La détention ne fut pas de six mois, mais de quelques jours ; voyez la note précédente. B.
[2] Pour tâcher d'avoir raison du chevalier de Rohan ; voyez sa lettre à Thieriot, du 12 août 1726, tome LI, page 165. B.

venger qu'en accablant son ennemi du poids de sa gloire, et en le forçant d'entendre répéter, au bruit des acclamations de l'Europe, le nom qu'il avait voulu avilir.

L'Angleterre fut son asile. Newton n'était plus [1], mais son esprit régnait sur ses compatriotes, qu'il avait instruits à ne reconnaître pour guides, dans l'étude de la nature, que l'expérience et le calcul. Locke, dont la mort était encore récente, avait donné le premier une théorie de l'ame humaine, fondée sur l'expérience, et montré la route qu'il faut suivre en métaphysique pour ne point s'égarer. La philosophie de Shaftesbury, commentée par Bolingbroke, embellie par les vers de Pope, avait fait naître en Angleterre un déisme qui annonçait une morale fondée sur des motifs faits pour émouvoir les ames élevées, sans offenser la raison.

Cependant, en France, les meilleurs esprits cherchaient encore à substituer, dans nos écoles, les hypothèses de Descartes aux absurdités de la physique scolastique : une thèse où l'on soutenait soit le système de Copernic, soit les tourbillons, était une victoire sur les préjugés. Les idées innées étaient devenues presque un article de foi aux yeux des dévots, qui d'abord les avaient prises pour une hérésie. Malebranche, qu'on croyait entendre, était le philosophe à la mode. On passait pour un esprit fort, lorsqu'on se permettait de regarder l'existence de *cinq propositions*, dans le livre illisible de Jansénius, comme un

---

[1] Newton n'est mort que le 20 mars 1727 (voyez t. XXXVII, p. 188): Voltaire était alors en Angleterre depuis plus de dix mois. B.

fait indifférent au bonheur de l'espèce humaine, ou qu'on osait lire Bayle sans la permission d'un docteur en théologie.

Ce contraste devait exciter l'enthousiasme d'un homme qui, comme Voltaire, avait dès son enfance secoué tous les préjugés. L'exemple de l'Angleterre lui montrait que la vérité n'est pas faite pour rester un secret entre les mains de quelques philosophes, et d'un petit nombre de gens du monde instruits, ou plutôt endoctrinés par les philosophes, riant avec eux des erreurs dont le peuple est la victime, mais s'en rendant eux-mêmes les défenseurs, lorsque leur état ou leurs places leur y fait trouver un intérêt chimérique ou réel, et prêts à laisser proscrire ou même à persécuter leurs précepteurs, s'ils osent dire ce qu'eux-mêmes pensent en secret.

Dès ce moment Voltaire se sentit appelé à détruire les préjugés de toute espèce dont son pays était l'esclave. Il sentit la possibilité d'y réussir par un mélange heureux d'audace et de souplesse, en sachant tantôt céder aux temps, tantôt en profiter, ou les faire naître; en se servant tour-à-tour, avec adresse, du raisonnement, de la plaisanterie, du charme des vers, ou des effets du théâtre; en rendant enfin la raison assez simple pour devenir populaire, assez aimable pour ne pas effrayer la frivolité, assez piquante pour être à la mode. Ce grand projet de se rendre, par les seules forces de son génie, le bienfaiteur de tout un peuple, en l'arrachant à ses erreurs, enflamma l'ame de Voltaire, échauffa son courage. Il jura d'y consacrer sa vie, et il a tenu parole.

La tragédie de *Brutus*[1] fut le premier fruit de son voyage en Angleterre.

Depuis *Cinna* notre théâtre n'avait point retenti des fiers accents de la liberté; et, dans *Cinna*, ils étaient étouffés par ceux de la vengeance. On trouva dans *Brutus* la force de Corneille avec plus de pompe et d'éclat, avec un naturel que Corneille n'avait pas, et l'élégance soutenue de Racine. Jamais les droits d'un peuple opprimé n'avaient été exposés avec plus de force, d'éloquence, de précision même, que dans la seconde scène de *Brutus*. Le cinquième acte est un chef-d'œuvre de pathétique.

On a reproché au poëte d'avoir introduit l'amour dans ce sujet si imposant et si terrible, et surtout un amour sans un grand intérêt; mais Titus, entraîné par un autre motif que l'amour, eût été avili; la sévérité de Brutus n'eût plus déchiré l'ame des spectateurs; et si cet amour eût trop intéressé, il était à craindre que leur cœur n'eût trahi la cause de Rome. Ce fut après cette pièce que Fontenelle dit à Voltaire, « qu'il ne le croyait point propre à la tra-« gédie; que son style était trop fort, trop pompeux, « trop brillant. — Je vais donc relire vos *Pastorales*, » lui répondit Voltaire.

Il crut alors pouvoir aspirer à une place à l'académie française, et on pouvait le trouver modeste d'avoir attendu si long-temps; mais il n'eut pas même l'honneur de balancer les suffrages. Le Gros de Boze prononça, d'un ton doctoral, que Voltaire ne serait jamais un personnage académique.

[1] Cette tragédie ne fut jouée à Paris que le 11 décembre 1730; voyez tome II, page 347. B.

Ce de Boze, oublié aujourd'hui [1], était un de ces hommes qui, avec peu d'esprit et une science médiocre, se glissent dans les maisons des grands et des gens en place, et y réussissent parcequ'ils ont précisément ce qu'il faut pour satisfaire la vanité d'avoir chez soi des gens de lettres, et que leur esprit ne peut ni inspirer la crainte ni humilier l'amour-propre. De Boze était d'ailleurs un personnage important; il exerçait alors à Paris l'emploi d'inspecteur de la librairie, que depuis la magistrature a usurpé sur les gens de lettres, à qui l'avidité des hommes riches ou accrédités ne laisse que les places dont les fonctions personnelles exigent des lumières et des talents.

Après *Brutus*, Voltaire fit *la Mort de César* [2], sujet déjà traité par Shakespeare, dont il imita quelques scènes en les embellissant. Cette tragédie ne fut jouée qu'au bout de quelques années, et dans un collége. Il n'osait risquer sur le théâtre une pièce sans amour, sans femmes, et une tragédie en trois actes; car les innovations peu importantes ne sont pas toujours celles qui soulèvent le moins les ennemis de la nouveauté. Les petits esprits doivent être plus frappés des petites choses. Cependant un style noble, hardi, figuré, mais toujours naturel et vrai; un langage digne du vainqueur et des libérateurs

---

[1] Claude Gros de Boze, né à Lyon en 1680, fut, à vingt-six ans, élu secrétaire perpétuel de l'académie des inscriptions et belles-lettres, et, en 1715, nommé membre de l'académie française, à la place de Fénelon. Il est mort le 10 septembre 1753, et malgré lui confrère de Voltaire depuis plus de six ans. Voyez, dans les *Mémoires* de l'abbé Barthélemy, ce qu'il dit de de Boze. B.

[2] Voyez tome IV, page 63. B.

du monde; la force et la grandeur des caractères, le sens profond qui règne dans les discours de ces derniers Romains, occupent et attachent les spectateurs faits pour sentir ce mérite, les hommes qui ont dans le cœur ou dans l'esprit quelque rapport avec ces grands personnages, ceux qui aiment l'histoire, les jeunes gens enfin, encore pleins de ces objets que l'éducation a mis sous leurs yeux.

Les tragédies historiques, comme *Cinna*, *la Mort de Pompée*, *Brutus*, *Rome sauvée*, *le Triumvirat*, de Voltaire, ne peuvent avoir l'intérêt du *Cid*, d'*Iphigénie*, de *Zaïre*, ou de *Mérope*. Les passions douces et tendres du cœur humain ne pourraient s'y développer sans distraire du tableau historique qui en est le sujet; les événements ne peuvent y être disposés avec la même liberté pour les faire servir à l'effet théâtral. Le poëte y est bien moins maître des caractères. L'intérêt, qui est celui d'une nation ou d'une grande révolution, plutôt que celui d'un individu, est dès-lors bien plus faible, parcequ'il dépend de sentiments moins personnels et moins énergiques.

Mais, loin de proscrire ce genre comme plus froid, comme moins favorable au génie dramatique du poëte, il faudrait l'encourager, parcequ'il ouvre un champ vaste au génie poétique, qui peut y développer toutes les grandes vérités de la politique; parcequ'il offre de grands tableaux historiques, et qu'enfin c'est celui qu'on peut employer avec plus de succès à élever l'ame et à la former. On doit sans doute placer au premier rang les poëmes qui, comme *Mahomet*, comme *Alzire*, sont à-la-fois des tragédies intéressantes ou terribles, et de grands tableaux; mais ces sujets sont très rares, et ils exigent des talents que Voltaire seul a réunis jusqu'ici.

On ne voulut point permettre d'imprimer *la Mort de César*. On fit un crime à l'auteur des sentiments républicains répandus dans sa pièce, imputation d'autant plus ridicule que chacun parle son langage; que Brutus n'en est pas plus le héros que César; que le poëte, dans un genre purement historique, en traçant ses portraits d'après l'histoire, en a conservé l'impartialité. Mais, sous le gouvernement à-la-fois tyrannique et pusillanime du cardinal de Fleury, le langage de la servitude était le seul qui pût paraître innocent.

Qui croirait aujourd'hui que l'élégie sur la mort de mademoiselle Lecouvreur[1] ait été pour Voltaire le sujet d'une persécution sérieuse, qui l'obligea de quitter la capitale, où il savait qu'heureusement l'absence fait tout oublier, même la fureur de persécuter!

Les théâtres sont une institution vraiment utile : c'est par eux qu'une jeunesse inappliquée et frivole conserve encore quelque habitude de sentir et de penser, que les idées morales ne lui deviennent point absolument étrangères, que les plaisirs de l'esprit existent pour elle. Les sentiments qu'excite la représentation d'une tragédie élèvent l'ame, l'épurent, la tirent de cette apathie, de cette personnalité, maladies auxquelles l'homme riche et dissipé est condamné par la nature. Les spectacles forment en quelque sorte un lien entre la classe des hommes qui

[1] Tome XII, page 29. B.

pensent et celle des hommes qui ne pensent point. Ils adoucissent l'austérité des uns, et tempèrent dans les autres la dureté qui naît de l'orgueil et de la légèreté. Mais, par une fatalité singulière, dans le pays où l'art du théâtre a été porté au plus haut degré de perfection, les acteurs, à qui le public doit le plus noble de ses plaisirs, condamnés par la religion, sont flétris par un préjugé ridicule.

Voltaire osa le combattre. Indigné qu'une actrice célèbre, long-temps l'objet de l'enthousiasme, enlevée par une mort prompte et cruelle, fût, en qualité d'excommuniée, privée de la sépulture[1], il s'éleva et contre la nation frivole qui soumettait lâchement sa tête à un joug honteux, et contre la pusillanimité des gens en place, qui laissaient tranquillement flétrir ce qu'ils avaient admiré. Si les nations ne se corrigent guère, elles souffrent du moins les leçons avec patience. Mais les prêtres, à qui les parlements ne laissaient plus excommunier que les sorciers et les comédiens, furent irrités qu'un poëte osât leur disputer la moitié de leur empire, et les gens en place ne lui pardonnèrent point de leur avoir reproché leur indigne faiblesse.

Voltaire sentit qu'un grand succès au théâtre pouvait seul, en lui assurant la bienveillance publique, le défendre contre le fanatisme. Dans les pays où il n'existe aucun pouvoir populaire, toute classe d'hommes qui a un point de ralliement devient une sorte de puissance. Un auteur dramatique est sous la sauve-

---

[1] Voyez tome XXXVII, pages 95-96.

garde des sociétés pour lesquelles le spectacle est un amusement ou une ressource. Ce public, en applaudissant à des allusions, blesse ou flatte la vanité des gens en place, décourage ou ranime les partis élevés contre eux, et ils n'osent le braver ouvertement. Voltaire donna donc *Ériphyle*[1], qui ne remplit point son but; mais, loin de se laisser abattre par ce revers, il saisit le sujet de *Zaïre*, en conçoit le plan, achève l'ouvrage en dix-huit jours, et elle paraît sur le théâtre quatre mois après *Ériphyle*[2].

Le succès passa ses espérances. Cette pièce est la première où, quittant les traces de Corneille et de Racine, il ait montré un art, un talent, et un style, qui n'étaient plus qu'à lui. Jamais un amour plus vrai, plus passionné, n'avait arraché de si douces larmes; jamais aucun poëte n'avait peint les fureurs de la jalousie dans une ame si tendre, si naïve, si généreuse. On aime Orosmane, lors même qu'il fait frémir; il immole Zaïre, cette Zaïre si intéressante, si vertueuse, et on ne peut le haïr. Et, s'il était possible de se distraire d'Orosmane et de Zaïre, combien la religion n'est-elle pas imposante dans le vieux Lusignan! quelle noblesse le fanatique Nérestan met dans ses reproches! avec quel art le poëte a su présenter ces chrétiens qui viennent troubler une union si touchante! Une femme sensible et pieuse pleure sur Zaïre qui a sacrifié à son Dieu son amour et sa vie, tandis qu'un homme étranger au christianisme pleure Zaïre, dont le cœur, égaré par sa tendresse pour son père, s'im-

---

[1] Le 7 mars 1732; voyez tome III, page 1. B.
[2] *Zaïre* fut jouée le 13 août 1732; voyez t. III, p. 139. B.

mole au préjugé superstitieux qui lui défend d'aimer un homme d'une secte étrangère : et c'est là le chef-d'œuvre de l'art. Pour quiconque ne croit point aux livres juifs, *Athalie* n'est que l'école du fanatisme, de l'assassinat, et du mensonge. *Zaïre* est, dans toutes les opinions, comme pour tous les pays, la tragédie des cœurs tendres et des ames pures.

Elle fut suivie d'*Adélaïde du Guesclin*[1], également fondée sur l'amour, et où, comme dans *Zaïre*, des héros français, des événements de notre histoire, rappelés en beaux vers, ajoutaient encore à l'intérêt : mais c'était le patriotisme d'un citoyen qui se plaît à rappeler des noms respectés et de grandes époques, et non ce *patriotisme d'antichambre*, qui depuis a tant réussi sur la scène française.

Adélaïde n'eut point de succès. Un plaisant du par terre avait empêché de finir *Mariamne*, en criant : *La reine boit;* un autre fit tomber *Adélaïde*, en répondant : *Coussi, coussi*, à ce mot si noble, si touchant de Vendôme, *Es-tu content, Couci?*

Cette même pièce reparut sous le nom du *Duc de Foix*[2], corrigée moins d'après le sentiment de l'auteur que sur les jugements des critiques; elle réussit mieux. Mais lorsque, long-temps après, les trois coups de marteau du *Philosophe sans le savoir*[3] eurent appris qu'on ne sifflerait plus le coup de canon d'*Adélaïde*; lorsqu'elle se remontra sur la scène, malgré Vol-

---

[1] Jouée le 18 janvier 1734; voyez tome III, page 279. B.

[2] En 1752; voyez tome III, page 429. B.

[3] Comédie ou drame de Sedaine, jouée le 2 décembre 1765; *Adélaïde du Gueselin* avait été reprise dès le 9 septembre de la même année. B.

taire, qui se souvenait moins des beautés de sa pièce que des critiques qu'elle avait essuyées ; alors elle enleva tous les suffrages, alors on sentit toute la beauté du rôle de Vendôme, aussi amoureux qu'Orosmane ; l'un jaloux par la suite d'un caractère impérieux ; l'autre, par l'excès de sa passion ; l'un tyrannique par l'impétuosité et la hauteur naturelle de son ame ; l'autre par un malheur attaché à l'habitude du pouvoir absolu. Orosmane, tendre, désintéressé dans son amour, se rend coupable dans un moment de délire où le plonge une erreur excusable, et s'en punit en s'immolant lui-même ; Vendôme, plus personnel, appartenant à sa passion plus qu'à sa maîtresse, forme, avec une fureur plus tranquille, le projet de son crime, mais l'expie par ses remords et par le sacrifice de son amour. L'un montre les excès et les malheurs où la violence des passions entraîne les ames généreuses ; l'autre, ce que peuvent le repentir et le sentiment de la vertu sur les ames fortes, mais abandonnées à leurs passions.

On prétend que *le Temple du Goût*[1] nuisit beaucoup au succès d'*Adélaïde*. Dans cet ouvrage charmant, Voltaire jugeait les écrivains du siècle passé, et même quelques uns de ses contemporains. Le temps a confirmé tous ses jugements ; mais alors ils parurent autant de sacriléges. En observant cette intolérance littéraire, cette nécessité imposée à tout écrivain qui veut conserver son repos, de respecter les opinions établies sur le mérite d'un orateur ou d'un

---

[1] Publié en mars ou avril 1733 ; voyez, tome XII, page 317. B.

poëte ; cette fureur avec laquelle le public poursuit ceux qui osent, sur les objets même les plus indifférents, ne penser que d'après eux-mêmes ; on serait tenté de croire que l'homme est intolérant par sa nature. L'esprit, le génie, la raison, ne garantissent pas toujours de ce malheur. Il est bien peu d'hommes qui n'aient pas en secret quelques idoles dont ils ne voient pas de sang froid qu'on ose affaiblir ou détruire le culte.

Dans le grand nombre, ce sentiment a pour origine l'orgueil et l'envie. On regarde comme affectant sur nous une supériorité qui nous blesse l'écrivain qui, en critiquant ceux que nous admirons, a l'air de se croire supérieur à eux, et dès-lors à nous-mêmes. On craint qu'en abattant la statue de l'homme qui n'est plus, il ne prétende élever à sa place celle d'un homme vivant, dont la gloire est toujours un spectacle affligeant pour la médiocrité. Mais si des esprits supérieurs s'abandonnent à cette espèce d'intolérance, cette faiblesse excusable et passagère, née de la paresse et de l'habitude, cède bientôt à la vérité, et ne produit ni l'injustice ni la persécution.

Dans sa retraite, Voltaire avait conçu l'heureux projet de faire connaître à sa nation la philosophie, la littérature, les opinions, les sectes de l'Angleterre ; et il fit ses *Lettres sur les Anglais*[1]. Newton, dont on ne connaissait en France ni les opinions philosophiques, ni le système du monde, ni presque même les expériences sur la lumière ; Locke, dont le livre

---

[1] Voyez tome XXXVII, pages 103-276. B.

traduit en français[1] n'avait été lu que par un petit nombre de philosophes ; Bacon, qui n'était célèbre que comme chancelier ; Shakespeare, dont le génie et les fautes grossières sont un phénomène dans l'histoire de la littérature; Congrève, Wicherley, Addison, Pope, dont les noms étaient presque inconnus même de nos gens de lettres; ces quakers[2] fanatiques sans être persécuteurs, insensés dans leur dévotion, mais les plus raisonnables des chrétiens dans leur croyance et dans leur morale, ridicules aux yeux du reste des hommes pour avoir outré deux vertus, l'amour de la paix et celui de l'égalité; les autres sectes qui se partageaient l'Angleterre; l'influence qu'un esprit général de liberté y exerce sur la littérature, sur la philosophie, sur les arts, sur les opinions, sur les mœurs; l'histoire de l'insertion de la petite vérole, reçue presque sans obstacle, et examinée sans prévention, malgré la singularité et la nouveauté de cette pratique : tels furent les objets principaux traités dans cet ouvrage.

Fontenelle avait le premier fait parler à la raison et à la philosophie un langage agréable et piquant; il avait su répandre sur les sciences la lumière d'une philosophie toujours sage, souvent fine, quelquefois profonde : dans les *Lettres* de Voltaire, on trouve le mérite de Fontenelle avec plus de goût, de naturel, de hardiesse, et de gaîté. Un vieil attachement aux erreurs de Descartes n'y vient pas répandre sur

[1] *L'Essai sur l'entendement humain* avait été traduit par Coste en 1700. B.
[2] Les quatre premières *Lettres philosophiques* sont consacrées aux quakers. B.

la vérité des ombres qui la cachent ou la défigurent. C'est la logique et la plaisanterie des *Provinciales*, mais s'exerçant sur de plus grands objets, n'étant jamais corrompues par un vernis de dévotion monacale.

Cet ouvrage fut parmi nous l'époque d'une révolution; il commença à y faire naître le goût de la philosophie et de la littérature anglaise; à nous intéresser aux mœurs, à la politique, aux connaissances commerciales de ce peuple; à répandre sa langue parmi nous. Depuis, un engouement puéril a pris la place de l'ancienne indifférence; et, par une singularité remarquable, Voltaire a eu encore la gloire de le combattre, et d'en diminuer l'influence.

Il nous avait appris à sentir le mérite de Shakespeare, et à regarder son théâtre comme une mine d'où nos poëtes pourraient tirer des trésors; et lorsqu'un ridicule enthousiasme a présenté comme un modèle à la nation de Racine et de Voltaire ce poëte éloquent, mais sauvage et bizarre, et a voulu nous donner pour des tableaux énergiques et vrais de la nature ses toiles chargées de compositions absurdes et de caricatures dégoûtantes et grossières, Voltaire a défendu la cause du goût et de la raison[1]. Il nous avait reproché la trop grande timidité de notre théâtre; il fut obligé de nous reprocher d'y vouloir porter la licence barbare du théâtre anglais.

[1] Voyez *Appel à toutes les nations de l'Europe des jugements d'un écrivain anglais, ou Manifeste au sujet des honneurs du pavillon entre les théâtres de Londres et de Paris*, tome XL, page 245; *Lettre à l'académie française* (en 1776), t. XLVIII, p. 403; et la dédicace d'*Irène* (*Lettre à l'académie française*, en 1778), tome IX, page 459. B.

La publication de ces *Lettres* excita une persécution[1] dont, en les lisant aujourd'hui, on aurait peine à concevoir l'acharnement; mais il y combattait les idées innées[2]; et les docteurs croyaient alors que, s'ils n'avaient point d'idées innées, il n'y aurait pas de caractères assez sensibles pour distinguer leur âme de celle des bêtes. D'ailleurs il y soutenait avec Locke qu'il n'était pas rigoureusement prouvé que Dieu n'aurait pas le pouvoir, s'il le voulait absolument, de donner à un élément de la matière la faculté de penser; et c'était aller contre le privilége des théologiens, qui prétendent savoir à point nommé, et savoir seuls, tout ce que Dieu a pensé, tout ce qu'il a fait ou pu faire depuis et même avant le commencement du monde.

Enfin il y examinait quelques passages des *Pensées* de Pascal[3], ouvrage que les jésuites mêmes étaient obligés de respecter malgré eux, comme ceux de saint Augustin; on fut scandalisé de voir un poëte, un laïque, oser juger Pascal. Il semblait qu'attaquer le seul des défenseurs de la religion chrétienne qui eût auprès des gens du monde la réputation d'un grand homme, c'était attaquer la religion même, et que ses preuves seraient affaiblies si le géomètre, qui avait promis de se consacrer à sa défense, était convaincu d'avoir souvent mal raisonné.

[1] Elles furent brûlées par la main du bourreau le 10 avril 1734; voyez tome XXXVII, pages 109-110. B.
[2] Voyez tome XXXVII, pages 179 et 571. B.
[3] Les *Remarques sur les Pensées de Pascal* formaient, en 1734, la 25ᵉ des *Lettres philosophiques;* mais ces *Remarques* sont de 1728; voyez tome XXXVII, page 36. B.

Le clergé demanda la suppression des *Lettres sur les Anglais*, et l'obtint par un arrêt du conseil [1]. Ces arrêts se donnent sans examen, comme une espèce de dédommagement du subside que le gouvernement obtient des assemblées du clergé, et une récompense de leur facilité à l'accorder. Les ministres oublient que l'intérêt de la puissance séculière n'est pas de maintenir, mais de laisser détruire, par les progrès de la raison, l'empire dont les prêtres ont si long-temps abusé avec tant de barbarie, et qu'il n'est pas d'une bonne politique d'acheter la paix de ses ennemis, en leur sacrifiant ses défenseurs.

Le parlement brûla le livre, suivant un usage jadis inventé par Tibère, et devenu ridicule depuis l'invention de l'imprimerie ; mais il est des gens auxquels il faut plus de trois siècles pour commencer à s'apercevoir d'une absurdité.

Toute cette persécution s'exerçait dans le temps même où les miracles du diacre Pâris [2] et ceux du P. Girard [3] couvraient les deux partis de ridicule et d'opprobre. Il était juste qu'ils se réunissent contre un homme qui osait prêcher la raison. On alla jusqu'à ordonner des informations contre l'auteur [4] des

---

[1] Cet arrêt du conseil m'est inconnu. Condorcet confond peut-être ici l'arrêt du conseil d'état du 4 décembre 1739, portant suppression du *Recueil de pièces fugitives en prose et en vers, par M. de V**** (voyez tome XXXVIII, page 445). B.

[2] En 1727 et années suivantes; voyez t. XX, p. 437; et XXVIII, 222. B.

[3] Le procès du P. Girard et de La Cadière est de 1731; voyez t. XL, p. 323; et L, 278. B.

[4] Une lettre de cachet du 3 ou 4 mai fut envoyée à l'intendant de Dijon pour faire arrêter Voltaire, alors à Montjeu, aux noces du duc de Richelieu

Lettres philosophiques. Le garde-des-sceaux fit exiler Voltaire, qui, alors absent, fut averti à temps, évita les gens envoyés pour le conduire au lieu de son exil, et aima mieux combattre de loin et d'un lieu sûr. Ses amis prouvèrent qu'il n'avait pas manqué à sa promesse de ne point publier ses *Lettres* en France, et qu'elles n'avaient paru que par l'infidélité d'un relieur. Heureusement le garde-des-sceaux était plus zélé pour son autorité que pour la religion, et beaucoup plus ministre que dévot. L'orage s'apaisa, et Voltaire eut la permission de reparaître à Paris.

Le calme ne dura qu'un instant. L'*Épître à Uranie*[1], jusqu'alors renfermée dans le secret, fut imprimée; et pour échapper à une persécution nouvelle, Voltaire fut obligé de la désavouer, et de l'attribuer à l'abbé de Chaulieu, mort depuis plusieurs années. Cette imputation lui fesait honneur comme poëte, sans nuire à sa réputation de chrétien[2].

La nécessité de mentir pour désavouer un ouvrage est une extrémité qui répugne également à la conscience et à la noblesse du caractère; mais le crime

---

avec mademoiselle de Guise. Mais Voltaire était parti de Montjeu (voyez tome LI, pages 490, 506; XIII, 108; et la *Revue rétrospective*, II, 130). On fit aussi perquisition dans le domicile de Voltaire à Paris (voy. t. LI, p. 500). B.

[1] L'*Épître à Uranie* avait été imprimée dès le commencement de 1732; voyez tome XII, page 15. B.

[2] Voyez les *OEuvres de Chaulieu*. K. — Voyez surtout la pièce de vers adressée *au marquis de La Fare* en 1708, commençant par
   Plus j'approche du terme, et moins je le redoute.
Dans l'édition de 1740 des *OEuvres de Chaulieu*, la pièce n'est imprimée dans le volume qu'avec des lacunes; mais elle est reproduite entière à la fin du volume, pages 225-28. B.

est pour les hommes injustes qui rendent ce désaveu nécessaire à la sûreté de celui qu'ils y forcent. Si vous avez érigé en crime ce qui n'en est pas un, si vous avez porté atteinte, par des lois absurdes ou par des lois arbitraires, au droit naturel qu'ont tous les hommes, non seulement d'avoir une opinion, mais de la rendre publique; alors vous méritez de perdre celui qu'a chaque homme d'entendre la vérité de la bouche d'un autre, droit qui fonde seul l'obligation rigoureuse de ne pas mentir. S'il n'est pas permis de tromper, c'est parceque tromper quelqu'un c'est lui faire un tort, ou s'exposer à lui en faire un; mais le tort suppose un droit, et personne n'a celui de chercher à s'assurer les moyens de commettre une injustice.

Nous ne disculpons point Voltaire d'avoir donné son ouvrage à l'abbé de Chaulieu; une telle imputation, indifférente en elle-même, n'est, comme on sait, qu'une plaisanterie. C'est une arme qu'on donne aux gens en place, lorsqu'ils sont disposés à l'indulgence, sans oser en convenir, et dont ils se servent pour repousser les persécuteurs plus sérieux et plus acharnés.

L'indiscrétion avec laquelle les amis de Voltaire récitèrent quelques fragments de *la Pucelle* fut la cause d'une nouvelle persécution[1]. Le garde-des-sceaux menaça le poëte *d'un cul de basse-fosse, si jamais il paraissait rien de cet ouvrage.* A une lou-

---

[1] A la fin de 1735 et au commencement de 1736 : voyez tome LII, pages 140, 147. Le garde-des-sceaux, persécuteur de Voltaire, était Germain-Louis Chauvelin, garde-des-sceaux de 1727 à 1737, mort en 1762. B.

gue distance du temps où ces tyrans subalternes, si bouffis d'une puissance éphémère, ont osé tenir un tel langage à des hommes qui sont la gloire de leur patrie et de leur siècle, le sentiment de mépris qu'on éprouve ne laisse plus de place à l'indignation. L'oppresseur et l'opprimé sont également dans la tombe; mais le nom de l'opprimé, porté par la gloire aux siècles à venir, préserve seul de l'oubli, et dévoue à une honte éternelle, celui de ses lâches persécuteurs.

Ce fut dans le cours de ces orages que le lieutenant de police Hérault dit un jour à Voltaire: « Quoi que vous écriviez, vous ne viendrez pas à « bout de détruire la religion chrétienne. — C'est ce « que nous verrons, répondit-il [1]. »

Dans un moment où l'on parlait beaucoup d'un homme arrêté, sur une lettre de cachet suspecte de fausseté, il demanda au même magistrat ce qu'on fesait à ceux qui fabriquaient de fausses lettres de cachet. « On les pend. » — « C'est toujours bien fait, en « attendant qu'on traite de même ceux qui en signent « de vraies. »

Fatigué de tant de persécutions, Voltaire crut alors devoir changer sa manière de vivre. Sa fortune lui en laissait la liberté. Les philosophes anciens vantaient la pauvreté, comme la sauvegarde de l'indépendance. Voltaire voulut devenir riche, pour être indépendant; et il eut également raison. On ne connaissait point chez les anciens ces richesses secrètes qu'on peut s'assurer à-la-fois dans différents pays, et

---

[1] L'anecdote est rapportée par Voltaire dans une lettre à Dalembert (voy. t. LVIII, p. 454-55), comme concernant *un des frères*. B.

mettre à l'abri de tous les orages. L'abus des confiscations y rendait les richesses aussi dangereuses par elles-mêmes que la gloire ou la faveur populaire. L'immensité de l'empire romain, et la petitesse des républiques grecques, empêchaient également de soustraire à ses ennemis ses richesses et sa personne. La différence des mœurs entre les nations voisines, l'ignorance presque générale de toute langue étrangère, une moins grande communication entre les peuples, étaient autant d'obstacles au changement de patrie.

D'un autre côté, les anciens connaissaient moins ces aisances de la vie, nécessaires parmi nous à tous ceux qui ne sont point nés dans la pauvreté. Leur climat les assujettissait à moins de besoins réels, et les riches donnaient plus à la magnificence, aux raffinements de la débauche, aux excès, aux fantaisies, qu'aux commodités habituelles et journalières. Ainsi, en même temps qu'il leur était à-la-fois plus facile d'être pauvres, et plus difficile d'être riches sans danger, les richesses n'étaient pas chez eux, comme parmi nous, un moyen de se soustraire à une oppression injuste.

Ne blâmons donc point un philosophe d'avoir, pour assurer son indépendance, préféré les ressources que les mœurs de son siècle lui présentaient, à celles qui convenaient à d'autres mœurs et à d'autres temps.

Voltaire avait hérité de son père[1] et de son frère

---

[1] Voltaire perdit son père vers 1724 (voyez ma note, page 119), et son frère en 1745. J'ai donné quelques détails sur la fortune de Voltaire, tome LVI, page 420. B.

une fortune honnête; l'édition de *la Henriade,* faite à Londres, l'avait augmentée; des spéculations heureuses dans les fonds publics y ajoutèrent encore: ainsi, à l'avantage d'avoir une fortune qui assurait son indépendance, il joignit celui de ne la devoir qu'à lui-même. L'usage qu'il en fit aurait dû la lui faire pardonner.

Des secours à des gens de lettres, des encouragements à des jeunes gens en qui il croyait apercevoir le germe du talent en absorbaient une grande partie. C'est surtout à cet usage qu'il destinait le faible profit qu'il tirait de ses ouvrages ou de ses pièces de théâtre, lorsqu'il ne les abandonnait pas aux comédiens. Jamais auteur ne fut cependant plus cruellement accusé d'avoir eu des torts avec ses libraires[1]; mais ils avaient à leurs ordres toute la canaille littéraire, avide de calomnier la conduite de l'homme dont ils savaient trop qu'ils ne pouvaient étouffer les ouvrages. L'orgueilleuse médiocrité, quelques hommes de mérite blessés d'une supériorité trop incontestable; les gens du monde toujours empressés d'avilir des talents et des lumières, objets secrets de leur envie; les dévots intéressés à décrier Voltaire pour avoir moins à le craindre; tous s'empressaient d'accueillir les calomnies des libraires et des Zoïles. Mais les preuves de la fausseté de ces imputations subsistent encore avec celles des bienfaits[2] dont Voltaire a com-

---

[1] Et cela est démenti par des libraires; voyez la lettre de Prault (*Pièces justificatives*, n° VII). B.

[2] Voy. dans les *Pièces justificatives,* n°⁵ VIII à XIII, les six lettres de Jore; n° XIV, lettre de Mannory; n° XV, lettre de Bonneval; n° XVI, lettre de M. de Champbonin. B.

blé quelques uns de ses calomniateurs : et nous n'avons pu les voir sans gémir, et sur le malheur du génie condamné à la calomnie, triste compensation de la gloire, et sur cette honteuse facilité à croire tout ce qui peut dispenser d'admirer.

Voltaire n'ayant donc besoin pour sa fortune ni de cultiver des protecteurs, ni de solliciter des places, ni de négocier avec des libraires, renonça au séjour de la capitale. Jusqu'au ministère du cardinal de Fleury, et jusqu'à son voyage en Angleterre, il avait vécu dans le plus grand monde. Les princes, les grands, ceux qui étaient à la tête des affaires, les gens à la mode, les femmes les plus brillantes, étaient recherchés par lui, et le recherchaient. Partout il plaisait, il était fêté; mais partout il inspirait l'envie et la crainte. Supérieur par ses talents, il l'était encore par l'esprit qu'il montrait dans la conversation; il y portait tout ce qui rend aimables les gens d'un esprit frivole, et y mêlait les traits d'un esprit supérieur. Né avec le talent de la plaisanterie, ses mots étaient souvent répétés, et c'en était assez pour qu'on donnât le nom de méchanceté à ce qui n'était que l'expression vraie de son jugement, rendue piquante par la tournure naturelle de son esprit.

A son retour d'Angleterre, il sentit que, dans les sociétés où l'amour-propre et la vanité rassemblent les hommes, il trouverait peu d'amis; et il cessa de s'y répandre, sans cependant rompre avec elles. Le goût qu'il y avait pris pour la magnificence, pour la grandeur, pour tout ce qui est brillant et recherché, était devenu une habitude; il le conserva même dans la retraite; ce goût embellit souvent ses ouvrages : il influa quelquefois sur ses jugements. Rendu à sa patrie, il se réduisit à ne vivre habituellement qu'avec un petit nombre d'amis. Il avait perdu M. de Génonville et M. de Maisons, dont il a pleuré la mort dans des vers si touchants[1], monuments de cette sensibilité vraie et profonde que la nature avait mise dans son cœur, que son génie répandit dans ses ouvrages, et qui fut le germe heureux de ce zèle ardent pour le bonheur des hommes, noble et dernière passion de sa vieillesse. Il lui restait M. d'Argental[2], dont la longue vie n'a été qu'un sentiment de tendresse et d'admiration pour Voltaire, et qui en fut récompensé par son amitié et sa confiance; il lui restait MM. de Formont et de Cideville, qui étaient les confidents de ses ouvrages et de ses projets.

Mais, vers le temps de ses persécutions, une autre amitié vint lui offrir des consolations plus douces, et augmenter son amour pour la retraite. C'était celle de la marquise du Châtelet, passionnée comme lui pour l'étude et pour la gloire; philosophe, mais de cette philosophie qui prend sa source dans une ame forte et libre, ayant approfondi la métaphysique et la géométrie assez pour analyser Leibnitz et pour traduire Newton; cultivant les arts, mais sachant les juger, et leur préférer la connaissance de la nature et des hommes; n'aimant de l'histoire que les grands résultats qui portent la lumière sur les secrets de la nature hu-

---

[1] Voyez l'*Épître aux mânes de Génonville*, tome XIII, page 72; et *le Temple du Goût*, tome XII, page 350. B.

[2] Voyez les notes qui le concernent, t. LI, p. 482; et LXX, 465. B.

maine; supérieure à tous les préjugés par la force de son caractère comme par celle de sa raison, et n'ayant pas la faiblesse de cacher combien elle les dédaignait; se livrant aux frivolités de son sexe, de son état, et de son âge, mais les méprisant et les abandonnant sans regret pour la retraite, le travail, et l'amitié; excitant enfin par sa supériorité la jalousie des femmes, et même de la plupart des hommes avec lesquels son rang l'obligeait de vivre, et leur pardonnant sans effort. Telle était l'amie que choisit Voltaire pour passer avec lui des jours remplis par le travail, et embellis par leur amitié commune.

Fatigué de querelles littéraires, révolté de voir la ligue que la médiocrité avait formée contre lui, soutenue en secret par des hommes que leur mérite eût dû préserver de cette indigne association ; trouvant, depuis qu'il avait osé dire des vérités, autant de délateurs qu'il avait de critiques, et les voyant armer sans cesse contre lui la religion et le gouvernement, parcequ'il fesait bien des vers, il chercha dans les sciences une occupation plus tranquille.

Il voulut donner une exposition élémentaire [1] des découvertes de Newton sur le système du monde et sur la lumière, les mettre à la portée de tous ceux qui avaient une légère teinture des sciences mathématiques, et faire connaître en même temps les opinions philosophiques de Newton, et ses idées sur la chronologie ancienne.

Lorsque ces *Éléments* parurent, le cartésianisme dominait encore, même dans l'académie des sciences

---

[1] Voyez *Éléments de la philosophie de Newton*, t. XXXVIII, p. 1. B.

de Paris. Un petit nombre de jeunes géomètres avaient eu seuls le courage de l'abandonner ; et il n'existait dans notre langue aucun ouvrage où l'on pût prendre une idée des grandes découvertes publiées en Angleterre depuis un demi-siècle.

Cependant on refusa un privilége à l'auteur. Le chancelier Daguesseau s'était fait cartésien dans sa jeunesse, parceque c'était alors la mode parmi ceux qui se piquaient de s'élever au-dessus des préjugés vulgaires ; et ses sentiments politiques et religieux s'unissaient contre Newton à ses opinions philosophiques. Il trouvait qu'un chancelier de France ne devait pas souffrir qu'un philosophe anglais, à peine chrétien, l'emportât sur un Français qu'on supposait orthodoxe. Daguesseau avait une mémoire immense ; une application continue l'avait rendu très profond dans plusieurs genres d'érudition ; mais sa tête, fatiguée à force de recevoir et de retenir les opinions des autres, n'avait la force ni de combiner ses propres idées, ni de se former des principes fixes et précis. Sa superstition, sa timidité, son respect pour les usages anciens, son indécision, rétrécissaient ses vues pour la réforme des lois, et arrêtaient son activité. Il mourut après un long ministère, ne laissant à la France que le regret de voir ses grandes vertus demeurées inutiles, et ses rares qualités perdues pour la nation.

Sa sévérité pour les *Éléments de la Philosophie de Newton* n'est pas la seule petitesse qui ait marqué son administration de la librairie : il ne voulait point donner de priviléges pour les romans ; et il ne consentit à laisser imprimer *Cléveland* qu'à condition que le héros changerait de religion.

Voltaire se livrait en même temps à l'étude de la physique, interrogeait les savants dans tous les genres, répétait leurs expériences, ou en imaginait de nouvelles.

Il concourut pour le prix de l'académie des sciences sur la nature et la propagation du feu[1], prit pour devise ce distique, qui, par sa précision et son énergie, n'est pas indigne de l'auteur de *la Henriade*:

> Ignis ubique latet, naturam amplectitur omnem,
> Cuncta parit, renovat, dividit, unit, alit[2].

Le prix fut donné à l'illustre Euler, par qui, dans la carrière des sciences, il n'était humiliant pour personne d'être vaincu. Madame du Châtelet avait concouru en même temps que son ami, et ces deux pièces obtinrent une mention très honorable.

La dispute sur la mesure des forces occupait alors les mathématiciens. Voltaire, dans un mémoire présenté à l'académie[3], et approuvé par elle[4], prit le parti de Descartes et de Newton contre Leibnitz et les Bernouilli, et même contre madame du Châtelet, qui était devenue leibnitzienne.

Nous sommes loin de prétendre que ces ouvrages

---

[1] *Essai sur la nature du feu et sur sa propagation*, tome XXXVII, page 414. B.

[2] Ces deux vers sont de Voltaire; voyez sa lettre à Dalembert, du 1ᵉʳ juillet 1766, tome LXIII, page 192. B.

[3] *Doutes sur la mesure des forces motrices et sur leur nature*, présentés à l'académie des sciences de Paris en 1741, tome XXXVIII, page 490. B.

[4] Voyez *Pièces justificatives*, n° XVII. B.

puissent ajouter à la gloire de Voltaire, ou même qu'ils puissent lui mériter une place parmi les savants ; mais le mérite d'avoir fait connaître aux Français, qui ne sont pas géomètres, Newton, le véritable système du monde, et les principaux phénomènes de l'optique, peut être compté dans la vie d'un philosophe.

Il est utile de répandre dans les esprits des idées justes sur des objets qui semblent n'appartenir qu'aux sciences, lorsqu'il s'agit ou de faits généraux importants dans l'ordre du monde, ou de faits communs qui se présentent à tous les yeux. L'ignorance absolue est toujours accompagnée d'erreurs, et les erreurs en physique servent souvent d'appui à des préjugés d'une espèce plus dangereuse. D'ailleurs les connaissances physiques de Voltaire ont servi son talent pour la poésie. Nous ne parlons pas seulement ici des pièces où il a eu le mérite rare d'exprimer en vers des vérités précises sans les défigurer, sans cesser d'être poëte, de s'adresser à l'imagination et de flatter l'oreille ; l'étude des sciences agrandit la sphère des idées poétiques, enrichit les vers de nouvelles images : sans cette ressource, la poésie, nécessairement resserrée dans un cercle étroit, ne serait plus que l'art de rajeunir avec adresse, et en vers harmonieux, des idées communes et des peintures épuisées.

Sur quelque genre que l'on s'exerce, celui qui a dans un autre des lumières étendues ou profondes aura toujours un avantage immense. Le génie poétique de Voltaire aurait été le même ; mais il n'aurait pas été un si grand poëte, s'il n'eût point cultivé la physique, la philosophie, l'histoire. Ce n'est pas seulement en augmentant le nombre des idées que ces études étrangères sont utiles, elles perfectionnent l'esprit même, parcequ'elles en exercent d'une manière plus égale les diverses facultés.

Après avoir donné quelques années à la physique, Voltaire consulta sur ses progrès Clairaut, qui eût la franchise de lui répondre qu'avec un travail opiniâtre il ne parviendrait qu'à devenir un savant médiocre, et qu'il perdrait inutilement pour sa gloire un temps dont il devait compte à la poésie et à la philosophie. Voltaire l'entendit, et céda au goût naturel qui sans cesse le ramenait vers les lettres, et au vœu de ses amis, qui ne pouvaient le suivre dans sa nouvelle carrière. Aussi cette retraite de Cirey ne fut-elle point tout entière absorbée par les sciences.

C'est là qu'il fit *Alzire, Zulime, Mahomet;* qu'il acheva ses *Discours sur l'Homme* [1]; qu'il écrivit l'*Histoire de Charles XII* [2], prépara le *Siècle de Louis XIV*, et rassembla des matériaux pour son *Essai sur les mœurs et l'esprit des nations*, depuis Charlemagne jusqu'à nos jours.

Alzire et *Mahomet* sont des monuments immortels de la hauteur à laquelle la réunion du génie de la poésie à l'esprit philosophique peut élever l'art de la tragédie. Cet art ne se borne point dans ces pièces à effrayer par le tableau des passions, à les réveiller dans les ames, à faire couler les douces larmes de la

---

[1] Tome XII, page 41. B.
[2] L'*Histoire de Charles XII* parut en 1731. Voltaire ne connut madame du Châtelet qu'en 1733. B.

pitié ou de l'amour ; il y devient celui d'éclairer les hommes, et de les porter à la vertu. Ces citoyens oisifs, qui vont porter au théâtre le triste embarras de finir une inutile journée, y sont appelés à discuter les plus grands intérêts du genre humain. On voit dans *Alzire* les vertus nobles, mais sauvages et impétueuses de l'homme de la nature, combattre les vices de la société corrompue par le fanatisme et l'ambition, et céder à la vertu perfectionnée par la raison, dans l'ame d'Alvarès ou de Gusman mourant et désabusé. On y voit à-la-fois comment la société corrompt l'homme en mettant des préjugés à la place de l'ignorance, et comment elle le perfectionne, dès que la vérité prend celle des erreurs. Mais le plus funeste des préjugés est le fanatisme ; et Voltaire voulut immoler ce monstre sur la scène, et employer, pour l'arracher des ames, ces effets terribles que l'art du théâtre peut seul produire.

Sans doute il était aisé de rendre un fanatique odieux ; mais que ce fanatique soit un grand homme ; qu'en l'abhorrant on ne puisse s'empêcher de l'admirer ; qu'il descende à d'indignes artifices sans être avili ; qu'occupé d'établir une religion et d'élever un empire, il soit amoureux sans être ridicule ; qu'en commettant tous les crimes, il ne fasse pas éprouver cette horreur pénible qu'inspirent les scélérats ; qu'il ait à-la-fois le ton d'un prophète et le langage d'un homme de génie ; qu'il se montre supérieur au fanatisme dont il enivre ses ignorants et intrépides disciples, sans que jamais la bassesse attachée à l'hypocrisie dégrade son caractère ; qu'enfin ses crimes soient couronnés par le succès; qu'il triomphe, et qu'il paraisse assez puni par ses remords : voilà ce que le talent dramatique n'eût pu faire s'il n'avait été joint à un esprit supérieur.

Mahomet[1] fut d'abord joué à Lille en 1741. On remit à Voltaire, pendant la première représentation, un billet du roi de Prusse qui lui mandait la victoire de Molwitz; il interrompit la pièce pour le lire aux spectateurs. *Vous verrez*, dit-il à ses amis réunis autour de lui, *que cette pièce de Molwitz fera réussir la mienne*. On osa la risquer à Paris; mais les cris des fanatiques obtinrent de la faiblesse du cardinal de Fleury d'en faire défendre la représentation. Voltaire prit le parti d'envoyer sa pièce à Benoît XIV, avec deux vers latins[2] pour son portrait. Lambertini, pontife tolérant, prince facile, mais homme de beaucoup d'esprit, lui répondit avec bonté, et lui envoya des médailles. Crébillon fut plus scrupuleux que le pape. Il ne voulut jamais consentir à laisser jouer une pièce qui, en prouvant qu'on pouvait porter la terreur tragique à son comble, sans sacrifier l'intérêt et sans révolter par des horreurs dégoûtantes, était la satire du genre dont il avait l'orgueil de se croire le créateur et le modèle.

Ce ne fut qu'en 1751 que M. Dalembert, nommé par M. le comte d'Argenson pour examiner *Maho-*

---

[1] Tome V, page 1; et XLVIII, 333-34. B.

[2] La dédicace de *Mahomet* à Benoît XIV est du 17 auguste 1745; et c'est dans une lettre du même jour au même pape que Voltaire envoya son distique latin. La réponse de Benoît XIV à la dédicace et à la lettre est tome V, page 11. B.

met, eut le courage de l'approuver, et de s'exposer en même temps à la haine des gens de lettres ligués contre Voltaire, et à celle des dévots; courage d'autant plus respectable que l'approbateur d'un ouvrage n'en partageant pas la gloire, il ne pouvait avoir aucun autre dédommagement du danger auquel il s'exposait, que le plaisir d'avoir servi l'amitié, et préparé un triomphe à la raison.

Zulime[1] n'eut point de succès; et tous les efforts de l'auteur pour la corriger et pour en pallier les défauts ont été inutiles. *Une tragédie est une expérience sur le cœur humain*, et cette expérience ne réussit pas toujours, même entre les mains les plus habiles. Mais le rôle de Zulime est le premier au théâtre où une femme passionnée, et entraînée à des actions criminelles, ait conservé la générosité et le désintéressement de l'amour. Ce caractère si vrai, si violent, et si tendre, eût peut-être mérité l'indulgence des spectateurs, et les juges du théâtre auraient pu, en faveur de la beauté neuve de ce rôle, pardonner à la faiblesse des autres, sur laquelle l'auteur s'était condamné lui-même avec tant de sévérité et de franchise.

Les *Discours sur l'Homme*[2] sont un des plus beaux monuments de la poésie française. S'ils n'offrent point un plan régulier comme les épîtres de Pope[3], ils ont l'avantage de renfermer une philoso-

[1] Tome IV, page 403. B.
[2] Ils sont au nombre de sept; voyez tome XII, pages 41 et suiv. B.
[3] Elles sont intitulées *Essay on Man* (*Essai sur l'Homme*). Voltaire, dans sa lettre à Thibouville, du 20 février 1769, avoue avoir fait la moitié des vers de la traduction de Pope par l'abbé Du Resnel. B.

phie plus vraie, plus douce, plus usuelle. La variété des tons, une sorte d'abandon, une sensibilité touchante, un enthousiasme toujours noble, toujours vrai, leur donnent un charme que l'esprit, l'imagination, et le cœur, goûtent tour-à-tour : charme dont Voltaire a seul connu le secret ; et ce secret est celui de toucher, de plaire, d'instruire sans fatiguer jamais, d'écrire pour tous les esprits comme pour tous les âges. Souvent on y voit briller des éclairs d'une philosophie profonde qui, presque toujours exprimée en sentiment ou en image, paraît simple et populaire : talent aussi utile, aussi rare que celui de donner un air de profondeur à des idées fausses et triviales est commun et dangereux.

En quittant la lecture de Pope, on admire son talent, et l'adresse avec laquelle il défend son système ; mais l'ame est tranquille, et l'esprit retrouve bientôt toutes ses objections plutôt éludées que détruites. On ne peut quitter Voltaire sans être encouragé ou consolé, sans emporter avec le sentiment douloureux des maux auxquels la nature a condamné les hommes, celui des ressources qu'elle leur a préparées.

La *Vie de Charles XII* est le premier morceau d'histoire que Voltaire ait publié[1]. Le style, aussi rapide que les exploits du héros, entraîne dans une suite non interrompue d'expéditions brillantes, d'anecdotes singulières, d'événements romanesques qui ne laissent reposer ni la curiosité ni l'intérêt. Rarement quelques réflexions viennent interrompre le

---

[1] Ainsi que je l'ai dit page 166, cette *Histoire* parut en 1731. B.

récit : l'auteur s'est oublié lui-même pour faire agir ses personnages. Il semble qu'il ne fasse que raconter ce qu'il vient d'apprendre sur son héros. Il n'est question que de combats, de projets militaires ; et cependant on y aperçoit partout l'esprit d'un philosophe, et l'ame d'un défenseur de l'humanité.

Voltaire n'avait écrit que sur des mémoires originaux fournis par les témoins mêmes des événements; et son exactitude a eu pour garant le témoignage respectable de Stanislas[1], l'ami, le compagnon, la victime de Charles XII.

Cependant on accusa cette histoire de n'être qu'un roman, parcequ'elle en avait tout l'intérêt. Si peut-être jamais aucun homme n'excita autant d'enthousiasme, jamais peut-être personne ne fut traité avec moins d'indulgence que Voltaire. Comme en France la réputation d'esprit est de toutes la plus enviée, et qu'il était impossible que la sienne en ce genre n'effaçât toutes les autres, on s'acharnait à lui contester tout le reste; et la prétention à l'esprit étant au moins aussi inquiète dans les autres classes que dans celle des gens de lettres, il avait presque autant de jaloux que de lecteurs.

C'était en vain que Voltaire avait cru que la retraite de Cirey le déroberait à la haine : il n'avait caché que sa personne, et sa gloire importunait encore ses ennemis. Un libelle où l'on calomniait sa vie entière vint troubler son repos. On le traitait comme un prince ou comme un ministre, parcequ'il

---

[1] Voyez ce témoignage, tome XXIV, pages 30-32 ; voyez aussi t. LVIII, p. 146. B.

excitait autant d'envie. L'auteur de ce libelle¹ était cet abbé Desfontaines qui devait à Voltaire la liberté, et peut-être la vie. Accusé d'un vice honteux que la superstition a mis au rang des crimes, il avait été emprisonné dans un temps où, par une atroce et ridicule politique, on croyait très à propos de brûler quelques hommes, afin d'en dégoûter un autre de ce vice² pour lequel on le soupçonnait faussement de montrer quelque penchant.

Voltaire, instruit du malheur de l'abbé Desfontaines, dont il ne connaissait pas la personne, et qui n'avait auprès de lui d'autre recommandation que de cultiver les lettres, courut à Fontainebleau trouver madame de Prie, alors toute puissante, et obtint d'elle la liberté du prisonnier³, à condition qu'il ne se montrerait point à Paris. Ce fut encore Voltaire qui lui procura une retraite dans la terre d'une de ses amies⁴. Desfontaines y fit un libelle⁵ contre son bienfaiteur. On l'obligea de le jeter au feu; mais jamais il ne lui pardonna de lui avoir sauvé la vie. Il saisissait avidement dans les journaux toutes les occasions de le blesser; c'était lui qui avait fait dénoncer par un prêtre⁶ du séminaire *le Mondain*, badinage ingénieux où Voltaire a voulu montrer comment le

---

¹ Intitulé *la Voltairomanie;* voyez ce qui en est dit tome XXXVIII, page 345. B.

² Voyez la note *b*, tome XXVI, pages 280-281. B.

³ Voyez la lettre de remerciement de Desfontaines, *Pièces justificatives*, n° XVIII. B.

⁴ Madame de Bernières; voyez la note, tome LI, page 80. B.

⁵ Intitulé l'*Apologie de M. de Voltaire;* voyez t. XXXVIII, p. 317. B.

⁶ Nommé Couturier; voyez tome XIV, page 131. B.

luxe, en adoucissant les mœurs, en animant l'industrie, prévient une partie des maux qui naissent de l'inégalité des fortunes et de la dureté des riches.

Cette dénonciation l'exposa au danger d'une nouvelle expatriation, parcequ'au reproche de prêcher la volupté, si grave aux yeux des gens qui ont besoin de couvrir des vices plus réels du manteau de l'austérité, on joignit le reproche plus dangereux de s'être moqué des plaisirs de nos premiers pères.

Enfin le journaliste publia *la Voltairomanie*. Ce fut alors que Voltaire, qui depuis long-temps souffrait en silence les calomnies de Desfontaines et de Rousseau, s'abandonna aux mouvements d'une colère dont ces vils ennemis n'étaient pas dignes.

Non content de se venger en livrant ses adversaires au mépris public, en les marquant de ces traits que le temps n'efface point, il poursuivit Desfontaines, qui en fut quitte pour désavouer le libelle[1], et se mit à en faire d'autres pour se consoler. C'est donc à quarante-quatre ans, après vingt années de patience, que Voltaire sortit pour la première fois de cette modération dont il serait à desirer que les gens de lettres ne s'écartassent jamais. S'ils ont reçu de la nature le talent si redoutable de dévouer leurs ennemis au ridicule et à la honte, qu'ils dédaignent d'employer cette arme dangereuse à venger leurs propres

---

[1] Voyez ce désaveu, tome LIII, pages 575-76. Saint-Hyacinthe, que l'on disait lié avec l'auteur de *la Voltairomanie*, s'en défend hautement; voyez *Pièces justificatives*, n° XIX. Levesque de Barigny a donné quelques détails sur l'inimitié qui existait entre Saint-Hyacinthe et Voltaire; voyez *Pièces justificatives*, n° XX. B.

querelles, et qu'ils la réservent contre les persécuteurs de la vérité et les ennemis des droits des hommes!

La liaison qui se forma, vers le même temps[1], entre Voltaire et le prince royal de Prusse, était une des premières causes des emportements où ses ennemis se livrèrent alors contre lui. Le jeune Frédéric n'avait reçu de son père que l'éducation d'un soldat; mais la nature le destinait à être un homme d'un esprit aimable, étendu, et élevé, aussi bien qu'un grand général. Il était relégué à Remusberg par son père, qui, ayant formé le projet de lui faire couper la tête, en qualité de déserteur, parcequ'il avait voulu voyager sans sa permission, avait cédé aux représentations du ministre de l'empereur[2], et s'était contenté de le faire assister au supplice d'un de ses compagnons de voyage[3].

Dans cette retraite, Frédéric, passionné pour la langue française, pour les vers, pour la philosophie, choisit Voltaire pour son confident et pour son guide. Ils s'envoyaient réciproquement leurs ouvrages; le prince consultait le philosophe sur ses travaux, lui demandait des conseils et des leçons. Ils discutaient ensemble les questions de la métaphysique les plus curieuses comme les plus insolubles[4]. Le prince étudiait alors Wolf, dont il abjura bientôt les systèmes et l'inintelligible langage, pour une philosophie plus simple et plus vraie. Il travaillait en même temps à

[1] La première lettre de Frédéric à Voltaire est du 8 août 1736; voyez tome LII, page 256. B.
[2] Le comte de Seckendorff; voyez tome XL, page 49. B.
[3] Catt ou Kat; voyez tome XL, page 48. B.
[4] Voyez entre autres les lettres 573, 579, 586, 607, tome LII, pages 502, 520, 556, 596. B.

réfuter Machiavel[1], c'est-à-dire à prouver que la politique la plus sûre pour un prince est de conformer sa conduite aux règles de la morale, et que son intérêt ne le rend pas nécessairement ennemi de ses peuples et de ses voisins, comme Machiavel l'avait supposé, soit par esprit de système, soit pour dégoûter ses compatriotes du gouvernement d'un seul, vers lequel la lassitude d'un gouvernement populaire, toujours orageux et souvent cruel, semblait les porter.

Dans le siècle précédent, Tycho-Brahé, Descartes, Leibnitz, avaient joui de la société des souverains, et avaient été comblés des marques de leur estime; mais la confiance, la liberté, ne régnaient pas dans ce commerce trop inégal. Frédéric en donna le premier exemple, que malheureusement pour sa gloire il n'a pas soutenu. Le prince envoya son ami, le baron de Kaiserling, visiter *les divinités de Cirey*, et porter à Voltaire son portrait et ses manuscrits. Le philosophe était touché, peut-être même flatté, de cet hommage; mais il l'était encore plus de voir un prince destiné pour le trône cultiver les lettres, se montrer l'ami de la philosophie, et l'ennemi de la superstition. Il espérait que l'auteur de *l'Anti-Machiavel* serait un roi pacifique, et il s'occupait avec délices de faire imprimer secrètement le livre qu'il croyait devoir lier le prince à la vertu, par la crainte de démentir ses propres principes, et de trouver sa condamnation dans son propre ouvrage.

---

[1] Voltaire fut l'éditeur de *l'Anti-Machiavel*, et en fit la préface (voyez tome XXXVIII, page 475). B.

Frédéric, en montant sur le trône[1], ne changea point pour Voltaire. Les soins du gouvernement n'affaiblirent ni son goût pour les vers, ni son avidité pour les ouvrages conservés alors dans le portefeuille de Voltaire, et dont, avec madame du Châtelet, il était presque le seul confident; mais une de ses premières démarches fut de faire suspendre la publication de *l'Anti-Machiavel*. Voltaire obéit; et ses soins, qu'il donnait à regret, furent infructueux. Il desirait encore plus que son disciple, devenu roi, prît un engagement public qui répondît de sa fidélité aux maximes philosophiques. Il alla le voir à Vesel, et fut étonné de trouver un jeune roi en uniforme, sur un lit de camp, ayant le frisson de la fièvre[2]. Cette fièvre n'empêcha point le roi de profiter du voisinage pour faire payer à l'évêque de Liége une ancienne dette oubliée. Voltaire écrivit le mémoire[3], qui fut appuyé par des soldats; et il revint à Paris content d'avoir vu que son héros était un homme très aimable : mais il résista aux offres qu'il lui fit pour l'attirer auprès de lui, et préféra l'amitié de madame du Châtelet à la faveur d'un roi, et d'un roi qui l'admirait.

Le roi de Prusse déclara la guerre à la fille de Charles VI[4], et profita de sa faiblesse pour faire valoir d'anciennes prétentions sur la Silésie. Deux batailles lui en assurèrent la possession. Le cardinal

---

[1] 31 mai 1740. B.
[2] Voyez le récit que Voltaire fait de cette entrevue, t. XL, p. 54. B.
[3] J'ai le premier recueilli ce *Mémoire*; il est tome L, page 605. B.
[4] Marie-Thérèse. B.

de Fleury, qui avait entrepris la guerre malgré lui, négociait toujours en secret. L'impératrice sentit que son intérêt n'était pas de traiter avec la France, contre laquelle elle espérait des alliés utiles, qui se chargeraient des frais de la guerre; tandis que si elle n'avait plus à combattre que le roi de Prusse, elle resterait abandonnée à elle-même, et verrait les vœux et les secours secrets des mêmes puissances se tourner vers son ennemi. Elle aima mieux étouffer son ressentiment, instruire le roi de Prusse des propositions du cardinal, le déterminer à la paix par cette confidence, et acheter, par le sacrifice de la Silésie[1], la neutralité de l'ennemi le plus à craindre pour elle.

La guerre n'avait pas interrompu la correspondance du roi de Prusse et de Voltaire. Le roi lui envoyait des vers du milieu de son camp, en se préparant à une bataille, ou pendant le tumulte d'une victoire[2]; et Voltaire, en louant ses exploits, en caressant sa gloire militaire, lui prêchait toujours l'humanité et la paix[3].

Le cardinal de Fleury mourut[4]. Voltaire avait été assez lié avec lui, parcequ'il était curieux de connaître les anecdotes du règne de Louis XIV, et que Fleury aimait à les conter, s'arrêtant surtout à celles qui pouvaient le regarder, et ne doutant pas que

---

[1] Voyez tome XL, page 63. B.
[2] Voyez entre autres la lettre de Frédéric, du 16 avril 1741. B.
[3] Au lieu de *votre majesté*, Voltaire l'appelait quelquefois *votre humanité*; voyez les lettres des dernier de décembre 1740 et 29 juin 1741. B.
[4] 29 janvier 1743; voyez tome XL, page 65. B.

Voltaire ne s'empressât d'en remplir son histoire; mais la haine naturelle de Fleury, et de tous les hommes faibles, pour qui s'élève au-dessus des forces communes, l'emporta sur son goût et sur sa vanité.

Fleury avait voulu empêcher les Français de parler et même de penser, pour les gouverner plus aisément. Il avait, toute sa vie, entretenu dans l'état une guerre d'opinions, par ses soins mêmes pour empêcher ces opinions de faire du bruit, et de troubler la tranquillité publique. La hardiesse de Voltaire l'effrayait. Il craignait également de compromettre son repos en le défendant, ou sa petite renommée en l'abandonnant avec trop de lâcheté; et Voltaire trouva dans lui moins un protecteur qu'un persécuteur caché, mais contenu par son respect pour l'opinion et l'intérêt de sa propre gloire.

Voltaire fut désigné pour lui succéder dans l'académie française. Il venait d'y acquérir de nouveaux droits qui auraient imposé silence à l'envie, si elle pouvait avoir quelque pudeur; il venait d'enrichir la scène d'un nouveau chef-d'œuvre, de *Mérope*[1], jusqu'ici la seule tragédie où des larmes abondantes et douces ne coulent point sur les malheurs de l'amour. L'auteur de *Zaire* avait déjà combattu cette maxime de Despréaux[2] :

> De cette passion la sensible peinture
> Est pour aller au cœur la route la plus sûre.

Il avait avancé que la nature peut produire au théâtre

---

[1] Jouée le 20 février 1743; voyez tome V, page 93. B.
[2] *Art poétique*, III, 95-96. B.

des effets plus pathétiques et plus déchirants ; et il le prouva dans *Mérope*.

Cependant si Despréaux entend par *sûre la moins difficile*, les faits sont en sa faveur. Plusieurs poëtes ont fait des tragédies touchantes, fondées sur l'amour; et *Mérope* est seule jusqu'ici.

Entraîné par l'intérêt des situations, par une rapidité de dialogue inconnue au théâtre, par le talent d'une actrice[1] qui avait su prendre l'accent vrai et passionné de la nature, le parterre fut agité d'un enthousiasme sans exemple. Il força Voltaire, caché dans un coin du spectacle, à venir se montrer aux spectateurs : il parut dans la loge de la maréchale de Villars; on cria à la jeune duchesse de Villars d'embrasser l'auteur de *Mérope* ; elle fut obligée de céder à l'impérieuse volonté du public, ivre d'admiration et de plaisir.

C'est la première fois que le parterre ait demandé l'auteur d'une pièce. Mais ce qui fut alors un hommage rendu au génie, dégénéré depuis en usage, n'est plus qu'une cérémonie ridicule et humiliante, à laquelle les auteurs qui se respectent refusent de se soumettre.

A ce nouveau titre, que la dévotion même était obligée de respecter, se joignait l'appui de madame de Châteauroux, alors gouvernée par le duc de Richelieu, cet homme extraordinaire qui à vingt ans avait été deux fois à la Bastille pour la témérité de ses galanteries; qui, par l'éclat et le nombre de ses

---

[1] Mademoiselle Dumesnil; voyez tome LIV, page 525. B.

aventures, avait fait naître parmi les femmes une espèce de mode, et presque regarder comme un honneur d'être déshonorées par lui; qui avait établi parmi ses imitateurs une sorte de galanterie où l'amour n'était plus même le goût du plaisir, mais la vanité de séduire : ce même homme qu'on vit ensuite contribuer à la gloire de Fontenoy[1], affermir la révolution de Gênes, prendre Mahon, forcer une armée anglaise à lui rendre les armes; et lorsqu'elle eut rompu ce traité, lorsqu'elle menaçait ses quartiers dispersés et affaiblis, l'arrêter par son activité et son audace; et qui vint ensuite reperdre dans les intrigues de la cour, et dans les manœuvres d'une administration tyrannique et corrompue, une gloire qui eût pu couvrir les premières fautes de sa vie.

Le duc de Richelieu avait été l'ami de Voltaire dès l'enfance. Voltaire, qui eut souvent à s'en plaindre, conserva pour lui ce goût de la jeunesse que le temps n'efface point, et une espèce de confiance que l'habitude soutenait plus que le sentiment; et le maréchal de Richelieu demeura fidèle à cet ancien attachement, autant que le permit la légèreté de son caractère, ses caprices, son petit despotisme sur les théâtres, son mépris pour tout ce qui n'était pas homme de la cour, sa faiblesse pour le crédit, et son insensibilité pour ce qui était noble ou utile.

Il servit alors Voltaire auprès de madame de Châteauroux; mais M. de Maurepas n'aimait pas Voltaire. L'abbé de Chaulieu avait fait une épigramme

---

[1] Voyez toutefois tome LVI, page 736. B.

contre *OEdipe*¹, parcequ'il était blessé qu'un jeune homme, déjà son rival dans le genre des poésies fugitives, mêlées de philosophie et de volupté, joignît à cette gloire celle de réussir au théâtre; et M. de Maurepas, qui mettait de la vanité à montrer plus d'esprit qu'un autre dans un souper, ne pardonnait pas à Voltaire de lui ôter trop évidemment cet avantage, dont il n'était pas trop ridicule alors qu'un homme en place pût être flatté.

Voltaire avait essayé de le désarmer par une épître², où il lui donnait les louanges auxquelles le genre d'esprit et le caractère de M. de Maurepas pouvaient prêter le plus de vraisemblance. Cette épître, qui renfermait autant de leçons que d'éloges, ne changea rien aux sentiments du ministre. Il se lia, pour empêcher Voltaire d'entrer à l'académie, avec le théatin Boyer, que Fleury avait préféré, pour l'éducation du dauphin, à Massillon, dont il craignait les talents et la vertu, et qu'il avait ensuite désigné au roi, en mourant, pour la feuille des bénéfices, apparemment dans l'espérance de se faire regretter des jansénistes. D'ailleurs M. de Maurepas était bien aise de trouver une occasion de blesser, sans se compromettre, madame de Châteauroux, dont il connaissait toute la haine pour lui. Voltaire, instruit de cette intrigue, alla trouver le ministre, et lui demanda si, dans le cas où madame de Châteauroux secondât son élection, il la traverserait : *Oui,* lui répondit le ministre, *et je vous écraserai* ³.

¹ Voyez cette épigramme, tome II, page 9. B.
² L'épître LXI, tome XIII, page 142. B.
³ Dans le dessein constant d'être juste envers tout le monde, nous de-

Il savait qu'un homme en place en aurait la facilité, et que, sous un gouvernement faible, le crédit d'une maîtresse doit céder à celui des prêtres intrigants ou fanatiques, plus méprisables aux yeux de la raison, mais encore respectés par la populace: il laissa triompher Boyer.

Peu de temps après, le ministre sentit combien l'alliance du roi de Prusse était nécessaire à la France; mais ce prince craignait de s'engager de nouveau avec une puissance dont la politique incertaine et timide ne lui inspirait aucune confiance. On imagina que Voltaire pourrait le déterminer. Il fut chargé de cette négociation, mais en secret. On convint que les persécutions de Boyer seraient le prétexte de son voyage en Prusse. Il y gagna la liberté de se moquer du pau-

---

vons dire ici que depuis la mort de Voltaire, ayant parlé de cette anecdote à M. le comte de Maurepas, au caractère duquel ce mot nous parut étranger, il nous répondit, en riant, que c'était le roi lui-même qui n'avait pas voulu que Voltaire succédât au cardinal de Fleury dans sa place d'académicien, sa majesté trouvant qu'il y avait une dissemblance trop marquée entre ces deux hommes, pour mettre l'éloge de l'un dans la bouche de l'autre, et donner à rire au public par un rapprochement semblable.

M. de Maurepas nous a même ajouté qu'il savait depuis très long-temps que Voltaire avait dit et écrit à ses amis le mot, *Je vous écraserai*; mais que cette légère injustice d'un homme aussi célèbre ne l'avait pas empêché de solliciter le roi régnant, et d'en obtenir que celui qui avait tant honoré son siècle et sa nation vînt jouir de sa gloire au milieu d'elle à la fin de sa carrière.

Nous avons déjà dit ailleurs que, sans adopter ni blâmer les opinions de notre auteur sur une infinité d'objets, nous nous sommes sévèrement renfermés dans notre devoir d'éditeurs: être impartiaux et fidèles est ce que l'Europe attend de nous; le reste nous est étranger. (*Note du correspondant général de la Société littéraire typographique.*) — Cette qualité désigne Beaumarchais. B.

vre théatin[1], qui alla se plaindre au roi que Voltaire le fesait *passer pour un sot* dans les cours étrangères, et à qui le roi répondit que *c'était une chose convenue*.

Voltaire partit; et Piron, à la tête de ses ennemis[2], l'accabla d'épigrammes et de chansons sur sa prétendue disgrace. Ce Piron avait l'habitude d'insulter à tous les hommes célèbres qui essuyaient des persécutions. Ses œuvres sont remplies des preuves de cette basse méchanceté. Il passait cependant pour un bon homme, parcequ'il était paresseux, et que, n'ayant aucune dignité dans le caractère, il n'offensait pas l'amour-propre des gens du monde.

Cependant, après avoir passé quelque temps avec le roi de Prusse, qui se refusait constamment à toute négociation avec la France, Voltaire eut l'adresse de saisir le véritable motif de ce refus : c'était la faiblesse qu'avait eue la France de ne pas déclarer la guerre à l'Angleterre, et de paraître, par cette conduite, demander la paix quand elle pouvait prétendre à en dicter les conditions.

Il revint alors à Paris, et rendit compte de son voyage. Le printemps suivant, le roi de Prusse déclara de nouveau la guerre à la reine de Hongrie, et par cette diversion utile força ses troupes d'évacuer l'Alsace. Ce service important, celui d'avoir pénétré[3],

---

[1] Voyez tome XL, pages 67-68. B.

[2] Il ne l'avait pas toujours été. Lors de la convalescence de Voltaire en 1723, après sa petite vérole, Piron lui adressa une lettre flatteuse, presque toute en vers, qui est imprimée pages 521-525 du tome II des *Mémoires sur Voltaire*, etc., 1826, deux volumes in-8°. B.

[3] Voyez tome XL, page 69. B.

en passant à La Haye, les dispositions des Hollandais encore incertaines en apparence, n'obtint à Voltaire aucune de ces marques de considération dont il eût voulu se faire un rempart contre ses ennemis littéraires.

Le marquis d'Argenson fut appelé au ministère [1]. Il mérite d'être compté parmi le petit nombre des gens en place qui ont aimé véritablement la philosophie et le bien public. Son goût pour les lettres l'avait lié avec Voltaire. Il l'employa plus d'une fois à écrire des manifestes, des déclarations, des dépêches [2], qui pouvaient exiger dans le style de la correction, de la noblesse, et de la mesure.

Tel fut le manifeste [3] qui devait être publié par le Prétendant à sa descente en Écosse, avec une petite armée française que le duc de Richelieu aurait commandée. Voltaire eut alors l'occasion de travailler avec le comte de Lally, jacobite zélé, ennemi acharné des Anglais, dont il a depuis défendu la mémoire avec tant de courage, lorsqu'un arrêt injuste, exécuté avec barbarie, le sacrifia au ressentiment de quelques employés de la compagnie des Indes.

Mais il eut dans le même temps un appui plus puissant, la marquise de Pompadour, avec laquelle il avait été lié lorsqu'elle était encore madame d'Étiole. Elle le chargea de faire une pièce pour le premier mariage du dauphin [4]. Une charge de gentilhomme de la chambre, le titre d'historiographe de France,

---

[1] En novembre 1744; voyez tome LIII, page 113. B.
[2] Voyez, tome XXXVIII, pages 531 et 539, deux de ces pièces. B.
[3] Voyez ce manifeste, tome XXXVIII, page 543. B.
[4] Voyez tome XLVIII, page 344. B.

et enfin la protection de la cour, nécessaire pour empêcher la cabale des dévots de lui fermer l'entrée de l'académie française, furent la récompense de cet ouvrage. C'est à cette occasion qu'il fit ces vers :

> Mon *Henri quatre* et ma *Zaïre*,
> Et mon Américaine *Alzire*,
> Ne m'ont valu jamais un seul regard du roi ;
> J'eus beaucoup d'ennemis avec très peu de gloire.
> Les honneurs et les biens pleuvent enfin sur moi,
> Pour une farce de la Foire.

C'était juger un peu trop sévèrement *la Princesse de Navarre*[1], ouvrage rempli d'une galanterie noble et touchante.

Cependant la faveur de la cour ne suffisait pas pour lui ouvrir les portes de l'académie. Il fut obligé, pour désarmer les dévots, d'écrire une lettre au P. de Latour[2], où il protestait de son respect pour la religion, et, ce qui était bien plus nécessaire, de son attachement aux jésuites. Malgré l'adresse avec laquelle il ménage ses expressions dans cette lettre, il valait mieux sans doute renoncer à l'académie, que d'avoir la faiblesse de l'écrire; et cette faiblesse serait inexcusable, s'il avait fait ce sacrifice à la vanité de porter un titre qui depuis long-temps ne pouvait plus honorer le nom de Voltaire. Mais il le faisait à sa sûreté; il croyait qu'il trouverait dans l'académie un appui contre la persécution ; et c'était présumer trop du courage et de la justice de ses confrères.

Dans son *Discours*[3] à l'académie, il secoua le

---

[1] Jouée le 23 février 1745; voyez tome V, page 209. B.
[2] Cette lettre est du 7 février 1746; voyez tome LV, page 83. B.
[3] Tome XXXVIII, page 545. B.

premier le joug de l'usage qui semblait condamner ces discours à n'être qu'une suite de compliments plus encore que d'éloges. Voltaire osa parler dans le sien de littérature et de goût; et son exemple est devenu, en quelque sorte, une loi dont les académiciens, gens de lettres, osent rarement s'écarter. Mais il n'alla point jusqu'à supprimer les éternels éloges de Richelieu, de Seguier, et de Louis XIV; et jusqu'ici deux ou trois académiciens seulement ont eu le courage de s'en dispenser. Il parla de Crébillon, dans ce discours, avec la noble générosité d'un homme qui ne craint point d'honorer le talent dans un rival, et de donner des armes à ses propres détracteurs [1].

Un nouvel orage de libelles vint tomber sur lui, et il n'eut pas la force de les mépriser. La police était alors aux ordres d'un homme [2] qui avait passé quelques mois à la campagne avec madame de Pompadour. On arrêta un malheureux violon de l'Opéra, nommé Travenol, qui, avec l'avocat Rigoley de Juvigny, colportait ces libelles. Le père de Travenol, vieillard de quatre-vingts ans, va chez Voltaire demander la grace du coupable; toute sa colère cède au premier cri de l'humanité. Il pleure avec le vieillard, l'embrasse, le console, et court avec lui demander la liberté de son fils.

La faveur de Voltaire ne fut pas de longue durée: madame de Pompadour fit accorder à Crébillon des

---

[1] Voyez tome XXXVIII, page 557. B.
[2] N.-R. Berryer; voyez tome XL, pages 126 et 518. B.

honneurs qu'on lui refusait [1]. Voltaire avait rendu constamment justice à l'auteur de *Rhadamiste;* mais il ne pouvait avoir l'humilité de le croire supérieur à celui d'*Alzire*, de *Mahomet*, et de *Mérope*. Il ne vit dans cet enthousiasme exagéré pour Crébillon qu'un desir secret de l'humilier; et il ne se trompait pas.

Le poëte, le bel-esprit aurait pu conserver des amis puissants; mais ces titres cachaient dans Voltaire un philosophe, un homme plus occupé encore des progrès de la raison que de sa gloire personnelle.

Son caractère, naturellement fier et indépendant, se prêtait à des adulations ingénieuses; il prodiguait la louange, mais il conservait ses sentiments, ses opinions, et la liberté de les montrer. Des leçons fortes ou touchantes sortaient du sein des éloges; et cette manière de louer, qui pouvait réussir à la cour de Frédéric, devait blesser dans toute autre.

Il retourna donc encore à Cirey, et bientôt après à la cour de Stanislas. Ce prince, deux fois élu roi de Pologne, l'une par la volonté de Charles XII, l'autre par le vœu de la nation, n'en avait jamais possédé que le titre. Retiré en Lorraine, où il n'avait encore que le nom de souverain, il réparait par ses bienfaits le mal que l'administration française fesait à cette province, où le gouvernement paternel de Léopold [2] avait réparé un siècle de dévastations et de malheurs. Sa dévotion ne lui avait ôté ni le goût

---

[1] On fit imprimer à l'imprimerie royale les OEuvres de *Crébillon*, 1750, deux volumes in-4°. B.

[2] Léopold Ier, duc de Lorraine, né en 1679, mort en 1729; voyez l'éloge que Voltaire fait de son règne, tome XIX, page 506. B.

des plaisirs, ni celui des gens d'esprit. Sa maison était celle d'un particulier très riche; son ton, celui d'un homme simple et franc qui, n'ayant jamais été malheureux que parcequ'on avait voulu qu'il fût roi, n'était pas ébloui d'un titre dont il n'avait éprouvé que les dangers. Il avait desiré d'avoir à sa cour, ou plutôt chez lui, madame du Châtelet et Voltaire. L'auteur des *Saisons* [1], le seul poëte français qui ait réuni, comme Voltaire, l'ame et l'esprit d'un philosophe, vivait alors à Lunéville, où il n'était connu que comme un jeune militaire aimable; mais ses premiers vers, pleins de raison, d'esprit, et de goût, annonçaient déjà un homme fait pour honorer son siècle.

Voltaire menait à Lunéville une vie occupée, douce, et tranquille, lorsqu'il eut le malheur d'y perdre son amie. Madame du Châtelet mourut [2] au moment où elle venait de terminer sa traduction de Newton, dont le travail forcé abrégea ses jours. Le roi vint consoler Voltaire dans sa chambre, et pleurer avec lui. Revenu à Paris, il se livra au travail; moyen de dissiper la douleur, que la nature a donné à très peu d'hommes. Ce pouvoir sur nos propres idées, cette force de tête que les peines de l'ame ne peuvent détruire, sont des dons précieux qu'il ne faut point calomnier en les confondant avec l'insensibilité. La sensibilité n'est point de la faiblesse; elle consiste à sentir les peines, et non à s'en laisser accabler. On

---

[1] Saint-Lambert; voyez mes notes, tome LIX, pages 126 et 127. B.
[2] Le 10 septembre 1749; voyez son *Éloge* par Voltaire, tome XXXIX, page 411. B.

n'en a pas moins une ame sensible et tendre, la douleur n'en a pas été moins vive, parcequ'on a eu le courage de la combattre, et que des qualités extraordinaires ont donné la force de la vaincre.

Voltaire se lassait d'entendre tous les gens du monde et la plupart des gens de lettres lui préférer Crébillon, moins par sentiment que pour le punir de l'universalité de ses talents; car on est toujours plus indulgent pour les talents bornés à un seul genre, qui, paraissant une espèce d'instinct, et laissant en repos plus d'espèces d'amour-propre, humilient moins l'orgueil.

Cette opinion de la supériorité de Crébillon était soutenue avec tant de passion, que depuis, dans le *Discours préliminaire* de *l'Encyclopédie*, M. Dalembert eut besoin de courage pour accorder l'égalité à l'auteur d'*Alzire* et de *Mérope*, et n'osa porter plus loin la justice[1]. Enfin Voltaire voulut se venger, et forcer le public à le mettre à sa véritable place, en donnant *Sémiramis*[2], *Oreste*[3], et *Rome sauvée*[4], trois sujets que Crébillon avait traités. Toutes les cabales animées contre Voltaire s'étaient réunies pour faire obtenir un succès éphémère au *Catilina*[5] de

---

[1] Voici les expressions de Dalembert : « Deux hommes illustres, entre lesquels notre nation semble partagée, *et que la postérité saura mettre chacun à sa place*, se disputent la gloire du cothurne, et l'on voit encore avec un extrême plaisir leurs tragédies après celles de Corneille et de Racine. » Le malin Dalembert, dans les mots que j'ai imprimés en italique, fait bien voir qu'il ne met pas sur le même rang Crébillon et Voltaire. B.

[2] 29 août 1748; voyez tome V, page 469. B.

[3] 12 janvier 1750; voyez tome VI, page 145. B.

[4] Le 24 février 1752; voyez tome VI, page 291. B.

[5] Le *Catilina* de Crébillon fut joué le 21 décembre 1748; voyez t. XL, p. 491 et suiv. B.

son rival, pièce dont la conduite est absurde et le style barbare, où Cicéron propose d'employer sa fille pour séduire Catilina, où un grand-prêtre donne aux amants des rendez-vous dans un temple, y introduit une courtisane en habit d'homme, et traite ensuite le sénat d'impie, parcequ'il y discute des affaires de la république.

Rome sauvée, au contraire, est un chef-d'œuvre de style et de raison; Cicéron s'y montre avec toute sa dignité et toute son éloquence; César y parle, y agit comme un homme fait pour soumettre Rome, accabler ses ennemis de sa gloire, et se faire pardonner la tyrannie à force de talents et de vertus; Catilina y est un scélérat, mais qui cherche à excuser ses vices sur l'exemple, et ses crimes sur la nécessité. L'énergie républicaine et l'ame des Romains ont passé tout entières dans le poëte.

Voltaire avait un petit théâtre où il essayait ses pièces. Il y joua souvent le rôle de Cicéron. Jamais, dit-on, l'illusion ne fut plus complète; il avait l'air de créer son rôle en le récitant; et quand, au cinquième acte, Cicéron reparaissait au sénat, quand il s'excusait d'aimer la gloire, quand il récitait ces beaux vers:

> Romains, j'aime la gloire, et ne veux point m'en taire:
> Des travaux des humains c'est le digne salaire.
> Sénat, en vous servant il la faut acheter:
> Qui n'ose la vouloir n'ose la mériter;

alors le personnage se confondait avec le poëte. On croyait entendre Cicéron ou Voltaire avouer et excuser cette faiblesse des grandes ames.

Il n'y avait qu'un beau rôle dans l'*Électre* de Crébillon, et c'était celui d'un personnage subalterne. Oreste, qui ne se connaît pas, est amoureux de la fille d'Égisthe, qui a le malheur de s'appeler Iphianasse. L'implacable Électre a un tendre penchant pour le fils d'Égisthe; c'est au milieu des furies qui conduisent au parricide un fils égaré et condamné par les dieux à cette horrible vengeance, que ces insipides amours remplissent la scène.

Voltaire sentit qu'il fallait rendre Clytemnestre intéressante par ses remords, la peindre plus faible que coupable, dominée par le cruel Égisthe, mais honteuse de l'avoir aimé, et sentant le poids de sa chaîne comme celui de son crime. Si l'on compare cette pièce aux autres tragédies de Voltaire, on la trouvera sans doute bien inférieure à ses chefs-d'œuvre; mais si on le compare à Sophocle, qu'il voulait imiter, dont il voulait faire connaître aux Français le caractère et la manière de concevoir la tragédie, on verra qu'il a su en conserver les beautés, en imiter le style, en corriger les défauts, rendre Clytemnestre plus touchante, et Électre moins barbare. Aussi, quand, malgré les cabales, ces beautés de tous les temps, transportées sur notre scène par un homme[1] digne de servir d'interprète au plus éloquent des poëtes grecs, forcèrent les applaudissements, Voltaire, plus occupé des intérêts du goût que de sa propre gloire, ne put s'empêcher de crier au parterre, dans un mouvement d'enthousiasme : *Courage, Athéniens! c'est du Sophocle.*

---

[1] Grandval, mort en 1784; voyez tome XXXVII, page 94. R.

La *Sémiramis* de Crébillon avait été oubliée dès sa naissance. Celle de Voltaire est le même sujet que quinze ans auparavant il avait traité sous le nom d'*Ériphyle*, et qu'il avait retiré du théâtre, quoique la pièce eût été fort applaudie; il avait mieux senti aux représentations toutes les difficultés de ce sujet ; il avait vu que, pour rendre intéressante une femme qui avait fait périr son mari dans la vue de régner à sa place, il fallait que l'éclat de son règne, ses conquêtes, ses vertus, l'étendue de son empire, forçassent au respect, et s'emparassent de l'ame des spectateurs ; que la femme criminelle fût la maîtresse du monde, et eût les vertus d'un grand roi. Il sentit qu'en mettant sur le théâtre les prodiges d'une religion étrangère, il fallait, par la magnificence, le ton auguste et religieux du style, ne pas laisser à l'imagination le temps de se refroidir, montrer partout les dieux qu'on voulait faire agir, et couvrir le ridicule d'un miracle, en présentant sans cesse l'idée consolante d'un pouvoir divin exerçant sur les crimes secrets des princes une vengeance lente, mais inévitable.

L'amour, révoltant dans *Oreste*, était nécessaire dans *Sémiramis*. Il fallait que Ninias eût une amante, pour qu'il pût chérir Sémiramis, répondre à ses bontés, se sentir entraîné vers elle avant de la connaître pour sa mère, sans que l'horreur naturelle pour l'inceste se répandît sur le personnage qui doit exciter l'intérêt. Le style de *Sémiramis*, la majesté du sujet, la beauté du spectacle, le grand intérêt de quelques scènes, triomphèrent de l'envie et des cabales; mais on ne rendit justice que long-temps après à *Oreste* et à *Rome sauvée*.

Peut-être même n'est-on pas encore absolument juste. Et si on songe que tous les colléges, toutes les maisons où se forment les instituteurs particuliers, sont dévoués au fanatisme; que dans presque toutes les éducations on instruit les enfants à être injustes envers Voltaire, on n'en sera pas étonné.

Il fit ces trois pièces à Sceaux, chez madame la duchesse du Maine[1]. Cette princesse aimait le bel esprit, les arts, la galanterie; elle donnait dans son palais une idée de ces plaisirs ingénieux et brillants qui avaient embelli la cour de Louis XIV, et ennobli ses faiblesses. Elle aimait Cicéron; et c'était pour le venger des outrages de Crébillon qu'elle excita Voltaire à faire *Rome sauvée*. Il avait envoyé *Mahomet* au pape; il dédia *Sémiramis* à un cardinal[2]. Il se fesait un plaisir malin de montrer aux fanatiques français que des princes de l'Église savaient allier l'estime pour le talent au zèle de la religion, et ne croyaient pas servir le christianisme en traitant comme ses ennemis les hommes dont le génie exerçait sur l'opinion publique un empire redoutable.

Ce fut à cette époque qu'il consentit enfin à céder aux instances du roi de Prusse, et qu'il accepta le titre de chambellan, la grande croix de l'ordre du

---

[1] Parti précipitamment de Fontainebleau en octobre 1746, il était venu à Sceaux chez la duchesse du Maine; voyez les articles v et vi des *Mémoires de Longchamp*, dans les *Mémoires sur Voltaire*, etc., 1826, deux volumes in-8°. B.

[2] Le cardinal Quirini; voyez tome V, page 473. B.

Mérite, et une pension de vingt mille livres. Il se voyait, dans sa patrie, l'objet de l'envie et de la haine des gens de lettres, sans leur avoir jamais disputé ni places ni pension, sans les avoir humiliés par des critiques, sans s'être jamais mêlé d'aucune intrigue littéraire; après avoir obligé tous ceux qui avaient eu besoin de lui, cherché à se concilier les autres par des éloges, et saisi toutes les occasions de gagner l'amitié de ceux que l'amour-propre avait rendus injustes.

Les dévots, qui se souvenaient des *Lettres philosophiques* et de *Mahomet*, en attendant les occasions de le persécuter, cherchaient à décrier ses ouvrages et sa personne, employaient contre lui leur ascendant sur la première jeunesse, et celui que, comme directeurs, ils conservaient encore dans les familles bourgeoises et chez les dévotes de la cour. Un silence absolu pouvait seul le mettre à l'abri de la persécution; il n'aurait pu faire paraître aucun ouvrage sans être sûr que la malignité y chercherait un prétexte pour l'accuser d'impiété, ou le rendre odieux au gouvernement. Madame de Pompadour avait oublié leur ancienne liaison dans une place où elle ne voulait plus que des esclaves. Elle ne lui pardonnait point de n'avoir pas souffert avec assez de patience les préférences accordées à Crébillon. Louis XV avait pour Voltaire une sorte d'éloignement. Il avait flatté ce prince plus qu'il ne convenait à sa propre gloire; mais l'habitude rend les rois presque insensibles à la flatterie publique. La seule qui les séduise est la flatterie adroite des courtisans, qui, s'exerçant sur les petites choses, se répète tous les jours, et sait choisir ses moments; qui consiste moins dans des louanges directes que dans une adroite approbation des passions, des goûts, des actions, des discours du prince. Un demi-mot, un signe, une maxime générale qui les rassure sur leurs faiblesses ou sur leurs fautes, font plus d'effet que les vers les plus dignes de la postérité. Les louanges des hommes de génie ne touchent que les rois qui aiment véritablement la gloire.

On prétend [1] que Voltaire s'étant approché de Louis XV après la représentation du *Temple de la Gloire*, où Trajan, donnant la paix au monde après ses victoires, reçoit la couronne refusée aux conquérants, et réservée à un héros ami de l'humanité, et lui ayant dit, *Trajan est-il content?* le roi fut moins flatté du parallèle que blessé de la familiarité.

M. d'Argenson n'avait pas voulu prêter à Voltaire son appui pour lui obtenir un titre d'associé libre dans l'académie des sciences, et pour entrer dans celle des belles-lettres, places qu'il ambitionnait alors comme un asile contre l'armée des critiques hebdomadaires que la police oblige à respecter les corps littéraires, excepté lorsque des corps ou des particuliers plus puissants croient avoir intérêt de les avilir, en les abandonnant aux traits de ces méprisables ennemis.

Voltaire alla donc à Berlin [2]; et le même prince qui

---

[1] Cela est vrai; voyez mes notes, tome V, page 307; et XL, 142. B.
[2] Il partit de Compiègne le 28 juin 1750, et arriva à Berlin avant la fin de juillet; voyez tome XII, page 390. Pendant le séjour de Voltaire en

le dédaignait, la même cour où il n'essuyait plus que des désagréments, furent offensés de ce départ. On ne vit plus que la perte d'un homme qui honorait la France, et la honte de l'avoir forcé à chercher ailleurs un asile. Il trouva dans le palais du roi de Prusse la paix et presque la liberté, sans aucun autre assujettissement que celui de passer quelques heures avec le roi pour corriger ses ouvrages, et lui apprendre les secrets de l'art d'écrire. Il soupait presque tous les jours avec lui.

Ces soupers, où la liberté était extrême, où l'on traitait avec une franchise entière toutes les questions de la métaphysique et de la morale, où la plaisanterie la plus libre égayait ou tranchait les discussions les plus sérieuses, où le roi disparaissait presque toujours pour ne laisser voir que l'homme d'esprit, n'étaient pour Voltaire qu'un délassement agréable. Le reste du temps était consacré librement à l'étude.

Il perfectionnait quelques unes de ses tragédies, achevait le *Siècle de Louis XIV*[1], corrigeait *la Pucelle*[2], travaillait à son *Essai sur les mœurs et l'esprit des nations*[3], et fesait le *Poëme de la Loi naturelle*[4], tandis que Frédéric gouvernait ses états sans ministre, inspectait et perfectionnait son armée, fesait des vers, composait de la musique, écrivait sur la philosophie

---

Prusse, on vola des manuscrits dans son domicile à Paris qu'occupait madame Denis; voyez *Pièces justificatives*, n° XXI à XXV. B.

[1] Imprimé, pour la première fois, en 1751 à Berlin, pendant le séjour de l'auteur; voyez ma Préface du tome XIX. B.

[2] Tome XI de la présente édition. B.

[3] Tome XV à XVIII. B.

[4] Voyez tome XII, page 143. B.

et sur l'histoire. La famille royale protégeait les goûts de Voltaire; il adressait des vers aux princesses, jouait la tragédie avec les frères et les sœurs du roi; et, en leur donnant des leçons de déclamation, il leur apprenait à mieux sentir les beautés de notre poésie : car les vers doivent être déclamés, et on ne peut connaître la poésie d'une langue étrangère, si on n'a point l'habitude d'entendre réciter les vers par des hommes qui sachent leur donner l'accent et le mouvement qu'ils doivent avoir.

Voilà ce que Voltaire appelait le palais d'Alcine[1]; mais l'enchantement fut trop tôt dissipé. Les gens de lettres appelés plus anciennement que lui à Berlin furent jaloux d'une préférence trop marquée, et surtout de cette espèce d'indépendance qu'il avait conservée, de cette familiarité qu'il devait aux graces piquantes de son esprit, et à cet art de mêler la vérité à la louange, et de donner à la flatterie le ton de la galanterie et du badinage.

La Métrie dit à Voltaire que le roi, auquel il parlait un jour de toutes les marques de bonté dont il accablait son chambellan, lui avait répondu : « J'en ai « encore besoin pour revoir mes ouvrages. On suce « l'orange, et on jette l'écorce[2]. » Ce mot désenchanta Voltaire, et lui jeta dans l'ame une défiance qui ne lui permit plus de perdre de vue le projet de s'échapper. En même temps on dit au roi que Voltaire avait répondu un jour au général Manstein[3], qui le pressait

---

[1] Expression de Voltaire; voyez tome XL, page 85; et LIV, 593. B.

[2] Voyez tome LV, page 658. B.

[3] Voyez tome LVI, pages 131-32; XLVIII, 353-54; et le n° XXVI des *Pièces justificatives* ci-après. B.

de revoir ses Mémoires, « Le roi m'envoie son linge
« sale à blanchir; il faut que le vôtre attende; » qu'une
autre fois, en montrant sur la table un paquet de vers
du roi, il avait dit, dans un mouvement d'humeur :
« Cet homme-là, c'est César et l'abbé Cotin. »

Cependant un penchant naturel rapprochait le monarque et le philosophe. Frédéric disait, long-temps
après leur séparation, que jamais il n'avait vu d'homme aussi aimable que Voltaire; et Voltaire, malgré
un ressentiment qui jamais ne s'éteignit absolument,
avouait que, quand Frédéric le voulait, il était le plus
aimable des hommes. Ils étaient encore rapprochés
par un mépris ouvert pour les préjugés et les superstitions, par le plaisir qu'ils prenaient à en faire
l'objet éternel de leurs plaisanteries, par un goût
commun pour une philosophie gaie et piquante, par
une égale disposition à chercher, à saisir, dans les objets graves, le côté qui prête au ridicule. Il paraissait
que le calme devait succéder à de petits orages, et
que l'intérêt commun de leur plaisir devait toujours
finir par les rapprocher. La jalousie de Maupertuis
parvint à les désunir sans retour.

Maupertuis, homme de beaucoup d'esprit, savant
médiocre, et philosophe plus médiocre encore, était
tourmenté de ce désir de la célébrité qui fait choisir
les petits moyens lorsque les grands nous manquent,
dire des choses bizarres quand on n'en trouve point
de piquantes qui soient vraies, généraliser des formules si l'on ne peut en inventer, et entasser des paradoxes quand on n'a point d'idées neuves. On l'avait
vu à Paris sortir de la chambre, ou se cacher der-

rière un paravent, quand un autre occupait la société plus que lui ; et à Berlin, comme à Paris, il eût voulu être partout le premier, à l'académie des sciences comme au souper du roi. Il devait à Voltaire une grande partie de sa réputation, et l'honneur d'être le président perpétuel de l'académie de Berlin, et d'y exercer la prépondérance sous le nom du prince.

Mais quelques plaisanteries échappées à Voltaire sur ce que Maupertuis, ayant voulu suivre le roi de Prusse à l'armée, avait été pris à Molwitz, l'aigrirent contre lui ; et il se plaignit avec humeur. Voltaire lui répondit avec amitié, et l'apaisa en fesant quatre vers[1] pour son portrait. Quelques années après, Maupertuis trouva très mauvais que Voltaire n'eût point parlé de lui dans son discours de réception à l'académie française[2] ; mais l'arrivée de Voltaire à Berlin acheva de l'aigrir. Il le voyait l'ami du souverain dont il n'était parvenu qu'à devenir un des courtisans, et donner des leçons à celui dont il recevait des ordres.

Voltaire, entouré d'ennemis, se défiant de la constance des sentiments du roi, regrettait en secret son indépendance, et cherchait à la recouvrer. Il imagine de se servir d'un Juif pour faire sortir du Brandebourg une partie de ses fonds. Ce Juif trahit sa confiance, et, pour se venger de ce que Voltaire s'en est aperçu à temps, et n'a pas voulu se laisser voler, il lui fait un procès absurde, sachant que la haine n'est pas difficile en preuves. Le roi, pour punir *son ami* d'avoir voulu conserver son bien et sa liberté, fait

---

[1] Ils sont tome XIV, page 383. B.
[2] Voyez tome XXXVIII, page 545 ; et L, 614. B.

semblant de le croire coupable, a l'air de l'abandonner, et l'exclut même de sa présence jusqu'à la fin du procès. Voltaire s'adresse à Maupertuis, dont la haine ne s'était pas encore manifestée, et le prie de prendre sa défense auprès du chef de ses juges. Maupertuis le refuse avec hauteur. Voltaire s'aperçoit qu'il a un ennemi de plus. Enfin ce ridicule procès[1] eut l'issue qu'il devait avoir : le Juif fut condamné, et Voltaire lui fit grace. Alors le roi le rappelle auprès de lui, et ajoute à ses anciennes bontés de nouvelles marques de considération, telle que la jouissance d'un petit château près de Potsdam.

Cependant la haine veillait toujours, et attendait ses moments. La Beaumelle, né en Languedoc d'une famille protestante, d'abord apprenti ministre à Genève, puis bel-esprit français en Danemark, renvoyé bientôt de Copenhague, vint chercher fortune à Berlin, n'ayant pour titre de gloire qu'un libelle[2] qu'il venait de publier. Il va chez Voltaire, lui présente son livre, où Voltaire lui-même est maltraité, où La Beaumelle compare aux singes, aux nains qu'on avait autrefois dans certaines cours, les beaux-esprits appelés à celle de Prusse, parmi lesquels il venait lui-même solliciter une place. Cette ridicule étourderie fut un moment l'objet des plaisanteries du souper du roi. Maupertuis rapporta ces plaisanteries à La Beaumelle, en chargea Voltaire seul, lui fit un ennemi irréconciliable, et s'assura d'un instrument qui ser-

---

[1] Voyez tome LV, page 536. B.
[2] *Mes Pensées;* voyez tome XXXIX, page 577; XX, 491; XXXII, 73; LVI, 132. B.

virait sa haine par de honteux libelles, sans que sa dignité de président d'académie en fût compromise.

Maupertuis avait besoin de secours; il venait d'avancer un nouveau principe de mécanique, celui de *la moindre action*. Ce principe, à qui l'illustre Euler fesait l'honneur de le défendre, en même temps qu'il en apprenait à l'auteur même toute l'étendue et le véritable usage, essuya beaucoup de contradictions. Koënig non seulement le combattit, mais il prétendit de plus qu'il n'était pas nouveau, et cita un fragment d'une lettre de Leibnitz, où ce principe se trouvait indiqué. Maupertuis, instruit par Koënig même qu'il n'a qu'une copie de la lettre de Leibnitz, imagine de le faire sommer juridiquement, par l'académie de Berlin, de produire l'original. Koënig mande qu'il tient sa copie du malheureux Hienzi [1], décapité long-temps auparavant pour avoir voulu délivrer les habitants du canton de Berne de la tyrannie du sénat. La lettre ne se trouva plus dans ce qui pouvait rester de ses papiers, et l'académie, moitié crainte, moitié bassesse, déclara Koënig indigne du titre d'académicien, et le fit rayer de la liste. Maupertuis ignorait apparemment que l'opinion générale des savants peut seule donner ou enlever les découvertes; mais qu'il faut qu'elle soit libre et volontairement énoncée; et qu'une forme solennelle, en la rendant suspecte, peut lui ôter son autorité et sa force.

Voltaire avait connu Koënig chez madame du Châtelet, à laquelle il était venu donner des leçons de leibnitianisme; il avait conservé de l'amitié pour lui,

---

[1] Voyez tome XXXIX, page 489. B.

quoiqu'il se fût permis quelquefois de le plaisanter pendant son séjour en France. Il n'aimait pas Maupertuis, et haïssait la persécution, sous quelque forme qu'elle tourmentât les hommes : il prit donc ouvertement le parti de Koënig, et publia quelques ouvrages où la raison et la justice étaient assaisonnées d'une plaisanterie fine et piquante. Maupertuis intéressa l'amour-propre du roi à l'honneur de son académie, et obtint de lui d'exiger de Voltaire la promesse de ne plus se moquer ni d'elle ni de son président. Voltaire le promit. Malheureusement le roi, qui avait ordonné le silence, se crut dispensé de le garder. Il écrivit des plaisanteries qui se partageaient, mais avec un peu d'inégalité, entre Maupertuis et Voltaire. Celui-ci crut que, par cette conduite, le roi lui rendait sa parole, et que le privilége de se moquer seul des deux partis ne pouvait être compris dans la prérogative royale. Il profita donc d'une permission générale, anciennement obtenue, pour faire imprimer la *Diatribe d'Akakia* [1], et dévouer Maupertuis à un ridicule éternel.

Le roi rit; il aimait peu Maupertuis, et ne pouvait l'estimer; mais, jaloux de son autorité, il fit brûler cette plaisanterie par le bourreau [2] : manière de se venger qu'il est assez singulier qu'un roi philosophe ait empruntée de l'inquisition.

Voltaire outragé lui renvoya sa croix, sa clef, et le brevet de sa pension, avec ces quatre vers :

Je les reçus avec tendresse,
Je les renvoie avec douleur,

[1] Voyez tome XXXIX, page 474. B.
[2] Le 24 décembre 1752. B.

> Comme un amant jaloux, dans sa mauvaise humeur,
> Rend le portrait de sa maîtresse.

Il ne soupirait qu'après la liberté; mais, pour l'obtenir, il ne suffisait pas qu'il eût renvoyé ce qu'il avait d'abord appelé *de magnifiques bagatelles*, mais qu'il ne nommait plus que *les marques de sa servitude*. Il écrivait de Berlin, où il était malade, pour demander une permission de partir. Le roi de Prusse, qui ne voulait que l'humilier et le conserver, lui envoyait du quinquina[1], mais point de permission. Il écrivait qu'il avait besoin des eaux de Plombières; on lui répondit qu'il y en avait d'aussi bonnes en Silésie.

Enfin Voltaire prend le parti de demander à voir le roi : il se flatte que sa vue réveillera des sentiments qui étaient plutôt révoltés qu'éteints. On lui renvoie ses anciennes breloques. Il court à Potsdam, voit le roi; quelques instants suffisent pour tout changer. La familiarité renaît, la gaîté reparaît, même aux dépens de Maupertuis, et Voltaire obtient la permission d'aller à Plombières, mais en promettant de revenir : promesse peut-être peu sincère, mais aussi obligeait-elle moins qu'une parole donnée entre égaux; et les cent cinquante mille hommes qui gardaient les frontières de la Prusse ne permettaient pas de la regarder comme faite avec une entière liberté.

Voltaire se hâta de se rendre à Leipsick, où il s'arrêta pour réparer ses forces épuisées par cette longue persécution. Maupertuis lui envoie un cartel ridicule[2], qui n'a d'autre effet que d'ouvrir une nouvelle

---

[1] Voyez la lettre à madame Denis, du 15 mars 1753; tome LVI, page 289. B.

[2] Voyez tome XXXIX, pages 507 et 509. B.

source à ses intarissables plaisanteries. De Leipsick il va chez la duchesse de Saxe-Gotha, princesse supérieure aux préjugés, qui cultivait les lettres, et aimait la philosophie. Il y commença pour elle ses *Annales de l'Empire* [1].

De Gotha il part pour Plombières, et prend la route de Francfort. Maupertuis voulait une vengeance : son cartel n'avait pas réussi, les libelles de La Beaumelle ne lui suffisaient pas. Ce malheureux second avait été forcé de quitter Berlin après une aventure ridicule, et quelques semaines de prison ; il s'était enfui de Gotha avec une femme de chambre qui vola sa maîtresse en partant ; ses libelles l'avaient fait chasser de Francfort ; et, à peine arrivé à Paris, il s'était fait mettre à la Bastille [2]. Il fallut donc que le président de l'académie de Berlin cherchât un autre vengeur. Il excita l'humeur du roi de Prusse. La lenteur du voyage de Voltaire, son séjour à Gotha, un placement considérable sur sa tête et celle de madame Denis sa nièce fait sur le duc de Virtemberg, tout annonçait la volonté de quitter pour jamais la Prusse ; et Voltaire avait emporté avec lui le recueil des œuvres poétiques du roi, alors connu seulement des beaux-esprits de sa cour.

On fit craindre à Frédéric une vengeance qui pouvait être terrible, même pour un poëte couronné ; au moins il était possible que Voltaire se crût en droit de reprendre les vers qu'il avait donnés, ou d'avertir de ceux qu'il avait corrigés. Le roi donna ordre à un fri-

---

[1] Formant le tome XXV de la présente édition. B.

[2] Voyez tome XX, page 478. B.

pon breveté qu'il entretenait à Francfort pour y acheter ou y voler des hommes, d'arrêter Voltaire, et de ne le relâcher que lorsqu'il aurait rendu sa croix, sa clef, le brevet de pension, et les vers que Freytag appelait *l'œuvre de poeshies du roi son maître*. Malheureusement ces volumes étaient restés à Leipsick. Voltaire fut étroitement gardé pendant trois semaines; madame Denis, sa nièce, qui était venue au-devant de lui, fut traitée avec la même rigueur. Des gardes veillaient à leur porte. Un satellite de Freytag restait dans la chambre de chacun d'eux, et ne les perdait pas de vue, tant on craignait que *l'œuvre de poeshies* ne pût s'échapper. Enfin on remit entre les mains de Freytag ce précieux dépôt; et Voltaire fut libre, après avoir été cependant forcé de donner de l'argent à quelques aventuriers, qui profitèrent de l'occasion pour lui faire de petits procès. Échappé de Francfort, il vint à Colmar[1].

Le roi de Prusse, honteux de sa ridicule colère, désavoua Freytag; mais il eut assez de morale pour ne pas le punir d'avoir obéi. Il est étrange qu'une ville qui se dit libre laisse une puissance étrangère exercer de telles vexations au milieu de ses murs; mais la liberté et l'indépendance ne sont jamais pour le faible qu'un vain nom. Frédéric, dans le temps de sa passion pour Voltaire, lui baisait souvent les mains, dans le transport de son enthousiasme; et Voltaire,

---

[1] Pour les détails sur le voyage de Voltaire, et son arrestation à Francfort, voyez, n° XXVI des *Pièces justificatives*; le *Journal*, imprimé t. LVI, p. 335; la *Déclaration* de Voltaire, imprimée t. XLVIII, p. 356, et *la Requête au roi de France*, n° XXVII des *Pièces justificatives* ci-après. B.

comparant, après sa sortie de Francfort, ces deux époques de sa vie, répétait à ses amis : « Il a cent « fois baisé cette main [1] qu'il vient d'enchaîner. »

Il n'avait publié à Berlin que le *Siècle de Louis XIV*, la seule histoire de ce règne que l'on puisse lire. C'est sur le témoignage des anciens courtisans de Louis XIV, ou de ceux qui avaient vécu dans leur société, qu'il raconte un petit nombre d'anecdotes choisies avec discernement parmi celles qui peignent l'esprit et le caractère des personnages et du siècle même. Les événements politiques ou militaires y sont racontés avec intérêt et avec rapidité : tout y est peint à grands traits. Dans des chapitres particuliers, il rapporte ce que Louis XIV a fait pour la réforme des lois ou des finances, pour l'encouragement du commerce et de l'industrie; et on doit lui pardonner d'en avoir parlé suivant l'opinion des hommes les plus éclairés du temps où il écrivait, et non d'après des lumières qui n'existaient pas encore.

Ses chapitres sur le calvinisme, le jansénisme, le quiétisme, la dispute sur les cérémonies chinoises, sont les premiers modèles de la manière dont un ami prudent de la vérité doit parler de ces honteuses maladies de l'humanité, lorsque le nombre et le pouvoir de ceux qui en sont encore attaqués obligent de soulever avec adresse le voile qui en cache la turpitude. On peut lui reprocher seulement une sévérité trop grande contre les calvinistes, qui ne se rendirent coupables que lorsqu'on les força de le devenir, et dont les crimes ne furent en quelque sorte que les

[1] Voyez tome LVI, page 350, et XL, 86. B.

représailles des assassinats juridiques exercés contre eux dans quelques provinces.

Les découvertes dans les sciences, les progrès des arts, sont exposés avec clarté, avec exactitude, avec impartialité, et les jugements toujours dictés par une raison saine et libre, par une philosophie indulgente et douce.

La liste des écrivains du siècle de Louis XIV est un ouvrage neuf. On n'avait pas encore imaginé de peindre ainsi par un trait, par quelques lignes, des philosophes, des savants, des littérateurs, des poëtes, sans sécheresse comme sans prétention, avec un goût sûr et une précision presque toujours piquante.

Cet ouvrage apprit aux étrangers à connaître Louis XIV, défiguré chez eux dans une foule de libelles, et à respecter une nation qu'ils n'avaient vue jusque là qu'au travers des préventions de la jalousie et de la haine. On fut moins indulgent en France. Les esclaves, par état et par caractère, furent indignés qu'un Français eût osé trouver des faiblesses dans Louis XIV. Les gens à préjugés furent scandalisés qu'il eût parlé avec liberté des fautes des généraux et des défauts des grands écrivains; d'autres lui reprochaient, avec plus de justice à quelques égards, trop d'indulgence ou d'enthousiasme. Mais l'histoire d'un pays n'est jamais jugée avec impartialité que par les étrangers; une foule d'intérêts, de préventions, de préjugés, corrompt toujours le jugement des compatriotes.

Voltaire passa près de deux années en Alsace. C'est pendant ce séjour qu'il publia les *Annales de l'Em-*

pire[1], le seul des abrégés chronologiques qu'on puisse lire de suite, parcequ'il est écrit d'un style rapide, et rempli de résultats philosophiques exprimés avec énergie. Ainsi Voltaire a été encore un modèle dans ce genre, dont son amitié pour le président Hénault lui a fait exagérer le mérite et l'utilité.

Il avait d'abord songé à s'établir en Alsace; mais malheureusement les jésuites essayèrent de le convertir, et, n'ayant pu y réussir, répandirent contre lui ces calomnies sourdes qui annoncent et préparent la persécution. Voltaire fit une tentative pour obtenir, non la permission de revenir à Paris (il en eut toujours la liberté), mais l'assurance qu'il n'y serait pas désagréable à la cour. Il connaissait trop la France pour ne pas sentir qu'odieux à tous les corps puissants par son amour pour la vérité, il deviendrait bientôt l'objet de leur persécution, si on pouvait être sûr que Versailles le laisserait opprimer.

La réponse ne fut pas rassurante. Voltaire se trouva sans asile dans sa patrie, dont son nom soutenait l'honneur, alors avili dans l'Europe par les ridicules querelles des billets de confession, et au moment même où il venait d'élever, dans son *Siècle de Louis XIV*, un monument à sa gloire. Il se détermina à aller prendre les eaux d'Aix en Savoie. A son passage par Lyon, le cardinal de Tencin, si fameux par la conversion de Lass et le concile d'Embrun, lui fit dire qu'il ne pouvait lui donner à dîner, parcequ'il était mal avec la cour[2]: mais les habitants de cette ville opu-

---

[1] Voyez ma Préface du tome XXV. B.
[2] Voyez tome XL, page 96. B.

lente, où l'esprit du commerce n'a point étouffé le goût des lettres, le dédommagèrent de l'impolitesse politique de leur archevêque. Alors, pour la première fois, il reçut les honneurs que l'enthousiasme public rend au génie. Ses pièces furent jouées devant lui, au bruit des acclamations d'un peuple enivré de la joie de posséder celui à qui il devait de si nobles plaisirs; mais il n'osa se fixer à Lyon. La conduite du cardinal l'avertissait qu'il n'était pas assez loin de ses ennemis.

Il passa par Genève pour consulter Tronchin. La beauté du pays, l'égalité qui paraissait y régner, l'avantage d'être hors de la France, dans une ville où l'on ne parlait que français; la liberté de penser, plus étendue que dans un pays monarchique et catholique; celle d'imprimer, fondée à la vérité moins sur les lois que sur les intérêts du commerce; tout le déterminait à y choisir sa retraite.

Mais il vit bientôt qu'une ville où l'esprit de rigorisme et de pédantisme, apporté par Calvin, avait jeté des racines profondes; où la vanité d'imiter les républiques anciennes, et la jalousie des pauvres contre les riches, avaient établi des lois somptuaires; où les spectacles révoltaient à-la-fois le fanatisme calviniste et l'austérité républicaine, n'était pour lui un séjour ni agréable ni sûr; il voulut avoir contre la persécution des catholiques un asile sur les terres de Genève, et une retraite en France contre l'humeur des réformés, et prit le parti d'habiter alternativement d'abord Tournay[1], puis Ferney en France, et

[1] Voyez tome LVI, pages 590-591. B.

les Délices, aux portes de Genève. C'est là qu'il fixa enfin sa demeure avec madame Denis sa nièce, alors veuve et sans enfants, libre de se livrer à son amitié pour son oncle, et de reconnaître le soin paternel qu'il avait pris d'augmenter son aisance. Elle se chargea d'assurer sa tranquillité et son indépendance domestique, de lui épargner les soins fatigants du détail d'une maison. C'était tout ce qu'il était obligé de devoir à autrui. Le travail était pour lui une source inépuisable de jouissances; et, pour que tous ses moments fussent heureux, il suffisait qu'ils fussent libres.

Jusqu'ici nous avons décrit la vie orageuse d'un poëte philosophe, à qui son amour pour la vérité, et l'indépendance de son caractère, avaient fait encore plus d'ennemis que ses succès; qui n'avait répondu à leurs méchancetés que par des épigrammes ou plaisantes ou terribles, et dont la conduite avait été plus souvent inspirée par le sentiment qui le dominait dans chaque circonstance, que combinée d'après un plan formé par sa raison.

Maintenant dans la retraite, éloigné de toutes les illusions, de tout ce qui pouvait élever en lui des passions personnelles et passagères, nous allons le voir abandonné à ses passions dominantes et durables, l'amour de la gloire, le besoin de produire, plus puissant encore, et le zèle pour la destruction des préjugés, la plus forte et la plus active de toutes celles qu'il a connues. Cette vie paisible, rarement troublée par des menaces de persécution plutôt que par des persécutions réelles, sera embellie, non seulement comme ses premières années, par l'exercice de cette bienfesance particulière, qualité commune à tous les hommes dont le malheur ou la vanité n'ont point endurci l'ame et corrompu la raison, mais par des actions de cette bienfesance courageuse et éclairée qui, en adoucissant les maux de quelques individus, sert en même temps l'humanité entière.

C'est ainsi qu'indigné de voir un ministère corrompu poursuivre la mort du malheureux Byng[1], pour couvrir ses propres fautes, et flatter l'orgueil de la populace anglaise, il employa, pour sauver cette innocente victime du machiavélisme de Pitt, tous les moyens que le génie de la pitié put lui inspirer, et seul éleva sa voix contre l'injustice, tandis que l'Europe étonnée contemplait en silence cet exemple d'atrocité antique que l'Angleterre osait donner dans un siècle d'humanité et de lumières.

Le premier ouvrage qui sortit de sa retraite fut la tragédie de *l'Orphelin de la Chine*[2], composée pendant son séjour en Alsace, lorsque, espérant pouvoir vivre à Paris, il voulait qu'un succès au théâtre rassurât ses amis, et forçât ses ennemis au silence.

Dans les commencements de l'art tragique, les poëtes étaient assurés de frapper les esprits en donnant à leurs personnages des sentiments contraires à ceux de la nature, en sacrifiant ces sentiments que chaque homme porte au fond du cœur, aux passions plus rares de la gloire, du patriotisme exagéré, du dévouement à ses princes.

---

[1] Voyez ma note, tome XXI, page 288. B.
[2] Joué le 20 auguste 1755; voyez tome VI, page 399. B.

Comme alors la raison est encore moins formée que le goût, l'opinion commune seconde ceux qui emploient ces moyens, ou est entraînée par eux. Léontine[1] dut inspirer de l'admiration, et la hauteur de son caractère lui faire pardonner le sacrifice de son fils, par un parterre idolâtre de son prince. Mais quand ces moyens de produire des effets, en s'écartant de la nature, commencent à s'épuiser; quand l'art se perfectionne, alors il est forcé de se rapprocher de la raison, et de ne plus chercher de ressources que dans la nature même. Cependant telle est la force de l'habitude que le sacrifice de Zamti, fondé à la vérité sur des motifs plus nobles, plus puissants que celui de Léontine, expié par ses larmes, par ses regrets, avait séduit les spectateurs. A la première représentation de *l'Orphelin*, ces vers d'Idamé[2], si vrais, si philosophiques,

>La nature et l'hymen, voilà les lois premières,
>Les devoirs, les liens des nations entières;
>Ces lois viennent des dieux; le reste est des humains,

n'excitèrent d'abord que l'étonnement; les spectateurs balancèrent, et le cri de la nature eut besoin de la réflexion pour se faire entendre. C'est ainsi qu'un grand poëte peut quelquefois décider les esprits flottant entre d'anciennes erreurs et les vérités qui, pour en prendre la place, attendent qu'un dernier coup achève de renverser la barrière chancelante que le préjugé leur oppose. Les hommes n'osent souvent s'avouer à eux-mêmes les progrès lents que la raison

---

[1] Dans la tragédie d'*Héraclius* de P. Corneille. B.
[2] Acte II, scène 3. B.

a faits dans leur esprit, mais ils sont prêts à la suivre, si, en la leur présentant d'une manière vive et frappante, on les force à la reconnaître. Aussi ces mêmes vers n'ont plus été entendus qu'avec transport, et Voltaire eut le plaisir d'avoir vengé la nature.

Cette pièce est le triomphe de la vertu sur la force, et des lois sur les armes. Jusqu'alors, excepté dans *Mahomet*, on n'avait pu réussir à rendre amoureux, sans l'avilir, un de ces hommes dont le nom impose à l'imagination, et présente l'idée d'une force d'ame extraordinaire. Voltaire vainquit pour la seconde fois cette difficulté. L'amour de Gengis-kan intéresse malgré la violence et la férocité de son caractère, parceque cet amour est vrai, passionné; parcequ'il lui arrache l'aveu du vide que son cœur éprouve au milieu de sa puissance; parcequ'il finit par sacrifier cet amour à sa gloire, et sa fureur des conquêtes au charme, nouveau pour lui, des vertus pacifiques.

Le repos de Voltaire fut bientôt troublé par la publication de *la Pucelle*[1].

Ce poëme, qui réunit la licence et la philosophie, où la vérité prend le masque d'une gaîté satirique et voluptueuse, commencé vers 1730, n'avait jamais été achevé. L'auteur en avait confié les premiers essais à un petit nombre de ses amis et à quelques princes. Le seul bruit de son existence lui avait attiré des menaces, et il avait pris, en ne l'achevant pas, le moyen le plus sûr d'éviter la tentation dangereuse

---

[1] Voyez ma Préface du tome XI, publiée en décembre 1833. Depuis lors j'ai eu communication des cinq lettres qui sont parmi les *Pièces justificatives* sous les n°s XXVIII à XXXII. B.

de le rendre public. Malheureusement on laissa multiplier les copies; une d'elles tomba entre des mains avides et ennemies, et l'ouvrage parut, non seulement avec les défauts que l'auteur y avait laissés, mais avec des vers ajoutés par les éditeurs, et remplis de grossièreté, de mauvais goût, de traits satiriques qui pouvaient compromettre la sûreté de Voltaire. L'amour du gain, le plaisir de faire attribuer leurs mauvais vers à un grand poëte, le plaisir plus méchant de l'exposer à la persécution, furent les motifs de cette infidélité dont La Beaumelle et l'ex-capucin Maubert ont partagé l'honneur [1].

Ils ne réussirent qu'à troubler un moment le repos de celui qu'ils voulaient perdre. Ses amis détournèrent la persécution, en prouvant que l'ouvrage était falsifié; et la haine des éditeurs le servit malgré eux.

Mais cette infidélité l'obligea d'achever *la Pucelle*, et de donner au public [2] un poëme dont l'auteur de *Mahomet* et du *Siècle de Louis XIV* n'eut plus à rougir. Cet ouvrage excita un enthousiasme très vif dans une classe nombreuse de lecteurs, tandis que les ennemis de Voltaire affectèrent de le décrier comme indigne d'un philosophe, et presque comme une tache pour les œuvres et même pour la vie du poëte.

Mais si l'on peut regarder comme utile le projet de rendre la superstition ridicule aux yeux des hommes

---

[1] L'honneur est, je crois, tout entier à Maubert; je ne pense pas que La Beaumelle y fût pour rien; voyez pages vii et x de ma Préface du tome XI. B.

[2] La première édition avouée par l'auteur est de 1762. B.

livrés à la volupté, et destinés, par la faiblesse même qui les entraîne au plaisir, à devenir un jour les victimes infortunées ou les instruments dangereux de ce vil tyran de l'humanité; si l'affectation de l'austérité dans les mœurs, si le prix excessif attaché à leur pureté ne fait que servir les hypocrites, qui, en prenant le masque facile de la chasteté, peuvent se dispenser de toutes les vertus, et couvrir d'un voile sacré les vices les plus funestes à la société, la dureté de cœur, et l'intolérance; si, en accoutumant les hommes à regarder comme autant de crimes des fautes dont ceux qui ont de l'honneur et de la conscience ne sont pas exempts, on étend sur les ames même les plus pures le pouvoir de cette caste dangereuse qui, pour gouverner et troubler la terre, s'est rendue exclusivement l'interprète de la justice céleste : alors on ne verra dans l'auteur de *la Pucelle* que l'ennemi de l'hypocrisie et de la superstition.

Voltaire lui-même, en parlant de La Fontaine, a remarqué[1] avec raison que des ouvrages où la volupté est mêlée à la plaisanterie amusent l'imagination sans l'échauffer et sans la séduire; et si des images voluptueuses et gaies sont pour l'imagination une source de plaisirs qui allégent le poids de l'ennui, diminuent le malheur des privations, délassent un esprit fatigué par le travail, remplissent des moments que l'ame abattue ou épuisée ne peut donner ni à l'action ni à une méditation utile, pourquoi priver les hommes d'une ressource que leur offre la nature? Quel effet résultera-t-il de ces lectures? aucun, sinon de disposer

---

[1] Tome XLVIII, pages 279-280. B.

les hommes à plus de douceur et d'indulgence. Ce n'étaient point de pareils livres que lisaient Gérard ou Clément, et que les satellites de Cromwell portaient à l'arçon de leur selle.

Deux ouvrages bien différents parurent à la même époque, le poëme sur *la Loi naturelle*, et celui de *la Destruction de Lisbonne*. Exposer la morale dont la raison révèle les principes à tous les hommes, dont ils trouvent la sanction au fond de leur cœur, et à laquelle le remords les avertit d'obéir; montrer que cette loi générale est la seule qu'un Dieu, père commun des hommes, ait pu leur donner, puisqu'elle est la seule qui soit la même pour tous; prouver que le devoir des particuliers est de se pardonner réciproquement leurs erreurs, et celui des souverains d'empêcher, par une sage indifférence, ces vaines opinions, appuyées par le fanatisme et par l'hypocrisie, de troubler la paix de leurs peuples : tel est l'objet du poëme de *la Loi naturelle*[1].

Ce poëme, le plus bel hommage que jamais l'homme ait rendu à la Divinité, excita la colère des dévots, qui l'appelaient le poëme de *la Religion naturelle*, quoiqu'il n'y fût question de religion que pour combattre l'intolérance, et qu'il ne puisse exister de religion naturelle. Il fut brûlé par le parlement de Paris, qui commençait à s'effrayer des progrès de la raison autant que de ceux du molinisme. Conduit à cette époque par quelques chefs, ou aveuglés par l'orgueil, ou égarés par une fausse politique, il crut qu'il lui serait plus facile d'arrêter les progrès des lumières que de

[1] Tome XII, page 143. B.

mériter le suffrage des hommes éclairés. Il ne sentit pas le besoin qu'il avait de l'opinion publique, ou méconnut ceux à qui il était donné de la diriger, et se déclara l'ennemi des gens de lettres, précisément à l'instant où le suffrage des gens de lettres français commençait à exercer quelque influence sur la France même et sur l'Europe.

Cependant le poëme de Voltaire, commenté depuis dans plusieurs livres célèbres, est encore celui où la liaison de la morale avec l'existence d'un Dieu est exposée avec le plus de force et de raison; et, trente ans plus tard, ce qui avait été brûlé comme impie eût paru presque un ouvrage religieux.

Dans le poëme sur *le Désastre de Lisbonne*[1], Voltaire s'abandonne au sentiment de terreur et de mélancolie que ce malheur lui inspire; il appelle au milieu de ces ruines sanglantes les tranquilles sectateurs de l'optimisme; il combat leurs froides et puériles raisons avec l'indignation d'un philosophe profondément sensible aux maux de ses semblables; il expose dans toute leur force les difficultés sur l'origine du mal, et avoue qu'il est impossible à l'homme de les résoudre. Ce poëme, dans lequel, à l'âge de plus de soixante ans, l'ame de Voltaire, échauffée par la passion de l'humanité, a toute la verve et tout le feu de la jeunesse, n'est pas le seul ouvrage qu'il voulut opposer à l'optimisme.

Il publia *Candide*[2], un de ses chefs-d'œuvre dans le genre des romans philosophiques, qu'il transporta

---

[1] Publié en 1756; voyez tome XII, pages 145 et 183. B.
[2] En 1759; voyez tome XXXIII, page 215. B.

d'Angleterre en France en le perfectionnant. Ce genre a le malheur de paraître facile; mais il exige un talent rare, celui de savoir exprimer par une plaisanterie, par un trait d'imagination, ou par les événements mêmes du roman, les résultats d'une philosophie profonde, sans cesser d'être naturelle et piquante, sans cesser d'être vraie. Il faut donc choisir ceux de ces résultats qui n'ont besoin ni de développements ni de preuves; éviter à-la-fois et ce qui étant commun ne vaut pas la peine d'être répété, et ce qui, étant ou trop abstrait ou trop neuf encore, n'est fait que pour un petit nombre d'esprits. Il faut être philosophe, et ne point le paraître.

En même temps peu de livres de philosophie sont plus utiles; ils sont lus par des hommes frivoles que le nom seul de philosophe rebute ou attriste, et que cependant il est important d'arracher aux préjugés, et d'opposer au grand nombre de ceux qui sont intéressés à les défendre. Le genre humain serait condamné à d'éternelles erreurs, si pour l'en affranchir il fallait étudier ou méditer les preuves de la vérité. Heureusement la justesse naturelle de l'esprit y peut suppléer pour les vérités simples, qui sont aussi les plus nécessaires. Il suffit alors de trouver un moyen de fixer l'attention des hommes inappliqués, et surtout de graver ces vérités dans leur mémoire. Telle est la grande utilité des romans philosophiques [1], et le mérite de ceux de Voltaire, où il a surpassé également et ses imitateurs et ses modèles.

---

[1] Ils sont aux tomes XXXIII et XXXIV de la présente édition. B.

Une traduction libre de *l'Ecclésiaste*[1] et d'une partie du *Cantique des Cantiques*[2] suivit de près *Candide*.

On avait persuadé à madame de Pompadour qu'elle ferait un trait de politique profonde en prenant le masque de la dévotion; que par là elle se mettrait à l'abri des scrupules et de l'inconstance du roi, et qu'en même temps elle calmerait la haine du peuple. Elle imagina de faire de Voltaire un des acteurs de cette comédie. Le duc de La Vallière lui proposa de traduire les *Psaumes* et les *ouvrages sapientiaux;* l'édition aurait été faite au Louvre, et l'auteur serait revenu à Paris, sous la protection de la dévote favorite. Voltaire ne pouvait devenir hypocrite, pas même pour être cardinal, comme on lui en fit entrevoir l'espérance à peu près dans le même temps. Ces sortes de propositions se font toujours trop tard; et si on les fesait à temps, elles ne seraient pas d'une politique bien sûre : celui qui devait être un ennemi dangereux deviendrait souvent un allié plus dangereux encore. Supposez Calvin ou Luther appelés à la pourpre lorsqu'ils pouvaient encore l'accepter sans honte, et voyez ce qu'ils auraient osé. On ne satisfait pas, avec les hochets de la vanité, les ames dominées par l'ambition de régner sur les esprits; on leur fournit des armes nouvelles.

Cependant Voltaire fut tenté de faire quelques essais de traduction, non pour rétablir sa réputation religieuse, mais pour exercer son talent dans un

---

[1] Tome XII, page 205. B.
[2] Tome XII, page 225. B.

genre de plus. Lorsqu'ils parurent, les dévots s'imaginèrent qu'il n'avait voulu que parodier ce qu'il avait traduit, et crièrent au scandale. Ils n'imaginaient pas que Voltaire avait adouci et purifié le texte; que son *Ecclésiaste* était moins matérialiste, et son *Cantique* moins indécent, que l'original sacré. Ces ouvrages furent donc encore brûlés. Voltaire s'en vengea par une lettre remplie à-la-fois d'humeur et de gaîté [1], où il se moque de cette hypocrisie de mœurs, vice particulier aux nations modernes de l'Europe, et qui a contribué plus qu'on ne croit à détruire l'énergie de caractère qui distingue les nations antiques.

En 1757 parut la première édition de ses œuvres [2], vraiment faite sous ses yeux. Il avait tout revu avec une attention sévère, fait un choix éclairé, mais rigoureux, parmi le grand nombre de pièces fugitives échappées à sa plume, et y avait ajouté son immortel *Essai sur les mœurs et l'esprit des nations* [3].

Long-temps Voltaire s'était plaint que, chez les modernes surtout, l'histoire d'un pays fût celle de ses

---

[1] *Lettre de M. Ératou à M. Clocpitre, aumônier de S. A. S. M. le landgrave,* tome XII, page 228. B.

[2] L'édition faite à Genève par les frères Cramer porte en effet le titre de *Première* édition. Il y en a des exemplaires sous la date de 1756, et d'autres avec la date de 1757; voyez, tome XIX, ma Préface du *Siècle de Louis XIV*. Mais cette édition, faite par les frères Cramer, n'était pas la première des *OEuvres de Voltaire;* voyez ma Préface générale en tête du présent volume. B.

[3] Les premières éditions, données par l'auteur, étaient intitulées *Essai sur l'Histoire générale,* etc.; mais avant ces éditions on avait imprimé, en 1753, deux volumes in-12 avec le nom de Voltaire, sous le titre d'*Abrégé de l'Histoire universelle;* voyez ma Préface du tome XV; et ci-après le n° XXXIII des *Pièces justificatives.* B.

rois ou de ses chefs; qu'elle ne parlât que des guerres, des traités, ou des troubles civils; que l'histoire des mœurs, des arts, des sciences, celle des lois, de l'administration publique, eût été presque oubliée. Les anciens même, où l'on trouve plus de détails sur les mœurs, sur la politique intérieure, n'ont fait en général que joindre à l'histoire des guerres celle des factions populaires. On croirait, en lisant ces historiens, que le genre humain n'a été créé que pour servir à faire briller les talents politiques ou militaires de quelques individus, et que la société a pour objet, non le bonheur de l'espèce entière, mais le plaisir d'avoir des révolutions à lire ou à raconter.

Voltaire forma le plan d'une histoire où l'on trouverait ce qu'il importe le plus aux hommes de connaître : les effets qu'ont produits sur le repos ou le bonheur des nations les préjugés, les lumières, les vertus ou les vices, les usages ou les arts des différents siècles.

Il choisit l'époque qui s'étend depuis Charlemagne jusqu'à nos jours; mais, ne se bornant pas aux seules nations européannes[1], un tableau abrégé de l'état des autres parties du globe, des révolutions qu'elles ont éprouvées, des opinions qui les gouvernent, ajoute à l'intérêt et à l'instruction. C'était pour réconcilier madame du Châtelet avec l'étude de l'histoire qu'il avait entrepris ce travail immense, qui le força de se livrer à des recherches d'érudition qu'on aurait crues incompatibles avec la mobilité de son imagination et l'activité de son esprit. L'idée d'être utile le soute-

[1] Voltaire avait adopté ce mot; voyez sa note, t. VI, p. 405. B.

naît; et l'érudition ne pouvait être ennuyeuse pour un homme qui, s'amusant du ridicule, et ayant la sagacité de le saisir, en trouvait une source inépuisable dans les absurdités spéculatives ou pratiques de nos pères, et dans la sottise de ceux qui les ont transmises ou commentées en les admirant avec une bonne foi ou une hypocrisie également risibles.

Un tel ouvrage ne pouvait plaire qu'à des philosophes. On l'accusa d'être frivole, parcequ'il était clair, et qu'on le lisait sans fatigue; on prétendit qu'il était inexact, parcequ'il s'y trouvait des erreurs de noms et de dates absolument indifférentes; et il est prouvé, par les reproches mêmes des critiques qui se sont déchaînés contre lui, que jamais, dans une histoire si étendue, aucun historien n'a été plus fidèle [1]. On l'a souvent accusé de partialité, parcequ'il s'élevait contre des préjugés que la pusillanimité ou la bassesse avait trop long-temps ménagés : et il est aisé de prouver que, loin d'exagérer les crimes du despotisme sacerdotal, il en a plutôt diminué le

---

[1] Voici deux grands témoignages en faveur de Voltaire :

« J'ai (dit Robertson dans son *Introduction à l'Histoire de Charles-Quint*) suivi Voltaire dans mes recherches; et il m'a indiqué non seulement les faits sur lesquels il était important de m'arrêter, mais encore les conséquences qu'il en fallait tirer : s'il avait en même temps cité les livres originaux où les détails peuvent se trouver, il m'aurait épargné une partie considérable de mon travail; et plusieurs de ses lecteurs, qui ne le regardent que comme un écrivain agréable et intéressant, verraient encore en lui un historien savant et profond. »

« Nous ne doutons pas (dit M. de Chateaubriand, *Génie du christianisme*, partie III, livre III, chapitre 6) que Voltaire, s'il avait été chrétien, n'eût excellé en histoire : il ne lui manquait que de la gravité; et, malgré ses imperfections, c'est peut-être encore, après Bossuet, le premier historien de France. » B.

nombre et adouci l'atrocité[1]. Enfin on a trouvé mauvais que, dans ce tableau d'horreurs et de folies, il ait quelquefois répandu sur celles-ci les traits de la plaisanterie, qu'il n'ait pas toujours parlé sérieusement des extravagances humaines, comme si elles cessaient d'être ridicules, parcequ'elles ont été souvent dangereuses.

Ces préjugés, que des corps puissants étaient intéressés à répandre, ne sont pas encore détruits. L'habitude de voir presque toujours la lourdeur réunie à l'exactitude, de trouver à côté des décisions de la critique l'échafaudage insipide employé pour les former, a fait prendre celle de ne regarder comme exact que ce qui porte l'empreinte de la pédanterie. On s'est accoutumé à voir l'ennui accompagner la fidélité historique, comme à voir les hommes de certaines professions porter des couleurs lugubres. D'ailleurs les gens d'esprit ne tirent aucune vanité d'un mérite que des sots peuvent partager avec eux; et on croit qu'ils ne l'ont point, parcequ'ils sont les seuls à ne pas s'en vanter. Les *Voyages du jeune Anacharsis* détruiront peut-être cette opinion trop accréditée[2].

Mais l'*Essai* de Voltaire sera toujours, pour les hommes qui exercent leur raison, une lecture délicieuse par le choix des objets que l'auteur a présentés, par la rapidité du style, par l'amour de la vérité

[1] Voltaire a essayé de disculper Alexandre VI; voyez t. XVII, p. 94; et XLIV, 477. B.

[2] C'est en 1789 que parut le soixante-dixième volume de l'édition des OEuvres de Voltaire, faite à Kehl; volume dans lequel est la *Vie de Voltaire* par Condorcet. C'est l'année précédente qu'avait été donnée la première édition des *Voyages du jeune Anacharsis*, par l'abbé Barthélemy. B.

et de l'humanité qui en anime toutes les pages, par cet art de présenter des contrastes piquants, des rapprochements inattendus, sans cesser d'être naturel et facile; d'offrir, dans un style toujours simple, de grands résultats, et des idées profondes. Ce n'est pas l'histoire des siècles que l'auteur a parcourue, mais ce qu'on aurait voulu retenir de la lecture de l'histoire, ce qu'on aimerait à s'en rappeler.

En même temps peu de livres seraient plus utiles dans une éducation raisonnable. On y apprendrait, avec les faits, l'art de les voir et de les juger; on y apprendrait à exercer sa raison dans son indépendance naturelle, sans laquelle elle n'est plus que l'instrument servile des préjugés; on y apprendrait enfin à mépriser la superstition, à craindre le fanatisme, à détester l'intolérance, à haïr la tyrannie sans cesser d'aimer la paix, et cette douceur de mœurs aussi nécessaire au bonheur des nations que la sagesse même des lois.

Jusqu'ici, dans l'éducation publique ou particulière, également dirigées par des préjugés, les jeunes gens n'apprennent l'histoire que défigurée par des compilateurs vils ou superstitieux. Si, depuis la publication de l'*Essai* de Voltaire, deux hommes, l'abbé de Condillac et l'abbé Millot, ont mérité de n'être pas confondus dans cette classe, gênés par leur état, ils ont trop laissé à deviner; pour les bien entendre, il faut n'avoir plus besoin de s'instruire avec eux.

Cet ouvrage plaça Voltaire dans la classe des historiens originaux; et il a l'honneur d'avoir fait, dans la manière d'écrire l'histoire, une révolution dont à la vérité l'Angleterre a presque seule profité jusqu'ici. Hume, Robertson, Gibbon, Watson, peuvent, à quelques égards, être regardés comme sortis de son école. L'histoire de Voltaire a encore un autre avantage; c'est qu'elle peut être enseignée en Angleterre comme en Russie, en Virginie comme à Berne ou à Venise. Il n'y a placé que ces vérités dont tous les gouvernements peuvent convenir ; qu'on laisse à la raison humaine le droit de s'éclairer, que le citoyen jouisse de sa liberté naturelle, que les lois soient douces, que la religion soit tolérante; il ne va pas plus loin. C'est à tous les hommes qu'il s'adresse, et il ne leur dit que ce qui peut les éclairer également, sans révolter aucune de ces opinions qui, liées avec les constitutions et les intérêts d'un pays, ne peuvent céder à la raison, tant que la destruction des erreurs plus générales ne lui aura point ouvert un accès plus facile.

A la tête de ses poésies fugitives, Voltaire avait placé, dans cette édition, une épître adressée à sa maison des Délices[1], ou plutôt un hymne à la liberté : elle suffirait pour répondre à ceux qui, dans leur zèle aristocratique, l'ont accusé d'en être l'ennemi. Dans ces pièces, où règnent tour-à-tour la gaîté, le sentiment, ou la galanterie, Voltaire ne cherche point à être poète; mais des beautés poétiques de tous les genres semblent lui échapper malgré lui. Il ne cherche point à montrer de la philosophie, mais il a toujours celle qui convient au sujet, aux circonstances, aux personnes. Dans ces poésies, comme dans

---

[1] *L'auteur arrivant dans sa terre près du lac de Genève*, tome XIII, page 210. B.

les romans, il faut que la philosophie de l'ouvrage paraisse au-dessous de la philosophie de l'auteur. Il en est de ces écrits comme des livres élémentaires, qui ne peuvent être bien faits à moins que l'auteur n'en sache beaucoup au-delà de ce qu'ils contiennent. Et c'est par cette raison que dans ces genres, regardés comme frivoles, les premières places ne peuvent appartenir qu'à des hommes d'une raison supérieure.

Cette même année fut l'époque d'une réconciliation entre Voltaire et son ancien disciple. Les Autrichiens, déjà au milieu de la Silésie, étaient près d'en achever la conquête; une armée française était sur les frontières du Brandebourg. Les Russes, déjà maîtres de la Prusse, menaçaient la Poméranie et les Marches; la monarchie prussienne paraissait anéantie, et le prince qui l'avait fondée n'avait plus d'autre ressource que de s'enterrer sous ses ruines, et de sauver sa gloire en périssant au milieu d'une victoire. La margrave de Bareith aimait tendrement son frère; la chute de sa maison l'affligeait; elle savait combien la France agissait contre ses intérêts en prodiguant son sang et ses trésors pour assurer à la maison d'Autriche la souveraineté de l'Allemagne; mais le ministre de France avait à se plaindre d'un vers du roi de Prusse. La marquise de Pompadour ne lui pardonnait pas d'avoir feint d'ignorer son existence politique, et on avait eu soin de lui envoyer aussi des vers que l'infidélité d'un copiste avait fait tomber entre les mains du ministre de Saxe. Il fallait donc faire adopter l'idée de négocier à des ennemis aigris par des injures personnelles, au moment même où ils se croyaient assurés d'une victoire facile. La margrave eut recours à Voltaire, qui s'adressa au cardinal de Tencin, sachant que ce ministre, oublié depuis la mort de Fleury, qui l'employait en le méprisant, avait conservé avec le roi une correspondance particulière. Tencin écrivit, mais il reçut pour toute réponse l'ordre du ministre des affaires étrangères de refuser la négociation par une lettre dont on lui avait même envoyé le modèle. Le vieux politique, qui n'avait pas voulu donner à dîner à Voltaire, pour ménager la cour, ne se consola point de s'être brouillé avec elle par sa complaisance pour lui; et le chagrin de cette petite mortification abrégea ses jours. Étant plus jeune, des aventures plus cruelles n'avaient fait que redoubler et enhardir son talent pour l'intrigue, parceque l'espérance le soutenait, et qu'il était du nombre des hommes que le crédit et les dignités consolent de la honte; mais alors il voyait se rompre le dernier fil qui le liait encore à la faveur.

Voltaire entama une autre négociation non moins inutile par le maréchal de Richelieu. Une troisième [1] enfin, quelques années plus tard, fut conduite jusqu'à obtenir de M. de Choiseul qu'il recevrait un envoyé secret du roi de Prusse. Cet envoyé fut découvert par les agents de l'impératrice-reine, et, soit faiblesse, soit que M. de Choiseul eût agi sans consulter madame de Pompadour, il fut arrêté, et ses papiers fouillés; violation du droit des gens qui se perd dans

[1] Voyez, n° XXXIV des *Pièces justificatives*, les *Observations* de M. de Chauvelin sur une lettre dont Voltaire lui avait envoyé le projet ou la copie. B.

la foule des petits crimes que les politiques se permettent sans remords.

Dans cette époque si dangereuse et si brillante pour le roi de Prusse, Voltaire paraissait tantôt reprendre son ancienne amitié, tantôt ne conserver que la mémoire de Francfort. C'est alors qu'il composa ces Mémoires singuliers[1], où le souvenir profond d'un juste ressentiment n'étouffe ni la gaîté ni la justice. Il les avait généreusement condamnés à l'oubli; le hasard[2] les a conservés, pour venger le génie des attentats du pouvoir.

La margrave de Bareith mourut[3] au milieu de la guerre. Le roi de Prusse écrivit à Voltaire pour le prier de donner au nom de sa sœur une immortalité dont ses vertus aimables et indulgentes, son ame également supérieure aux préjugés, à la grandeur, et aux revers, l'avaient rendue digne. L'ode que Voltaire a consacrée à sa mémoire[4] est remplie d'une sensibilité douce, d'une philosophie simple et touchante. Ce genre est un de ceux où il a eu le moins de succès, puisqu'on y exige une perfection qu'il ne put jamais se résoudre à chercher dans les petits ouvrages, et que sa raison ne pouvait se prêter à cet enthousiasme de commande qu'on dit convenir à l'ode. Celles de Voltaire ne sont que des pièces fugitives où l'on retrouve le grand poëte, le poëte philosophe, mais gêné et contraint par une forme qui ne conve-

---

[1] Ils sont dans la présente édition, tome XL, pages 39-128. B.
[2] Voyez les explications que j'ai données, tome XL, page 38. B.
[3] Le 14 octobre 1758. B.
[4] Elle est tome XII, page 460. B.

naît pas à la liberté de son génie. Cependant il faut avouer que les stances à une princesse sur le jeu[1], et surtout ces stances charmantes sur la vieillesse[2],

<blockquote>Si vous voulez que j'aime encore, etc.,</blockquote>

sont des odes anacréontiques fort au-dessus de celles d'Horace, qui cependant, du moins pour les gens d'un goût un peu moderne, a surpassé son modèle.

La France, si supérieure aux autres nations dans la tragédie et la comédie, n'a point été aussi heureuse en poëtes lyriques. Les odes de Rousseau n'offrent guère qu'une poésie harmonieuse et imposante, mais vide d'idées, ou remplie de pensées fausses. La Motte, plus ingénieux, n'a connu ni l'harmonie ni la poésie du style; et on cite à peine des autres poëtes un petit nombre de strophes.

Voltaire était encore à Berlin lorsque MM. Diderot et Dalembert formèrent le projet de l'*Encyclopédie*, et en publièrent le premier volume[3]. Un ouvrage qui devait renfermer les vérités de toutes les sciences, tracer entre elles des lignes de communication, entrepris par deux hommes qui joignaient à des connaissances étendues ou profondes beaucoup d'esprit, et une philosophie libre et courageuse, parut aux yeux pénétrants de Voltaire le coup le plus terrible que l'on pût porter aux préjugés. L'*Encyclopédie* devenait le livre de tous les hommes qui aiment à s'instruire, et surtout de ceux qui, sans être

---

[1] Tome XII, page 523. B.
[2] Tome XII, page 518. B.
[3] En 1751; voyez ma note, tome XL, page 158. B.

habituellement occupés de cultiver leur esprit, sont jaloux cependant de pouvoir acquérir une instruction facile sur chaque objet qui excite en eux quelque intérêt passager ou durable. C'est un dépôt où ceux qui n'ont pas le temps de se former des idées d'après eux-mêmes devaient aller chercher celles qu'avaient eues les hommes les plus éclairés et les plus célèbres; dans lequel enfin les erreurs respectées seraient ou trahies par la faiblesse de leurs preuves, ou ébranlées par le seul voisinage des vérités qui en sapent les fondements.

Voltaire, retiré à Ferney, donna pour l'*Encyclopédie* un petit nombre d'articles de littérature [1]; il en prépara quelques uns de philosophie, mais avec moins de zèle, parcequ'il sentait qu'en ce genre les éditeurs avaient moins besoin de lui, et qu'en général si ses grands ouvrages en vers ont été faits pour sa gloire, il n'a presque jamais écrit en prose que dans des vues d'utilité générale. Cependant les mêmes raisons qui l'intéressaient au progrès de l'*Encyclopédie* suscitèrent à cet ouvrage une foule d'ennemis. Composé ou applaudi par les hommes les plus célèbres de la nation, il devint comme une espèce de marque qui séparait les littérateurs distingués, et ceux qui s'honoraient d'être leurs disciples ou leurs amis, de cette foule d'écrivains obscurs et jaloux qui, dans la triste impuissance de donner aux hommes ou des vérités

---

[1] Pour les lettres E, F, G, H. Ils ont été placés par les éditeurs de Kehl, et ils ont été laissés dans le *Dictionnaire philosophique*. B.

nouvelles ou de nouveaux plaisirs, haïssent ou déchirent ceux que la nature a mieux traités.

Un ouvrage où l'on devait parler avec franchise et avec liberté de théologie, de morale, de jurisprudence, de législation, d'économie publique, devait effrayer tous les partis politiques ou religieux, et tous les pouvoirs secondaires qui craignaient d'y voir discuter leur utilité et leurs titres. L'insurrection fut générale. Le *Journal de Trévoux*, la *Gazette ecclésiastique*, les journaux satiriques, les jésuites et les jansénistes, le clergé, les parlements, tous, sans cesser de se combattre ou de se haïr, se réunirent contre l'*Encyclopédie*. Elle succomba[1]. On fut obligé d'achever et d'imprimer en secret cet ouvrage, à la perfection duquel la liberté et la publicité étaient si nécessaires; et le plus beau monument dont jamais l'esprit humain ait conçu l'idée serait demeuré imparfait sans le courage de Diderot, sans le zèle d'un grand nombre de savants et de littérateurs distingués que la persécution ne put arrêter.

Heureusement l'honneur d'avoir donné l'*Encyclopédie* à l'Europe compensa pour la France la honte de l'avoir persécutée. Elle fut regardée avec justice comme l'ouvrage de la nation, et la persécution comme celui d'une jalousie ou d'une politique également méprisables.

Mais la guerre dont l'*Encyclopédie* était l'occasion ne cessa point avec la proscription de l'ouvrage. Ses principaux auteurs et leurs amis, désignés par les noms de *philosophes* et d'*encyclopédistes*, qui deve-

---

[1] Voyez tome XL, page 158. B.

naient des injures dans la langue des ennemis de la raison, furent forcés de se réunir par la persécution même, et Voltaire se trouva naturellement leur chef par son âge, par sa célébrité, son zèle, et son génie. Il avait depuis long-temps des amis et un grand nombre d'admirateurs; alors il eut un parti. La persécution rallia sous son étendard tous les hommes de quelque mérite, que peut-être sa supériorité aurait écartés de lui, comme elle en avait éloigné leurs prédécesseurs; et l'enthousiasme prit enfin la place de l'ancienne injustice.

C'est dans l'année 1760 que cette guerre littéraire fut la plus vive. Le Franc de Pompignan, littérateur estimable et poëte médiocre, dont il reste une belle strophe [1], et une tragédie faible [2] où le génie de Virgile et de Métastase n'ont pu le soutenir, fut appelé à l'académie française. Revêtu d'une charge de magistrature, il crut que sa dignité, autant que ses ouvrages, le dispensait de toute reconnaissance; il se permit d'insulter, dans son discours de réception [3], les hommes dont le nom fesait le plus d'honneur à la société qui daignait le recevoir, et désigna clairement Voltaire, en l'accusant d'incrédulité et de mensonge [4]. Bientôt après, Palissot, instrument vénal de la haine

---

[1] La neuvième de l'ode sur la mort de J.-B. Rousseau, commençant par:

Le Nil a vu sur ses rivages, etc. B.

[2] *Didon;* voyez, tome XXXVII, page 344, le *Fragment d'une lettre sur Didon*, morceau qui est de 1736 (et non de 1734). B.

[3] Voyez tome XL, page 132. B.

[4] Le Franc de Pompignan se sert dans son discours de ces expressions: *Des écrivains, très suspects d'ailleurs dans leur croyance,* qu'il applique évidemment à Voltaire. B.

d'une femme, met les philosophes sur le théâtre[1]. Les lois qui défendent de jouer les personnes sont muettes. La magistrature trahit son devoir, et voit, avec une joie maligne, immoler sur la scène les hommes dont elle craint les lumières et le pouvoir sur l'opinion, sans songer qu'en ouvrant la carrière à la satire, elle s'expose à en partager les traits. Crébillon déshonore sa vieillesse en approuvant la pièce. Le duc de Choiseul, alors ministre en crédit, protége cette indignité, par faiblesse pour la même femme[2] dont Palissot servait le ressentiment. Les journaux répètent les insultes du théâtre. Cependant Voltaire se réveille. *Le pauvre Diable, le Russe à Paris, la Vanité*, une foule de plaisanteries, en prose se succèdent avec une étonnante rapidité.

Le Franc de Pompignan se plaint au roi, se plaint à l'académie, et voit avec une douleur impuissante que le nom de Voltaire y écrase le sien. Chaque démarche multiplie les traits que toutes les bouches répètent, et les vers pour jamais attachés à son nom. Il propose à un protecteur auguste de manquer *à ce qu'il s'est promis à lui-même*, en retournant à l'académie pour donner sa voix à un homme auquel le prince s'intéressait; il n'obtient qu'un refus poli de ce sacrifice, a le malheur, en se retirant, d'entendre répéter par son protecteur[3] même ce vers si terrible,

---

[1] Dans sa comédie intitulée *les Philosophes;* voyez la note, tome XIV, page 185. B.

[2] La princesse de Robecq; voyez la note, tome LVII, page 308. B.

[3] Le dauphin; voyez tome LIX, page 165. B.

Et l'ami Pompignan pense être quelque chose[1];

et va cacher dans sa province son orgueil humilié et son ambition trompée : exemple effrayant, mais salutaire, du pouvoir du génie et des dangers de l'hypocrisie littéraire.

Fréron, ex-jésuite comme Desfontaines, lui avait succédé dans le métier de flatter, par des satires périodiques, l'envie des ennemis de la vérité, de la raison, et des talents. Il s'était distingué dans la guerre contre les philosophes. Voltaire, qui depuis longtemps supportait ses injures, en fit justice, et vengea ses amis. Il introduisit dans la comédie de *l'Écossaise*[2] un journaliste méchant, calomniateur, et vénal : le parterre y reconnut Fréron, qui, livré au mépris public dans une pièce que des scènes attendrissantes et le caractère original et piquant du bon et brusque Freeport devaient conserver au théâtre, fut condamné à traîner le reste de sa vie un nom ridicule et déshonoré. Fréron, en applaudissant à l'insulte faite aux philosophes, avait perdu le droit de se plaindre; et ses protecteurs aimèrent mieux l'abandonner que d'avouer une partialité trop révoltante.

D'autres ennemis moins acharnés avaient été ou corrigés ou punis; et Voltaire, triomphant au milieu de ces victimes immolées à la raison et à sa gloire, envoya au théâtre, à soixante-six ans, le chef-d'œuvre de *Tancrède*. La pièce fut dédiée à la marquise de

---

[1] C'est le dernier de la satire intitulée *la Vanité*; voyez tome XIV, page 172. B.
[2] Tome VII, page 3. B.

Pompadour [1]. C'était le fruit de l'adresse avec laquelle Voltaire avait su, sans blesser le duc de Choiseul, venger les philosophes, dont les adversaires avaient obtenu de ce ministre une protection passagère. Cette dédicace apprenait à ses ennemis que leurs calomnies ne compromettraient pas davantage sa sûreté que leurs critiques ne nuiraient à sa gloire; et c'était mettre le comble à sa vengeance.

Cette même année, il apprend qu'une petite-nièce de Corneille languissait dans un état indigne de son nom : « C'est le devoir d'un soldat de secourir la nièce « de son général, » s'écrie-t-il [2]. Mademoiselle Corneille fut appelée à Ferney; elle y reçut l'éducation qui convenait à l'état que sa naissance lui marquait dans la société. Voltaire porta même la délicatesse jusqu'à ne pas souffrir que l'établissement de mademoiselle Corneille parût un de ses bienfaits; il voulut qu'elle le dût aux ouvrages de son oncle. Il en entreprit une édition avec des notes. Le créateur du théâtre français, commenté par celui qui avait porté ce théâtre à sa perfection; un homme de génie né dans un temps où le goût n'était pas encore formé, jugé par un rival qui joignait au génie le don presque aussi rare d'un goût sûr sans être sévère, délicat sans être timide, éclairé enfin par une longue et heureuse expérience de l'art : voilà ce qu'offrait cet ouvrage. Voltaire y parle des défauts de Corneille avec franchise, de ses beautés avec enthousiasme. Jamais on n'avait jugé Corneille avec tant de rigueur, jamais on

---

[1] Voyez cette dédicace, tome VII, page 119. B.
[2] Lettre à Le Brun, du 7 novembre 1760. B.

ne l'avait loué avec un sentiment plus profond et plus vrai. Occupé d'instruire et la jeunesse française et ceux des étrangers qui cultivent notre littérature, il ne pardonne point aux vices du langage, à l'exagération, aux fautes contre la bienséance ou contre le goût; mais il apprend en même temps à reconnaître les progrès que l'art doit à Corneille, l'élévation extraordinaire de son esprit, la beauté presque inimitable de sa poésie dans les morceaux que son génie lui a inspirés, et ces mots profonds ou sublimes qui naissent subitement du fond des situations, ou qui peignent d'un trait de grands caractères.

La foule des littérateurs lui reprocha néanmoins d'avoir voulu avilir Corneille par une basse jalousie, tandis que partout, dans ce commentaire, il saisit, il semble chercher les occasions de répandre son admiration pour Racine, rival plus dangereux, qu'il n'a surpassé que dans quelques parties de l'art tragique, et dont, au milieu de sa gloire, il eût pu envier la *perfection désespérante.*

Cependant, tranquille dans sa retraite, occupé de continuer la guerre heureuse qu'il fesait aux préjugés, Voltaire voit arriver une famille infortunée dont le chef a été traîné sur la roue par des juges fanatiques, instruments des passions féroces d'un peuple superstitieux. Il apprend que Calas, vieillard infirme, a été accusé d'avoir pendu son fils, jeune et vigoureux, au milieu de sa famille, en présence d'une servante catholique; qu'il avait été porté à ce crime par la crainte de voir embrasser la religion catholique à ce fils, qui passait sa vie dans les salles d'armes et dans les billards, et dont personne, au milieu de l'effervescence générale, ne put jamais citer un seul mot, une seule démarche, qui annonçassent un pareil dessein; tandis qu'un autre fils de Calas, déjà converti, jouissait d'une pension que ce père très peu riche consentait à lui faire. Jamais, dans un événement de ce genre, un tel concours de circonstances n'avait plus éloigné les soupçons d'un crime, plus fortifié les raisons de croire à un suicide. La conduite du jeune homme, son caractère, le genre de ses lectures, tout confirmait cette idée. Cependant un capitoul[1] dont la tête ardente et faible était enivrée de superstition, et dont la haine pour les protestants n'hésitait pas à leur imputer des crimes, fait arrêter la famille entière. Bientôt la populace catholique s'échauffe; le jeune homme est un martyr. Des confréries de pénitents, qui, à la honte de la nation, subsistent encore à Toulouse, lui font un service solennel, où l'on place son image tenant d'une main la palme du martyre, et de l'autre la plume qui devait signer l'abjuration.

On répand bientôt que la religion protestante prescrit aux pères d'assassiner leurs enfants, quand ils veulent abjurer; que, pour plus de sûreté, on élit, dans les assemblées du désert, le bourreau de la secte. Le tribunal inférieur, conduit par le furieux David, prononce que le malheureux Calas est coupable. Le parlement confirme le jugement à cette pluralité très faible, malheureusement regardée comme suffisante par notre absurde jurisprudence. Condamné à la roue et à la question, ce père infortuné meurt, en pro-

[1] David; voyez tome XL, pages 554 et 530. B.

testant qu'il n'est pas coupable; et les juges absolvent sa famille, complice nécessaire du crime ou de l'innocence de son chef.

Cette famille, ruinée et flétrie par le préjugé, va chercher chez les hommes d'une même croyance une retraite, des secours, et surtout des consolations. Elle s'arrête auprès de Genève. Voltaire, attendri et indigné, se fait instruire de ces horribles détails, et, bientôt sûr de l'innocence du malheureux Calas, il ose concevoir l'espérance d'obtenir justice. Le zèle des avocats est excité, et leur courage soutenu, par ses lettres. Il intéresse à la cause de l'humanité l'ame naturellement sensible du duc de Choiseul. La réputation de Tronchin avait appelé à Genève la duchesse d'Enville, arrière-petite-fille de l'auteur des *Maximes*, supérieure à la superstition par son caractère comme par ses lumières, sachant faire le bien avec activité comme avec courage, embellissant par une modestie sans faste l'énergie de ses vertus; sa haine pour le fanatisme et pour l'oppression assurait aux Calas une protectrice dont les obstacles et les lenteurs ne ralentiraient pas le zèle. Le procès fut commencé. Aux mémoires des avocats, trop remplis de longueurs et de déclamations, Voltaire joignait des écrits plus courts, séduisants par le style, propres tantôt à exciter la pitié, tantôt à réveiller l'indignation publique, si prompte à se calmer dans une nation alors trop étrangère à ses propres intérêts. En plaidant la cause de Calas, il soutenait celle de la tolérance; car c'était beaucoup alors de prononcer ce nom, rejeté aujourd'hui avec indignation par les hommes qui pensent, comme paraissant reconnaître le droit de donner des chaînes à la pensée et à la conscience. Des lettres remplies de ces louanges fines qu'il savait répandre avec tant de grace, animaient le zèle des défenseurs, des protecteurs, et des juges. C'est en promettant l'immortalité qu'il demandait justice.

L'arrêt de Toulouse fut cassé. Le duc de Choiseul eut la sagesse et le courage de faire renvoyer à un tribunal des maîtres des requêtes cette cause devenue celle de tous les parlements, dont les préjugés et l'esprit de corps ne permettaient point d'espérer un jugement équitable. Enfin Calas fut déclaré innocent[1]. Sa mémoire fut réhabilitée; et un ministre généreux fit réparer, par le trésor public, le tort que l'injustice des juges avait fait à la fortune de cette famille aussi respectable que malheureuse: mais il n'alla point jusqu'à forcer le parlement de Languedoc à reconnaître l'arrêt qui détruisait une de ses injustices. Ce tribunal préféra la triste vanité de persévérer dans son erreur à l'honneur de s'en repentir et de la réparer.

Cependant les applaudissements de la France et de l'Europe parvinrent jusqu'à Toulouse, et le malheureux David, succombant sous le poids du remords et de la honte, perdit bientôt la raison et la vie. Cette affaire, si grande en elle-même, si importante par ses suites, puisqu'elle ramena sur les crimes de l'intolérance, et la nécessité de les prévenir, les regards et les vœux de la France et de l'Europe;

---

[1] Le 9 mars 1765, troisième anniversaire du supplice de Jean Calas. B.

cette affaire occupa l'ame de Voltaire pendant plus de trois années. « Durant tout ce temps, disait-il, il « ne m'est pas échappé un sourire, que je ne me le « sois reproché comme un crime. » Son nom, cher depuis long-temps aux amis éclairés de l'humanité, comme celui de son plus zélé, de son plus infatigable défenseur, ce nom fut alors béni par cette foule de citoyens qui, voués à la persécution depuis quatre-vingts ans, voyaient enfin s'élever une voix pour leur défense. Quand il revint à Paris, en 1778, un jour que le public l'entourait sur le Pont-Royal, on demanda à une femme du peuple qui était cet homme qui traînait la foule après lui : « Ne savez-vous pas « dit-elle, que c'est le sauveur des Calas ? » Il sut cette réponse, et au milieu de toutes les marques d'admiration qui lui furent prodiguées, ce fut ce qui le toucha le plus.

Peu de temps après la malheureuse mort de Calas[1], une jeune fille de la même province, qui, suivant un usage barbare, avait été enlevée à ses parents, et renfermée dans un couvent dans l'intention d'aider, par des moyens humains, la grace de la foi, lassée des mauvais traitements qu'elle y essuyait, s'échappa, et fut retrouvée dans un puits. Le prêtre qui avait sollicité la lettre de cachet, les religieuses qui avaient usé avec barbarie du pouvoir qu'elle leur donnait sur cette infortunée, pouvaient sans doute mériter une punition ; mais c'est sur la famille de la victime que

---

[1] Le suicide de Calas fils est du 13 octobre 1761 ; la condamnation du père, du 9 mars 1762. C'était le 4 janvier 1762 qu'on avait trouvé dans un puits le cadavre d'une fille de Sirven. B.

le fanatisme veut la faire tomber. Le reproche calomnieux qui avait conduit Calas au supplice se renouvelle avec une nouvelle fureur. Sirven a heureusement le temps de se sauver; et, condamné à la mort par contumace, il va chercher un refuge auprès du protecteur des Calas; mais sa femme, qu'il traîne après lui, succombe à sa douleur, à la fatigue d'un voyage entrepris à pied au milieu des neiges.

La forme obligeait Sirven à se présenter devant ce même parlement de Toulouse qui avait versé le sang de Calas. Voltaire fit des tentatives pour obtenir d'autres juges. Le duc de Choiseul ménageait alors les parlements, qui, après la chute de son crédit sur la marquise de Pompadour, et ensuite après sa mort, lui étaient devenus utiles, tantôt pour le délivrer d'un ennemi, tantôt pour lui donner les moyens de se rendre nécessaire par l'art avec lequel il savait calmer leurs mouvements, que souvent lui-même avait excités.

Il fallut donc que Sirven se déterminât à comparaître à Toulouse; mais Voltaire avait su pourvoir à sa sûreté, et préparer son succès. Il avait des disciples dans le parlement. Des avocats habiles voulurent partager la gloire que ceux de Paris avaient acquise en défendant Calas. Le parti de la tolérance était devenu puissant dans cette ville même : en peu d'années les ouvrages de Voltaire avaient changé les esprits; on n'avait plaint Calas qu'avec une horreur muette; Sirven eut des protecteurs déclarés, grace à l'éloquence de Voltaire, à ce talent de répandre à propos des vérités et des louanges. Ce parti l'emporta sur celui des pénitents, et Sirven fut sauvé.

Les jésuites s'étaient emparés du bien d'une famille de gentilshommes¹ que leur pauvreté empêchait d'y rentrer. Voltaire leur en donna les moyens; et les oppresseurs de tous les genres, qui depuis longtemps craignaient ses écrits, apprirent à redouter son activité, sa générosité, et son courage.

Ce dernier événement précéda de très peu la destruction des jésuites. Voltaire, élevé par eux, avait conservé des relations avec ses anciens maîtres; tant qu'ils vécurent, ils empêchèrent leurs confrères de se déchaîner ouvertement contre lui; et Voltaire ménagea les jésuites, et par considération pour ces liaisons de sa jeunesse, et pour avoir quelques alliés dans le parti qui dominait alors parmi les dévots. Mais, après leur mort, fatigué des clameurs du *Journal de Trévoux*, qui par d'éternelles accusations d'impiété semblait appeler la persécution sur sa tête, il ne garda plus les mêmes ménagements; et son zèle pour la défense des opprimés ne s'étendit point jusque sur les jésuites.

Il se réjouit de la destruction d'un ordre ami des lettres, mais ennemi de la raison, qui eût voulu étouffer tous les talents, ou les attirer dans son sein pour les corrompre, en les employant à servir ses projets, et tenir le genre humain dans l'enfance pour le gouverner. Mais il plaignit les individus traités avec barbarie par la haine des jansénistes, et retira

---

¹ Desprez de Crassy; voyez tome XLVIII, page 365. Voltaire n'y parle que de six frères. Il parle de sept dans sa lettre au roi de Prusse, du 31 auguste 1775; voyez tome LXIX, page 352. B.

chez lui un jésuite, pour montrer aux dévots que la véritable humanité ne connaît que le malheur, et oublie les opinions. Le P. Adam [1], à qui son séjour à Ferney donna une sorte de célébrité, n'était pas absolument inutile à son hôte; il jouait avec lui aux échecs, et y jouait avec assez d'adresse pour cacher quelquefois sa supériorité. Il lui épargnait des recherches d'érudition; il lui servait même d'aumônier, parceque Voltaire voulait pouvoir opposer aux accusations d'impiété sa fidélité à remplir les devoirs extérieurs de la religion romaine.

Il se préparait alors une grande révolution dans les esprits. Depuis la renaissance de la philosophie, la religion exclusivement établie dans toute l'Europe n'avait été attaquée qu'en Angleterre. Leibnitz, Fontenelle, et les autres philosophes moins célèbres accusés de penser librement, l'avaient respectée dans leurs écrits. Bayle lui-même, par une précaution nécessaire à sa sûreté, avait l'air, en se permettant toutes les objections, de vouloir prouver uniquement que la révélation seule peut les résoudre, et d'avoir

---

[1] Antoine Adam avait professé quinze ans la rhétorique à Dijon. Malgré ce qu'on a dit, ce n'est point à Colmar que Voltaire le connut (voyez *Mon séjour*, par Colini, page 118). Ce fut à la fin de 1763 qu'il fut placé, par Dalembert, auprès de Voltaire. M. Feydel (*Un cahier littéraire*, page 5) dit que le jésuite était l'espion de sa société auprès du philosophe de Ferney, et qu'il fut chassé en 1776, soupçonné d'avoir dérobé les *Mémoires* (qui sont tome XL, page 35), et qui avaient été long-temps auparavant soustraits par La Harpe. « Ce n'était pas le premier homme du monde, » disait Voltaire, qui répétait un mot de madame Dumoulin sur un autre Adam (voyez *Mélanges critiques d'Ancillon*, I, 38).

La Harpe (*Mercure* du mois d'août 1790, page 35) dément la prétendue complaisance de se laisser gagner par Voltaire les parties d'échecs. B.

formé le projet d'élever la foi en rabaissant la raison. Chez les Anglais, ces attaques eurent peu de succès et de suite. La partie la plus puissante de la nation crut qu'il lui était utile de laisser le peuple dans les ténèbres, apparemment pour que l'habitude d'adorer les mystères de la *Bible* fortifiât sa foi pour ceux de la constitution; et ils firent comme une espèce de bienséance sociale du respect pour la religion établie. D'ailleurs, dans un pays où la chambre des communes conduit seule à la fortune, et où les membres de cette chambre sont élus tumultuairement par le peuple, le respect apparent pour ses opinions doit être érigé en vertu par tous les ambitieux.

Il avait paru en France quelques ouvrages hardis, mais les attaques qu'ils portaient n'étaient qu'indirectes. Le livre même *De l'Esprit*[1] n'était dirigé que contre les principes religieux en général : il attaquait toutes les religions par leur base, et laissait aux lecteurs le soin de tirer les conséquences et de faire les applications. *Émile* parut : *la Profession de foi du Vicaire savoyard* ne contenait rien sur l'utilité de la croyance d'un Dieu pour la morale, et sur l'inutilité de la révélation, qui ne se trouvât dans le poëme de *la Loi naturelle;* mais on y avertissait ceux qu'on attaquait que c'était d'eux que l'on parlait. C'était sous leur nom, et non sous celui des prêtres de l'Inde ou du Thibet, qu'on les amenait sur la scène. Cette hardiesse étonna Voltaire, et excita son émulation. Le succès d'*Émile* l'encouragea, et la persécution ne l'effraya point. Rousseau n'avait été décrété

[1] Voyez tome LVII, page 599. B.

à Paris que pour avoir mis son nom à l'ouvrage; il n'avait été persécuté à Genève que pour avoir soutenu, dans une autre partie d'*Émile,* que le peuple ne pouvait renoncer au droit de réformer une constitution vicieuse. Cette doctrine autorisait les citoyens de cette république à détruire l'aristocratie que ses magistrats avaient établie, et qui concentrait une autorité héréditaire dans quelques familles riches.

Voltaire pouvait se croire sûr d'éviter la persécution en cachant son nom, et en ayant soin de ménager les gouvernements, de diriger tous ses coups contre la religion, d'intéresser même la puissance civile à en affaiblir l'empire. Une foule d'ouvrages où il emploie tour-à-tour l'éloquence, la discussion, et surtout la plaisanterie, se répandirent dans l'Europe, sous toutes les formes que la nécessité de voiler la vérité, ou de la rendre piquante, a pu faire inventer. Son zèle contre une religion qu'il regardait comme la cause du fanatisme qui avait désolé l'Europe depuis sa naissance, de la superstition qui l'avait abrutie, et comme la source des maux que ces ennemis de l'humanité continuaient de faire encore, semblait doubler son activité et ses forces. « Je suis « las, disait-il un jour, de leur entendre répéter que « douze hommes ont suffi pour établir le christia- « nisme, et j'ai envie de leur prouver qu'il n'en faut « qu'un pour le détruire. »

La critique des ouvrages que les chrétiens regardent comme inspirés, l'histoire des dogmes qui depuis l'origine de cette religion se sont successivement introduits, les querelles ridicules ou sanglantes qu'ils ont excitées, les miracles, les prophéties, les contes répandus dans les historiens ecclésiastiques et les légendaires, les guerres religieuses, les massacres ordonnés au nom de Dieu, les bûchers, les échafauds couvrant l'Europe à la voix des prêtres, le fanatisme dépeuplant l'Amérique, le sang des rois coulant sous le fer des assassins; tous ces objets reparaissaient sans cesse dans tous ses ouvrages sous mille couleurs différentes. Il excitait l'indignation, il fesait couler les larmes, il prodiguait le ridicule. On frémissait d'une action atroce, on riait d'une absurdité. Il ne craignait point de remettre souvent sous les yeux les mêmes tableaux, les mêmes raisonnements. « On dit « que je me répète, écrivait-il : eh bien ! je me répé- « terai jusqu'à ce qu'on se corrige. »

D'ailleurs ces ouvrages, sévèrement défendus en France, en Italie, à Vienne, en Portugal, en Espagne, ne se répandaient qu'avec lenteur. Tous ne pouvaient parvenir à tous les lecteurs; mais il n'y avait dans les provinces aucun coin reculé, dans les pays étrangers aucune nation écrasée sous le joug de l'intolérance, où il n'en parvînt quelques uns.

Les libres penseurs, qui n'existaient auparavant que dans quelques villes où les sciences étaient cultivées, et, parmi les littérateurs, les savants, les grands, les gens en place, se multiplièrent à sa voix dans toutes les classes de la société comme dans tous les pays. Bientôt, connaissant leur nombre et leurs forces, ils osèrent se montrer, et l'Europe fut étonnée de se trouver incrédule.

Cependant ce même zèle fesait à Voltaire des ennemis de tous ceux qui avaient obtenu ou qui attendaient de cette religion leur existence ou leur fortune. Mais ce parti n'avait plus de Bossuet, d'Arnauld, de Nicole; ceux qui les remplaçaient par le talent, dans la philosophie ou dans les lettres, avaient passé dans le parti contraire; et les membres du clergé qui leur étaient le moins inférieurs, cédant à l'intérêt de ne point se perdre dans l'opinion des hommes éclairés, se tenaient à l'écart, ou se bornaient à soutenir l'utilité politique d'une croyance qu'ils auraient été honteux de paraître partager avec le peuple, et substituaient à la superstition crédule de leurs prédécesseurs une sorte de machiavélisme religieux.

Les libelles, les réfutations, paraissaient en foule; mais Voltaire seul, en y répondant, a pu conserver le nom de ces ouvrages, lus uniquement par ceux à qui ils étaient inutiles, et qui ne voulaient ou ne pouvaient entendre ni les objections ni les réponses.

Aux cris des fanatiques Voltaire opposait les bontés des souverains. L'impératrice de Russie, le roi de Prusse, ceux de Pologne, de Danemark, et de Suède, s'intéressaient à ses travaux, lisaient ses ouvrages, cherchaient à mériter ses éloges, le secondaient quelquefois dans sa bienfesance. Dans tous les pays, les grands, les ministres qui prétendaient à la gloire, qui voulaient occuper l'Europe de leur nom, briguaient le suffrage du philosophe de Ferney, lui confiaient leurs espérances ou leurs craintes pour le progrès de la raison, leurs projets pour l'accroissement des lumières et la destruction du fanatisme. Il avait formé dans l'Europe entière une ligue dont il était l'ame, et dont le cri de ralliement était *raison et tolérance*. S'exerçait-il chez une nation quelque grande injustice, apprenait-on quelque acte de fanatisme, quelque insulte faite à l'humanité, un écrit de Voltaire dénonçait les coupables à l'Europe. Et qui sait combien de fois la crainte de cette vengeance sûre et terrible a pu arrêter les bras des oppresseurs?

C'était surtout en France qu'il exerçait ce ministère de la raison. Depuis l'affaire des Calas, toutes les victimes injustement immolées ou poursuivies par le fer des lois trouvaient en lui un appui ou un vengeur.

Le supplice du comte de Lally[1] excita son indignation. Des jurisconsultes jugeant à Paris la conduite d'un général dans l'Inde; un arrêt de mort prononcé sans qu'il eût été possible de citer un seul crime déterminé, et de plus annonçant un simple soupçon sur l'accusation la plus grave; un jugement rendu sur le témoignage d'ennemis déclarés, sur les mémoires d'un jésuite[2] qui en avait composé deux contradictoires entre eux, incertain s'il accuserait le général ou ses ennemis, ne sachant qui il haïssait le plus, ou qui il lui serait le plus utile de perdre : un tel arrêt devait exciter l'indignation de tout ami de la justice, quand même les opprobres entassés sur la tête du malheureux général, et l'horrible barbarie de le traî-

---

[1] L'arrêt contre Lally est du 6 mai 1766; il fut exécuté le 9; voyez tome XXI, page 327; XXII, 362; XLVII, 396 et suiv. B.

[2] Lavaur; voyez tome XLVII, pages 371 et suiv.; XXI, 325. B.

ner au supplice avec un bâillon, n'auraient pas fait frémir, jusque dans leurs dernières fibres, tous les cœurs que l'habitude de disposer de la vie des hommes n'avait pas endurcis.

Cependant Voltaire parla long-temps seul. Le grand nombre d'employés de la compagnie des Indes, intéressés à rejeter sur un homme qui n'existait plus les suites funestes de leur conduite; le tribunal puissant qui l'avait condamné; tout ce que ce corps traîne à sa suite d'hommes dont la voix lui est vendue; les autres corps qui, réunis avec lui par le même nom, des fonctions communes, des intérêts semblables, regardent sa cause comme la leur; enfin le ministère, honteux d'avoir eu la faiblesse ou la politique cruelle de sacrifier le comte de Lally à l'espérance de cacher dans son tombeau les fautes qui avaient causé la perte de l'Inde; tout semblait s'opposer à une justice tardive. Mais Voltaire, en revenant souvent sur ce même objet, triompha de la prévention, et des intérêts attentifs à l'étendre et à la conserver. Les bons esprits n'eurent besoin que d'être avertis; il entraîna les autres : et lorsque le fils du comte de Lally, si célèbre depuis par son éloquence et par son courage [1], eut atteint l'âge où il pouvait demander justice, les esprits étaient préparés pour y applaudir et pour la solliciter. Voltaire était mourant lorsque, après douze ans, cet arrêt injuste fut cassé; il en apprit la nouvelle, ses forces se ranimèrent, et il écrivit : « Je meurs con-« tent; je vois que le roi aime la justice; » derniers

---

[1] Pour faire réhabiliter la mémoire de son père ; voyez tome XLVII, page 296; et LXVIII, 212. B.

mots qu'ait tracés cette main qui avait si long-temps soutenu la cause de l'humanité et de la justice [1].

Dans la même année 1766, un autre arrêt [2] étonna l'Europe, qui, en lisant les ouvrages de nos philosophes, croyait que les lumières étaient répandues en France, du moins dans les classes de la société où c'est un devoir de s'instruire, et qu'après plus de quinze années les confrères de Montesquieu avaient eu le temps de se pénétrer de ses principes.

Un crucifix de bois, placé sur le pont d'Abbeville, fut insulté pendant la nuit. Le scandale du peuple fut exalté et prolongé par la cérémonie ridicule d'une *amende honorable*. L'évêque d'Amiens [3], gouverné dans sa vieillesse par des fanatiques, et n'étant plus en état de prévoir les suites de cette farce religieuse, y donna de l'éclat par sa présence. Cependant la haine d'un bourgeois d'Abbeville [4] dirigea les soupçons du peuple sur le chevalier de La Barre, jeune militaire, d'une famille de robe alliée à la haute magistrature, et qui vivait alors chez une de ses parentes, abbesse de Willencourt, aux portes d'Abbeville. On instruisit le procès. Les juges d'Abbeville condamnèrent à des supplices dont l'horreur effraierait l'imagination d'un cannibale, le chevalier de La Barre, et d'Étallonde son ami, qui avait eu la prudence de s'enfuir. Le chevalier de La Barre s'était exposé au

---

[1] Voyez, tome LXX, la lettre 7473. B.
[2] Celui contre le chevalier de La Barre, tome XLII, page 355. B.
[3] L.-F.-G. de La Motte; voyez tome XLII, page 366. B.
[4] Belleval; voyez tome XXXII pages 529-30; XLII, 363; XLVIII, 126; LXVIII, 452. B.

jugement; il avait plus à perdre en quittant la France, et comptait sur la protection de ses parents[1], qui occupaient les premières places dans le parlement et dans le conseil. Son espérance fut trompée; la famille craignit d'attirer les regards du public sur ce procès, au lieu de chercher un appui dans l'opinion; et à l'âge d'environ dix-sept ans il fut condamné, par la pluralité de deux voix, à avoir la tête tranchée, après avoir eu la langue coupée, et subi les tourments de la question.

Cette horrible sentence fut exécutée; et cependant les accusations étaient aussi ridicules que le supplice était atroce. Il n'était que *véhémentement* soupçonné d'avoir eu part à l'aventure du crucifix. Mais on le déclarait convaincu d'avoir chanté, dans des parties de débauche, quelques unes de ces chansons moitié obscènes, moitié religieuses, qui, malgré leur grossièreté, amusent l'imagination dans les premières années de la jeunesse, par leur contraste avec le respect ou le scrupule que l'éducation inspire à l'égard des mêmes objets; d'avoir récité une ode[2] dont l'auteur, connu publiquement, jouissait alors d'une pension sur la cassette du roi; d'avoir fait des génuflexions en passant devant quelques uns de ces ouvrages libertins qui étaient à la mode dans un temps où les hommes, égarés par l'austérité de la morale religieuse, ne savaient pas distinguer la volupté de la débauche;

---

[1] Il était de la famille d'Ormesson, dont un était alors membre du parlement, et un autre conseiller d'état et intendant des finances. B.

[2] L'*Ode à Priape*, par Piron; voyez tome XLII, page 369. B.

on lui reprochait enfin d'avoir tenu des discours dignes de ces chansons et de ces livres.

Toutes ces accusations étaient appuyées sur le témoignage de gens du peuple qui avaient servi ces jeunes gens dans leurs parties de plaisir, ou de tourières de couvent faciles à scandaliser.

Cet arrêt révolta tous les esprits. Aucune loi ne prononçait la peine de mort ni pour le bris d'images ni pour les blasphèmes de ce genre; ainsi les juges avaient été même au-delà des peines portées par des lois que tous les hommes éclairés ne voyaient qu'avec horreur souiller encore notre code criminel. Il n'y avait point de père de famille qui ne dût trembler, puisqu'il y a peu de jeunes gens auxquels il n'échappe de semblables indiscrétions : et les juges condamnaient à une mort cruelle, pour des discours que la plupart d'entre eux s'étaient permis dans leur jeunesse, que peut-être ils se permettaient encore, et dont leurs enfants étaient aussi coupables que celui qu'ils condamnaient.

Voltaire fut indigné, et en même temps effrayé. On avait adroitement placé le *Dictionnaire philosophique* [1] au nombre des livres devant lesquels on disait que le chevalier de La Barre s'était prosterné. On voulait faire entendre que la lecture des ouvrages de Voltaire avait été la cause de ces étourderies, transformées en impiétés. Cependant le danger ne l'empêcha point de prendre la défense de ces victimes du fanatisme. D'Étallonde, réfugié à Vesel, obtint, à sa

[1] Voyez page v de ma Préface du tome XXVI. B.

recommandation, une place dans un régiment prussien. Plusieurs ouvrages imprimés instruisirent l'Europe des détails de l'affaire d'Abbeville; et les juges furent effrayés, sur leur tribunal même, du jugement terrible qui les arrachait à leur obscurité, pour les dévouer à une honteuse immortalité.

Le rapporteur de Lally, accusé d'avoir contribué à la mort du chevalier de La Barre, forcé de reconnaître ce pouvoir, indépendant des places, que la nature a donné au génie pour la consolation et la défense de l'humanité, écrivit une lettre où, partagé entre la honte et l'orgueil, il s'excusait en laissant échapper des menaces. Voltaire lui répondit par ce trait de l'histoire chinoise: *Je vous défends*, disait un empereur au chef du tribunal de l'histoire, *de parler davantage de moi.* Le mandarin se mit à écrire. *Que faites-vous donc?* dit l'empereur. *J'écris l'ordre que votre majesté vient de me donner*[1].

Pendant douze années que Voltaire survécut à cette injustice, il ne perdit point de vue l'espérance d'en obtenir la réparation; mais il ne put avoir la consolation de réussir. La crainte de blesser le parlement de Paris l'emporta toujours sur l'amour de la justice; et dans les moments où les chefs du ministère avaient un intérêt contraire, celle de déplaire au clergé les arrêta. Les gouvernements ne savent pas assez quelle considération leur donnent, et parmi le peuple qui leur est soumis, et auprès des nations étrangères, ces actes éclatants d'une justice particu-

---

[1] Cette phrase ne se trouve pas dans la lettre de Voltaire à Pasquier, du 20 septembre 1776, la seule que je connaisse imprimée. B.

lière, et combien l'appui de l'opinion est plus sûr que les ménagements pour des corps rarement capables de reconnaissance, et auxquels il serait plus politique d'ôter, par ces grands exemples, une partie de leur autorité sur les esprits, que de l'augmenter en prouvant, par ces ménagements mêmes, combien ils ont su inspirer de crainte.

Voltaire songeait cependant à conjurer l'orage, à se préparer les moyens d'y dérober sa tête : il diminua sa maison, s'assura de fonds disponibles avec lesquels il pouvait s'établir dans une nouvelle retraite. Tel avait toujours été son but secret dans ses arrangements de fortune. Pour lui faire éprouver le besoin et lui ravir son indépendance, il aurait fallu une conjuration entre les puissances de l'Europe. Il avait parmi ses débiteurs des princes et des grands qui ne payaient pas avec exactitude; mais il avait calculé les degrés de la corruption humaine, et il savait que ces mêmes hommes, peu délicats en affaires, sauraient trouver de quoi le payer dans le moment d'une persécution où leur négligence les rendrait l'objet de l'horreur et du mépris de l'Europe indignée.

Cette persécution parut un moment prête à se déclarer. Ferney est situé dans le diocèse de Genève, dont l'évêque titulaire siége dans la petite ville d'Annecy. François de Sales, qu'on a mis au rang des saints, ayant eu cet évêché, l'on avait imaginé que, pour ne pas scandaliser les hérétiques dans leur métropole, il ne fallait plus confier cette place qu'à un homme à qui l'on ne pût reprocher l'orgueil, le luxe, la mollesse, dont les protestants accusent les prélats catholiques. Mais depuis long-temps il était difficile de trouver des saints qui, avec de l'esprit ou de la naissance, daignassent se contenter d'un petit siége. Celui qui occupait le siége d'Annecy en 1767 était un homme du peuple [1], élevé dans un séminaire de Paris, où il ne s'était distingué que par des mœurs austères, une dévotion minutieuse, et un fanatisme imbécile. Il écrivit au comte de Saint-Florentin, pour l'engager à faire sortir de son diocèse, et par conséquent du royaume, Voltaire, qui fesait alors élever une église à ses frais, et répandait l'abondance dans un pays que la persécution contre les protestants avait dépeuplé. Mais l'évêque prétendait que le seigneur de Ferney avait fait dans l'église, après la messe, une exhortation morale contre le vol, et que les ouvriers employés par lui à construire cette église n'avaient pas déplacé une vieille croix avec assez de respect; motifs bien graves pour chasser de sa patrie un vieillard qui en était la gloire, et l'arracher d'un asile où l'Europe s'empressait de lui apporter le tribut de son admiration ! Le ministre, n'eût-il fait que peser les noms et l'existence politique, ne pouvait être tenté de plaire à l'évêque; mais il avertit Voltaire de se mettre à l'abri de ces délations que l'union de l'évêque d'Annecy avec des prélats français, plus accrédités, pouvait rendre dangereuses.

C'est alors qu'il imagina de faire une communion solennelle [2], qui fut suivie d'une protestation publique

---

[1] Nommé Biord; voyez tome LVIII, page 277; XXVI, 484; XLIII, 160. B.

[2] Le 1er avril 1769; voyez tome XIII, page 322; et XLVIII, 386. B.

de son respect pour l'Église, et de son mépris pour les calomniateurs : démarche inutile, qui annonçait plus de faiblesse que de politique, et que le plaisir de forcer son curé à l'administrer par la crainte des juges séculiers, et de dire juridiquement des injures à l'évêque d'Annecy, ne peut excuser aux yeux de l'homme libre et ferme qui pèse de sang-froid les droits de la vérité, et ce qu'exige la prudence lorsque des lois contraires à la justice naturelle rendent la vérité dangereuse, et la prudence nécessaire.

Les prêtres perdirent le petit avantage qu'ils auraient pu tirer de cette scène singulière, en falsifiant la déclaration que Voltaire avait donnée.

Il n'avait plus alors sa retraite auprès de Genève. Il s'était lié à son arrivée avec les familles qui, par leur éducation, leurs opinions, leurs goûts, et leur fortune, étaient plus rapprochées de lui; et ces familles avaient alors le projet d'établir une espèce d'aristocratie. Dans une ville sans territoire, où la force des citoyens peut se réunir avec autant de facilité et de promptitude que celle du gouvernement, un tel projet eût été absurde, si les citoyens riches n'avaient eu l'espérance d'employer en leur faveur une influence étrangère.

Les cabinets de Versailles et de Turin furent aisément séduits. Le sénat de Berne, intéressé à éloigner des yeux de ses sujets le spectacle de l'égalité républicaine, a pour politique constante de protéger autour de lui toutes les entreprises aristocratiques; et partout, dans la Suisse, les magistrats oppresseurs sont sûrs de trouver en lui un protecteur ardent et fidèle : ainsi le misérable orgueil d'obtenir dans une petite ville une autorité odieuse, et d'être haï sans être respecté, priva les citoyens de Genève de leur liberté, et la république, de son indépendance. Les chefs du parti populaire employèrent l'arme du fanatisme, parcequ'ils avaient assez lu pour savoir quelle influence la religion avait eue autrefois dans les dissensions politiques, et qu'ils ne connaissaient pas assez leur siècle pour sentir jusqu'à quel point la raison, aidée du ridicule, avait émoussé cette arme jadis si dangereuse.

On parla donc de remettre en vigueur les lois qui défendaient aux catholiques d'avoir du bien dans le territoire genevois; on reprocha aux magistrats leurs liaisons avec Voltaire, qui avait osé s'élever contre l'assassinat barbare de Servet, commandé au nom de Dieu par Calvin aux lâches et superstitieux sénateurs de Genève. Voltaire fut obligé de renoncer à sa maison des Délices.

Bientôt après, Rousseau établit dans *Émile* des principes qui révélaient aux citoyens de Genève toute l'étendue de leurs droits, et qui les appuyaient sur des vérités simples que tous les hommes pouvaient sentir, que tous devaient adopter. Les aristocrates voulurent l'en punir. Mais ils avaient besoin d'un prétexte; ils prirent celui de la religion, et se réunirent aux prêtres, qui, dans tous les pays, indifférents à la forme de la constitution et à la liberté des hommes, promettent les secours du ciel au parti qui favorise le plus leur intolérance, et deviennent, suivant leurs intérêts, tantôt les appuis de la tyrannie d'un prince persécuteur ou d'un sénat superstitieux, tantôt les défenseurs de la liberté d'un peuple fanatique.

Exposé alternativement aux attaques des deux partis, Voltaire garda la neutralité; mais il resta fidèle à sa haine pour les oppresseurs. Il favorisait la cause du peuple contre les magistrats, et celle des natifs contre les citoyens; car ces natifs, condamnés à ne jamais partager le droit de cité, se trouvaient plus malheureux depuis que les citoyens plus instruits des principes du droit politique, mais moins éclairés sur le droit naturel, se regardaient comme des souverains dont les natifs n'étaient que des sujets qu'ils se croyaient en droit de soumettre à cette même autorité arbitraire à laquelle ils trouvaient leurs magistrats si coupables de prétendre.

Voltaire fit donc un poëme[1] où il répandit le ridicule sur tous les partis, et auquel on ne peut reprocher que des vers contre Rousseau, dictés par une colère dont la justice des motifs qui l'inspiraient ne peut excuser ni l'excès ni les expressions. Mais, lorsque dans un tumulte les citoyens eurent tué quelques natifs, il s'empressa de recueillir à Ferney les familles que ces troubles forcèrent d'abandonner Genève; et dans le moment où la banqueroute de l'abbé Terray, qui n'avait pas même l'excuse de la nécessité, et qui ne servit qu'à faciliter des dépenses honteuses, venait de lui enlever une partie de sa fortune[2], on le vit donner des secours à ceux qui n'avaient pas de ressources, bâtir pour les autres des maisons qu'il

---

[1] Tome XII, page 241. B.
[2] Voyez tome XLVIII, page 377; LXVI, 456; XIV, 94; LXVIII, 34. B.

leur vendit à bas prix et en rentes viagères, en même temps qu'il sollicitait pour eux la bienfesance du gouvernement, qu'il employait son crédit auprès des souverains, des ministres, des grands de toutes les nations, pour procurer du débit à cette manufacture naissante d'horlogerie, qui fut bientôt connue de toute l'Europe.

Cependant le gouvernement s'occupait d'ouvrir aux Genevois un asile à Versoy, sur les bords du lac. Là devait s'établir une ville où l'industrie et le commerce seraient libres, où un temple protestant s'élèverait vis-à-vis d'une église catholique. Voltaire avait fait adopter ce plan, mais le ministre n'eut pas le crédit d'obtenir une loi de liberté religieuse; une tolérance secrète, bornée au temps de son ministère, était tout ce qu'il pouvait offrir; et Versoy ne put exister.

L'année 1771 fut une des époques les plus difficiles de la vie de Voltaire. Le chancelier Maupeou et le duc d'Aiguillon, tous deux objets de la haine des parlements, se trouvaient forcés de les attaquer pour n'en être pas victimes. L'un ne pouvait s'élever au ministère, l'autre s'y conserver, sans la disgrace du duc de Choiseul. Réunis à madame Dubarry, que ce ministre avait eu l'imprudence de s'aliéner sans retour, ils persuadèrent au roi que son autorité méconnue ne pouvait se relever; que l'état, sans cesse agité depuis la paix par les querelles parlementaires, ne pouvait reprendre sa tranquillité, si, par un acte de vigueur, on ne marquait aux prétentions des corps de magistrature une limite qu'ils n'osassent plus franchir; si l'on ne fixait un terme au-delà duquel ils n'osassent plus opposer de résistance à la volonté royale.

Le duc de Choiseul ne pouvait s'unir à ce projet sans perdre cette opinion publique long-temps déclarée contre lui, alors son unique appui; et cet avilissement forcé ne lui eût pas fait regagner la confiance du monarque, qui s'éloignait de lui. Il était donc vraisemblable que ses liaisons avec les parlements achèveraient de la lui faire perdre, et qu'il serait aisé de persuader, ou que son existence dans le ministère était le plus grand obstacle au succès des nouvelles mesures du gouvernement, ou qu'il cherchait à faire naître la guerre pour se conserver dans sa place malgré la volonté du roi.

L'attaque contre les parlements fut dirigée avec la même adresse. Tout ce qui pouvait intéresser la nation fut écarté. Le roi ne paraissait revendiquer que la plénitude du pouvoir législatif, pouvoir que la doctrine de la nécessité d'un enregistrement libre transférait non à la nation, mais aux parlements; et il était aisé de voir que ce pouvoir, réuni à la puissance judiciaire la plus étendue, partagé entre douze tribunaux perpétuels, tendait à établir en France une aristocratie tyrannique plus dangereuse que la monarchie pour la sûreté, la liberté, la propriété des citoyens. On pouvait donc compter sur le suffrage des hommes éclairés, sur celui des gens de lettres que le parlement de Paris avait également blessés par la persécution et par le mépris, par son attachement aux préjugés, et par son obstination à rejeter toute lumière nouvelle.

Mais il est plus aisé de former avec adresse une intrigue politique que d'exécuter avec sagesse un plan de réforme. Plus les principes que l'autorité voulait établir effrayaient la liberté, plus elle devait montrer d'indulgence et de douceur envers les particuliers; et l'on porta les rigueurs de détails jusqu'à un raffinement puéril. Un monarque paraît dur si, dans les punitions qu'il inflige, il ne respecte pas jusqu'au scrupule tout ce qui intéresse la santé, l'aisance, et même la sensibilité naturelle de ceux qu'il punit; et, dans cette occasion, tous les égards étaient négligés. On refusait à un fils la permission d'embrasser son père mourant; on retenait un homme dans un lieu insalubre[1], où il ne pouvait appeler sa famille sans l'exposer à partager ses dangers; un malade obtenait avec peine la liberté de chercher dans la capitale des secours qu'elle seule peut offrir. Un gouvernement absolu, s'il montre de la crainte, annonce ou la défiance de ses forces, ou l'incertitude du monarque, ou l'instabilité des ministres; et par là il encourage

[1] Le président de Lamoignon était exilé à Thizy près de Roanne, sur la pointe d'une montagne, où il ne put parvenir qu'à cheval; sa femme, en fesant deux ou trois lieues dans une chaise à porteurs; leurs enfants, dans des paniers à âne. Pasquier père avait été envoyé à Saint-Jean de Nanteuil (près de Ruffec en Angoumois), où l'air est si malsain qu'il a été sur le point d'y perdre la vue. Michaud de Montblin, crachant le sang et menacé d'une pulmonie, était à l'Isle-Dieu, huit lieues en mer. On peut voir la liste générale des membres du parlement, alors exilés, dans le *Journal historique de la révolution opérée dans la constitution de la monarchie par M. de Maupeou, chancelier de France*, tome I, pages 47-59. B.

à la résistance. Et l'on montrait cette crainte en fesant dépendre le retour des exilés d'un consentement inutile dans l'opinion de ceux mêmes qui l'exigeaient.

Une opération salutaire ne change point de nature, si elle est exécutée avec dureté; mais alors l'homme honnête et éclairé qui l'approuve, s'il se croit obligé de la défendre, ne la défend qu'à regret; son ame révoltée n'a plus ni zèle ni chaleur pour un parti que ses chefs déshonorent. Ceux qui manquent de lumières passent de la haine pour le ministre à l'aversion des mesures qu'il soutient par l'oppression; et la voix publique condamne ce que, laissée à elle-même, elle eût peut-être approuvé.

Le grand nombre des magistrats que cette révolution privait de leur état, le mérite et les vertus de quelques uns, la foule des ministres subalternes de la justice liés à leur sort par honneur et par intérêt, ce penchant naturel qui porte les hommes à s'unir à la cause des persécutés, la haine non moins naturelle pour le pouvoir, tout devait à-la-fois rendre odieuses les opérations du ministère, et lui susciter des obstacles, lorsque, forcé de remplacer les tribunaux qu'il voulait détruire, la force devenait inutile, et la confiance nécessaire.

Cependant la barbarie des lois criminelles, les vices révoltants des lois civiles, offraient aux auteurs de la révolution un moyen sûr de regagner l'opinion, et de donner à ceux qui consentiraient à remplacer les parlements, une excuse que l'honneur et le patriotisme auraient pu avouer hautement. Les ministres dedaignèrent ce moyen. Le parlement s'était rendu odieux à tous les hommes éclairés, par les obstacles qu'il opposait à la liberté d'écrire, par son fanatisme, dont le supplice récent du chevalier de La Barre était un exemple aux yeux de l'Europe entière. Mais, irrité des libelles publiés contre lui, effrayé des ouvrages où l'on attaquait ses principes, jaloux enfin de se faire un appui du clergé, le chancelier se plut à charger de nouvelles chaînes la liberté d'imprimer. La mémoire de La Barre ne fut pas réhabilitée[1], son ami[2] ne put obtenir une révision qui eût couvert d'opprobre ceux à qui le chef de la justice était pourtant si intéressé à ravir la faveur publique. La procédure criminelle subsista dans toute son horreur; et cependant huit jours auraient suffi pour rédiger une loi qui aurait supprimé la peine de mort si cruellement prodiguée, aboli toute espèce de torture, proscrit les supplices cruels; qui aurait exigé une grande pluralité pour condamner, admis un certain nombre de récusations sans motif, accordé aux accusés le secours d'un conseil qui enfin leur aurait assuré la faculté de connaître et d'examiner tous les actes de la procédure, le droit de présenter des témoins, de faire entendre des faits justificatifs. La nation, l'Europe entière, auraient applaudi; les magistrats dépossédés n'auraient plus été que les ennemis de ces innovations salutaires; et leur chute,

[1] Elle l'a été par le décret de la convention nationale, du 25 brumaire an II (15 novembre 1793). B.

[2] Jacques-Marie-Bertrand-Gaillard de Beaucourt (et non Beaucourt), dit Étallonde de Morival, mort à Wailly, à quatre lieues d'Amiens, le 22 thermidor an VII (10 auguste 1800), vivait encore quand la convention nationale prononça, le 15 novembre 1793, la réhabilitation de sa mémoire. B.

que l'époque où le souverain aurait recouvré la liberté de se livrer à ses vues de justice et d'humanité.

A la vérité, la vénalité des charges[1] fut supprimée; mais les juges étaient toujours nommés par la cour, on ne vit dans ce changement que la facilité de placer dans les tribunaux des hommes sans fortune, et plus faciles à séduire.

On diminua les ressorts les plus étendus, mais on n'érigea pas en parlement ces nouvelles cours; on ne leur accorda point l'enregistrement, et par là on mit entre elles et les anciens tribunaux une différence, présage de leur destruction; enfin on supprima les épices des juges, remplacées par des appointements fixes : seule opération que la raison put approuver tout entière.

Ceux qui conduisaient cette révolution parvinrent cependant à la consommer malgré une réclamation presque générale. Le duc de Choiseul, accusé de fomenter en secret la résistance un peu incertaine du parlement de Paris, et d'avoir retardé la conclusion d'une pacification entre l'Angleterre et l'Espagne, fut exilé dans ses terres. Le parlement, obligé de prendre par reconnaissance le parti de la fermeté, fut bientôt dispersé. Le duc d'Aiguillon devint ministre; un nouveau tribunal remplaça le parlement. Quelques parlements de province eurent le sort de celui de Paris; d'autres consentirent à rester, et sacrifièrent une partie de leurs membres. Tout se tut devant l'autorité, et il ne manqua au succès des ministres que l'opinion publique qu'ils bravaient, et qui au

---

[1] Voyez ma note, tome XXXIII, page 11. B.

bout de quelques années eut le pouvoir de les détruire.

Voltaire haïssait le parlement de Paris, et aimait le duc de Choiseul; il voyait dans l'un un ancien persécuteur que sa gloire avait aigri et n'avait pas désarmé; dans l'autre, un bienfaiteur et un appui. Il fut fidèle à la reconnaissance, et constant dans ses opinions. Dans toutes ses lettres, il exprime ses sentiments pour le duc de Choiseul avec franchise, avec énergie; et il n'ignorait pas que ses lettres (grace à l'infame usage de violer la foi publique) étaient lues par les ennemis du ministre exilé. Un joli conte, intitulé *Barmécide*[1], est le seul monument durable de l'intérêt que cette disgrace avait excité. L'injustice avec laquelle les amis ou les partisans du ministre l'accusèrent d'ingratitude[2] fut un des chagrins les plus vifs que Voltaire ait éprouvés. Il le fut d'autant plus, que le ministre partagea cette injustice. En vain Voltaire tenta de le désabuser; il invoqua vainement les preuves qu'il donnait de son attachement et de ses regrets.

Je l'ai dit à la terre, au ciel, à Guzman même[3];

écrivait-il dans sa douleur[4]. Mais il ne fut pas entendu.

[1] L'*Épître de Benaldaki à Camarouftée*, tome XIII, page 315. K.
[2] Voyez, tome LXVII, pages 146, 155, 166, dans quels termes Voltaire parlait du duc de Choiseul au duc de La Vrillière, et au duc de Richelieu lui-même; voyez aussi tome LXVIII, page 496, ce que madame de Choiseul avait écrit à madame du Deffand. B.
[3] *Alzire*, acte III, scène 4. B.
[4] Lettre à madame du Deffand, du 5 avril 1771; voyez tome LXVII, page 120. B.

Les grands, les gens en place, ont des intérêts, et rarement des opinions : combattre celle qui convient à leurs projets actuels, c'est, à leurs yeux, se déclarer contre eux. Cet attachement à la vérité, l'une des plus fortes passions des esprits élevés et des ames indépendantes, n'est pour eux qu'un sentiment chimérique. Ils croient qu'un raisonneur, un philosophe, n'a, comme eux, que des opinions du moment, professe ce qu'il veut, parcequ'il ne tient fortement à rien, et doit par conséquent changer de principes, suivant les intérêts passagers de ses amis ou de ses bienfaiteurs. Ils le regardent comme un homme fait pour défendre la cause qu'ils ont embrassée, et non pour soutenir ses principes personnels; pour servir sous eux, et non pour juger de la justice de la guerre. Aussi le duc de Choiseul et ses amis paraissaient-ils croire que Voltaire aurait dû, par respect pour lui, ou trahir ou cacher ses opinions sur des questions de droit public. Anecdote curieuse, qui prouve à quel point l'orgueil de la grandeur ou de la naissance peut faire oublier l'indépendance naturelle de l'esprit humain, et l'inégalité des esprits et des talents, plus réelle que celle des rangs et des places.

Voltaire voyait avec plaisir la destruction de la vénalité, celle des épices, la diminution du ressort immense du parlement de Paris [1], abus qu'il combattait par le raisonnement et le ridicule depuis plus de quarante années. Il préférait un seul maître à plusieurs; un souverain dont on ne peut craindre que les préjugés, à une troupe de despotes dont les préjugés

[1] Voyez ma Préface du tome XXII. B.

sont encore plus dangereux, mais dont on doit craindre de plus les intérêts et les petites passions, et qui, plus redoutables aux hommes ordinaires, le sont surtout à ceux dont les lumières les effraient, et dont la gloire les irrite. Il disait: « J'ai les reins peu flexibles; « je consens à faire une révérence, mais cent de suite « me fatiguent. »

Il applaudit donc à ces changements; et parmi les hommes éclairés qui partageaient son opinion, il osa seul la manifester [1]. Sans doute il ne pouvait se dissimuler avec quelle petitesse de moyens et de vues on avait laissé échapper cette occasion si heureuse de réformer la législation française, de rendre aux esprits la liberté, aux hommes leurs droits; de proscrire à-la-fois l'intolérance et la barbarie; de faire enfin de ce moment l'époque d'une révolution heureuse pour la nation, glorieuse pour le prince et ses ministres. Mais Voltaire était aussi trop pénétrant pour ne pas sentir que si les lois étaient les mêmes, les tribunaux étaient changés; que si même ils avaient hérité de l'esprit de leurs prédécesseurs, ils n'avaient pu hériter de leur crédit ni de leur audace; que la nouveauté, en leur ôtant ce respect aveugle du vulgaire pour tout ce qui porte la rouille de l'antiquité, leur ôtait une grande partie de leur puissance; que l'opinion seule pouvait la leur rendre, et que, pour obtenir son suffrage, il ne leur restait plus d'autre

---

[1] Voyez, tome XLVI, pages 484-485, la liste des écrits composés par Voltaire en faveur des opérations du parlement Maupeou, et que j'ai admis dans mon édition, sauf un seul que je n'ai pu me procurer. B.

moyen que d'écouter la raison, et de s'unir aux ennemis des préjugés, aux amis de l'humanité.

L'approbation que Voltaire accorda aux opérations du chancelier Maupeou fut du moins utile aux malheureux. S'il ne put obtenir justice pour la mémoire de l'infortuné La Barre; s'il ne put rendre le jeune d'Étallonde à sa patrie; si un ménagement pusillanime pour le clergé l'emporta dans le ministre sur l'intérêt de sa gloire, du moins Voltaire eut le bonheur de sauver la femme de Montbailly[1]. Cet infortuné, faussement accusé d'un parricide, avait péri sur la roue; sa femme était condamnée à la mort : elle supposa une grossesse, et eut le bonheur d'obtenir un sursis.

Nos tribunaux viennent de rejeter une loi sage qui, mettant entre le jugement et l'exécution un intervalle dont l'innocence peut profiter, eût prévenu presque toutes leurs injustices; et ils l'ont refusée avec une humeur qui suffit pour en prouver la nécessité[2]. Les femmes seules, en se déclarant grosses, échappent aux dangers de ces exécutions précipitées. Dans l'espace de moins de vingt ans, ce moyen a sauvé la vie à trois personnes innocentes, sur lesquelles des circonstances particulières ont attiré la curiosité publique : autre preuve de l'utilité de cette loi, à laquelle

---

[1] Voyez tome XLVI, page 540; et XLVII, 503. B.

[2] Il est juste d'observer que tous les magistrats n'ont pas cette haute idée de leurs droits, cet amour du pouvoir. L'un d'eux vient de mériter l'estime et la vénération de tous les citoyens, en prononçant dans le parlement de Paris ces paroles remarquables : « Les citoyens seuls ont des « droits; les magistrats, comme magistrats, n'ont que des devoirs. » K.

un orgueil barbare peut seul s'opposer, et qui doit subsister jusqu'au temps où l'expérience aura prouvé que la législation nouvelle (qui sans doute va bientôt remplacer l'ancienne) n'expose l'innocence à aucun danger.

On revit le procès de la femme Montbailly; le conseil d'Artois qui l'avait condamnée la déclara innocente, et, plus noble ou moins orgueilleux que le parlement de Toulouse, il pleura sur le malheur irréparable d'avoir fait périr un innocent; il s'imposa lui-même le devoir d'assurer des jours paisibles à l'infortunée dont il avait détruit le bonheur.

Si Voltaire n'avait montré son zèle que contre des injustices liées à des événements publics, ou à la cause de la tolérance, on eût pu l'accuser de vanité; mais son zèle fut le même pour cette cause obscure à laquelle son nom seul a donné de l'éclat.

C'est ainsi qu'on a vu depuis un magistrat, enlevé trop tôt à ses amis et aux malheureux[1], intéresser l'Europe à la cause de trois paysans de Champagne, et obtenir par son éloquence et par la persécution une gloire brillante et durable, pour prix d'un zèle que le sentiment de l'humanité, l'amour de la justice, avaient seuls inspiré. Les hommes incapables de ces actions ne manquent jamais de les attribuer au desir de la renommée; ils ignorent quelles angoisses le spectacle d'une injustice fait éprouver à une ame fière

---

[1] M. Dupaty. K. — (Voyez tome LXV, page 398). Son écrit intitulé *Mémoire justificatif pour trois hommes condamnés à la roue*, 1786, in-4°, fut condamné à être brûlé de la main du bourreau par arrêt du parlement du mois d'auguste 1786. B.

et sensible, à quel point il tourmente la mémoire et la pensée, combien il fait sentir le besoin impérieux de prévenir ou de réparer le crime ; ils ne connaissent point ce trouble, cette horreur involontaire qu'excite dans tous les sens la vue, l'idée seule d'un oppresseur triomphant ou impuni : et l'on doit plaindre ceux qui ont pu croire que l'auteur d'*Alzire* et de *Brutus* avait besoin de la gloire d'une bonne action pour défendre l'innocence et s'élever contre la tyrannie.

Une nouvelle occasion de venger l'humanité outragée s'offrit à lui. La servitude, solennellement abolie en France par Louis Hutin, subsistait encore sous Louis XV dans plusieurs provinces. En vain avait-on plus d'une fois formé le projet de l'abolir. L'avarice et l'orgueil avaient opposé à la justice une résistance qui avait fatigué la paresse du gouvernement. Les tribunaux supérieurs, composés de nobles, favorisaient les prétentions des seigneurs.

Ce fléau affligeait la Franche-Comté, et particulièrement le territoire du couvent de Saint-Claude. Ces moines, sécularisés en 1742, ne devaient qu'à des titres faux la plupart de leurs droits de mainmorte, et les exerçaient avec une rigueur qui réduisait à la misère un peuple sauvage, mais bon et industrieux. A la mort de chaque habitant, si ses enfants n'avaient pas constamment habité la maison paternelle, le fruit de ses travaux appartenait aux moines. Les enfants, la veuve, sans meubles, sans habits, sans domicile, passaient du sein d'une vie laborieuse et paisible à toutes les horreurs de la mendicité. Un étranger mourait-il après un an de séjour sur cette terre frappée de l'anathème féodal, son bien appartenait encore aux moines. Une fille n'héritait pas de son père, si on pouvait prouver qu'elle eût passé la nuit de ses noces hors de la maison paternelle.

Ce peuple souffrait sans oser se plaindre, et voyait, avec une douleur muette, passer aux mains des moines ses épargnes, qui auraient dû fournir à l'industrie et à la culture des capitaux utiles. Heureusement la construction d'une grande route ouvrit une communication entre eux et les cantons voisins. Ils apprirent qu'au pied du mont Jura il existait un homme dont la voix intrépide avait plus d'une fois fait retentir les plaintes de l'opprimé jusque dans le palais des rois, et dont le nom seul fesait pâlir la tyrannie sacerdotale. Ils lui peignirent leurs maux, et ils eurent un appui [1].

La France, l'Europe entière, connurent les usurpations et la dureté de ces prêtres hypocrites qui osaient se dire les disciples d'un Dieu humilié, et voulaient conserver des esclaves. Mais, après plusieurs années de sollicitations, on ne put obtenir du timide successeur de M. de Maupeou un arrêt du conseil qui proscrivît cette lâche violation des droits de l'humanité; il n'osa, par ménagement pour le parlement de Besançon, soustraire à son jugement une cause qui ne pouvait être regardée comme un procès ordinaire, sans reconnaître honteusement la légitimité de la servitude. Les serfs de Saint-Claude furent renvoyés

---

[1] Voyez, tome XLVI, page 445; le premier des écrits de Voltaire dans cette cause. J'y ai donné dans une note la liste des ouvrages de Voltaire sur le même sujet, et qui sont dans d'autres volumes. B.

devant un tribunal[1] dont les membres, seigneurs de terres où la servitude est établie, se firent un plaisir barbare de resserrer leurs fers; et ces fers subsistent encore[2].

Ils ont seulement obtenu, en 1778, de pouvoir, en abandonnant leur patrie et leurs chaumières, se soustraire à l'empire monacal. Mais un autre article de cette même loi a plus que compensé ce bienfait si faible pour des infortunés que la pauvreté, plus que la loi, attache à leur terre natale. C'est dans ce même édit que le souverain a donné pour la première fois le nom et le caractère sacré de propriété à des droits odieux, regardés, même au milieu de l'ignorance et de la barbarie du treizième siècle, comme des usurpations que ni le temps ni les titres ne pouvaient rendre légitimes; et un ministre hypocrite a fait dépendre la liberté de l'esclave, non de la justice des lois, mais de la volonté de ses tyrans.

Qui croirait, en lisant ces détails, que c'est ici la vie d'un grand poëte, d'un écrivain fécond et infatigable? Nous avons oublié sa gloire littéraire, comme il l'avait oubliée lui-même. Il semblait n'en plus connaître qu'une seule, celle de venger l'humanité, et d'arracher des victimes à l'oppression.

Cependant son génie, incapable de souffrir le repos, s'exerçait dans tous les genres qu'il avait embras-

---

[1] Le parlement de Besançon; voyez ci-après, page 280. B.

[2] L'année même que Condorcet publia sa *Vie de Voltaire*, l'assemblée nationale constituante, dans la séance du 4 auguste 1789, abolit les droits féodaux et censuels, ceux qui tenaient à la mainmorte réelle ou personnelle, et à la servitude personnelle. B.

sés, et même osait en essayer de nouveaux. Il imprimait des tragédies auxquelles on peut sans doute reprocher de la faiblesse, et qui ne pouvaient plus arracher les applaudissements d'un parterre que lui-même avait rendu si difficile, mais où l'homme de lettres peut admirer de beaux vers et des idées philosophiques et profondes, tandis que le jeune homme qui se destine au théâtre peut encore y étudier les secrets de son art; des contes[1] où ce genre, borné jusqu'alors à présenter des images voluptueuses ou plaisantes qui amusent l'imagination ou réveillent la gaîté, prit un caractère plus philosophique, et devint, comme l'apologue, une école de morale et de raison; des épîtres[2] où, si on les compare à ses premiers ouvrages, l'on trouve moins de correction, un ton moins soutenu, et une poésie moins brillante, mais aussi plus de simplicité et de variété, une philosophie plus usuelle et plus libre, un plus grand nombre de ces traits d'un sens profond que produit l'expérience de la vie; des satires[3] enfin où les préjugés et leurs protecteurs sont livrés au ridicule sous mille formes piquantes.

En même temps il donnait, dans sa *Philosophie de l'Histoire*[4], des leçons aux historiens, en bravant la haine des pédants, dont il dévoilait la stupide crédulité et l'envieuse admiration pour les temps anti-

---

[1] Tomes XXXIII et XXXIV de la présente édition, pour les contes en prose; tome XIV, pour les contes en vers. B.

[2] Tome XIII. B.

[3] Tome XIV. B.

[4] Publiée en 1765, elle forme l'*Introduction à l'Essai sur les mœurs;* voyez ma Préface du tome XV. B.

ques. Il perfectionnait son *Essai sur les mœurs et l'esprit des nations*[1], son *Siècle de Louis XIV*[2], et y ajoutait l'*Histoire du Siècle de Louis XV*[3]; histoire incomplète, mais exacte, la seule où l'on puisse prendre une idée des événements de ce règne, et où l'on trouve toute la vérité que l'on peut espérer dans une histoire contemporaine, qui ne doit être ni une dénonciation ni un libelle.

De nouveaux romans, des ouvrages ou sérieux ou plaisants, inspirés par les circonstances, n'ajoutaient pas à sa gloire, mais continuaient à la rendre toujours présente, soutenaient l'intérêt de ses partisans, et humiliaient cette foule d'ennemis secrets qui, pour se refuser à l'admiration que l'Europe leur commandait, prenaient le masque de l'austérité.

Enfin il entreprit de rassembler, sous la forme de dictionnaire, toutes les idées, toutes les vues qui s'offraient à lui sur les divers objets de ses réflexions, c'est-à-dire sur l'universalité presque entière des connaissances humaines. Dans ce recueil, intitulé modestement *Questions* à des amateurs *sur l'Encyclopédie*[4], il parle tour-à-tour de théologie et de grammaire, de physique et de littérature; il discute tantôt des points d'antiquité, tantôt des questions de politique, de législation, de droit public. Son style, toujours animé et piquant, répand sur ces objets divers un

---

[1] Tome XV à XVIII. B.
[2] Tomes XIX et XX. B.
[3] Tome XXI. B.
[4] Le premier volume des *Questions sur l'Encyclopédie* parut en 1770 : elles ont été réunies avec le *Dictionnaire philosophique*, qui avait été publié en 1764; voyez ma Préface du tome XXVI. B.

charme dont jusqu'ici lui seul a connu le secret, et qui naît surtout de l'abandon avec lequel, cédant à son premier mouvement, proportionnant son style moins à son sujet qu'à la disposition actuelle de son esprit, tantôt il répand le ridicule sur des objets qui semblent ne pouvoir inspirer que l'horreur, et bientôt après, entraîné par l'énergie et la sensibilité de son ame, il tonne avec force contre les abus dont il vient de plaisanter. Ailleurs il s'irrite contre le mauvais goût, s'aperçoit bientôt que son indignation doit être réservée pour de plus grands intérêts, et finit par rire de sa propre colère. Quelquefois il interrompt une discussion de morale ou de politique par une observation de littérature, et, au milieu d'une leçon de goût, il laisse échapper quelques maximes d'une philosophie profonde, ou s'arrête pour livrer au fanatisme ou à la tyrannie une attaque terrible et soudaine.

L'intérêt constant que prit Voltaire au succès de la Russie contre les Turcs mérite d'être remarqué. Comblé des bontés de l'impératrice, sans doute la reconnaissance animait son zèle; mais on se tromperait si on imaginait qu'elle en fût l'unique cause. Supérieur à ces politiques de comptoir qui prennent l'intérêt de quelques marchands connus dans les bureaux pour l'intérêt du commerce, et l'intérêt du commerce pour l'intérêt du genre humain; non moins supérieur à ces vaines idées d'équilibre de l'Europe, si chères aux compilateurs politiques, il voyait dans la destruction de l'empire turc des millions d'hommes assurés du moins d'éviter, sous le despotisme d'un souverain, le despotisme insupportable d'un peuple; il voyait renvoyer dans les climats infortunés qui les ont vues naître ces mœurs tyranniques de l'Orient qui condamnent un sexe entier à un honteux esclavage. D'immenses contrées, placées sous un beau ciel, destinées par la nature à se couvrir des productions les plus utiles à l'homme, auraient été rendues à l'industrie de leurs habitants; ces pays [1], les premiers où l'homme ait eu du génie, auraient vu renaître dans leur sein les arts dont ils ont donné les modèles les plus parfaits, les sciences dont ils ont posé les fondements.

Sans doute les spéculations routinières de quelques marchands auraient été dérangées, leurs profits auraient diminué; mais le bien-être réel de tous les peuples aurait augmenté, parcequ'on ne peut étendre sur le globe l'espace où fleurit la culture, où le commerce est sûr, où l'industrie est active, sans augmenter pour tous les hommes la masse des jouissances et des ressources. Pourquoi voudrait-on qu'un philosophe préférât la richesse de quelques nations à la liberté d'un peuple entier, le commerce de quelques villes au progrès de la culture et des arts dans un grand empire? Loin de nous ces vils calculateurs qui veulent ici tenir la Grèce dans les fers des Turcs; là, enlever des hommes, les vendre comme de vils troupeaux, les obliger à force de coups à servir leur insatiable avarice, et qui calculent gravement les prétendus millions que rapportent ces outrages à la nature.

Que partout les hommes soient libres, que chaque pays jouisse des avantages que lui a donnés la nature;

[1] La Grèce et l'Égypte. R.

voilà ce que demande l'intérêt commun de tous les peuples, de ceux qui reprendraient leurs droits, comme de ceux où quelques individus, et non la nation, ont profité du malheur d'autrui. Qu'importe auprès de ces grands objets, et des biens éternels qui naîtraient de cette grande révolution, la ruine de quelques hommes avides qui avaient fondé leur fortune sur les larmes et le sang de leurs semblables?

Voilà ce que devait penser Voltaire, voilà ce que pensait M. Turgot.

On a parlé de l'injustice d'une guerre contre les Turcs. Peut-on être injuste envers une horde de brigands qui tiennent dans les fers un peuple esclave, à qui leur avide férocité prodigue les outrages? Qu'ils rentrent dans ces déserts dont la faiblesse de l'Europe leur a permis de sortir, puisque dans leur brutal orgueil ils ont continué à former une race de tyrans, et qu'enfin la patrie de ceux à qui nous devons nos lumières, nos arts, nos vertus même, cesse d'être déshonorée par la présence d'un peuple qui unit les vices infames de la mollesse à la férocité des peuples sauvages. Vous craignez pour la balance de l'Europe, comme si ces conquêtes ne devaient pas diminuer la force des conquérants, au lieu de l'augmenter; comme si l'Asie ne devait pas long-temps offrir à des ambitieux une proie facile qui les dégoûterait des conquêtes hasardeuses qu'ils pourraient tenter en Europe! Ce n'est point la politique des princes, ce sont les lumières des peuples civilisés qui garantiront à jamais l'Europe des invasions; et plus la civilisation s'étendra sur la terre, plus on en verra disparaître la guerre et les conquêtes, comme l'esclavage et la misère.

Louis XV mourut[1]. Ce prince, qui depuis longtemps bravait dans sa conduite les préceptes de la morale chrétienne, ne s'était cependant jamais élevé au-dessus des terreurs religieuses. Les menaces de la religion revenaient l'effrayer à l'apparence du moindre danger; mais il croyait qu'une promesse de continence, si facile à faire sur un lit de mort, et quelques paroles d'un prêtre, pouvaient expier les fautes d'un règne de soixante ans. Plus timide encore que superstitieux, accoutumé par le cardinal de Fleury à regarder la liberté de penser comme une cause de trouble dans les états, ou du moins d'embarras pour les gouvernements, ce fut malgré lui que, sous son règne, la raison humaine fit en France des progrès rapides. Celui qui y travaillait avec le plus d'éclat et de succès était devenu l'objet de sa haine. Cependant il respectait en lui la gloire de la France, et ne voyait pas sans orgueil l'admiration de l'Europe placer un de ses sujets au premier rang des hommes illustres. Sa mort ne changea rien au sort de Voltaire, et M. de Maurepas joignait aux préjugés de Fleury une haine plus forte encore pour tout ce qui s'élevait au-dessus des hommes ordinaires.

Voltaire avait prodigué à Louis XV, jusqu'à son voyage en Prusse, des éloges exagérés, sans pouvoir le désarmer; il avait gardé un silence presque absolu depuis cette époque où les malheurs et les fautes de ce règne auraient rendu ses louanges avilissantes. Il

[1] 10 mai 1774. B.

osa être juste envers lui après sa mort [1], dans l'instant où la nation presque entière semblait se plaire à déchirer sa mémoire; et on a remarqué que les philosophes, qu'il ne protégea jamais, furent alors les seuls qui montrassent quelque impartialité, tandis que des prêtres [2] chargés de ses bienfaits insultaient à ses faiblesses.

Le nouveau règne offrit bientôt à Voltaire des espérances qu'il n'avait osé former. M. Turgot fut appelé au ministère [3]. Voltaire connaissait ce génie vaste et profond, qui dans tous les genres de connaissances s'était créé des principes sûrs et précis auxquels il avait attaché toutes ses opinions, d'après lesquelles il dirigeait toute sa conduite; gloire qu'aucun autre homme d'état n'a mérité de partager avec lui. Il savait qu'à une ame passionnée pour la vérité et pour le bonheur des hommes, M. Turgot unissait un courage supérieur à toutes les craintes, une grandeur de caractère au-dessus de toutes les dissimulations; qu'à ses yeux les plus grandes places n'étaient qu'un moyen d'exécuter ses vues salutaires, et ne lui paraîtraient plus qu'un vil esclavage, s'il perdait cette espérance. Enfin il savait qu'affranchi de tous les préjugés, et haïssant en eux les ennemis les plus dangereux du genre humain, M. Turgot regardait la liberté de pen-

---

[1] Voyez l'*Éloge funèbre de Louis XV,* tome XLVIII, page 9. B.

[2] Beauvais, évêque de Senez; voyez tome XLVIII, page 36. B.

[3] La nomination de Turgot à la place de contrôleur général des finances est du 24 auguste 1774; mais, le mois précédent, le ministère de Louis XV, conservé par Louis XVI, prévoyant la mort prochaine de Voltaire, avait ordonné de mettre les scellés sur ses papiers; voyez n° XXXV à XLVIII des *Pièces justificatives.* B.

ser et d'imprimer comme un droit de chaque citoyen, un droit des nations entières, dont les progrès de la raison peuvent seuls appuyer le bonheur sur une base inébranlable.

Voltaire vit dans la nomination de M. Turgot l'aurore du règne de cette raison si long-temps méconnue, plus long-temps persécutée; il osa espérer la chute rapide des préjugés, la destruction de cette politique lâche et tyrannique qui, pour flatter l'orgueil ou la paresse des gens en place, condamnait le peuple à l'humiliation et à la misère.

Cependant ses tentatives en faveur des serfs du mont Jura furent inutiles, et il essaya vainement d'obtenir pour d'Étallonde et pour la mémoire du chevalier de La Barre[1] cette justice éclatante que l'humanité et l'honneur national exigeaient également. Ces objets étaient étrangers au département des finances; et cette supériorité de lumières, de caractère, et de vertu, que M. Turgot ne pouvait cacher, lui avait fait de tous les autres ministres, de tous les intrigants subalternes, autant d'ennemis qui, n'ayant à combattre en lui ni ambition ni projets personnels, s'acharnaient contre tout ce qu'ils croyaient d'accord avec ses vues justes et bienfesantes.

On ne pouvait d'ailleurs rendre la liberté aux serfs du mont Jura sans blesser le parlement de Besançon; la révision du procès d'Abbeville eût humilié celui de Paris; et une politique maladroite avait rétabli les anciens parlements, sans profiter de leur destruction et du peu de crédit de ceux qui les avaient rem-

---

[1] Voyez ci-dessus, page 263. B.

placés, pour porter dans les lois et dans les tribunaux une réforme entière dont tous les hommes instruits sentaient la nécessité. Mais un ministère faible et ennemi des lumières n'osa ou ne voulut pas saisir cette occasion, où le bien eût encore moins trouvé d'obstacles que dans l'instant si honteusement manqué par le chancelier Maupeou.

C'est ainsi que, par complaisance pour les préjugés des parlements, le ministère laissa perdre pour la réforme de l'éducation les avantages que lui offrait la destruction des jésuites. On n'avait même pris, en 1774, aucune précaution pour empêcher la renaissance des querelles qui, en 1770, avaient amené la destruction de la magistrature. On n'avait eu qu'un seul objet, l'avantage de s'assurer une reconnaissance personnelle qui donnât aux auteurs du changement un moyen d'employer utilement contre leurs rivaux de puissance le crédit des corps dont le rétablissement était leur ouvrage.

Ainsi le seul avantage que Voltaire put obtenir du ministère de M. Turgot fut de soustraire le petit pays de Gex à la tyrannie des fermes. Séparé de la France par des montagnes, ayant une communication facile avec Genève et la Suisse, cette malheureuse contrée ne pouvait être assujettie au régime fiscal sans devenir le théâtre d'une guerre éternelle entre les employés du fisc et les habitants, sans payer des frais de perception plus onéreux que la valeur même des impositions. Le peu d'importance de cette opération aurait dû la rendre facile. Cependant elle était depuis long-temps inutilement sollicitée par M. de Voltaire.

Une partie des provinces de la France ont échappé par différentes causes au joug de la ferme générale, ou ne l'ont porté qu'à moitié; mais les fermiers ont souvent avancé leurs limites, enveloppé dans leurs chaînes des cantons isolés que des priviléges féodaux avaient long-temps défendus. Ils croyaient que leur dieu *Terme*, comme celui des Romains, ne devait reculer jamais, et que son premier pas en arrière serait le présage de la destruction de l'empire. Leur opposition ne pouvait balancer, auprès de M. Turgot, une opération juste et bienfesante qui, sans nuire au fisc, soulageait les citoyens, épargnait des injustices et des crimes, rappelait dans un canton dévasté la prospérité et la paix.

Le pays de Gex fut donc affranchi moyennant une contribution de trente mille livres, et Voltaire put écrire à ses amis, en parodiant un vers de *Mithridate*[1]:

Et mes derniers regards ont vu fuir les *commis*.

Les édits de 1776 auraient augmenté le respect de Voltaire pour M. Turgot, si d'avance il n'avait pas senti son ame et connu son génie. Ce grand homme d'état avait vu que, placé à la tête des finances dans un moment où, gêné par la masse de la dette, par les obstacles que les courtisans et le ministre prépondérant opposaient à toute grande réforme dans l'administration, à toute économie importante, il ne pouvait diminuer les impôts, et il voulut du

[1] Acte V, scène 5. R.

moins soulager le peuple et dédommager les propriétaires, en leur rendant les droits dont un régime oppresseur les avait privés.

Les corvées, qui portaient la désolation dans les campagnes, qui forçaient le pauvre à travailler sans salaire, et enlevaient à l'agriculture les chevaux du laboureur, furent changées en un impôt payé par les seuls propriétaires. Dans toutes les villes, de ridicules corporations fesaient acheter à une partie de leurs habitants le droit de travailler; ceux qui subsistaient par leur industrie ou par le commerce étaient obligés de vivre sous la servitude d'un certain nombre de privilégiés, ou de leur payer un tribut. Cette institution absurde disparut [1], et le droit de faire un usage libre de leurs bras ou de leur temps fut restitué aux citoyens.

La liberté du commerce des grains, celle du commerce des vins; l'une gênée par des préjugés populaires, l'autre par des priviléges tyranniques, extorqués par quelques villes, fut rendue aux propriétaires; et ces lois sages devaient accélérer les progrès de la culture, et multiplier les richesses nationales en assurant la subsistance du peuple.

Mais ces édits bienfaiteurs furent le signal de la perte du ministre qui avait osé les concevoir. On souleva contre eux les parlements, intéressés à maintenir les jurandes, source féconde de procès lucratifs; non moins attachés au régime réglémentaire,

[1] L'édit portant suppression des jurandes et communautés de commerce, arts et métiers, est de février 1776; il ne fut enregistré au parlement qu'au lit de justice du 12 mars. B.

qui était pour eux un moyen d'agiter l'esprit du peuple ; irrités de voir porter sur les propriétaires riches le fardeau de la construction des chemins, sans espérer qu'une lâche condescendance continuât d'alléger pour eux le poids des subsides, et surtout effrayés de la prépondérance que semblait acquérir un ministre dont l'esprit populaire les menaçait de la chute de leur pouvoir.

Cette ligue servit l'intrigue des ennemis de M. Turgot, et on vit alors combien la manière dont ils avaient rétabli les tribunaux était utile à leurs desseins secrets, et funeste à la nation. On apprit alors combien il est dangereux pour un ministre de vouloir le bien du peuple; et peut-être qu'en remontant à l'origine des événements, on trouverait que la chute même des ministres réellement coupables a eu pour cause le bien qu'ils ont voulu faire, et non le mal qu'ils ont fait.

Voltaire vit, dans le malheur de la France, la destruction des espérances qu'il avait conçues pour les progrès de la raison humaine. Il avait cru que l'intolérance, la superstition, les préjugés absurdes qui infectaient toutes les branches de la législation, toutes les parties de l'administration, tous les états de la société, disparaîtraient devant un ministre ami de la justice, de la liberté, et des lumières. Ceux qui l'ont accusé d'une basse flatterie, ceux qui lui ont reproché avec amertume l'usage qu'il a fait, trop souvent peut-être, de la louange pour adoucir les hommes puissants, et les forcer à être humains et justes, peuvent comparer ces louanges à celles qu'il donnait à M. Turgot, surtout à cette *Épître à un Homme* qu'il lui adressa[1] au moment de sa disgrace. Ils distingueront alors l'admiration sentie de ce qui n'est qu'un compliment, et ce qui vient de l'ame de ce qui n'est qu'un jeu d'imagination; ils verront que Voltaire n'a eu d'autre tort que d'avoir cru pouvoir traiter les gens en place comme les femmes. On prodigue à toutes à peu près les mêmes louanges et les mêmes protestations; et le ton seul distingue ce qu'on sent de ce qu'on accorde à la galanterie.

Voltaire encensant les rois, les ministres, pour les attirer à la cause de la vérité, et Voltaire célébrant le génie et la vertu, n'a pas le même langage. Ne veut-il que louer, il prodigue les charmes de son imagination brillante, il multiplie ces idées ingénieuses qui lui sont si familières; mais rend-il un hommage avoué par son cœur, c'est son ame qui s'échappe, c'est sa raison profonde qui prononce. Dans son voyage à Paris, son admiration pour M. Turgot perçait dans tous ses discours; c'était l'homme qu'il opposait à ceux qui se plaignaient à lui de la décadence de notre siècle, c'était à lui que son ame accordait son respect. Je l'ai vu se précipiter sur ses mains, les arroser de ses larmes, les baiser malgré ses efforts, et s'écriant d'une voix entrecoupée de sanglots: *Laissez-moi baiser cette main qui a signé le salut du peuple.*

Depuis long-temps Voltaire desirait de revoir sa patrie, et de jouir de sa gloire au milieu du même peuple témoin de ses premiers succès, et trop sou-

[1] En 1776; voyez tome XIII, page 330. B.

vent complice de ses envieux. M. de Villette venait d'épouser à Ferney mademoiselle de Varicour, d'une famille noble du pays de Gex, que ses parents avaient confiée à madame Denis : Voltaire les suivit à Paris[1], séduit en partie par le desir de faire jouer devant lui la tragédie d'*Irène*, qu'il venait d'achever. Le secret avait été gardé; la haine n'avait pas eu le temps de préparer ses poisons, et l'enthousiasme public ne lui permit pas de se montrer. Une foule d'hommes, de femmes de tous les rangs, de toutes les professions, à qui ses vers avaient fait verser de douces larmes, qui avaient tant de fois admiré son génie sur la scène et dans ses ouvrages, qui lui devaient leur instruction, dont il avait guéri les préjugés, à qui il avait inspiré une partie de ce zèle contre le fanatisme, dont il était dévoré, brûlaient du desir de voir le grand homme qu'ils admiraient. La jalousie se tut devant une gloire qu'il était impossible d'atteindre, devant le bien qu'il avait fait aux hommes. Le ministère, l'orgueil épiscopal, furent obligés de respecter l'idole de la nation. L'enthousiasme avait passé jusque dans le peuple; on s'arrêtait devant ses fenêtres; on y passait des heures entières, dans l'espérance de le voir un moment; sa voiture, forcée d'aller au pas, était entourée d'une foule nombreuse qui le bénissait et célébrait ses ouvrages.

---

[1] Madame Denis, monsieur et madame de Villette partirent de Ferney le 3 février 1778; Voltaire, accompagné de son secrétaire Wagnière et d'un cuisinier, partit le 5, à midi. La *Relation du voyage de M. de Voltaire à Paris en 1778* fait partie des *Mémoires sur Voltaire et sur ses ouvrages, par Longchamp et Wagnière;* Paris, 1826, deux vol. in-8°. B.

L'académie française, qui ne l'avait adopté qu'à cinquante-deux ans[1], lui prodigua les honneurs, et le reçut moins comme un égal que comme le souverain de l'empire des lettres[2]. Les enfants de ces courtisans orgueilleux qui l'avaient vu avec indignation vivre dans leur société sans bassesse, et qui se plaisaient à humilier en lui la supériorité de l'esprit et des talents, briguaient l'honneur de lui être présentés, et de pouvoir se vanter de l'avoir vu.

C'était au théâtre, où il avait régné si long-temps, qu'il devait attendre les plus grands honneurs. Il vint à la troisième[3] représentation d'*Irène*, pièce faible, à la vérité, mais remplie de beautés, et où les rides de l'âge laissaient encore voir l'empreinte sacrée du génie. Lui seul attira les regards d'un peuple avide de démêler ses traits, de suivre ses mouvements, d'observer ses gestes. Son buste fut couronné sur le théâtre, au milieu des applaudissements, des cris de joie, des larmes d'enthousiasme et d'attendrissement. Il fut obligé, pour sortir, de percer la foule entassée sur son passage : faible, se soutenant à peine, les gardes qu'on lui avait donnés pour l'aider lui étaient inutiles; à son approche on se retirait avec une res-

---

[1] En 1746; voyez tome XXXVIII, page 545. B.

[2] L'académie française lui envoya une députation; et lorsque, le 30 mars, il se rendit à une séance publique de l'académie, l'académie, qui était nombreuse ce jour-là, alla au-devant de lui jusque dans la première salle. On le fit asseoir à la place du directeur. Après la lecture de l'*Éloge de Boileau*, par Dalembert, on lui proposa d'accepter extraordinairement, et par un choix unanime, la place de directeur, qu'on avait coutume de tirer au sort, et qui allait être vacante à la fin du trimestre de janvier. B.

[3] Ce fut à la *sixième* représentation d'*Irène* que Voltaire assista le 30 mars 1778. B.

pectueuse tendresse; chacun se disputait la gloire de l'avoir soutenu un moment sur l'escalier; chaque marche lui offrait un secours nouveau, et on ne souffrait pas que personne s'arrogeât le droit de le soutenir trop long-temps.

Les spectateurs le suivirent jusque dans son appartement : les cris de *vive Voltaire*, *vive la Henriade*, *vive Mahomet*, *vive la Pucelle !* retentissaient autour de lui. On se précipitait à ses pieds, on baisait ses vêtements. Jamais homme n'a reçu des marques plus touchantes de l'admiration, de la tendresse publique; jamais le génie n'a été honoré par un hommage plus flatteur. Ce n'était point à sa puissance, c'était au bien qu'il avait fait, que s'adressait cet hommage. Un grand poëte n'aurait eu que des applaudissements; les larmes coulaient sur le philosophe qui avait brisé les fers de la raison et vengé la cause de l'humanité.

L'ame sublime et passionnée de Voltaire fut attendrie de ces tributs de respect et de zèle. *On veut me faire mourir de plaisir*, disait-il; mais c'était le cri de la sensibilité, et non l'adresse de l'amour-propre. Au milieu des hommages de l'académie française, il était frappé surtout de la possibilité d'y introduire une philosophie plus hardie. « On me traite mieux « que je ne mérite, me disait-il un jour. Savez-vous « que je ne désespère point de faire proposer l'éloge « de Coligni [1] ? »

---

[1] Quelques jours après son triomphe au Théâtre-Français, Voltaire fut reçu franc-maçon. Dans les *Acta Latomorum*, publiés en 1815, on dit, tome I, page 135, que Voltaire fut reçu franc-maçon le 17 juin. C'est une

Il s'occupait, pendant les représentations d'*Irène*, à revoir son *Essai sur les mœurs et l'esprit des nations*, et à y porter de nouveaux coups au fanatisme. Au milieu des acclamations du théâtre, il avait observé, avec un plaisir secret, que les vers les plus applaudis étaient ceux où il attaquait la superstition et les noms qu'elle a consacrés. C'était vers cet objet qu'il reportait tout ce qu'il recevait d'hommages. Il voyait dans l'admiration générale la preuve de l'empire qu'il avait exercé sur les esprits, de la chute des préjugés, qui était son ouvrage.

Paris possédait en même temps le célèbre Franklin, qui, dans un autre hémisphère, avait été aussi l'apôtre de la philosophie et de la tolérance. Comme Voltaire, il avait souvent employé l'arme de la plaisanterie, qui corrige la folie humaine, et apprend à en voir la perversité comme une folie plus funeste, mais digne aussi de pitié. Il avait honoré la philosophie par le génie de la physique, comme Voltaire par celui de la poésie. Franklin achevait de délivrer les vastes contrées de l'Amérique du joug de l'Europe, et Voltaire de délivrer l'Europe du joug des anciennes théocraties de l'Asie. Franklin s'empressa de voir un homme dont la gloire occupait depuis long-temps les deux mondes : Voltaire, quoiqu'il eût perdu l'habitude de parler anglais, essaya de soutenir la conversation dans cette langue; puis bientôt reprenant la sienne : « Je n'ai pu résister au desir de « parler un moment la langue de M. Franklin. »

faute bien forte, puisque Voltaire était mort le 30 mai. Sa réception est du 7 avril. B.

Le philosophe américain lui présenta son petit-fils, en demandant pour lui sa bénédiction : « *God and liberty* [1], dit Voltaire, voilà la seule bénédiction qui convienne au petit-fils de M. Franklin. » Ils se revirent à une séance publique de l'académie des sciences [2]; le public contemplait avec attendrissement, placés à côté l'un de l'autre, ces deux hommes nés dans des mondes différents, respectables par leur vieillesse, par leur gloire, par l'emploi de leur vie, et jouissant tous deux de l'influence qu'ils avaient exercée sur leur siècle. Ils s'embrassèrent au bruit des acclamations; on a dit que c'était Solon qui embrassait Sophocle. Mais le Sophocle français avait détruit l'erreur, et avancé le règne de la raison; et le Solon de Philadelphie, appuyant sur la base inébranlable des droits des hommes la constitution de son pays, n'avait point à craindre de voir pendant sa vie même ses lois incertaines préparer des fers à son pays, et ouvrir la porte à la tyrannie.

L'âge n'avait point affaibli l'activité de Voltaire, et les transports de ses compatriotes semblaient la redoubler encore. Il avait formé le projet de réfuter tout ce que le duc de Saint-Simon [3], dans ses Mémoires

---

[1] Dieu et la liberté. K.

[2] Le 29 avril. B.

[3] En 1788 on donna un extrait des *Mémoires de Saint-Simon* en trois volumes in-8°; l'année suivante, on publia un supplément en quatre volumes. L'abbé Soulavie donna, en 1791, treize volumes in-8°, intitulés Œuvres complètes de Saint-Simon. M. F. Laurent donna, en 1818, six volumes in-8°, sous le titre de *Mémoires de Saint-Simon :* ce n'est que le travail de Soulavie autrement disposé. Les *Mémoires complets et authentiques du duc de Saint-Simon* ont été imprimés pour la première fois de 1829 à 1831, en vingt et un volumes in-8°, y compris un volume de table. B.

encore secrets, avait accordé à la prévention et à la haine, dans la crainte que ces Mémoires, auxquels la probité reconnue de l'auteur, son état, son titre de contemporain, pouvaient donner quelque autorité, ne parussent dans un temps où personne ne fût assez voisin des événements pour défendre la vérité et confondre l'erreur.

En même temps il avait déterminé l'académie française à faire son dictionnaire sur un nouveau plan[1]. Ce plan consistait à suivre l'histoire de chaque mot depuis l'époque où il avait paru dans la langue, de marquer les sens divers qu'il avait eus dans les différents siècles, les acceptions différentes qu'il avait reçues ; d'employer, pour faire sentir ces différentes nuances, non des phrases faites au hasard, mais des exemples choisis dans les auteurs qui avaient eu le plus d'autorité. On aurait eu alors le véritable dictionnaire littéraire et grammatical de la langue ; les étrangers, et même les Français, y auraient appris à en connaître toutes les finesses.

Ce dictionnaire aurait offert aux gens de lettres une lecture instructive qui eût contribué à former le goût, qui eût arrêté les progrès de la corruption. Chaque académicien devait se charger d'une lettre de l'alphabet. Voltaire avait pris l'A[2] ; et pour exciter ses confrères, pour montrer combien il était facile d'exécuter ce plan, il voulait en peu de mois terminer la partie dont il s'était chargé.

[1] Voyez ce *Plan*, tome L, page 582. B.
[2] Il s'était aussi chargé de la lettre T ; voyez les articles, tome XXXII, page 295 et suiv. B.

Tant de travaux avaient épuisé ses forces. Un crachement de sang, causé par les efforts qu'il avait faits pendant les répétitions d'*Irène*, l'avait affaibli. Cependant l'activité de son ame suffisait à tout, et lui cachait sa faiblesse réelle. Enfin, privé du sommeil par l'effet de l'irritation d'un travail trop continu, il voulut s'en assurer quelques heures pour être en état de faire adopter à l'académie, d'une manière irrévocable, le plan du dictionnaire, contre lequel quelques objections s'étaient élevées, et il résolut de prendre de l'opium. Son esprit avait toute sa force; son ame, toute son impétuosité, et toute sa mobilité naturelle; son caractère, toute son activité et toute sa gaîté, lorsqu'il prit le calmant qu'il croyait nécessaire. Ses amis l'avaient vu se livrer, dans la soirée même, à toute sa haine contre les préjugés, l'exhaler avec éloquence, et, bientôt après, ne plus les envisager que du côté ridicule, s'en moquer avec cette grace et ces rapprochements singuliers qui caractérisaient ses plaisanteries. Mais il prit de l'opium [1] à plusieurs reprises,

---

[1] Wagnière raconte que Voltaire s'étant trouvé indisposé envoya chercher un apothicaire, qui vint avec une liqueur dont le vieillard ne voulait pas prendre, mais dont il finit cependant par avaler une portion. Madame de Saint-Julien, qui goûta cette liqueur, dit qu'elle était si violente, qu'elle lui brûla la langue. Voltaire, se trouvant dans une agitation terrible, envoya demander au maréchal de Richelieu de son opium préparé. « On a prétendu, ajoute Wagnière, qu'après avoir fait avaler à M. de Voltaire une bonne dose de cet opium, la bouteille fut cassée. Je n'ai jamais pu tirer au clair ce dernier fait; je sais seulement qu'ils se réunirent tous pour assurer au malade qu'il l'avait bue entièrement : M. de Villette dit avoir vu M. de Voltaire seul dans sa chambre achever de la vider. Madame de Saint-Julien lui dit alors qu'il était un grand malheureux de n'avoir pas sauté sur lui pour l'en empêcher. » B.

et se trompa sur les doses, vraisemblablement dans
l'espèce d'ivresse que les premières avaient produite.
Le même accident lui était arrivé près de trente ans
auparavant, et avait fait craindre pour sa vie. Cette
fois, ses forces épuisées ne suffirent point pour combattre le poison. Depuis long-temps il souffrait des
douleurs de vessie, et dans l'affaiblissement général
de ses organes, celui qui déjà était affecté contracta
bientôt un vice incurable.

A peine, dans le long intervalle entre cet accident
funeste et sa mort, pouvait-il reprendre sa tête pendant
quelques moments de suite, et sortir de la léthargie
où il était plongé. C'est pendant un de ces intervalles
qu'il écrivit au jeune comte de Lally, déjà si célèbre
par son courage, et qui depuis a mérité de l'être par
son éloquence et son patriotisme, ces lignes[1], les dernières que sa main ait tracées, où il applaudissait à
l'autorité royale, dont la justice venait d'anéantir un
des attentats du despotisme parlementaire. Enfin il
expira le 30 de mai 1778[2].

Grace aux progrès de la raison et au ridicule répandu sur la superstition, les habitants de Paris sont,
tant qu'ils se portent bien, à l'abri de la tyrannie des
prêtres; mais ils y retombent dès qu'ils sont malades.
L'arrivée de Voltaire avait allumé la colère des fanatiques, blessé l'orgueil des chefs de la hiérarchie ecclésiastique; mais en même temps elle avait inspiré
à quelques prêtres l'idée de bâtir leur réputation et
leur fortune sur la conversion de cet illustre ennemi.

---

[1] C'est la lettre 7473, tome LXX, page 469. B.
[2] A onze heures et un quart du soir. B.

Sans doute ils ne se flattaient pas de le convaincre, mais ils espéraient le résoudre à dissimuler. Voltaire, qui desirait pouvoir rester à Paris sans y être troublé par les délations sacerdotales, et qui, par une vieille habitude de sa jeunesse, croyait utile, pour l'intérêt même des amis de la raison, que des scènes d'intolérance ne suivissent point ses derniers moments, envoya chercher dès sa première maladie un aumônier des Incurables qui lui avait offert ses services [1], et qui se vantait d'avoir réconcilié avec l'Église l'abbé de Lattaignant, connu par des scandales d'un autre genre.

L'abbé Gaultier confessa Voltaire, et reçut de lui une profession de foi [2] par laquelle il déclarait qu'il mourait dans la religion catholique où il était né.

A cette nouvelle, qui scandalisa un peu plus les hommes éclairés qu'elle n'édifia les dévots, le curé de Saint-Sulpice courut chez son paroissien, qui le reçut avec politesse, et lui donna, suivant l'usage, une aumône honnête pour ses pauvres. Mais, jaloux que

---

[1] Voyez tome LXX, page 449. L'abbé Gaultier présenta à l'archevêque un *Mémoire concernant tout ce qui s'est passé à la mort de Voltaire*. Ce *Mémoire* est imprimé dans les diverses éditions de l'opuscule du P. Harel, intitulé *Voltaire, recueil des particularités curieuses de sa vie et de sa mort*, et page 19 du tome II des *Mémoires pour servir à l'histoire de M. de Voltaire* (par Chaudon), 1785, in-12. C'est là qu'ont été prises les lettres de Voltaire à Gaultier, et de Gaultier à Voltaire; mais Wagnière observe que la lettre du 20 février n'a pas été donnée telle qu'elle a été écrite; que la réponse du 21 est signée *Voltaire* (et non *De Voltaire*); il assure que le billet du 26 n'a jamais été écrit; il ajoute ne pas connaître le billet de madame Denis du 27. Wagnière élève aussi des doutes sur les billets des 13 et 15 mars. En admettant ces pièces dans la *Correspondance*, j'aurais dû faire mention des remarques de Wagnière. B.

[2] Voyez n° XLIX des *Pièces justificatives*. B.

l'abbé Gaultier l'eût gagné de vitesse, il trouva que l'aumônier des Incurables avait été trop facile; qu'il aurait fallu exiger une profession de foi plus détaillée, un désaveu exprès de toutes les doctrines contraires à la foi que Voltaire avait pu être accusé de soutenir. L'abbé Gaultier prétendait qu'on aurait tout perdu en voulant tout avoir. Pendant cette dispute, Voltaire guérit; on joua *Irène*, et la conversion fut oubliée. Mais au moment de la rechute le curé revint, bien déterminé à ne pas enterrer Voltaire s'il n'obtenait pas cette rétractation si desirée.

Ce curé[1] était un de ces hommes moitié hypocrites, moitié imbéciles, parlant avec la persuasion stupide d'un énergumène, agissant avec la souplesse d'un jésuite, humble dans ses manières jusqu'à la bassesse, arrogant dans ses prétentions sacerdotales, rampant auprès des grands, charitable pour cette populace dont on dispose avec des aumônes, et fatiguant les simples citoyens de son impérieux fanatisme. Il voulait absolument faire reconnaître au moins à Voltaire la divinité de Jésus-Christ, à laquelle il s'intéressait plus qu'aux autres dogmes. Il le tira un jour de sa léthargie en lui criant aux oreilles : « Croyez-vous à la « divinité de Jésus-Christ? — Au nom de Dieu, mon- « sieur, ne me parlez plus de cet homme-là, et laissez- « moi mourir en repos, » répondit Voltaire.

Alors le prêtre annonça qu'il ne pouvait s'empêcher de lui refuser la sépulture. Il n'en avait pas le droit; car, suivant les lois, ce refus doit être précédé d'une

---

[1] J.-J. Faydit de Tersac; voyez tome LXX, page 452. B.

sentence d'excommunication, ou d'un jugement séculier. On peut même appeler comme d'abus de l'excommunication. La famille, en se plaignant au parlement, eût obtenu justice. Mais elle craignit le fanatisme de ce corps, la haine de ses membres pour Voltaire, qui avait tonné tant de fois contre ses injustices, et combattu ses prétentions. Elle ne sentit point que le parlement ne pouvait, sans se déshonorer, s'écarter des principes qu'il avait suivis en faveur des jansénistes, qu'un grand nombre de jeunes magistrats n'attendaient qu'une occasion d'effacer, par quelque action éclatante, ce reproche de fanatisme qui les humiliait, de s'honorer en donnant une marque de respect à la mémoire d'un homme de génie qu'ils avaient eu le malheur de compter parmi leurs ennemis, et de montrer qu'ils aimaient mieux réparer leurs injustices que venger leurs injures. La famille ne sentit pas combien lui donnait de force cet enthousiasme que Voltaire avait excité, enthousiasme qui avait gagné toutes les classes de la nation, et qu'aucune autorité n'eût osé attaquer de front.

On préféra de négocier avec le ministère. N'osant ni blesser l'opinion publique en servant la vengeance du clergé, ni déplaire aux prêtres en les forçant de se conformer aux lois, ni les punir en érigeant un monument public au grand homme dont ils troublaient si lâchement les cendres, et en le dédommageant des honneurs ecclésiastiques, qu'il méritait si peu, par des honneurs civiques dus à son génie et au bien qu'il avait fait à la nation, les ministres approuvèrent la proposition de transporter le corps de Voltaire dans l'église d'un monastère dont son neveu[1] était abbé. Il fut donc conduit à Scellières. Les prêtres étaient convenus de ne pas troubler l'exécution de ce projet[2]. Cependant deux grandes dames, très dévotes, écrivirent à l'évêque de Troyes pour l'engager à s'opposer à l'inhumation, en qualité d'évêque diocésain. Mais, heureusement pour l'honneur de l'évêque, ces lettres arrivèrent trop tard, et Voltaire fut enterré[3].

L'académie française était dans l'usage de faire un service aux Cordeliers pour chacun de ses membres. L'archevêque de Paris, Beaumont[4], si connu par son ignorance et son fanatisme, défendit de faire ce service. Les cordeliers obéirent à regret, sachant bien que les confesseurs de Beaumont lui pardonnaient la vengeance, et ne lui prêchaient pas la justice. L'académie résolut alors de suspendre cet usage jusqu'à ce que l'insulte faite au plus illustre de ses membres eût été réparée. Ainsi Beaumont servit malgré lui à détruire une superstition ridicule.

Cependant le roi de Prusse ordonna pour Voltaire un service solennel dans l'église catholique de Berlin. L'académie de Prusse y fut invitée de sa part; et, ce qui était plus glorieux pour Voltaire, dans le camp même où à la tête de cent cinquante mille hommes il défendait les droits des princes de l'Empire, et en imposait à la puissance autrichienne, il écrivit l'éloge de l'homme illustre dont il avait été le dis-

---

[1] L'abbé Mignot; voyez tome LIII, page 41; et XLVII, 31. B.
[2] Voyez les n°ˢ L et LI des *Pièces justificatives*. B.
[3] Voyez les n° LII à LVI des *Pièces justificatives*. B.
[4] Voyez tome XXXIII, page 19; et XXII, 322. B.

ciple et l'ami[1], et qui peut-être ne lui avait jamais pardonné l'indigne et honteuse violence exercée contre lui à Francfort par ses ordres, mais vers lequel un sentiment d'admiration et un goût naturel le ramenaient sans cesse, même malgré lui. Cet éloge était une bien noble compensation de l'indigne vengeance des prêtres.

De tous les attentats contre l'humanité, que dans les temps d'ignorance et de superstition les prêtres ont obtenu le pouvoir de commettre avec impunité, celui qui s'exerce sur des cadavres est sans doute le moins nuisible; et, à des yeux philosophiques, leurs outrages ne peuvent paraître qu'un titre de gloire. Cependant le respect pour les restes des personnes qu'on a chéries n'est point un préjugé : c'est un sentiment inspiré par la nature même, qui a mis au fond de nos cœurs une sorte de vénération religieuse pour tout ce qui nous rappelle des êtres que l'amitié ou la reconnaissance nous ont rendus sacrés. La liberté d'offrir à leurs dépouilles ces tristes hommages est donc un droit précieux pour l'homme sensible; et l'on ne peut sans injustice lui enlever la liberté de choisir ceux que son cœur lui dicte, encore moins lui interdire cette consolation au gré d'une caste intolérante qui a usurpé, avec une audace trop longtemps soufferte, le droit de juger et de punir les pensées.

D'ailleurs son empire sur l'esprit de la populace n'est pas encore détruit; un chrétien privé de la sé-

---

[1] Voyez cet *Éloge de Voltaire*, par le roi de Prusse, dans le présent volume, page 5. B.

pulture est encore, aux yeux du petit peuple, un homme digne d'horreur et de mépris, et cette horreur dans les ames soumises aux préjugés s'étend jusque sur sa famille. Sans doute si la haine des prêtres ne poursuivait que des hommes immortalisés par des chefs-d'œuvre, dont le nom a fatigué la renommée, dont la gloire doit embrasser tous les siècles, on pourrait leur pardonner leurs impuissants efforts; mais leur haine peut s'attacher à des victimes moins illustres; et tous les hommes ont les mêmes droits.

Le ministère, un peu honteux de sa faiblesse, crut échapper au mépris public en empêchant de parler de Voltaire dans les écrits ou dans les endroits où la police est dans l'usage de violer la liberté, sous prétexte d'établir le bon ordre, qu'elle confond trop souvent avec le respect pour les sottises établies ou protégées.

On défendit aux papiers publics de parler de sa mort[1], et les comédiens eurent ordre de ne jouer aucune de ses pièces[2]. Les ministres ne songèrent pas que de pareils moyens d'empêcher qu'on ne s'irritât contre leur faiblesse ne serviraient qu'à en donner

[1] On ne parla de la mort de Voltaire ni dans le *Mercure*, ni dans le *Journal de Paris*. B.

[2] Cette défense fut bientôt levée; le 20 juin 1778, on joua *Nanine* à la Comédie française; les 22 et 28, on représenta *Tancrède*. Le 1ᵉʳ février 1779, La Harpe donna sur le même théâtre *les Muses rivales, ou l'Apothéose de Voltaire*, en un acte et en vers libres. Enfin le 31 mai 1779, comme anniversaire de la mort de Voltaire, eut lieu la première représentation d'*Agathocle*, tragédie posthume de Voltaire (voyez tome IX, page 537). Mais pendant qu'on laissait rendre ces hommages à la mémoire de Voltaire, on fesait supprimer vingt-sept vers à son honneur dans le chant de Janvier du poëme des *Mois*, par Roucher; voyez nº LVII des *Pièces justificatives*. B.

une nouvelle preuve, et montreraient qu'ils n'avaient ni le courage de mériter l'approbation publique, ni celui de supporter le blâme.

Ce simple récit des événements de la vie de Voltaire a fait assez connaître son caractère et son ame : la bienfesance, l'indulgence pour les faiblesses, la haine de l'injustice et de l'oppression, en forment les principaux traits. On peut le compter parmi le très petit nombre des hommes en qui l'amour de l'humanité a été une véritable passion. Cette passion, la plus noble de toutes, n'a été connue que dans nos temps modernes; elle est née du progrès des lumières, et sa seule existence suffit pour confondre les aveugles partisans de l'antiquité, et les calomniateurs de la philosophie.

Mais les heureuses qualités de Voltaire étaient souvent égarées par une mobilité naturelle que l'habitude de faire des tragédies avait encore augmentée. Il passait en un instant de la colère à l'attendrissement, de l'indignation à la plaisanterie. Né avec des passions violentes, elles l'entraînèrent trop loin quelquefois; et sa mobilité le priva des avantages ordinaires aux ames passionnées, la fermeté dans la conduite, et ce courage que la crainte ne peut arrêter quand il faut agir, et qui ne s'ébranle point par la présence du danger qu'il a prévu. On l'a vu souvent s'exposer à l'orage presque avec témérité, rarement on l'a vu le braver avec constance : et ces alternatives d'audace et de faiblesse ont souvent affligé ses amis, et préparé d'indignes triomphes à ses lâches ennemis.

Il fut constant dans l'amitié. Celle qui le liait à Génonville, au président de Maisons, à Formont, à Cideville, à la marquise du Châtelet, à d'Argental, à Dalembert[1], troublée rarement par des nuages passagers, ne se termina que par la mort. On voit dans ses ouvrages que peu d'hommes sensibles ont conservé aussi long-temps que lui le souvenir des amis qu'ils ont perdus dans la jeunesse.

On lui a reproché ses nombreuses querelles; mais dans aucune il n'a été l'agresseur; mais ses ennemis[2], ceux du moins pour lesquels il fut irréconciliable, ceux qu'il dévoua au mépris public, ne s'étaient point bornés à des attaques personnelles; ils s'étaient rendus ses délateurs auprès des fanatiques, et avaient voulu appeler sur sa tête le glaive de la persécution. Il est affligeant sans doute d'être obligé de placer dans cette liste des hommes d'un mérite réel : le poëte Rousseau, les deux Pompignan[3], Larcher, et même Rousseau

[1] D'Argental et Dalembert ont seuls survécu à Voltaire. B.

[2] Parmi les ennemis de Voltaire, il en est qui avaient été ses admirateurs. J'ai parlé (page 183) d'une lettre louangeuse de Piron. Clément de Dijon, l'un des ennemis les plus acharnés, avait aussi flatté Voltaire; voyez ses trois lettres sous les n°s LVIII, LIX, LX des *Pièces justificatives*. B.

[3] L'un d'eux vient d'effacer, par une conduite noble et patriotique, les taches que ses délations épiscopales avaient répandues sur sa vie. On le voit adopter aujourd'hui avec courage les mêmes principes de liberté que dans ses ouvrages il reprochait avec amertume aux philosophes, et contre lesquels il invoquait la vengeance du despotisme. On se tromperait si, d'après cette contradiction, on l'accusait de mauvaise foi. Rien n'est plus commun que des hommes qui, joignant à une ame honnête et à un sens droit un esprit timide, n'osent examiner certains principes, ni penser d'après eux-mêmes, sur certains objets, avant de se sentir appuyés par l'opinion. K.

— C'est Le Franc de Pompignan, archevêque de Vienne, que Condorcet

de Genève. Mais n'est-il pas plus excusable de porter trop loin, dans sa vengeance, les droits de la défense naturelle, et d'être injuste en cédant à une colère dont le motif est légitime, que de violer les lois de l'humanité en compromettant les droits, la liberté, la sûreté d'un citoyen, pour satisfaire son orgueil, ses projets d'hypocrisie, ou son attachement opiniâtre à ses opinions?

On a reproché à Voltaire son acharnement contre Maupertuis; mais cet acharnement ne se borna-t-il pas à couvrir de ridicule un homme qui, par de basses intrigues, avait cherché à le déshonorer et à le perdre, et qui, pour se venger de quelques plaisanteries, avait appelé à son secours la puissance d'un roi irrité par ses insidieuses délations?

On a prétendu que Voltaire était jaloux, et on y a répondu par ce vers de *Tancrède*[1]:

De qui dans l'univers peut-il être jaloux?

Mais, dit-on, *il l'était de Buffon.* Quoi! l'homme dont la main puissante ébranlait les antiques colonnes du temple de la Superstition, et qui aspirait à changer en hommes ces vils troupeaux qui gémissaient depuis si long-temps sous la verge sacerdotale, eût-il été jaloux de la peinture heureuse et brillante

---

loue ici. Cependant lorsqu'en 1781 avait paru le prospectus de l'édition de Kehl des OEuvres de Voltaire, ce prélat avait publié un violent mandement (voyez n° LXI des *Pièces justificatives*). Mais le 22 juin 1789, ce fut à la tête des cent quarante-neuf membres de l'ordre du clergé qu'il alla se réunir à l'ordre du tiers-état pour faire en commun la vérification des pouvoirs. B.

[1] Acte IV, scène 5. La Harpe, dans son *Éloge de Voltaire* (voyez p. 108), a déjà fait la même citation. B.

des mœurs de quelques animaux, ou de la combinaison plus ou moins adroite de quelques vains systèmes démentis par les faits?

Il l'était de J.-J. Rousseau: il est vrai que sa hardiesse excita celle de Voltaire; mais le philosophe qui voyait le progrès des lumières adoucir, affranchir, et perfectionner l'espèce humaine, et qui jouissait de cette révolution *comme de son ouvrage*, était-il jaloux de l'écrivain éloquent qui eût voulu condamner l'esprit humain à une ignorance éternelle? L'ennemi de la superstition était-il jaloux de celui qui, ne trouvant plus assez de gloire à détruire les autels, essayait vainement de les relever?

Voltaire ne rendit pas justice aux talents de Rousseau, parceque son esprit juste et naturel avait une répugnance involontaire pour les opinions exagérées, que le ton de l'austérité lui présentait une teinte d'hypocrisie dont la moindre nuance devait révolter son ame indépendante et franche; qu'enfin, accoutumé à répandre la plaisanterie sur tous les objets, la gravité dans les petits détails des passions ou de la vie humaine lui paraissait toujours un peu ridicule. Il fut injuste, parceque Rousseau l'avait irrité, en répondant par des injures à des offres de service [1]; parceque Rousseau, en l'accusant de le persécuter lorsqu'il prenait sa défense, se permettait de le dénoncer lui-même aux persécuteurs.

Il était jaloux de Montesquieu: mais il avait à se plaindre de l'auteur de *l'Esprit des Lois*, qui affectait pour lui de l'indifférence, et presque du mé-

___
[1] Voyez tome XLV, page 45; LVII, 150; LVIII, 444-46. B.

pris, moitié par une morgue maladroite, moitié par une politique timide : et cependant ce mot célèbre de Voltaire, « *L'humanité avait perdu ses titres,* « *Montesquieu les a retrouvés et les lui a rendus* [1], » est encore le plus bel éloge de *l'Esprit des Lois*; et ce mot passe même les bornes de la justice. Il n'est vrai du moins que pour la France, puisque, sans parler des ouvrages d'Althusius [2] et de quelques autres, les droits de l'humanité sont réclamés avec plus de force et de franchise dans Locke et dans Sidney que dans Montesquieu.

Voltaire a souvent critiqué *l'Esprit des Lois* [3], mais presque toujours avec justice. Et, ce qui prouve qu'il a eu raison de combattre Montesquieu, c'est que nous voyons aujourd'hui les préjugés les plus absurdes et les plus funestes s'appuyer de l'autorité de cet homme célèbre, et que, si le progrès des lumières n'avait enfin brisé le joug de toute espèce d'autorité dans les questions qui ne doivent être soumises qu'à la raison, l'ouvrage de Montesquieu ferait aujourd'hui plus de mal à la France qu'il n'a pu faire de bien à l'Europe. L'enthousiasme de ses partisans a été porté jusqu'à dire que Voltaire n'était pas en état de le juger, ni même de l'entendre. Irrité du ton de ces critiques, il a pu mêler quelque teinte d'humeur à ses justes observations. N'est-elle pas justifiée par une hauteur si ridicule?

[1] Voltaire a dit dans son *A, B, C* (voyez tome XLV, page 17) : « Montesquieu présente à la nature humaine ses titres, qu'elle a perdus. » B.

[2] Jurisconsulte allemand du seizième siècle. Il soutenait dès ce temps là que la souveraineté des états appartient au peuple. K.

[3] Voyez mon *Avis*, tome L, page 50. K.

La mode d'accuser Voltaire de jalousie était même parvenue au point que l'on attribuait à ce sentiment, et ses sages observations sur l'ouvrage d'Helvétius [1], que, par respect pour un philosophe persécuté, il avait eu la délicatesse de ne publier qu'après sa mort, et jusqu'à sa colère contre le succès éphémère de quelques mauvaises tragédies : comme si on ne pouvait être blessé, sans aucun retour sur soi-même, de ces réputations usurpées, souvent si funestes aux progrès des arts et de la philosophie. Combien, dans un autre genre, les louanges prodiguées à Richelieu, à Colbert, et à quelques autres ministres, n'ont-elles pas arrêté la marche de la raison dans les sciences politiques!

En lisant les ouvrages de Voltaire, on voit que personne n'a possédé peut-être la justesse d'esprit à un plus haut degré. Il la conserve au milieu de l'enthousiasme poétique, comme dans l'ivresse de la gaîté; partout elle dirige son goût et règle ses opinions : et c'est une des principales causes du charme inexprimable que ses ouvrages ont pour tous les bons esprits. Aucun esprit n'a pu peut-être embrasser plus d'idées à-la-fois, n'a pénétré avec plus de sagacité tout ce qu'un seul instant peut saisir, n'a montré même plus de profondeur dans tout ce qui n'exige pas ou une longue analyse, ou une forte méditation. Son coup d'œil d'aigle a plus d'une fois étonné ceux mêmes qui devaient à ces moyens des idées plus approfondies, des combinaisons plus vastes et plus précises. Souvent, dans la conversation, on le voyait en un instant choisir entre plusieurs idées, les ordonner à-la-

---

[1] Voyez tome XXXII, page 64; et LXVIII, 72. B.

fois, et, pour la clarté et pour l'effet, les revêtir d'une expression heureuse et brillante.

De là ce précieux avantage d'être toujours clair et simple, sans jamais être insipide, et d'être lu avec un égal plaisir, et par le peuple des lecteurs, et par l'élite des philosophes. En le lisant avec réflexion, on trouve dans ses ouvrages une foule de maximes d'une philosophie profonde et vraie qui échappent aux lecteurs superficiels, parcequ'elles ne commandent point l'attention, et qu'elles n'exigent aucun effort pour être entendues.

Si on le considère comme poëte, on verra que, dans tous les genres où il s'est essayé, l'ode et la comédie sont les seuls où il n'ait pas mérité d'être placé au premier rang. Il ne réussit point dans la comédie, parcequ'il avait, comme on l'a déjà remarqué, le talent de saisir le ridicule des opinions, et non celui des caractères, qui, pouvant être mis en action, est le seul propre à la comédie. Ce n'est pas que dans un pays où la raison humaine serait affranchie de toutes ses lisières, où la philosophie serait populaire, on ne pût mettre avec succès sur le théâtre des opinions à-la-fois dangereuses et absurdes ; mais ce genre de liberté n'existe encore pour aucun peuple.

La poésie lui doit la liberté de pouvoir s'exercer dans un champ plus vaste ; et il a montré comment elle peut s'unir avec la philosophie, de manière que la poésie, sans rien perdre de ses graces, s'élève à de nouvelles beautés, et que la philosophie, sans sécheresse et sans enflure, conserve son exactitude et sa profondeur.

On ne peut lire son théâtre sans observer que l'art tragique lui doit les seuls progrès qu'il ait faits depuis Racine; et ceux mêmes qui lui refuseraient la supériorité ou l'égalité du talent de la poésie ne pourraient, sans aveuglement ou sans injustice, méconnaître ces progrès. Ses dernières tragédies prouvent qu'il était bien éloigné de croire avoir atteint le but de cet art si difficile. Il sentait que l'on pouvait encore rapprocher davantage la tragédie de la nature, sans lui rien ôter de sa pompe et de sa noblesse; qu'elle peignait encore trop souvent des mœurs de convention, que les femmes y parlaient trop de leur amour, qu'il fallait les offrir sur le théâtre comme elles sont dans la société, ne montrant d'abord leur passion que par les efforts qu'elles font pour la cacher, et ne s'y abandonnant que dans les moments où l'excès du danger et du malheur ne permet plus de rien ménager. Il croyait que des hommes simples, grands par leur seul caractère, étrangers à l'intérêt et à l'ambition, pouvaient offrir une source de beautés nouvelles, donner à la tragédie plus de variété et de vérité. Mais il était trop faible pour exécuter ce qu'il avait conçu; et, si l'on excepte le rôle du père d'Irène, ses dernières tragédies sont plutôt des leçons que des modèles.

Si donc un homme de génie, dans les arts, est surtout celui qui en les enrichissant de nouveaux chefs-d'œuvre en a reculé les bornes, quel homme a plus mérité que Voltaire ce titre, qui lui a été cependant refusé par des écrivains, la plupart trop éloignés d'avoir du génie pour sentir ce qui en est le vrai caractère?

C'est à Voltaire que nous devons d'avoir conçu l'histoire sous un point de vue plus vaste, plus utile que les anciens. C'est dans ses écrits qu'elle est devenue, non le récit des événements, le tableau des révolutions d'un peuple, mais celui de la nature humaine tracé d'après les faits, mais le résultat philosophique de l'expérience de tous les siècles et de toutes les nations. C'est lui qui le premier a introduit dans l'histoire la véritable critique, qui a montré le premier que la probabilité naturelle des événements devait entrer dans la balance avec la probabilité des témoignages, et que l'historien philosophe doit non seulement rejeter les faits miraculeux, mais peser avec scrupule les motifs de croire ceux qui s'écartent de l'ordre commun de la nature.

Peut-être a-t-il abusé quelquefois de cette règle si sage qu'il avait donnée, et dont le calcul peut rigoureusement démontrer la vérité. Mais on lui devra toujours d'avoir débarrassé l'histoire de cette foule de faits extraordinaires adoptés sans preuves, qui, frappant davantage les esprits, étouffaient les événements les plus naturels et les mieux constatés; et, avant lui, la plupart des hommes ne savaient de l'histoire que les fables qui la défigurent. Il a prouvé que les absurdités du polythéisme n'avaient jamais été chez les grandes nations que la religion du vulgaire, et que la croyance d'un Dieu unique, commune à tous les peuples, n'avait pas eu besoin d'être révélée par des moyens surnaturels. Il a montré que tous les peuples ont reconnu les grands principes de la morale, toujours d'autant plus pure que les hommes ont été plus civilisés et plus éclairés. Il nous a fait voir que souvent l'influence des religions a corrompu la morale, et que jamais elle ne l'a perfectionnée.

Comme philosophe, c'est lui qui le premier a présenté le modèle d'un simple citoyen embrassant dans ses vœux et dans ses travaux tous les intérêts de l'homme dans tous les pays et dans tous les siècles, s'élevant contre toutes les erreurs, contre toutes les oppressions, défendant, répandant toutes les vérités utiles.

L'histoire de ce qui s'est fait en Europe en faveur de la raison et de l'humanité est celle de ses travaux et de ses bienfaits. Si l'usage absurde et dangereux d'enterrer les morts dans l'enceinte des villes, et même dans les temples, a été aboli dans quelques contrées; si, dans quelques parties du continent de l'Europe, les hommes échappent par l'inoculation à un fléau qui menace la vie et souvent détruit le bonheur; si le clergé des pays soumis à la religion romaine a perdu sa dangereuse puissance, et va perdre [1]

---

[1] La prédiction que Condorcet fesait ici ne tarda pas à se vérifier; le 2 novembre 1789, les biens ecclésiastiques furent déclarés être à la disposition de la nation. Un décret du 18 mars 1790 ordonna qu'ils seraient vendus. L'abbaye de Scellières, où étaient les restes de Voltaire, allait être vendue. Un décret du 8 mai 1791, sanctionné le 15 par Louis XVI, ordonne que les restes de Voltaire seront provisoirement transportés dans l'église de Romilly, en attendant que l'assemblée nationale ait statué sur les honneurs funèbres à lui rendre. Un autre décret du 30 mai prononce la translation de ses cendres au Panthéon (c'était le nom donné au nouvel

ses scandaleuses richesses; si la liberté de la presse y a fait quelques progrès; si la Suède, la Russie, la Pologne, la Prusse, les états de la maison d'Autriche, ont vu disparaître une intolérance tyrannique; si, même en France, et dans quelques états d'Italie, on a osé lui porter quelques atteintes; si les restes hon-

édifice Sainte-Geneviève). Ce décret donna lieu à une réclamation intitulée *Pétition à l'assemblée nationale relative au transport de Voltaire*, in-8° de huit pages, qui eut deux éditions. Elle est revêtue de plus de cent soixante signatures, dont la plus remarquable est celle de P.-J. Agier, alors juge, mort en 1823, l'un des présidents de la cour royale de Paris. Parmi les autres personnes qui signèrent figurent des curés, des instituteurs, et des jansénistes ecclésiastiques ou laïques. La translation n'en eut pas moins lieu le 11 juillet 1791 (voy. n°^{s} LXII et LXIII des *Pièces justificatives*). Le même jour, on donna sur le Théâtre-Français une représentation des *Muses rivales*, de La Harpe, avec quelques vers ajoutés relatifs à la circonstance (voyez n° LXIV des *Pièces justificatives*). Sous le règne de Napoléon, l'église de Sainte-Geneviève fut rendue au culte catholique; on y attacha du moins un archiprêtre. Mais les cendres de Voltaire restèrent dans le caveau où elles avaient été mises, ainsi que celles de J.-J. Rousseau, qui y avaient été apportées le 20 vendémiaire an III de la république (11 octobre 1794).

Sous la restauration, on avait ôté au monument le nom de Panthéon. Sous le titre d'église de Sainte-Geneviève il fut remis, en 1821, à des missionnaires qui y firent quelques prédications. On avait tout à craindre de leur fanatisme. L'administration eut la précaution de mettre en sûreté les sarcophages de Voltaire et de Rousseau; on les transporta dans des caveaux situés sous le grand porche en dehors de l'édifice (voyez n° LXV des *Pièces justificatives*). Ces caveaux, formant une sorte de cimetière sur lequel le clergé ne pouvait élever de prétention, furent fermés avec beaucoup de précaution, et les clefs en restèrent entre les mains de M. Hély-d'Oissel, alors directeur des travaux publics. En 1827, M. Héricart de Thury jugea à propos de faire établir une double clôture, le 26 mars, après avoir visité les fermetures des caveaux et les avoir trouvées en bon état.

En 1830, les deux sarcophages ont été replacés dans le caveau où ils étaient avant 1821 (voyez n° LXVI des *Pièces justificatives*).

Mais tous les restes de Voltaire ne sont pas au Panthéon : son cœur, qui devait être à Ferney, y resta tant que le marquis de Villette posséda cette

teux de la servitude féodale ont été ébranlés en Russie, en Danemark, en Bohême, et en France; si la Pologne même en sent aujourd'hui l'injustice et le danger; si les lois absurdes et barbares de presque tous les peuples ont été abolies, ou sont menacées

terre; il était à Paris en 1791, et fut depuis transporté au château de Villette (près de Pont-Sainte-Maxence), où il est aujourd'hui.

M. Mitouart, apothicaire à Paris, chargé de l'embaumement du corps de Voltaire, eut de la famille la permission de garder son cervelet, et le conserva dans de l'esprit-de-vin. M. Mitouart fils, pensant qu'il était moins convenablement chez un particulier qu'il ne le serait dans un établissement public, offrit au gouvernement de le déposer au Muséum d'histoire naturelle. C'était du temps du directoire, et pendant que François de Neufchâteau était ministre de l'intérieur. Une lettre de ce ministre, insérée dans le *Moniteur* du 17 germinal an VII (6 mars 1799), accepte l'offre de M. Mitouart, et parle de placer le cervelet de Voltaire *à la Bibliothèque nationale, au milieu des productions du génie qui les anima*, c'est-à-dire dans une salle qui eût contenu ses OEuvres. Cela n'eut aucune suite : le cervelet, aujourd'hui (juin 1834) comme en 1799, est dans les mains de M. Mitouart, pharmacien de la maison de santé rue du faubourg Saint-Denis, à Paris.

On voit par l'extrait de la lettre de M. Bouillerot (n° LVII des *Pièces justificatives*) que, lors de l'exhumation de Voltaire en 1791, un calcanéum se détacha, et fut emporté par un curieux. Ce calcanéum était conservé dans le cabinet d'histoire naturelle de M. Mandonnet, propriétaire à Chicherei près de Troyes, et a été le sujet d'une pièce de vers par M. Bernard, imprimée dans les *Mémoires de la société académique du département de l'Aube*.

Lors de la même exhumation, deux dents furent enlevées; l'une a été long-temps conservée par M. Charron, officier municipal de la commune de Paris, et commissaire spécial pour le transport du corps de Voltaire; l'autre dent fut donnée à Ant.-Fr. Lemaire, qui fut depuis rédacteur du journal intitulé *le Citoyen français*, et est mort fou à Bicêtre, il y a une dixaine d'années. Lemaire portait la relique dans un médaillon sur lequel était inscrit ce distique:

> Les prêtres ont causé tant de mal à la terre,
> Que je garde contre eux une dent de Voltaire.

A la mort de Lemaire, la dent est passée à l'un de ses cousins, portant le même nom que lui, et dentiste à Paris. B.

d'une destruction prochaine; si partout on a senti la nécessité de réformer les lois et les tribunaux; si, dans le continent de l'Europe, les hommes ont senti qu'ils avaient le droit de se servir de leur raison; si les préjugés religieux ont été détruits dans les premières classes de la société, affaiblis dans les cours et dans le peuple; si leurs défenseurs ont été réduits à la honteuse nécessité d'en soutenir l'utilité politique; si l'amour de l'humanité est devenu le langage commun de tous les gouvernements; si les guerres sont devenues moins fréquentes; si on n'ose plus leur donner pour prétexte l'orgueil des souverains ou des prétentions que la rouille des temps a couvertes; si l'on a vu tomber tous les masques imposteurs sous lesquels des castes privilégiées étaient en possession de tromper les hommes; si pour la première fois la raison commence à répandre sur tous les peuples de l'Europe un jour égal et pur; partout, dans l'histoire de ces changements, on trouvera le nom de Voltaire, presque partout on le verra ou commencer le combat, ou décider la victoire.

Mais, obligé presque toujours de cacher ses intentions, de masquer ses attaques, si ses ouvrages sont dans toutes les mains, les principes de sa philosophie sont peu connus.

L'erreur et l'ignorance sont la cause unique des malheurs du genre humain, et les erreurs superstitieuses sont les plus funestes, parcequ'elles corrompent toutes les sources de la raison, et que leur fatal enthousiasme instruit à commettre le crime sans remords. La douceur des mœurs, compatible avec toutes les formes de gouvernement, diminue les maux que la raison doit un jour guérir, et en rend les progrès plus faciles. L'oppression prend elle-même le caractère des mœurs chez un peuple humain ; elle conduit plus rarement à de grandes barbaries ; et dans un pays où l'on aime les arts, et surtout les lettres, on tolère par respect pour elles la liberté de penser, qu'on n'a point encore le courage d'aimer pour elle-même.

Il faut donc chercher à inspirer ces vertus douces qui consolent, qui conduisent à la raison, qui sont à la portée de tous les hommes, qui conviennent à tous les âges de l'humanité, et dont l'hypocrisie même fait encore quelque bien. Il faut surtout les préférer à ces vertus austères, qui dans les ames ordinaires ne subsistent guère sans un mélange de dureté dont l'hypocrisie est à-la-fois si facile et si dangereuse, qui souvent effraient les tyrans, mais qui rarement consolent les hommes ; dont enfin la nécessité prouve le malheur des nations de qui elles embellissent l'histoire.

C'est en éclairant les hommes, c'est en les adoucissant qu'on peut espérer de les conduire à la liberté par un chemin sûr et facile. Mais on ne peut espérer ni de répandre les lumières ni d'adoucir les mœurs, si des guerres fréquentes accoutument à verser le sang humain sans remords, et à mépriser la gloire des talents paisibles ; si, toujours occupés d'opprimer ou de de se défendre, les hommes mesurent leur vertu par le mal qu'ils ont pu faire, et font de l'art de détruire le premier des arts utiles.

Plus les hommes seront éclairés, plus ils seront libres[1], et il leur en coûtera moins pour y parvenir. Mais n'avertissons point les oppresseurs de former une ligue contre la raison, cachons-leur l'étroite et nécessaire union des lumières et de la liberté, ne leur apprenons point d'avance qu'un peuple sans préjugés est bientôt un peuple libre.

Tous les gouvernements, si on en excepte les théocraties, ont un intérêt présent de régner sur un peuple doux, et de commander à des hommes éclairés. Ne les avertissons pas qu'ils peuvent avoir un intérêt plus éloigné à laisser les hommes dans l'abrutissement; ne les obligeons pas à choisir entre l'intérêt de leur orgueil, et celui de leur repos et de leur gloire. Pour leur faire aimer la raison, il faut qu'elle se montre à eux toujours douce, toujours paisible; qu'en demandant leur appui, elle leur offre le sien, loin de les effrayer par des menaces imprudentes. En attaquant les oppresseurs avant d'avoir éclairé les citoyens, on risquera de perdre la liberté et d'étouffer la raison. L'histoire offre la preuve de cette vérité. Combien de fois, malgré les généreux efforts des amis de la liberté, une seule bataille n'a-t-elle pas réduit des nations à une servitude de plusieurs siècles?

De quelle liberté même ont joui les nations qui l'ont recouvrée par la violence des armes, et non par la force de la raison? d'une liberté passagère, et tellement troublée par des orages, qu'on peut presque douter qu'elle ait été pour elles un véritable avan-

---

[1] *Questions sur les miracles;* voyez tome XLII, pages 240-241. K.

tage. Presque toutes n'ont-elles pas confondu les formes républicaines avec la jouissance de leurs droits, et la tyrannie de plusieurs avec la liberté? Combien de lois injustes et contraires aux droits de la nature ont déshonoré le code de toutes les nations qui ont recouvré leur liberté dans les siècles où la raison était encore dans l'enfance?

Pourquoi ne pas profiter de cette expérience funeste, et savoir attendre des progrès des lumières une liberté plus réelle, plus durable, et plus paisible? pourquoi acheter par des torrents de sang, par des bouleversements inévitables, et livrer au hasard, ce que le temps doit amener sûrement et sans sacrifice? C'est pour être plus libre, c'est pour l'être toujours qu'il faut attendre le moment où les hommes, affranchis de leurs préjugés, guidés par la raison, seront enfin dignes de l'être, parcequ'ils connaîtront les véritables droits de la liberté.

Quel sera donc le devoir d'un philosophe? Il attaquera la superstition, il montrera aux gouvernements la paix, la richesse, la puissance, comme l'infaillible récompense des lois qui assurent la liberté religieuse; il les éclairera sur tout ce qu'ils ont à craindre des prêtres, dont la secrète influence menacera toujours le repos des nations où la liberté d'écrire n'est pas entière : car peut-être, avant l'invention de l'imprimerie, était-il impossible de se soustraire à ce joug aussi honteux que funeste; et, tant que l'autorité sacerdotale n'est pas anéantie par la raison, il ne reste point de milieu entre un abrutissement absolu et des troubles dangereux.

Il fera voir que, sans la liberté de penser, le même esprit, dans le clergé, ramènerait les mêmes assassinats, les mêmes supplices, les mêmes proscriptions, les mêmes guerres civiles ; que c'est seulement en éclairant les peuples qu'on peut mettre les citoyens et les princes à l'abri de ces attentats sacrés. Il montrera que des hommes qui veulent se rendre les arbitres de la morale, substituer leur autorité à la raison, leurs oracles à la conscience, loin de donner à la morale une base plus solide en l'unissant à des croyances religieuses, la corrompent et la détruisent, et cherchent non à rendre les hommes vertueux, mais à en faire les instruments aveugles de leur ambition et de leur avarice ; et, si on lui demande ce qui remplacera les préjugés qu'il a détruits, il répondra : « Je vous ai « délivrés d'une bête féroce qui vous dévorait, et vous « demandez ce que je mets à la place[1] ! »

Et, si on lui reproche de revenir trop souvent sur les mêmes objets, d'attaquer avec acharnement des erreurs trop méprisables, il répondra qu'elles sont dangereuses tant que le peuple n'est pas désabusé, et que, s'il est moins dangereux de combattre les erreurs populaires que d'enseigner aux sages des vérités nouvelles, il faut, lorsqu'il s'agit de briser les fers de la raison, d'ouvrir un chemin libre à la vérité, savoir préférer l'utilité à la gloire.

Au lieu de montrer que la superstition est l'appui du despotisme, s'il écrit pour des peuples soumis à un gouvernement arbitraire, il prouvera qu'elle est

---

[1] *Examen important*, etc.; voyez tome XLIII, page 204. B.

l'ennemie des rois; et, entre ces deux vérités, il insistera sur celle qui peut servir la cause de l'humanité, et non sur celle qui peut y nuire, parcequ'elle peut être mal entendue.

Au lieu de déclarer la guerre au despotisme avant que la raison ait rassemblé assez de force, et d'appeler à la liberté des peuples qui ne savent encore ni la connaître ni l'aimer, il dénoncera aux nations et à leurs chefs toutes ces oppressions de détail communes à toutes les constitutions, et que, dans toutes, ceux qui commandent comme ceux qui obéissent, ont également intérêt de détruire. Il parlera d'adoucir et de simplifier les lois, de réprimer les vexations des traitants, de détruire les entraves dans lesquelles une fausse politique enchaîne la liberté et l'activité des citoyens, afin que du moins il ne manque au bonheur des hommes que d'être libres, et que bientôt on puisse présenter à la liberté des peuples plus dignes d'elle.

Tel est le résultat de la philosophie de Voltaire, et tel est l'esprit de tous ses ouvrages.

Que des hommes qui, s'il n'avait pas écrit, seraient encore les esclaves des préjugés, ou trembleraient d'avouer qu'ils en ont secoué le joug, accusent Voltaire d'avoir trahi la cause de la liberté, parcequ'il l'a défendue sans fanatisme et sans imprudence; qu'ils le jugent d'après une disposition des esprits, postérieure de dix ans à sa mort, et d'un demi-siècle à sa philosophie, d'après des opinions qui sans lui n'auraient jamais été qu'un secret entre les sages; qu'ils le condamnent pour avoir distingué le bien qui peut exister sans la liberté, du bonheur qui naît de la liberté même; qu'ils ne voient pas que si Voltaire eût mis dans ses premiers ouvrages philosophiques les principes du vieux Brutus, c'est-à-dire ceux de l'acte d'indépendance des Américains, ni Montesquieu, ni Rousseau, n'auraient pu écrire leurs ouvrages; que si, comme l'auteur du *Système de la Nature*[1], il eût invité les rois de l'Europe à maintenir le crédit des prêtres, l'Europe serait encore superstitieuse, et resterait long-temps esclave; qu'ils ne sentent pas que dans les écrits comme dans la conduite il ne faut déployer que le courage qui peut être utile : peu importe à la gloire de Voltaire. C'est par les hommes éclairés qu'il doit être jugé, par ceux qui savent distinguer, dans une suite d'ouvrages différents par leur forme, par leur style, par leurs principes mêmes, le plan secret d'un philosophe qui fait aux préjugés une guerre courageuse, mais adroite; plus occupé de les vaincre que de montrer son génie, trop grand pour tirer vanité de ses opinions, trop ami des hommes pour ne pas mettre sa première gloire à leur être utile.

Voltaire a été accusé d'aimer trop le gouvernement d'un seul, et cette accusation ne peut en imposer qu'à ceux qui n'ont pas lu ses ouvrages. Il est vrai qu'il haïssait davantage le despotisme aristocratique, qui joint l'austérité à l'hypocrisie, et une tyrannie plus dure à une morale plus perverse; il est vrai qu'il n'a jamais été la dupe des corps de magistrature de France,

[1] Voyez ce que Voltaire dit de cet ouvrage, tome XXVII, page 521; XXVIII, 376. B.

des nobles suédois et polonais, qui appelaient *liberté* le joug sous lequel ils voulaient écraser le peuple : et cette opinion de Voltaire a été celle de tous les philosophes qui ont cherché la définition d'un état libre dans leur cœur et dans leur raison, et non, comme le pédant Mably, dans les exemples des anarchies tyranniques de l'Italie et de la Grèce.

On l'accuse d'avoir trop loué le faste de la cour de Louis XIV : cette accusation est fondée. C'est le seul préjugé de sa jeunesse qu'il ait conservé. Il y a bien peu d'hommes qui puissent se flatter de les avoir secoués tous. On l'accuse d'avoir cru qu'il suffisait au bonheur d'un peuple d'avoir des artistes célèbres, des orateurs, et des poëtes : jamais il n'a pu le penser. Mais il croyait que les arts et les lettres adoucissent les mœurs, préparent à la raison une route plus facile et plus sûre; il pensait que le goût des arts et des lettres dans ceux qui gouvernent, en amollissant leur cœur, leur épargne souvent des actes de violence et des crimes, et que, dans des circonstances semblables, le peuple le plus ingénieux et le plus poli sera toujours le moins malheureux.

Ses pieux ennemis l'ont accusé d'avoir attaqué de mauvaise foi la religion de son pays, et de porter l'incrédulité jusqu'à l'athéisme : ces deux inculpations sont également fausses. Dans une foule d'objections fondées sur des faits, sur des passages tirés de livres regardés comme inspirés par Dieu même, à peine a-t-on pu lui reprocher avec justice un petit nombre d'erreurs qu'on ne pouvait imputer à la mauvaise foi, puisqu'en les comparant au nombre des citations justes, des faits rapportés avec exactitude, rien n'était plus inutile à sa cause. Dans sa dispute avec ses adversaires, il a toujours dit : On ne doit croire que ce qui est prouvé ; on doit rejeter ce qui blesse la raison, ce qui manque de vraisemblance ; et ils lui ont toujours répondu : On doit adopter et adorer tout ce qui n'est pas démontré impossible.

Il a paru constamment persuadé de l'existence d'un Être suprême, sans se dissimuler la force des objections qu'on oppose à cette opinion. Il croyait voir dans la nature un ordre régulier, mais sans s'aveugler sur des irrégularités frappantes qu'il ne pouvait expliquer.

Il était persuadé, quoiqu'il fût encore éloigné de cette certitude absolue devant laquelle se taisent toutes les difficultés ; et l'ouvrage intitulé *Il faut prendre un parti, ou le principe d'action*, etc.[1], renferme peut-être les preuves les plus fortes de l'existence d'un Être suprême, qu'il ait été possible jusqu'ici aux hommes de rassembler.

Il croyait à la liberté dans le sens où un homme raisonnable peut y croire, c'est-à-dire qu'il croyait au pouvoir de résister à nos penchants, et de peser les motifs de nos actions.

Il resta dans une incertitude presque absolue sur la spiritualité, et même sur la permanence de l'âme après le corps ; mais, comme il croyait cette dernière opinion utile, de même que celle de l'existence de Dieu, il s'est permis rarement de montrer ses doutes,

---

[1] Voyez tome XLVII, page 70. K.

et a presque toujours plus insisté sur les preuves que sur les objections.

Tel fut Voltaire dans sa philosophie : et l'on trouvera peut-être en lisant sa vie qu'il a été plus admiré que connu; que, malgré le fiel répandu dans quelques uns de ses ouvrages polémiques, le sentiment d'une bonté active le dominait toujours; qu'il aimait les malheureux plus qu'il ne haïssait ses ennemis: que l'amour de la gloire ne fut jamais en lui qu'une passion subordonnée à la passion plus noble de l'humanité. Sans faste dans ses vertus, et sans dissimulation dans ses erreurs, dont l'aveu lui échappait avec franchise, mais qu'il ne publiait pas avec orgueil, il a existé peu d'hommes qui aient honoré leur vie par plus de bonnes actions, et qui l'aient souillée par moins d'hypocrisie. Enfin, on se souviendra qu'au milieu de sa gloire, après avoir illustré la scène française par tant de chefs-d'œuvre, lorsqu'il exerçait en Europe sur les esprits un empire qu'aucun homme n'avait jamais exercé sur les hommes, ce vers si touchant,

J'ai fait un peu de bien, c'est mon meilleur ouvrage [1],

était l'expression naïve du sentiment habituel qui remplissait son ame [2].

[1] Vers de Voltaire dans son *Épître à Horace*; voyez t. XIII, p. 319. B.
[2] Au nombre des hommes à qui Voltaire *a fait un peu de bien*, on doit compter l'acteur Lekain, qui a laissé un témoignage durable de sa reconnaissance; voyez n° LXVII des *Pièces justificatives*. B.

FIN DE LA VIE DE VOLTAIRE.

CHOIX
DE PIÈCES JUSTIFICATIVES
POUR
LA VIE DE VOLTAIRE.

AVERTISSEMENT
DES ÉDITEURS DE L'ÉDITION DE KEHL.

Nous avons joint ici quelques lettres [1] qui peuvent servir à faire mieux connaître M. de Voltaire et ses ennemis.

Un hommage rendu par un prince du sang à un jeune homme que son état éloignait de lui, et que la gloire n'en rapprochait pas encore, nous a paru mériter d'être conservé.

La note qui a été remise par le célèbre Lekain doit intéresser les gens de lettres; le grand acteur y peint naïvement l'enthousiasme de Voltaire pour l'art dramatique, et pour le talent du théâtre; et on y voit en même temps comment, malgré cet enthousiasme et l'intérêt d'avoir des acteurs dignes de ses ouvrages, il cherchait à détourner ce jeune homme d'un état trop avili par le préjugé, et joignait noblement à ses conseils les moyens d'en embrasser un autre. Ce trait est un de ceux qui prouvent le mieux que la bonté était le sentiment dominant de l'ame de Voltaire.

C'est ainsi qu'avec plus de désintéressement encore, il engagea, en 1765, mademoiselle Clairon à quitter le théâtre, quoique le talent de cette sublime actrice fût alors dans toute sa force, et devînt de jour en jour plus nécessaire au poëte, dont le génie dramatique commençait à s'affaiblir par l'âge et les travaux.

Ses conseils à MM. Dalembert et Diderot, persécutés pour l'*Encyclopédie*, et plusieurs traits de ce genre, prouveraient encore que l'amour de la justice l'emportait dans son esprit sur toute autre considération.

[1] J'en ai placé quelques unes à leur date dans la *Correspondance*. J'ai ajouté quelques pièces qui, jusqu'à ce jour, n'avaient point été recueillies. Vingt-neuf n'avaient pas encore été imprimées. Ce sont celles qui portent les nos IV, V, XXI à XXV, XXVII à XXXII, XXXV à XLVIII, LXV et LXVI. B.

PIÈCES JUSTIFICATIVES

POUR

LA VIE DE VOLTAIRE.

I (p. 118).

ACTE DE BAPTÊME DE VOLTAIRE.

Le lundi vingt-deuxième jour de novembre 1694, fut baptisé dans l'église Saint-André-des-Arts, par M. Bouché, prêtre, vicaire de ladite église, soussigné, François-Marie, né le jour précédent, fils de M⁰ François Arouet, conseiller du roi, ancien notaire au châtelet de Paris, et de demoiselle Marie-Marguerite Daumart, sa femme. Le parrain messire François de Castagner, abbé commendataire de Varennes, et la marraine dame Marie Parent, épouse de monsieur Symphorien Daumart, écuyer, contrôleur de la gendarmerie du roi.

Signé : M. PARENT; FRANÇOIS DE CASTAGNER DE CHATEAUNEUF; AROUET; L. BOUCHÉ.

II (p. 128).

LES J'AI VU,

ATTRIBUÉS FAUSSEMENT A M. DE VOLTAIRE [1].

Tristes et lugubres objets;
J'ai vu la Bastille et Vincennes,
Le Châtelet, Bicêtre, et mille prisons pleines

[1] L'auteur de ces vers est Antoine-Louis Lebrun, né à Paris le 7 septembre 1680, mort le 28 mars 1743. B.

De braves citoyens, de fidèles sujets :
J'ai vu la liberté ravie,
De la droite raison la règle poursuivie :
J'ai vu le peuple gémissant
Sous un rigoureux esclavage :
J'ai vu le soldat rugissant
Crever de faim, de soif, de dépit, et de rage :
J'ai vu les sages contredits,
Leurs remontrances inutiles :
J'ai vu des magistrats vexer toutes les villes,
Par des impôts criants et d'injustes édits :
J'ai vu, sous l'habit d'une femme [1],
Un démon nous donner la loi ;
Elle sacrifia son Dieu, sa foi, son ame,
Pour séduire l'esprit d'un trop crédule roi :
J'ai vu, dans ce temps redoutable,
Le barbare ennemi de tout le genre humain [2]
Exercer dans Paris, les armes à la main,
Une police épouvantable :
J'ai vu les traitants impunis :
J'ai vu les gens d'honneur persécutés, bannis :
J'ai vu même l'erreur en tous lieux triomphante,
La vérité trahie, et la foi chancelante :
J'ai vu le lieu saint avili :
J'ai vu Port-Royal démoli :
J'ai vu l'action la plus noire
Qui puisse jamais arriver ;
L'eau de tout l'Océan ne pourrait la laver,
Et nos derniers neveux auront peine à la croire :
J'ai vu dans ce séjour, par la grace habité,
Des sacriléges, des profanes,
Remuer, tourmenter les mânes
Des corps marqués au sceau de l'immortalité.
Ce n'est pas tout encor; j'ai vu la prélature
Se vendre, ou devenir le prix de l'imposture :
J'ai vu les dignités en proie aux ignorants :
J'ai vu des gens de rien tenir les premiers rangs :

---

[1] Madame de Maintenon.
[2] M. d'Argenson.

J'ai vu de saints prélats devenir la victime
　　Du feu divin qui les anime.
O temps! ô mœurs! j'ai vu, dans ce siècle maudit,
　　Ce cardinal, l'ornement de la France,
　Plus grand encor, plus saint qu'on ne le dit,
Ressentir les effets d'une horrible vengeance :
　　J'ai vu l'hypocrite honoré :
J'AI VU, C'EST DIRE TOUT, LE JÉSUITE ADORÉ :
　　J'ai vu ces maux sous le règne funeste
D'un prince que jadis la colère céleste
Accorda, par vengeance, à nos desirs ardents :
　　J'ai vu ces maux, et je n'ai pas vingt ans.

III[1] (p. 128).

Regnante puero,
Veneno et incestis famoso
Administrante,
Ignaris et instabilibus consiliis
Instabiliori religione,
Ærario exhausto,
Violata fide publica,
Injustitiæ furore triumphante,

---

[1] Cette pièce, que quelques personnes ont cru être en vers, se trouve dans un recueil de chansons, etc., fait pour M. de Maurepas. Elle est au tome XIV, page 47, et a été publiée en février dernier dans le n° V de la *Revue rétrospective* (tome II de la collection, page 125). Mais j'ai copié d'un *projet de vers latins* trouvé chez Voltaire; et voilà probablement ce qui aura fait dire que le *Regnante puero* était en vers. La copie que j'ai du *projet de vers latins* est malheureusement tellement altérée de transcription en transcription, qu'en beaucoup de passages elle est inintelligible. Cependant ces mots :

　　Melonius et Reus collega amores
　Tuos putidos serviunt digni tali hero ministri,

prouvent qu'il s'y agit du régent. La pièce ne mérite peut-être pas qu'on perde un temps considérable à en tenter la restitution. Dans la copie qui m'est parvenue, elle commence par ces mots, écrits très lisiblement :

　　Jam qui fis docui Apollinem, mox qui fis
　　　Docebit universum orbem.　B.

Generalis imminente seditionis
Periculo,
Iniquæ et anticipatæ hereditatis
Spei coronæ, pairia sacrificata
Gallia, mox peritura.

IV (p. 128).

MÉMOIRE INSTRUCTIF

DES DISCOURS QUE M'A TENUS LE SIEUR AROUET DEPUIS QU'IL EST DE RETOUR DE CHEZ M. DE CAUMARTIN [1].

Je le vis trois jours après chez lui rue de la Calandre, au Panier-Vert, où il me demanda ce que l'on disait de nouveau; je lui répondis qu'il avait paru quantité d'ouvrages sur M. le duc d'Orléans et Madame, duchesse de Berry. Il se mit à rire, et me demanda si on les avait trouvés beaux; je lui ai dit que l'on y avait trouvé beaucoup d'esprit, et qu'on lui mettait tout cela sur son compte; mais que je n'en croirais rien, et qu'il n'était pas possible qu'à son âge on pût faire de pareilles choses. Il me répondit que j'aurais tort de ne pas croire que c'était lui véritablement qui avait fait tous les ouvrages qui avaient paru pendant son absence : j'ai remis à M. Leblanc tous ces ouvrages; et pour empêcher que M. le duc d'Orléans et ses ennemis crussent que c'était lui qui les avait faits, il avait quitté Paris dans le carnaval pour aller à la campagne, où il a resté deux mois avec M. de Caumartin, qui a vu le premier ses ouvrages; après quoi ils ont été envoyés à Paris. Il m'a dit que puisqu'il ne pouvait se venger de M. le duc d'Orléans d'une certaine façon, il ne l'épargnait pas dans ses satires. Je lui demandai ce que M. le duc d'Orléans lui avait

---

[1] Beauregard est le nom de l'espion auteur de ce rapport. Au lieu d'*Arouet* il avait écrit *Arroy*. Dans le tome II (page 23) de l'*Histoire de la détention des philosophes*, etc., par *J. Delort,* on trouve une pièce qui me paraît n'être qu'un extrait de celle que je donne, et dont je ne connais point d'impression. B.

fait. Il était couché en ce moment; il se leva comme un furieux, et me répondit : Comment, vous ne savez pas ce que ce boug.. là m'a fait? Il m'a exilé, parceque j'avais fait voir en public que sa Messaline de fille était une p......

Je sortis, et y retourne le lendemain, où je retrouve M. le comte d'Argental[1]. Je sortis de mes tablettes le *Puero regnante*; il me demanda sur-le-champ ce que j'avais de curieux. Je l'ai montré; quand il eut vu ce que c'était : « Pour celui-là, je ne l'ai pas fait chez M. de Caumartin, mais beaucoup de temps avant que je parte. »

Deux jours après j'ai retourné, où je trouve encore M. le comte d'Argental. Je lui dis : « Comment, mon cher ami, vous vous vantez d'avoir fait le *Puero regnante*, pendant que je viens de savoir d'un bon endroit que c'est un professeur des jésuites qui l'a fait! » Il prit son sérieux là-dessus, et dit qu'il ne s'embarrassait pas si je le croyais ou si je ne le croyais pas; et que les jésuites fesaient comme le geai de la fable, qu'ils empruntaient les plumes du paon pour se parer. M. le comte d'Argental était présent pendant tout cela. Il nous dit en continuant que Madame, duchesse de Berry, allait passer six mois à la Meute[2] pour y accoucher. Il a répandu ce discours dans tout Paris, et quantité d'autres que le papier ne saurait souffrir.

Nous nous sommes souvent trouvés ensemble avec M. d'Argental, où il a tenu tous les mêmes discours qui sont contenus dans ce mémoire.

V (p. 129).

LETTRE DU COMMISSAIRE YSABEAU,

TOUCHANT LES PAPIERS PRÉTENDUS JETÉS DANS LES LATRINES PAR LE SIEUR AROUET FILS.

Je me suis transporté, monsieur, en la maison où a été arrêté le sieur Arouet; et la maîtresse vidangeuse, qui avait été

---

[1] Au lieu de *d'Argental,* l'original porte partout *d'Argenteuil.* B.
[2] Ou la Muette, dans le bois de Boulogne. B.

avertie, m'y attendait à deux heures de relevée cejourd'hui avec ses gens. J'ai trouvé refermée la fosse qu'elle avait fait ouvrir hier. Je n'ai pas jugé à propos de la faire ouvrir une seconde fois, parcequ'elle m'a assuré que cette fosse était presque pleine et surnagée d'eau : il ne s'y était néanmoins trouvé aucun papier, et que l'on ne pouvait entrer dedans. Elle m'a assuré aussi qu'elle avait descendu une chandelle dans le tuyau ; qu'elle avait remarqué qu'il était fort net; et dans lequel il n'y avait aucun papier. Cette fosse a été rebouchée de l'ordre de la principale, que la mauvaise odeur incommodait extrêmement, et à l'occasion de quoi elle a perdu une ou plusieurs pièces de bière qui étaient dans le caveau où s'est faite ladite ouverture. Il y a toute apparence que Fr. Arouet ne convient y avoir jeté quelques lettres de femmes que par âcreté d'esprit et pour donner des mouvements inutiles, et que ces lettres, d'un poids fort faible, auraient dû se trouver sur l'eau qui surmonte la matière grossière. Néanmoins, si vous jugez, monsieur, qu'il soit à propos d'y faire rechercher, j'estime que cela ne se pourra faire sans vider entièrement les latrines. J'attendrai vos ordres à ce sujet.

21 mai 1717.

Le commissaire YSABEAU.

VI (p. 131).

VERS

DE S. A. S. LE PRINCE DE CONTI

A M. DE VOLTAIRE.

1718.

Pluton, ayant fait choix d'une jeune pucelle,
 Et voulant donner à sa belle
  Une marque de son amour,
Commanda qu'une fête et superbe et galante
Réparât les horreurs de son triste séjour,
  Pour satisfaire son attente,
  Il fait assembler à sa cour

Tous ceux dont le bon goût et la délicatesse
Pouvaient contribuer au spectacle pompeux
      Qu'il préparait à sa maîtresse.
      Parmi tous ces hommes fameux,
      Il choisit ceux dont le génie
      S'était signalé dans tous lieux
      Par la plus noble poésie.
Chacun à réussir travailla de son mieux.
Pour remporter le prix, et Corneille et Racine
      Unirent leur veine divine :
      Chaque auteur en vain disputa,
      Et voulut gagner le suffrage
      Du dieu qui demandait l'ouvrage ;
Bien que des deux esprits la pièce l'emportât,
L'on ignorait encor qu'elle eût eu l'avantage.
Enfin le jour venu de cet événement,
    De tant d'auteurs la cohorte nombreuse
      Recherchait la gloire flatteuse
De remporter l'honneur de l'applaudissement.
      Tandis qu'à faire cette brigue
      Toute la troupe se fatigue,
      Sans se donner du mouvement
Racine avec Corneille, au sein de l'Élysée,
      Rappelaient l'histoire passée
Du temps où de la France ils étaient l'ornement.
Ils avaient su, par ceux qui venaient de la terre,
Du théâtre français le funeste abandon ;
Que depuis leur décès le délicat parterre
      Ne pouvait rien trouver de bon.
Ce malheur leur causait une tristesse extrême.
    Ils connaissaient que dans Paris l'on aime
D'un spectacle nouveau les doux amusements ;
      Qu'abandonnés par Melpomène,
Les auteurs n'avaient plus ces nobles sentiments
      Qui font la grace de la scène.
      Depuis leur séjour en ces lieux,
      Ils avaient fait la connaissance
      D'un démon sans expérience,
      Mais dont l'esprit vif, gracieux,
      Surpassait déjà les plus vieux

Par ses talents et sa science.
Pour réparer les maux du théâtre obscurci,
Ce démon fut par eux choisi.
Ils lui font prendre forme humaine ;
Des règles de leur art à fond l'ayant instruit,
Sur les bords fameux de la Seine,
Sous le nom d'Arouet, cet esprit fut conduit.
Ayant puisé ses vers aux eaux de l'Aganipe,
Pour son premier projet il fait le choix d'OEdipe :
Et quoique dès long-temps ce sujet fût connu,
Par un style plus beau cette pièce changée
Fit croire des enfers Racine revenu,
Ou que Corneille avait la sienne corrigée [1].

VII (p. 159).

LETTRE DE M. PRAULT FILS [2],

LIBRAIRE A PARIS,

A MADAME DE CHAMPBONIN, A VASSY.

Paris, le 24 janvier 1739.

Madame, vous savez que c'est à un magistrat connu par sa vertu et son mérite que j'ai l'obligation de connaître M. de Voltaire, dont il est ami. J'ai souhaité pendant long-temps illustrer mon commerce des ouvrages d'un homme que je ne connaissais encore que par les talents de son esprit, et qui depuis m'a si fort attaché à lui par les qualités de son cœur. Ma jeunesse, ma bonne volonté, ma sincérité, titres qui valent toujours auprès de lui, ont achevé ce que la recomman-

---

[1] Ces vers font autant d'honneur au prince de Conti qu'en a fait à La Motte son approbation d'*OEdipe*. Ils annoncèrent tous deux à la France un digne successeur de Corneille et de Racine, et jamais prophétie ne fut mieux accomplie. K.

[2] Cette lettre est celle qui est mentionnée dans celle au chancelier Daguesseau, du 11 février 1739; voyez tome LIII, page 474. J'ai parlé de Prault, tome LIX, page 146; c'est à lui que sont adressées les lettres 626 et 739 (voyez tome LIII, pages 55 et 352). B.

dation avait commencé. Depuis ce temps, sa confiance m'a rendu l'instrument de tant d'actions de générosité, qu'autant par justice pour lui que par reconnaissance pour celle dont je me suis particulièrement ressenti, je me crois obligé d'en rendre partout un témoignage authentique, et de répondre à l'injuste accusation du libelle intitulé *la Voltairomanie*, que tous les honnêtes gens ne voient qu'avec indignation.

Voici l'histoire des ouvrages de M. de Voltaire depuis que je le connais, et je suis en état de la prouver par des pièces justificatives.

J'ai commencé par imprimer *la Henriade* avec des corrections considérables; et M. de Voltaire, en me la donnant, en abandonna le profit à un jeune homme [1] que ses talents lui ont attaché, et à qui il a fait encore présent de sa tragédie de *la Mort de César*. Il permit dans un autre temps, à un autre libraire, de réimprimer *Zaïre*, dont le privilége était expiré. Il m'a donné, à moi, ses tragédies d'*OEdipe*, *Mariamne*, et *Brutus*. J'ai imprimé *l'Enfant prodigue* : celui qui fut chargé d'en faire le marché m'en demanda un prix si honnête, que, bien loin de contester avec lui, je lui donnai cent francs au-dessus du prix qu'il m'en avait demandé. Quelques jours après, M. de Voltaire m'écrivit qu'il n'exigerait jamais d'argent [2] pour le prix de ses pièces, ni pour aucun autre de ses ouvrages, mais seulement des livres. Enfin il a fait présent de ses *Éléments de Newton* à ses libraires de Hollande. Peu de temps après, on en a fait une édition sous le titre de Londres; et je sais que le libraire qui l'avait faite, à l'insu de M. de Voltaire, crut cependant, avant de la faire paraître, lui devoir l'attention de la lui communiquer, et de se soumettre à ses corrections. L'édition en état de paraître, M. de Voltaire en a acheté cent cinquante exemplaires pour faire des présents à Paris, qu'il a payés, et qui lui reviennent, avec la reliure, à près de cent pistoles.

Voilà, madame, ce que les ouvrages de M. de Voltaire lui

---

[1] La Marre; voyez tome LII, page 143. B.

[2] C'est-à-dire pour lui-même. K.

ont produit; voilà plutôt de quoi confondre le calomniateur; et vous voyez quelle foi on peut ajouter aux impostures dont son ouvrage est tissu.

J'ai l'honneur d'être, avec un très profond respect, etc.
PRAULT fils.

VIII (p. 159).

LETTRE (1re) DE JORE A M. DE VOLTAIRE [1].

A Paris, ce 20 décembre 1738.

Monsieur, je vous supplie d'excuser le mauvais état de ma fortune, et la soustraction de tous mes papiers, qui m'a empêché jusqu'ici de reconnaître le mauvais procédé de ceux qui ont abusé de mon malheur pour me forcer à vous faire un procès injuste, et à laisser imprimer un factum odieux [2]. Je les désavoue tous deux entièrement. La malice de vos ennemis n'a servi qu'à me faire connaître la bonté de votre caractère. Vous avez la bonté de me pardonner d'avoir écouté de mauvais conseils. Je vous jure que je m'en suis repenti au moment même que j'ai eu le malheur d'agir contre vous. J'ai bien reconnu combien on m'avait trompé. Vous n'ignorez pas la jalousie des gens de lettres; voilà à quoi elle s'est portée. On m'a aigri, on s'est servi de moi pour vous nuire; j'en suis si fâché, que je vous promets de ne jamais voir ceux qui m'ont forcé à vous manquer à ce point; et je réparerai le tort extrême que j'ai eu, par l'attachement constant que je veux vous vouer toute ma vie.

Je vous prie, monsieur, de me rendre votre amitié, et de croire que mon cœur n'a jamais eu de part à la malice de vos ennemis, et que c'est mon cœur seul qui m'engage à vous le dire.

[1] On voit par la lettre de Voltaire à Cideville, du 30 mai 1736, que Jore avait précédemment adressé à Voltaire des lettres autres que celles que l'on donne ici. B.

[2] *Mémoire pour Claude-François Jore, contre le sieur François-Marie de Voltaire,* 1736, in-8°, réimprimé dans le *Voltairiana;* voyez t. XXXVII, p. 106. B.

J'ai l'honneur d'être avec respect, monsieur, votre très humble, etc. JORE.

IX (p. 159).

LETTRE (IIe) DE JORE A M. DE VOLTAIRE.

A Paris, le 30 décembre 1738.

Monsieur, j'ai déjà eu l'honneur de vous écrire, le 20 du présent mois, dans l'amertume de mon cœur, pour vous demander pardon, et pour vous marquer le sincère repentir que j'éprouve du procès injuste que votre ennemi (que vous connaissez[1]) m'avait engagé de vous intenter. Je vous ai déjà marqué mon regret, et l'horreur que j'ai d'avoir attaqué si cruellement celui qui était mon bienfaiteur. Je vous disais que j'avais reconnu l'erreur où l'on m'avait mis. Soyez sûr, monsieur, que mon affliction est égale à ma faute. Daignez, monsieur, pousser votre générosité jusqu'à m'accorder le pardon que j'ose vous demander. Je désavoue le factum injuste et calomnieux que l'on a mis sous mon nom, et que j'ai eu le malheur de signer. J'étais aveuglé; on m'a séduit. Je vous le répète encore, j'en suis au désespoir. J'en ai tombé malade. Il n'y a rien que je ne fasse, le reste de ma vie, pour réparer ma faute. Enfin, monsieur, si vous étiez témoin de mon affliction d'avoir été trompé par de mauvais conseils, vous auriez pitié de mon état. Ayez la bonté au moins de me faire dire que vous avez celle de me pardonner, si vous ne daignez m'écrire de votre main. Je paierais tous les frais du procès, si j'avais de l'argent; et il n'y a rien que je ne fasse, tout le reste de ma vie, pour vous témoigner en particulier et en public le repentir, l'admiration pour votre caractère, et le très profond respect avec lequel je suis, monsieur, votre très humble, etc. JORE.

[1] Desfontaines. B.

X (p. 159).

LETTRE (IIIe) DE JORE A M. DE VOLTAIRE.

Paris, le 3 juin 1742.

J'ai reçu, monsieur, les trois cents livres que vous avez eu encore la bonté de me faire donner. Cette nouvelle manière de vous venger d'un homme infortuné, dont le plus grand malheur a été de s'oublier avec vous, et qui en est au désespoir depuis si long-temps, ne sortira jamais de mon cœur. Vos bontés augmentent le sincère repentir que j'en ai; elles m'étonnent, elles m'inspirent le respect et l'attachement le plus tendre. Il faut que ceux qui m'avaient séduit soient des monstres. Ils ne vous connaissent pas comme je vous connais. Ma vie doit être employée à vous marquer mon dévouement. Je n'ai point de termes pour vous dire ce que vous m'inspirez. Permettez-moi seulement de me présenter devant vous, et de venir vous remercier. C'est la grace que je vous prie d'ajouter à vos générosités.

Je suis avec respect et la plus tendre reconnaissance, monsieur, votre très humble, etc. JORE.

XI (p. 159).

LETTRE (IVe) DE JORE A M. DE VOLTAIRE.

A Milan, ce 20 octobre 1768.

Monsieur, grace à la pension que vous avez la bonté de me faire, je me suis trouvé en état de subsister à Milan, joint à quelques écoliers que j'avais, auxquels j'aidais à se perfectionner dans la langue française, et qui, malheureusement pour moi, quittent cette ville pour voyager. Dans quel état vais-je me trouver, grand Dieu, privé de ce secours ! Je vous fus autrefois utile pour écrire sous votre dictée: ne pourrai-je plus vous être d'aucune utilité ? Si Milan était un endroit où l'on imprimât en français, je pourrais m'y occuper à corriger des épreuves, et par cette occupation me garantir de la misère qui me menace, et que vous pourriez me faire éviter, monsieur, en m'appelant auprès de vous, où je me persuade que vous devez avoir quelqu'un qui peut vous être moins nécessaire que je pourrais vous l'être.

J'espère, monsieur, que, réfléchissant sur mon état présent, et combien il est différent de celui dans lequel vous m'avez vu, vous vous porterez à le soulager, d'autant que ce changement ne m'est arrivé ni par libertinage, ni par mauvaise conduite.

Lorsque M. de Cideville me procura l'honneur de vous connaître, il n'envisageait, ainsi que moi, que d'augmenter ma fortune : aurait-il pu prévoir l'injustice que l'on m'a faite, et que ma ruine totale devait s'ensuivre?

Je me flatte que, touché de mon triste sort, vous m'honorerez d'une réponse qui dissipera cet avenir affreux que j'envisage, et que je ne puis éviter sans vos bontés. Dans cette confiance, permettez que je me dise avec respect, monsieur, votre très humble, etc. JORE, chez M. le comte Alari.

XII (p. 159).

LETTRE (V^e) DE JORE A M. DE VOLTAIRE.

A Milan, ce 23 avril 1769.

Monsieur, à mon retour des îles Boromées, où son excellence M. le comte Frédéric m'a gardé trois semaines, pour y prendre l'air, et me remettre de la maladie que j'ai eue, MM. Origoni et Paraviccini m'ont remis vingt-cinq sequins de Florence par votre ordre, dont je leur ai donné reçu au compte de MM. François et Louis Bontemps de Genève.

Je ne puis assez vous en marquer ma reconnaissance, et vous ne pouviez, monsieur, m'envoyer plus à propos ce secours, manquant de linge et d'habits. Quoique votre générosité portât l'ordre de me compter ce que j'aurais besoin, sans en limiter la somme, j'ai cru ne devoir pas abuser de vos bontés, et j'ai, sur l'instant même, employé ces vingt-cinq sequins en un habit que j'ai trouvé fait sur ma taille, et en quatre chemises que je fais faire; ce qui me mettra au moins en état de paraître décemment dans les maisons de condition où l'on a la bonté de m'admettre. J'y ai fait part de vos bontés, et l'on m'a loué de n'avoir exigé que cette somme, quoique votre générosité ne l'eût pas bornée.

Que je finirais avec tranquillité ma carrière, au cas que j'eusse le malheur de vous survivre; si vous vouliez bien m'assurer de quoi supporter l'état affreux de ma situation, état que j'ai si peu mérité! Je l'espère de vos bontés, monsieur. Je n'aurais alors plus à desirer que de me procurer l'occasion de vous en aller marquer ma vive reconnaissance. J'en attends l'heureux moment avec impatience, et vous supplie d'être persuadé du respectueux attachement avec lequel j'ai l'honneur d'être, monsieur, votre très humble, etc.

Jore, chez M. le comte Alari, où mes lettres me viennent franches de port.

XIII (p. 159).

LETTRE (VIe) DE JORE A M. DE VOLTAIRE.

A Milan, le 25 septembre 1773.

Monsieur, vivement pénétré de gratitude et transporté de joie, je vous remercie de la consolante promesse que vous me faites de me tirer de ma misère, et des huit louis que vous m'avez envoyés. Ils ne pouvaient m'arriver plus à propos pour me tirer du plus grand embarras. Je ne vous dis point, crainte de vous accabler, tout ce qui se passe dans mon ame, me flattant que les dispositions de la vôtre ont changé à mon avantage, vous assurant que je le mérite par les sentiments de reconnaissance avec lesquels j'ai l'honneur d'être avec respect, monsieur, votre très humble, etc.

Jore.

XIV (p. 159).

LETTRE DE MANNORY A M. DE VOLTAIRE[1].

Ce jeudi matin.

Vous m'avez permis, monsieur, de vous importuner encore, après votre retour de la campagne. Je suis honnête en robe, mais je manque totalement d'habit, et je ne puis me présenter devant personne. Cela dérange toutes mes affaires. Avez-vous pensé à M. Thieriot? je vous prie, monsieur, de me le marquer. Je suis depuis six jours avec quatre sous dans ma poche. Vous m'avez promis quelques légers secours; ne me les refusez pas aujourd'hui, monsieur. Dès que je serai habillé, je serai en état de suivre mes affaires, et ma situation changera. On m'annonce beaucoup d'affaires au Palais, mais elles ne sont pas encore arrivées. Nous touchons aux vacances; le temps n'est pas favorable. Souffrirez-vous, monsieur, que je meure de faim? je n'ai mangé hier et avant-hier que du pain. C'était fête; je n'ai pu décemment sortir en robe, et mon habit n'est pas mettable. Je n'ai osé aller chez personne, et je n'avais pas d'argent pour avoir quelque chose chez moi. L'état est affreux. De grace, monsieur, donnez au porteur de cette lettre ce que vous pouvez pour mon soulagement présent; il est sûr. Mandez-moi si M. Thieriot fait quelque chose. Laisserez-vous périr de misère un ancien serviteur, un homme qui, j'ose le dire, a quelques talents, et qui est actuellement à la vue du port? Son vaisseau est un peu délabré; mais il ne s'agit que de le secourir pour entrer dans le port.

Je suis avec la plus vive reconnaissance, monsieur, votre, etc.

MANNORY.

[1] Cette lettre, sans date, me paraît antérieure à celle du même Mannory, que j'ai donnée tome LIV, page 647. J'ai parlé de Mannory, tome XL, page 141. B.

XV (p. 159).

LETTRE DU SIEUR DE BONNEVAL[a]

A M. DE VOLTAIRE.

A Paris, ce 27 février 1737.

J'ai été chez vous hier matin, monsieur, pour avoir l'honneur de vous voir: on m'a dit que vous étiez à la cour. Vous eussiez sans doute été surpris de ma visite, mais vous l'eussiez été davantage du motif qui l'occasionait. Cependant je m'étais rassuré par les réflexions qui viennent naturellement à un esprit du premier ordre; et je me disais : Il est vrai que depuis 1725 je n'ai presque jamais eu l'honneur de voir M. de Voltaire, mais il n'ignore pas qu'il est dans une sphère qui ne permet pas à tout le monde de le voir; il ne peut ignorer l'admiration que je lui ai vouée, et il ne pourrait en douter sans faire tort à mon discernement. Personne n'est plus en état aujourd'hui que moi de lui rendre justice, par l'habitude où j'ai été pendant un an de le voir dans ces sociétés où l'esprit et le cœur peuvent se montrer ce qu'ils sont sans danger. C'est de là que j'en ai jugé assez favorablement pour être persuadé qu'il aime à obliger.

Cette manière de penser, monsieur, m'a conduit chez vous pour vous prier de me prêter dix pistoles[1] dont j'ai un besoin instant, et de vous offrir, pour la restitution, une délégation de la même somme sur les arrérages d'une rente que m'a laissée une dame de votre connaissance, et qui ne vit plus depuis plusieurs années. Si les morts avaient quelque crédit, j'emploierais sa médiation auprès de vous. Vous ne l'auriez pas refusée vivante : peut-être vit-elle encore dans votre mé-

---

[a] Ce Bonneval est un fripon qui m'a volé autrefois dix louis, qui a été chassé de chez Montmartel, et qui a fait un libelle contre moi. (*Apostille de M. de Voltaire sur l'original de cette lettre.*) K.

[1] Dans sa lettre à madame Denis, du 20 décembre 1753 (voyez t. LVI, p. 375), Voltaire dit que Bonneval lui demandait dix louis. B.

moire; du moins elle le méritait par ses sentiments pour vous. Je les ai connus jusqu'à sa mort, dont j'ai été le triste témoin.

Cette prière, que je vous aurais faite chez vous, monsieur, je vous la fais aujourd'hui par écrit; et si vous voulez y faire droit, vous le pouvez en m'adressant à qui il vous plaira de votre part, et je lui remettrai la délégation. Je croirais offenser la délicatesse de vos sentiments, si j'employais ici ces tours d'une éloquence usée pour vous disposer à me rendre le service que je vous demande. Exposer un besoin à une personne qui pense noblement, c'est avoir tout dit; j'ajouterai seulement que ma reconnaissance sera aussi vive que durable.

J'ai l'honneur d'être très parfaitement, monsieur, votre très humble, etc. DE BONNEVAL, rue Sainte-Anne, chez M. Dionis.

XVI (p. 159).

LETTRE DE M. DE CHAMPBONIN

A SON FILS,

AU BUREAU DES FORTIFICATIONS, A PARIS.

A Champbonin, ce 15 de mai 1739.

Ce n'est pas à Cirey, mon fils, qu'il faut que vous écriviez à M. de Voltaire; il vient de partir pour Bruxelles avec monsieur et madame du Châtelet. Vous vous imaginez assez dans quelle douleur son absence nous laisse. Jamais il ne fut d'ami plus tendre et plus respectable. Nous regrettons sensiblement les quatre années qu'il a passées en Champagne. Ce temps heureux où nous avons vécu avec lui doit vous rappeler comme à nous, mon fils, les marques d'amitié dont il nous a comblés; elles sont telles pour vous en particulier, que je n'aurais pu faire que les mêmes choses pour votre fortune, si elles eussent été en mon pouvoir. Eh! que ne lui devez-vous point de reconnaissance! Rien ne l'engageait à vous donner des marques si singulières d'attachement, et j'espère que vous n'oublierez jamais l'excès de ses bontés. Ce n'est pas assez de les partager avec nous, il faut que vous nous surpassiez en reconnaissance. Aimez-le comme votre père, vous lui devez tous les sentiments dont vous êtes capable, et j'en serai plus touché que de ceux que vous avez pour moi.

Votre mère est pénétrée de regrets aussi bien que moi; vous connaissez notre amitié pour lui, et tous deux nous pleurons la douceur qu'il attachait à la sienne pour nous.

Monsieur et madame la comtesse de La Neuville, de qui vous me demandez des nouvelles, regrettent aussi infiniment la société de M. de Voltaire. Il part adoré de tout le canton, et nous gémissons tous de son absence. Monsieur et madame du Châtelet nous flattent de leur retour à Cirey, dès que leurs affaires seront finies.

Écrivez bien régulièrement à Bruxelles, et comptez, mon fils, sur mon amitié et celle de votre mère, qui vous embrasse.

CHAMPBONIN.

XVII (p. 164).

RAPPORT

FAIT A L'ACADÉMIE DES SCIENCES PAR MM. PITOT ET CLAIRAUT,
LE 26 D'AVRIL 1741,

SUR LE MÉMOIRE DE M. DE VOLTAIRE,

TOUCHANT LES FORCES VIVES.

Nous avons examiné, par ordre de l'académie, un mémoire de M. de Voltaire, intitulé *Doutes sur la mesure des forces motrices et sur leur nature.* Ce mémoire contient deux parties: la première est une exposition abrégée des principales raisons qui ont été données pour prouver que les forces des corps en mouvement sont comme leurs quantités de mouvement, c'est-à-dire comme les masses multipliées par leurs simples vitesses, et non par les carrés, ainsi que le prétendent ceux qui reçoivent la théorie des *forces vives*. Les raisons que

M. de Voltaire rapporte ne sont pas avancées comme des démonstrations, ce sont simplement des doutes qu'il propose, mais les doutes d'un homme éclairé, qui ressemblent beaucoup à une décision.

Nous n'entrerons point dans l'examen de cette première partie, parceque l'auteur ne paraît y avoir eu en vue que de rendre les plus fortes raisons qui ont été données contre les forces vives, d'une manière assez claire et assez abrégée pour que les lecteurs puissent se les rappeler promptement.

Dans la seconde partie, M. de Voltaire considère la nature de *la force*. Comme il a conclu que la *force motrice* n'est autre chose que le produit de la masse par la simple vitesse, il n'admet point de distinction entre les *forces mortes* et les *forces vives*. Lorsque l'on dit que la force d'un corps en mouvement diffère infiniment de celle d'un corps en repos, c'est, suivant lui, comme si l'on disait qu'un liquide est infiniment plus liquide quand il coule que quand il ne coule pas.

Il dit ensuite que si la force n'est autre chose que le produit de la masse par la vitesse, elle n'est précisément que le corps lui-même agissant, ou prêt à agir : et il rejette ainsi l'opinion des philosophes, qui ont cru que la force était un être à part, une substance qui anime les corps, et qui en est distinguée ; que la force doit se trouver dans les êtres simples, appelés *monades*, etc.

M. de Voltaire remarquant, comme plusieurs l'ont déjà fait, que la quantité de mouvement augmente dans plusieurs cas, et étant toujours convaincu que la force n'est autre chose que la quantité de mouvement, il demande si les philosophes qui ont soutenu la conservation d'une même quantité de force dans la nature ont plus de raison que ceux qui voudraient la conservation d'une même quantité d'espèces d'individus, de figures, etc.

Il demande ensuite si de ce qu'un corps élastique qui en choque un plus grand lui communique plus de quantité de mouvement, et par conséquent, selon lui, plus de force qu'il n'en avait, il ne s'ensuit pas évidemment que les corps ne communiquent point de force; en sorte que la masse et le mouvement ne suffisant pas pour la communication du mouvement, il faut encore l'inertie, sans laquelle la matière ne résisterait pas, et sans laquelle il n'y aurait nulle action.

M. de Voltaire croit encore que l'inertie, la masse, et le mouvement, ne suffisent pas. Il pense qu'il faut un principe qui tienne tous les corps de la nature en mouvement, et leur communique incessamment une force agissante, ou prête d'agir; et ce principe doit être, selon lui, la gravitation, soit qu'elle ait une cause mécanique, soit qu'elle n'en ait pas.

La gravitation, continue-t-il, ne peut pas non plus satisfaire à tous les effets de la nature; elle est très loin d'expliquer la force des corps organisés; il leur faut encore un principe interne, comme celui du ressort.

M. de Voltaire termine son mémoire en disant que puisque la force active du ressort produit les mêmes effets que toute force quelconque, on en peut conclure que la nature, qui va souvent à différents buts par la même voie, va aussi au même but par différents chemins; et qu'ainsi la véritable physique consiste à tenir registre des opérations de la nature, avant que de vouloir tout asservir à une loi générale.

De toutes les questions difficiles à approfondir que renferment les deux parties de ce mémoire, il paraît que M. de Voltaire est très au fait de ce qui a été donné en physique, et qu'il a lui-même beaucoup médité sur cette science.

A Paris, le 26 avril 1741. PITOT, CLAIRAUT.

Je certifie la copie ci-dessus être conforme à l'original.

A Paris, le 27 avril 1741.

DORTOUS DE MAIRAN.

Secrétaire perpétuel de l'académie royale des sciences.

XVIII (p. 172).

LETTRE DE L'ABBÉ DESFONTAINES

A M. DE VOLTAIRE.

Ce 31 mai 1724.

Je n'oublierai jamais, monsieur, les obligations infinies que je vous ai. Votre bon cœur est encore bien au-dessus de votre esprit, et vous êtes l'ami le plus essentiel qui ait jamais été. Le zèle avec lequel vous m'avez servi me fait en quelque sorte plus d'honneur que la malice et la noirceur de mes ennemis ne m'a causé d'affront par l'indigne traitement qu'ils m'ont fait souffrir. Il faut se retirer pendant quelque temps. *Fallax infamia terret*.

J'ai une lettre de cachet qui m'exile à trente lieues de Paris. C'est avec plaisir que je vais chercher la solitude; mais je suis bien fâché que cette retraite me soit ordonnée. C'est un reste de triomphe pour les malheureux auteurs de ma disgrace. Je consens d'aller en province, et j'y vais très volontiers. Mais tâchez, monsieur, de faire en sorte que l'ordre du roi soit levé par une autre lettre de cachet en cette forme :

« Le roi, informé de la fausseté de l'accusation intentée « contre le sieur abbé Desfontaines, consent qu'il demeure « à Paris. »

Si vous obtenez cet ordre de M. de Maurepas, c'est un coup essentiel. Au surplus, je promets, *parole d'honneur*, à M. de Maurepas de m'en aller incessamment, et de ne point revenir à Paris qu'après lui en avoir demandé la permission secrètement.

Voilà, mon cher ami, ce que je vous prie à présent d'obtenir pour moi. Je vous aurai encore une obligation infinie de ce nouveau service. C'est, à mon gré, ce qu'on peut faire de plus simple pour réparer le scandale et l'injustice, en attendant que je puisse faire mieux, et que j'aie les lumières nécessaires pour découvrir les ressorts cachés de l'horrible intrigue de mes ennemis. Malgré la noirceur de l'accusation et le penchant du public à croire tous les accusés coupables, j'ai la satisfaction de voir les personnes même indifférentes prendre mon parti. Les Nadal, les Danchet, les Depons, les Fréret, sont les seuls, dit-on, qui traitent ma personne comme toute ma vie je traiterai leurs infames ouvrages et leur indigne caractère. *Genus irritabile vatum.*

J'ai un plan d'apologie qui sera beau et curieux, et que je travaillerai à la campagne. Je suis trop connu dans le monde pour qu'il convienne à un homme comme moi de me taire après un si exécrable affront; et je le ferai de façon que j'aurai l'honneur de le présenter à M. de Maurepas, pour le prier de me permettre de le faire paraître. On y verra tout ce qui m'est arrivé de malheureux, et mes malheurs toujours causés par des gens de lettres, surtout l'histoire de ma sortie des jésuites.

Adieu, mon cher ami; je me recommande à vous.

DESFONTAINES.

XIX (p. 173).

LETTRE DE M. DE SAINT-HYACINTHE[1]

A M. DE BURIGNY.

A Belleville, le 2 mai 1739.

Je vous renvoie, monsieur, le manuscrit que vous m'avez fait la grace de me confier. Vous croyez peut-être que je l'ai lu avec plaisir, vous ne vous trompez pas; mais si vous concluez que j'ai été content après l'avoir lu, vous vous trompez. Charmé de ce que j'avais vu, je n'ai que mieux senti le besoin que j'avais du reste; au plaisir de la lecture a succédé beaucoup de colère contre l'auteur.

Votre indolence, monsieur, ou, pour parler plus franche-

---

[1] Voyez ma note, tome XIX, page 64. B.

ment, votre paresse, doit exciter contre vous tous ceux qui savent juger de ce que vous êtes capable de faire. Si vous êtes assez indifférent à la gloire pour dédaigner les applaudissements qui vous reviendraient de la perfection de cet ouvrage, la justice que le public vous a rendue sur ce que vous lui avez donné vous engage à lui donner encore une chose qu'il attend et qu'il souhaite avec impatience. Personne n'a remonté avec plus de justesse ni avec plus de finesse jusqu'aux sources, personne ne les a expliquées avec plus de délicatesse et d'exactitude. Je vais ameuter tous vos amis pour vous persécuter jusqu'à ce que vous ayez donné l'ouvrage complet. Je mettrai à la tête cette comtesse sur les lèvres de laquelle les Graces ont mis la persuasion ; après quoi nous verrons si nous vous laisserons être à votre aise paresseux pour quelque temps.

Vous m'avez rendu justice, monsieur, lorsque vous avez assuré que je n'étais en nulle liaison avec l'auteur de *la Voltairomanie*, quel qu'il soit ; et je vous proteste encore à présent que je n'ai point lu cette pièce en son entier. J'y jetai simplement les yeux, parcequ'on me dit que l'auteur m'y avait cité au sujet de M. de Voltaire ; ce que je ne vis pas sans indignation. Je voudrais bien savoir de quel droit on cite le nom de M. de Voltaire et le mien, lorsque ni l'un ni l'autre ne se trouvent dans l'ouvrage qu'on cite. On fait plus ; eh ! qu'en avez-vous pensé, monsieur ? on y décide de mon intention. La déification dont on parle n'est qu'un ouvrage d'imagination, un tissu de fictions qu'on a liées ensemble pour en faire un récit suivi. On y a eu en vue de marquer en général les défauts où tombent les savants de divers genres et de diverses nations. On y a donc été obligé d'imaginer des choses qui, quoique rapportées comme des choses particulières, ne doivent être regardées que comme des généralités applicables à tous les savants qui peuvent tomber dans ces défauts. On ne peut faire une allégorie ni un caractère, que l'imagination d'un lecteur ne puisse appliquer à quelqu'un que l'auteur même n'aura jamais connu. Ainsi ce qui n'aura, dans un ouvrage de fiction qu'un objet général, en devient un particulier par la malignité d'une fausse interprétation. Si cela est permis, monsieur, il ne faut plus songer à écrire, à moins que le public, plus réservé, ne juge de l'intention d'un auteur conformément au but général de l'ouvrage, et qu'il ne fasse retomber sur l'interprète la malignité de l'interprétation.

Quand je vis de quelle manière l'écrivain de *la Voltairomanie* décidait de mon intention, je vous avoue, monsieur, que je fus extrêmement surpris que celui qu'on en disait l'auteur pût ainsi manquer à tous les égards. Ma surprise égala mon indignation et sa témérité, pour ne pas me servir d'un terme plus dur. Il est vrai que, par la nature de l'ouvrage, on doit s'attendre à tout.

J'appris que M. de Voltaire méprisait cette pièce au point de n'y pas répondre. Il fait à merveille : le sort de ces sortes d'ouvrages est de périr en naissant; c'est les conserver que d'en parler. M. de Voltaire a quelque chose de mieux à faire : cultivant à présent les *Musas severiores*, il apprend d'elles à s'élever dans ces régions tranquilles où les vapeurs de la terre ne s'élèvent point : *Sapientum templa serena*.

Voici, monsieur, les deux madrigaux de M. de Bignicourt, que je ne pus vous dire qu'imparfaitement la dernière fois que j'eus l'honneur de vous voir à Paris :

> Des traits d'une injuste colère
> Vous payez mes feux en ce jour:
> Iris, pourquoi voulez-vous faire
> La Haine fille de l'Amour?

AUTRE.

> Iris, vous dédaignez les feux
> Qu'en moi vos charmes ont fait naître:
> Mon destin n'est pas d'être heureux,
> Mais mon cœur méritait de l'être.

Faites-moi savoir, je vous prie, si vous connaissez le manuscrit sur les tournois que M. de Rieux a acheté; et quand le temps sera conforme à la saison, n'oubliez point, monsieur, que vous avez à Belleville un très humble et très obéissant serviteur, Saint-Hyacinthe.

XX (p. 173).

LETTRE DE M. DE BURIGNY[1]

A M. L'ABBÉ MERCIER,

Abbé de Saint-Léger de Soissons, ancien bibliothécaire de Sainte-Geneviève, etc.

SUR LES DÉMÊLÉS DE M. DE VOLTAIRE AVEC M. DE SAINT-HYACINTHE.

Vous m'avez pressé, monsieur l'abbé, avec tant d'instance de vous apprendre ce que je savais des disputes de M. de Voltaire et de M. de Saint-Hyacinthe, que je ne peux pas me dispenser de satisfaire votre curiosité. Je vous avoue cependant que ce n'est qu'avec douleur que je me rappelle tout ce qui s'est passé dans cette querelle. Il est triste de voir des gens de lettres, avec lesquels on a des liaisons, se livrer à des excès dont ils rougiraient eux-mêmes, si la colère, que les anciens regardaient comme une espèce de folie, n'affaiblissait leur raison. Pour être instruit de ce qui s'est passé dans cette occasion, vous ne pouviez pas mieux vous adresser qu'à moi. M. de Saint-Hyacinthe était mon intime ami, et M. de Voltaire, avec qui j'avais quelque liaison, me porta ses plaintes contre M. de Saint-Hyacinthe, et me pressa de le déterminer à lui faire satisfaction de l'injure qu'il prétendait en avoir reçue; de sorte que personne n'a été plus au fait que moi de tout ce qui s'est fait de part et d'autre dans ce différend.

Je crois devoir d'abord vous faire connaître M. de Saint-Hyacinthe. Il était entré fort jeune dans le régiment Royal ; ayant été fait prisonnier à la bataille d'Hochstet, il fut mené en Hollande, où, ayant fait connaissance avec plusieurs gens

[1] Cette lettre, imprimée en 1780, est devenue rare ; ce qui m'a déterminé à la reproduire. L'amitié de l'auteur pour Saint-Hyacinthe ne l'a pas empêché de reconnaître que ce dernier avait été injuste envers Voltaire ; voyez page 363. B.

d'esprit, il prit la résolution de renoncer à la profession militaire, pour s'appliquer entièrement aux belles-lettres et à la philosophie.

C'était précisément dans le temps qu'il y avait à Paris une dispute très animée sur la comparaison des anciens avec les modernes. Les partisans de l'antiquité prêtaient au ridicule par leur exagération en faveur de ceux à qui ils donnaient la préférence, et par le peu de justice qu'ils rendaient aux bons écrivains de notre siècle. Cette partialité fut l'occasion du livre intitulé *le Chef-d'œuvre d'un Inconnu*, par Mathanasius[1], que M. de Saint-Hyacinthe fit imprimer en Hollande. Ce joli ouvrage eut le plus grand succès : Paris en fut enthousiasmé pendant quelque temps, et on le lisait avec d'autant plus de plaisir, qu'outre que les commentateurs passionnés des anciens y étaient tournés dans le plus grand ridicule, par l'imitation parfaite que l'auteur avait faite de leur méthode dans l'explication des écrivains de l'antiquité, on y trouvait quelques traits assez plaisants qui avaient rapport aux jésuites et à la bulle *Unigenitus*, qui causait pour lors les plus grandes disputes, et qui souffrait beaucoup de contradiction.

Ce fut dans ce moment que M. de Saint-Hyacinthe quitta la Hollande pour venir à Paris : il y fut accueilli de la manière la plus agréable ; les gens d'esprit étaient empressés de voir un homme qui leur avait procuré beaucoup de plaisir.

Son ouvrage était entre les mains de tout le monde : on en avait retenu divers traits, qu'on se plaisait à répéter. Il fit connaissance avec M. de Voltaire, qui commençait déjà cette carrière brillante dont il n'y a point d'exemple dans notre histoire littéraire. On représentait alors *Œdipe*, où tout Paris accourait. Je me souviens que M. de Saint-Hyacinthe se trouvant à une de ces nombreuses représentations près de l'auteur, lui dit, en lui montrant la multitude des spectateurs : « Voilà un éloge bien complet de votre tragédie ; » à quoi

---

[1] La première édition est de 1714, un volume in-12. P.-X. Leschevin a donné une neuvième édition, Paris, 1807, deux volumes petit in-8°. B.

M. de Voltaire répondit très honnêtement : « Votre suffrage, « monsieur, me flatte plus que celui de toute cette assemblée. »

Ils se voyaient quelquefois, mais sans être fort liés; ils se rendaient pour lors justice l'un à l'autre.

Quelques années après, ils se retrouvèrent tous deux en Angleterre; et ce fut dans ce voyage que leur haine commença, pour durer le reste de leur vie.

M. de Saint-Hyacinthe m'a dit et répété plusieurs fois que M. de Voltaire se conduisit très irrégulièrement en Angleterre; qu'il s'y fit beaucoup d'ennemis, par des procédés qui ne s'accordaient pas avec les principes d'une morale exacte; il est même entré avec moi dans des détails que je ne rapporterai point, parcequ'ils peuvent avoir été exagérés.

Quoi qu'il en soit, il fit dire à M. de Voltaire que s'il ne changeait de conduite, il ne pourrait s'empêcher de témoigner publiquement qu'il le désapprouvait; ce qu'il croyait devoir faire pour l'honneur de la nation française, afin que les Anglais ne s'imaginassent pas que les Français étaient ses complices, et dignes du blâme qu'il méritait.

On peut bien s'imaginer que M. de Voltaire fut très mécontent d'une pareille correction; il ne fit réponse à M. de Saint-Hyacinthe que par des mépris; et celui-ci, de son côté, blâma publiquement, et sans aucun ménagement, la conduite de M. de Voltaire. Voilà la querelle commencée; nous allons en voir les suites.

Ce fut M. de Saint-Hyacinthe qui prit le premier la plume dans cette dispute : il se proposa de faire une critique de *la Henriade*; et, en 1728, il fit imprimer à Londres un petit ouvrage sous ce titre : *Lettres critiques sur la Henriade de M. de Voltaire;* l'année de l'impression n'est pas marquée dans le titre; mais on trouve la date de l'ouvrage à la fin, où on lit : *Londres*, 22 *avril* 1728.

Cette lettre n'est que la critique du premier chant de *la Henriade;* elle ne fut suivie d'aucune autre[1]. M. de Saint-Hyacinthe me l'envoya : je doute qu'il y en ait d'autre exem-

---

[1] Voyez ce que j'en ai dit à la page xii de ma Préface du tome X. B.

plaire à Paris. Cette critique roule presque toute sur des points de grammaire; elle est assez modérée : on en peut juger par le jugement que l'auteur fait de *la Henriade*.

« Quelque imperfection, dit-il, qui se trouve dans le poëme « de M. de Voltaire, son ouvrage n'est pas indigne du nom « d'excellent, si par excellent on entend un ouvrage tel que « les Français n'en ont point de pareil qui l'égale. » Puis il ajoute : « Ce poëme était fameux avant même qu'il eût vu le « jour ; c'est ce qu'il a de commun avec *la Pucelle* de Chape- « lain ; mais c'est en cela seul que le sort de *la Henriade* ressem- « blera à celui de *la Pucelle.* »

M. de Voltaire ne cessait, dans toutes les occasions, de témoigner sa haine et son mépris pour M. de Saint-Hyacinthe. La bile de celui-ci s'enflamma, et il résolut de se venger par un trait qui offenserait vivement son adversaire. Il faisait dans ce temps-là une nouvelle édition de Mathanasius, à laquelle il joignit l'*Apothéose, ou la Déification du docteur Masso*[1]; il y inséra la relation d'une fâcheuse aventure de M. de Voltaire, qui avait été très indignement traité par un officier français, nommé Beauregard.

Cette édition du Mathanasius, augmentée de l'*Apothéose*, ne fit pas grande sensation à Paris, où elle n'avait pas été imprimée; mais l'abbé Desfontaines ayant fait imprimer, dans sa *Voltairomanie*, l'extrait qui regardait M. de Voltaire, on recommença à parler beaucoup de sa triste aventure, qui était presque oubliée.

L'abbé Desfontaines avait été assez lié avec M. de Voltaire, qui lui avait donné plusieurs fois des preuves d'amitié; mais ils s'étaient depuis brouillés, et s'insultaient publiquement. L'abbé Desfontaines, pour se venger des discours injurieux de M. de Voltaire, composa contre lui un libelle, auquel il donna le titre de *Voltairomanie*, dans lequel M. de Saint-Hyacinthe était cité, comme nous l'avons dit.

Je me souviens que cet écrit n'était pas encore public,

---

[1] Publiée, pour la première fois, en 1732, à la suite de la sixième edition du *Chef-d'œuvre d'un Inconnu*. B.

lorsque le marquis de Loc-Maria se proposa de donner un grand dîner à divers gens de lettres qui ne s'aimaient pas; il y avait entre autres l'abbé Desfontaines, l'abbé Prévost, Marivaux, M. de Mairan. Il m'invita à ce repas, en me disant : Je suis curieux de voir comment mon dîner finira.

Je me rendis chez le marquis, où je trouvai une grande assemblée; l'abbé Desfontaines nous proposa, avant le dîner, d'entendre une lecture qui, disait-il, nous ferait grand plaisir. On agréa sa demande; il nous lut *la Voltairomanie*, qui, loin de nous faire plaisir, fut regardée comme un libelle très grossier; lui seul s'applaudissant, après avoir fini sa lecture, dit ces propres paroles., avec le ton brutal que la nature lui avait donné, et que l'éducation n'avait pas corrigé : « Voltaire « n'a plus d'autre parti à prendre que de s'aller pendre. »

M. de Voltaire ayant appris à Cirey, où il demeurait, que *la Voltairomanie* était publique dans Paris, écrivit au comte d'Argenson, qui était pour lors à la tête de la librairie, pour se plaindre de ce qu'on laissait imprimer à Paris d'aussi infames libelles que *la Voltairomanie*, que l'abbé Desfontaines avait rempli de calomnies, et dont l'auteur méritait une punition exemplaire.

M. d'Argenson envoya chercher cet écrivain, qui nia d'abord que l'ouvrage fût de lui; mais ayant été convaincu de mensonge, il eut assez d'effronterie pour assurer qu'il n'y avait pour lui d'autre moyen de vivre que le style caustique et mordant dont il était dans l'usage de se servir; sur quoi le comte lui répondit qu'il ne voyait pas de nécessité qu'il vécût[1].

M. de Voltaire s'étant imaginé que M. de Saint-Hyacinthe avait travaillé, conjointement avec l'abbé Desfontaines, à *la Voltairomanie*, en fut très irrité. Il savait que je vivais avec lui dans la plus grande union, ce qui l'engagea à m'écrire la lettre que voici :

« J'ai bien des graces à vous rendre, monsieur, de tous vos bons documents; il faudrait avoir l'honneur de vivre avec

[1] Voyez tome XLVIII, page 325. B.

vous pour mettre fin à la grande entreprise à laquelle je travaille. Je suis malheureusement détourné de mes travaux, et persécuté dans ma retraite, par la haine de certains écrivains, par la calomnie, par la plus cruelle ingratitude. Je ne me plains point de l'abbé Desfontaines, il fait son métier; il est né pour le crime; mais qu'ai-je fait à M. de Saint-Hyacinthe? L'abbé Desfontaines cite un libelle de lui contre moi; je ne sais ce que c'est : j'en crois M. de Saint-Hyacinthe incapable : il est votre ami; et un homme honoré de l'amitié d'un homme aussi estimable que vous ne peut écrire un libelle diffamatoire. Il est de l'honneur de M. de Saint-Hyacinthe de s'en disculper. J'ose espérer qu'une ame comme la vôtre l'intéressera à se laver de cet opprobre. Voudrait-il se mettre au rang de ceux qui déshonorent les belles-lettres et l'humanité? voudrait-il partager hautement la scélératesse de l'abbé Desfontaines, et outrager ma famille, une famille d'honnêtes gens, nombreuse, et pouvant se venger? Je me flatte, monsieur, que vous préviendrez les suites éternelles qui peuvent en résulter; je vous le demande au nom de l'estime qui m'attache à vous depuis si long-temps. Je suis avec un zèle infini, monsieur, votre très humble et très obéissant serviteur,

VOLTAIRE. »

Cette lettre fut bientôt suivie d'une autre qui prouve que M. de Voltaire était dans la plus grande agitation; la voici :

« A Cirey, le 4 février.

« Si vous daignez, monsieur, prévenir les suites les plus cruelles d'une affaire dans laquelle plusieurs officiers de mes parents s'intéressent jusqu'à sacrifier leur vie, ayez la bonté d'obtenir une réponse de M. de Saint-Hyacinthe, je vous en conjure. Il vous doit beaucoup, il ne peut rien ou du moins ne doit rien vous refuser, et je crois qu'il n'osera point n'être pas vertueux devant vous : vous ne sauriez croire les obligations que je vous aurai.

« Souffrez que je vous adresse cette lettre pour lui : le plus grand service que vous puissiez me rendre est de me faire avoir une réponse qui prévienne des suites qui seraient affreuses. »

Je fis réponse à M. de Voltaire que M. de Saint-Hyacinthe n'avait aucune liaison avec l'abbé Desfontaines; qu'il avait pour lui le plus grand mépris, et que certainement il n'avait aucune part à *la Voltairomanie*.

M. de Voltaire, non content de ces deux lettres qu'il venait de m'écrire, pria une de ses parentes, qui revenait de Cirey à Paris, de me venir voir, afin de m'engager à tirer une satisfaction de M. de Saint-Hyacinthe, et à le déterminer à désavouer l'abbé Desfontaines. Cette dame[1] vint chez moi, et me dit, avec une grande émotion, que si l'on n'apaisait pas M. de Voltaire, il y aurait du sang répandu; qu'il était dans la plus grande colère, et que plusieurs de ses parents, qui étaient dans le service, partageraient sa querelle. Je répondis à cette dame que j'étais prêt à aller avec elle chez M. de Saint-Hyacinthe, et qu'elle serait contente de la manière dont je lui parlerais; mais je lui conseillai en même temps de ne point se servir de menaces, parceque nous avions affaire à un homme sur qui elles ne pouvaient rien; qu'on ne pourrait rien obtenir de lui que par des raisons tirées de l'honnêteté et du devoir.

Nous allâmes sur-le-champ trouver M. de Saint-Hyacinthe: je lui représentai qu'ayant insulté M. de Voltaire dans son *Apothéose du docteur Masso*, et ayant donné des armes contre lui à un aussi méchant homme et aussi méprisable que l'abbé Desfontaines, il était juste de faire une réparation à M. de Voltaire; qu'autrement celui-ci aurait sujet de croire qu'il était complice de l'abbé Desfontaines.

La parente de M. de Voltaire ajouta qu'elle souhaiterait que M. de Saint-Hyacinthe déclarât que ce qui avait été cité comme étant de lui lui était faussement attribué, et avait été supposé par l'abbé Desfontaines.

Cette dernière proposition fut entièrement rejetée. M. de Saint-Hyacinthe dit que ce qu'on voulait exiger de lui était

---

[1] Madame de Champbonin. B.

un mensonge dont il serait aisé de le convaincre; que tous ses amis savaient qu'il avait fait l'*Apothéose*; qu'il l'avait toujours avouée; il nous conta à ce sujet les raisons qui l'avaient déterminé à se venger de M. de Voltaire.

Enfin, après beaucoup de digressions, j'obtins qu'il écrirait une lettre à M. de Voltaire, dans laquelle il déclarerait qu'il n'avait aucune part au libelle de l'abbé Desfontaines; qu'il n'avait aucune liaison avec lui; qu'il avait pour lui le plus grand mépris, et qu'il était très fâché de ce qu'il avait inséré dans son misérable écrit cet extrait de l'*Apothéose*, qu'il avouait avoir fait autrefois dans un moment de colère. Cette lettre fut effectivement écrite et envoyée à M. de Voltaire, qui n'en fut nullement content, parcequ'il avait espéré que M. de Saint-Hyacinthe désavouerait, comme n'étant pas de lui, ce qui en avait été cité, et qu'en conséquence il pourrait attaquer l'abbé Desfontaines comme faussaire.

Depuis ce temps, M. de Voltaire fit profession d'une haine implacable contre M. de Saint-Hyacinthe; il le décria autant qu'il put, et il chercha toutes les occasions de lui nuire.

Il l'attaqua par l'endroit le plus sensible à un homme de lettres; il se proposa de lui ôter la gloire d'avoir fait *le Chef-d'œuvre d'un Inconnu*. Voici ce qu'il inséra dans un écrit, qui a pour titre: *Conseils donnés à un Journaliste* [1].

« Il y a surtout des anecdotes littéraires sur lesquelles il est
« toujours bon d'instruire le public, afin de rendre à chacun
« ce qui lui appartient. Apprenez, par exemple, au public que
« *le Chef-d'œuvre d'un Inconnu*, de Mathanasius, est de feu
« M. de Salengre, d'un illustre mathématicien, consommé
« dans toute sorte de littérature, et qui joint l'esprit à l'éru-
« dition; enfin de tous ceux qui travaillaient au *Journal litté-*
« *raire*; et que M. de Saint-Hyacinthe fournit la chanson avec
« beaucoup de remarques: mais si on ajoute à cette plaisan-
« terie une infame brochure faite par un de ces mauvais Fran-
« çais qui vont dans les pays étrangers déshonorer les belles-
« ettres et leur patrie, faites sentir l'horreur et le ridicule de

[1] Voyez tome XXXVII, page 382. B.

« cet assemblage monstrueux. » *Nouveaux mélanges historiques*, première partie, page 359.

M. de Voltaire avait certainement très grand tort de nier que M. de Saint-Hyacinthe fût l'auteur du *Chef-d'œuvre d'un Inconnu*. J'ai vécu un an en Hollande dans une très grande liaison avec MM. Van-Effen, Salengre et s'Gravesende, cet illustre mathématicien dont il est fait mention dans les *Conseils à un Journaliste*[1]; ils m'ont tous assuré que M. de Saint-Hyacinthe était l'auteur du *Chef-d'œuvre*. Il est bien vrai que, comme il était intime ami de ces messieurs, il leur lisait son ouvrage; et il est très possible qu'ils lui aient fourni quelques citations pour l'embellir, car ils avaient tous trois beaucoup de littérature; mais ils n'ont jamais prétendu partager avec M. de Saint-Hyacinthe l'honneur que ce livre avait fait à son auteur; et effectivement quelques passages qu'ils auront pu lui indiquer ne les mettaient point en droit de s'approprier cet ouvrage; aussi ne l'ont-ils jamais fait; c'est de quoi je puis rendre un témoignage certain.

M. de Saint-Hyacinthe fut très sensible au reproche qui lui était fait de se donner pour auteur d'un ouvrage qui n'était pas de lui; il fut aussi très offensé de la manière injurieuse dont M. de Voltaire avait parlé de l'*Apothéose*; car c'est cet écrit qu'il désigne dans ses *Conseils à un Journaliste* comme un libelle infame, fait par un de ces mauvais Français qui déshonorent les belles-lettres et leur patrie[2]. Il répondit à M. de Voltaire par une lettre que la plus violente colère semble avoir dictée; elle fut d'abord imprimée dans le XLe volume (seconde partie) de la *Bibliothèque française*, et ensuite dans le *Voltariana*.

M. de Saint-Hyacinthe y prouve d'abord démonstrativement qu'il est l'auteur du *Chef-d'œuvre*.

« Quelle est votre imprudence (ce sont ses termes) d'aller
« dire que je n'ai pas fait un livre dont, depuis plus de trente
« ans, il est de notoriété publique que je suis l'auteur? Igno-

---

[1] Voyez tome XXXVII, page 382. B.
[2] Ibid., page 383. B.

« rez-vous que M. Pierre Gosse, libraire de La Haye, qui a fait
« la première édition du *Chef-d'œuvre d'un Inconnu*, vit en-
« core; qu'il était ami particulier de M. de Salengre; qu'il
« connaissait ceux qui ont commencé avec moi le *Journal litté-*
« *raire ;* que si le commentaire sur la chanson : *L'autre jour*
« *Colin malade*, avait été l'ouvrage de la petite société qui
« travaillait à ce journal, M. Jonhson, qui en était un des au-
« teurs, aurait sans doute imprimé le commentaire ? »

Il ajoute que personne ne s'en est jamais dit l'auteur, quoique le succès en fût très heureux.

Il entreprend ensuite l'apologie de la *Déification du docteur
Aristarchus Masso*, que M. de Voltaire avait traitée avec le plus
grand mépris, comme nous l'avons vu : il prétend prouver
que cette pièce est une critique judicieuse des pédants comme
Masso. « J'ai vu, dit-il, des personnes que vous n'oseriez trai-
« ter de viles canailles qu'à quelques lieues de distance, qui
« croyaient qu'il y avait dans cette pièce autant de gaîté, plus
« d'art et plus de savoir que dans le commentaire sur le *Chef-*
« *d'œuvre.* »

Après n'avoir oublié aucun des reproches que les ennemis
de M. de Voltaire lui fesaient, il l'accuse de louer excessive-
ment les Anglais aux dépens des Français, et il ajoute : « J'ai,
« par un seul trait, un peu trop loué les Anglais, je l'avoue;
« mais ils m'en ont corrigé, et j'ai réparé mon erreur. »

Je l'avais vu effectivement si enthousiasmé des Anglais,
qu'il avait pris la résolution de s'aller établir en Angleterre.
Il y alla; mais il se dégoûta bientôt d'eux, et il abandonna
ce royaume, en haïssant les Anglais au moins autant qu'il les
avait aimés.

Il finit cette lettre, qu'il avait écrite dans l'accès de la plus
furieuse colère, par menacer M. de Voltaire de publier des
anecdotes qui le regardaient, et qui ne lui feraient pas plaisir,
s'il ne cesse de l'insulter.

« Ces anecdotes, continue-t-il, sont si singulières, que le
« public les lira avec un très grand plaisir. Je vous assure que
« je ne les publierai qu'à regret; mais enfin quand j'en aurai

« pris le parti, je m'en acquitterai de mon mieux; et ce parti
« est pris, si vous ne m'accordez pas la grace que je demande.
« Faites-moi donc l'honneur de m'oublier, je vous prie; ne
« vaut-il pas mieux m'oublier, que de penser que je ne suis
« pas votre très humble et très obéissant serviteur,

« SAINT-HYACINTHE ? »

« A Geneken; ce 16 mai 1745. »

M. de Saint-Hyacinthe ne manqua pas de me faire part de l'insulte que lui avait faite M. de Voltaire, en lui voulant ôter le Mathanasius; il m'écrivit à ce sujet deux lettres qui peignent au naturel la vive colère dont il était pénétré.

Sa première lettre est datée de Geneken, près Breda, où il était allé s'établir; il s'y exprime ainsi :

« L'imposture de Voltaire est digne de lui. Il a fait mettre
« dans un *Mercure*[1] que je n'étais pas l'auteur de Mathanasius;
« on m'a écrit aussi d'Amsterdam que cela se trouvait aussi
« dans un sixième volume, qui vient de paraître, de ses ou-
« vrages. Je ne crois pas que je me donne la peine de faire
« voir son imposture; mais si je la prends, ce sera d'une ma-
« nière si vraie sur tout ce qui le regarde, et en même temps
« si fâcheuse pour lui, que je l'obligerais de s'aller pendre,
« s'il avait la moindre teinture d'honneur. »

Cette lettre me fut écrite avant celle à M. de Voltaire, dont j'ai rendu compte; il m'en adressa ensuite une autre, datée aussi de Geneken, du 11 octobre 1745, qui est du même style.

« Comme on m'a fait sentir, me mandait-il, que de ne pas
« répondre à cette accusation, c'était m'avouer coupable de
« l'impudence de me reconnaître pour l'auteur d'un livre que
« je n'avais pas fait, et mériter d'être traité, ainsi qu'il le fait,
« au sujet de la *Déification d'Aristarchus Masso*, pour être
« un de ces mauvais Français qui vont dans les pays étrangers
« déshonorer leur nation et les belles-lettres, je lui ai ré-

---

[1] Les *Conseils à un journaliste* avaient été imprimés dans le *Mercure* de 1744, premier cahier de novembre. B.

« pondu par une lettre qui se trouve imprimée dans le qua-
« rantième volume de la *Bibliothèque française;* et une per-
« sonne ici de ma connaissance a reçu une lettre de Bruxelles,
« où on lui marque que les accusations de Voltaire ayant ex-
« cité la curiosité de voir, dans la *Déification d'Aristarchus
« Masso,* ce qui pouvait l'avoir mis de si mauvaise humeur,
« on en avait deviné la raison, indiquée déjà par *la Voltairo-
« manie;* et que depuis ce temps on appelait les cannes fortes
« *des Voltaires,* pour les distinguer des cannes de roseau; et
« qu'au lieu de dire : Donner des coups de canne ou des coups
« de bâton, on disait *voltairiser.* On envoyait même à cette
« personne une épigramme qui commençait :

 « Pour une épigramme indiscrète,
 « On voltairisait un poëte.
 « A l'aide, au secours, Apollon !

« Voilà ce que sa calomnie lui aura produit. Ce qu'il y a de
« plaisant, c'est que la réponse que je lui ai faite se trouve
« imprimée immédiatement après l'extrait de son sixième vo-
« lume, à côté, pour ainsi dire, de l'extrait qu'on y trouve
« des lettres que le roi de Prusse lui a écrites. »

Ce n'est pas sans répugnance que je rapporte tous ces indécents détails; mais l'exactitude que je vous ai promise m'y
oblige.

Dans le temps de cette malheureuse et scandaleuse dispute,
M. de Saint-Hyacinthe travaillait à l'ouvrage qui a pour titre :
*Recherches philosophiques sur la nécessité de s'assurer par soi-
même de la vérité, sur la certitude des connaissances et sur la
nature des êtres* [1]. »

On lui conseilla de dédier ce livre au roi de Prusse, que la
protection éclairée dont il favorisait les gens de lettres avait
rendu aussi célèbre dans la littérature, que ses talents militaires avaient inspiré d'admiration pour lui à l'Europe. Il
m'envoya cette épître dédicatoire en manuscrit, en me priant
de l'examiner, et d'en conférer avec ceux que je croirais ca-

---

[1] Imprimé en 1743, in-8°. B.

pables de lui donner de bons conseils. Je ne crus pas pouvoir mieux faire que de consulter M. de Maupertuis, que le roi de Prusse honorait de son amitié, qui lui était attaché, et que l'on regardait comme un des courtisans de sa majesté prussienne; je le connaissais beaucoup, et il était grand ami de M. de Saint-Hyacinthe.

Il lut l'épître dédicatoire, l'examina avec beaucoup d'attention, fit quelques remarques grammaticales, et jugea qu'on pouvait l'imprimer, en remarquant cependant que les louanges n'y étaient pas distribuées avec assez de délicatesse. Effectivement, on ne pouvait rien y ajouter; ce grand prince y est représenté comme un souverain aimable par sa bonté, admirable par sa justice, redoutable par sa valeur, l'admiration des étrangers, et la gloire de la royauté.

M. de Saint-Hyacinthe s'aperçut lui-même « que ce ton, qui « paraissait approcher de la flatterie, convenait mieux à un « courtisan qu'à un philosophe; » et il m'écrivit: « Si vous « trouvez cette épître trop forte, plaignez-moi d'être dans la « nécessité de la faire; je crois cependant le fond de ce que « je dis. »

Cette dédicace ne produisit aucun des effets qu'en avait espérés l'auteur; le roi n'y fit pas la moindre attention. M. de Saint-Hyacinthe s'imagina que c'était l'effet des mauvais services que M. de Voltaire lui avait rendus à la cour de Prusse : c'est ce qu'on peut voir dans les lettres qu'il m'adressa, et que je vais rapporter.

Il m'écrivit le 8 juillet 1744 : « J'ai reçu une lettre de « M. Jordan; il m'avait écrit quand j'envoyai à Berlin l'exem-« plaire pour le roi, avec plusieurs autres, qu'il l'avait fait « tenir au roi; et que dès que le roi serait de retour, et qu'il « saurait sa volonté, il m'en informerait. Voltaire passa dans « ce temps-là à Roterdam, en allant en Prusse; M. de Bruas « lui fit présent d'un exemplaire de mes *Recherches*, croyant « l'engager à me rendre de bons offices en Prusse; Voltaire « tint de moi beaucoup de mauvais discours, et je me doutais « bien qu'il me nuirait de son mieux. En effet, j'ai été près

« d'un an sans recevoir des nouvelles de M. Jordan ; et pour
« m'assurer de la vérité de ce que je soupçonnais, j'écrivis une
« lettre à M. Jordan, pour me plaindre de ce qu'après m'avoir
« écrit qu'il me manderait son sentiment de mon livre quand
« il l'aurait lu, et celui de ses amis, il avait oublié de me faire
« cette grace. Je ne lui parlai point du roi ni de Voltaire,
« dont je disais seulement qu'un poëte, à son retour de Berlin,
« avait assuré à un de mes amis de Roterdam que mon livre
« n'y avait pas réussi ; mais que comme les poëtes sont fort
« accoutumés à la fiction, je le priais, lui M. Jordan, de me
« dire au vrai ce qui en était, le priant de me croire assez
« galant homme pour penser que je pouvais faire un mauvais
« livre, et même pour me l'entendre dire. J'ai reçu une lettre
« concertée, où l'on ne me dit pas un mot ni du roi ni du
« poëte, où on parle assez bien de mon livre ; d'ailleurs,
« lettre polie, mais d'un froid poli, en comparaison des au-
« tres. Ainsi, mon très cher ami, il n'y a rien à espérer de ce
« côté-là ; et qui en effet sera ami de Voltaire ne le sera pas
« de moi. Si, après le premier voyage que ce poëte fit à Berlin,
« on ne m'eût pas écrit de Paris qu'il était revenu disgracié du
« roi de Prusse, quelque admiration que j'eusse pour ce que
« j'apprends de ce prince, je ne lui aurais pas fait l'honneur
« de lui dédier mon livre ; mais la chose est faite. »

M. Jordan [1], qui était en relation avec M. de Saint-Hyacinthe, était un homme de lettres qui avait une place à la cour de Prusse ; il est connu par plusieurs ouvrages, et entre autres par l'*Histoire de M. de La Croze*.

M. de Saint-Hyacinthe m'écrivit une autre lettre, dans laquelle il répète à-peu-près ce qu'il m'avait déjà mandé ; elle est du 10 octobre 1745 ; la voici :

« C'est Voltaire qui a mal disposé le roi de Prusse à mon
« égard. Il arriva justement que ce poëte alla en Prusse lors-
« que mes *Recherches* y arrivèrent ; et le silence du roi, qui
« ne m'a pas seulement fait dire qu'il les avait reçues, est un
« effet de l'amitié de ce prince pour ce poëte : aussi je ne les

[1] Voyez ma note, tome LII, page 405. B.

« lui aurais pas dédiées, si je n'avais cru, sur ce qu'on m'avait
« écrit, que leur amitié était rompue; bien persuadé que qui
« est ami de Voltaire n'est pas propre à l'être de Saint-
« Hyacinthe. »

Ce fut la dernière lettre que je reçus de lui ; il mourut peu de temps après l'avoir écrite.

La haine avait produit chez lui son effet ordinaire, un jugement très injuste de son adversaire.

Lorsqu'il fut question de nommer M. de Voltaire à l'académie française, tout le monde applaudit à un choix si convenable. M. de Saint-Hyacinthe fut le seul qui le désapprouva. Il m'écrivait de Saint-Jorry, le 17 février 1743 : « A l'égard
« de Voltaire, l'académie sera bien honorée de recevoir dans
« le nombre des quarante un homme sans mœurs, sans prin-
« cipes, qui ne sait pas sa langue, à moins qu'il ne l'ait étu-
« diée depuis quelques années, et qui n'a de talent que celui
« que donne une imagination vive, avec le talent de s'appro-
« prier tout ce qu'il peut trouver de bon chez les autres, avec
« quoi il fait des ouvrages pleins de pensées belles ou de traits
« brillants, qui ne sont pas de lui, et qui sont liés sans justesse,
« et mal assortis à ce qui est de lui. »

Comme je m'étais conduit dans le cours de cette étrange dispute avec candeur et honnêteté, M. de Voltaire ne se plaignit jamais de moi, quoiqu'il ne pût ignorer mon intime liaison avec M. de Saint-Hyacinthe.

J'avais connu M. de Voltaire dans sa jeunesse ; je l'avais souvent vu chez M. de Pouilly mon frère, pour qui il avait beaucoup d'estime. J'ai vu de ses lettres, où il assurait que M. de Pouilly raisonnait aussi profondément que Bayle, et écrivait aussi éloquemment que Bossuet.

Dans une lettre qu'il m'écrivait de Cirey, le 29 octobre 1738, en réponse au remerciement que je lui avais fait du livre des *Éléments de Newton*, il me disait[1], en parlant de la philosophie de Newton : « Cette philosophie a plus d'un droit
« sur vous ; elle est la seule vraie, et monsieur votre frère de

---

[1] Voyez tome LIII, page 298. B.

« Pouilly est le premier en France qui l'ait connue; je n'ai
« que le mérite d'avoir osé effleurer le premier en public ce
« qu'il eût approfondi s'il l'eût voulu. »

M. de Saulx, dans l'éloge historique qu'il a fait de M. de
Pouilly, que l'on trouve à la tête de la dernière édition de la
Théorie des sentiments agréables[1], a aussi remarqué que c'était
lui qui, le premier en France, avait osé sonder *les profondeurs
dont on s'était contenté de demeurer étonné*; c'est ainsi qu'il
s'exprime en parlant du célèbre ouvrage de M. Newton.

J'avais vu aussi plusieurs fois M. de Voltaire chez milord
Bolingbroke, qui l'aimait; je me souviens qu'un jour on parlait chez ce seigneur de Pope et de Voltaire; il les connaissait
tous deux également; on lui demanda auquel des deux il
donnait la préférence : il nous répondit que c'étaient les deux
plus beaux génies de France et d'Angleterre; mais qu'il y
avait bien plus de philosophie dans la tête du poëte anglais
que chez Voltaire.

Dans cette même lettre, que M. de Voltaire m'avait écrite
de Cirey, dont je viens de parler, il me faisait part de l'ouvrage qu'il avait entrepris, et auquel il donna le titre de
Siècle de Louis XIV; il m'en parlait ainsi[2] : « Il y a quelques
« années, monsieur, que j'ai commencé une espèce d'histoire
« philosophique du siècle de Louis XIV. Tout ce qui peut pa-
« raître important à la postérité doit y trouver sa place; tout
« ce qui n'a été important qu'en passant y sera omis; les
« progrès des arts et de l'esprit humain tiendront, dans cet
« ouvrage, la place la plus honorable; tout ce qui regarde la
« religion y sera traité sans controverse; et ce que le droit
« public a de plus intéressant pour la société s'y trouvera.
« Une loi utile sera préférée à des villes prises et rendues, à
« des batailles qui n'ont décidé de rien. On verra dans tout
« l'ouvrage le caractère d'un homme qui fait plus de cas d'un
« ministre qui fait croître deux épis de blé là où la terre n'en
« portait qu'un, que d'un roi qui achète ou qui saccage une

---

[1] Cinquième édition, 1774, in-8°. B.
[2] Voyez tome LIII, page 298. B.

« province. Si vous avez, monsieur, quelque anecdote digne
« des lecteurs philosophes, je vous supplierais de m'en faire
« part. Quand on travaille pour la vérité, on doit hardiment
« s'adresser à vous, et on peut compter sur du secours. Je
« suis, monsieur, avec les sentiments d'estime les plus respec-
« tueux, etc. »

En répondant à cette lettre, je fis part à M. de Voltaire de quelques observations dont il ne fut pas mécontent, puisque, dans la première lettre qu'il m'écrivit, à l'occasion de sa querelle avec M. de Saint-Hyacinthe, que l'on a rapportée plus haut, « Il me remerciait de mes bons documents[1], » et qu'il ajoutait: « Il faudrait avoir l'honneur de vivre avec vous, « pour mettre fin à la grande entreprise à laquelle je travaille. » C'était un compliment dont je conclus seulement qu'il n'avait pas désapprouvé les avis que je lui avais donnés.

Sa dispute avec M. de Saint-Hyacinthe ne changea point du tout sa façon de penser à mon égard, et j'ai toujours eu sujet de me louer de ses procédés. Je rapporterai quelques unes de ses lettres, qui démontrent qu'il ne m'a jamais su mauvais gré de l'amitié que j'avais conservée avec M. de Saint-Hyacinthe jusqu'à sa mort.

Je lui envoyai la Vie que j'avais faite d'*Érasme;* ce présent m'attira la réponse la plus honnête; la voici :

Aux Délices, près de Genève, 10 mai 1757.

« Je ne puis trop vous remercier, monsieur, de votre pré-
« sent; vous vous associez à la gloire d'Érasme et de Grotius,
« en écrivant si bien leur histoire. On lira plus ce que vous
« dites d'eux, que leurs ouvrages. Il y a mille anecdotes dans
« ces deux vies qui sont bien précieuses pour les gens de
« lettres. Ces deux hommes sont assez heureux d'être venus
« avant ce siècle. Il nous faut aujourd'hui quelque chose d'un
« peu plus fort; ils sont venus au commencement du repas ;
« nous sommes ivres à présent; nous demandons du vin du
« Cap et de l'eau des Barbades. J'espère vous présenter dans
« un an, si je vis, cette histoire générale, dont vous avez

---

[1] Voyez ci-dessus page 353. B.

« souffert l'esquisse. Je n'ai pas peint les docteurs assez ridi-
« cules, les hommes d'état assez méchants, et la nature hu-
« maine assez folle : je me corrigerai ; je dirai moins de vérités
« triviales, et plus de vérités intéressantes. Je m'amuse à par-
« courir les petites-maisons de l'univers ; il y a peut-être de la
« folie à cela, mais elle est instructive. L'histoire des dates,
« des généalogies, des villes prises et reprises, a son mérite ;
« mais l'histoire des mœurs vaut mieux à mon gré : en tout
« cas, j'écrirai sur les hommes moins qu'on a écrit sur les in-
« sectes. Je finis, pour reprendre l'histoire de Grotius, et pour
« avoir un nouveau plaisir. Conservez-moi vos bontés, mon-
« sieur, et soyez persuadé de la tendre estime de votre très
« humble et très obéissant serviteur, L'ERMITE VOLTAIRE. »

Après que M. de Voltaire eut donné au public son histoire universelle, je ne craignis pas de lui représenter qu'il s'y trouvait beaucoup de faits racontés avec peu d'exactitude. Ma critique était accompagnée de cette honnêteté dont les gens de lettres ne devraient jamais s'écarter ; aussi fut-elle très bien reçue, et il m'écrivit une lettre à ce sujet, qui prouve qu'il écoutait avec plaisir les avis qu'on lui donnait. En voici quelques morceaux :

« A Monrion, près de Lausanne, 14 février.

« L'esprit dans lequel j'ai écrit, monsieur, ce faible essai
« sur l'histoire, a pu trouver grace devant vous, et devant
« quelques philosophes de vos amis. Non seulement vous par-
« donnez aux fautes de cet ouvrage, mais vous avez la bonté
« de m'avertir de celles qui vous ont frappé ; je reconnais,
« à ce bon office, les sentiments de votre cœur, et le frère de
« ceux qui m'ont toujours honoré de leur amitié. Recevez,
« monsieur, mes sincères et tendres remerciements. Je ne
« manquerai pas de rectifier ces erreurs, et encore moins
« l'obligation que je vous ai. »

Il m'écrivit une seconde lettre, datée de Monrion, près de Lausanne, le 20 mars 1757, où il me réitère (ce sont ses termes) ses « sincères et tendres compliments ; je vous en dois
« beaucoup, pour les bontés que vous avez eues de remarquer

« quelques unes de ces inadvertances de l'histoire générale.
« Je ne vous enverrai cette histoire qu'avec les corrections
« dont je vous ai l'obligation. »

Il ne regardait cette première édition que comme un essai, et comme une occasion de recueillir les avis des hommes éclairés ; c'est ainsi qu'il s'explique dans cette même lettre.

Il finissait une autre lettre qu'il m'écrivait, par cette politesse : « Je me recommande à vous, monsieur, comme à un « homme de lettres, à un philosophe pour qui j'ai eu toujours « autant d'estime que d'attachement pour votre famille. »

Je pourrais encore rapporter d'autres lettres de M. de Voltaire ; mais celles-ci suffisent pour vous prouver que sa haine, son mépris et sa colère contre M. de Saint-Hyacinthe n'ont jamais influé sur moi, qu'il savait être son intime ami ; et qu'avant et après cette violente dispute, il a toujours eu pour moi les égards les plus honnêtes.

Voilà, monsieur l'abbé, un compte très exact de tout ce qui s'est passé dans cette querelle, qui m'a causé beaucoup de chagrin, parcequ'elle ne faisait honneur ni à l'un ni à l'autre des deux adversaires, que j'aimais et estimais : l'un m'était très cher, et l'autre était regardé par la nation, par l'Europe même, comme un des plus beaux génies que la France ait jamais eu.

Je vous prie, monsieur, de regarder cette lettre, que je n'ai écrite qu'avec répugnance, comme une preuve de l'empire que vous avez sur moi, et de l'estime respectueuse avec laquelle j'ai l'honneur d'être votre très humble et très obéissant serviteur, etc., DE BURIGNY.

XXI (p. 196).

CENT ÉCUS A GAGNER.

On a volé plusieurs manuscrits contenant la tragédie de *Sémiramis*, la comédie intitulée *Nanine*, etc., l'histoire de la dernière guerre depuis 1741 jusqu'en 1747. On les a imprimés remplis de fautes et d'interpolations ; on les vend publiquement à Fontainebleau. Le premier qui donnera des indices sûrs de l'imprimeur et de l'éditeur recevra la somme de 300 fr. de M. de Voltaire, gentilhomme ordinaire du roi, historiographe de France, rue Traversière.

XXII (p. 196).

MÉMOIRE DE MADAME DENIS.

Ce 24 avril 1751.

Madame Denis, nièce de M. de Voltaire, demeurant chez lui, rue Traversière, et pendant son absence chargée de ses affaires à Paris, au retour d'un petit voyage qu'elle a fait à la campagne, a appris que le nommé Lonchant [a], valet de chambre de M. de Voltaire, et son copiste ordinaire, ayant la clef de son cabinet et de ses armoires, a profité de l'absence de ladite dame pour enlever de la maison plusieurs caisses de livres et des manuscrits. Madame Denis étant obligée de veiller à la conservation des effets de monsieur son oncle, demande que visite et saisie soient faites de tous les papiers qui se trouvent chez ledit Lonchant; et comme ce Lonchant est étroitement lié avec les nommés Lafond [b] mari et femme, ci-devant domestiques de feu madame la marquise du Châtelet, et ayant demeuré depuis dans la maison du sieur de Voltaire, madame Denis demande encore que pareilles visite et saisie soient faites chez ledit Lafond, pour, après l'examen desdits papiers, distractions être faites des titres manuscrits, pièces de théâtre, poëme [1], et généralement de tous les ouvrages tant en prose qu'en vers, qui seront reconnus par ladite dame pour appartenir à monsieur son oncle, et être lesdits

[a] Lonchant, marchand en boutique de cartes de géographie, loge rue Saint-Jacques, près la fontaine Saint-Severin, à l'enseigne de la Place des Victoires, à côté du Pavillon. (*Note de madame Denis.*)

[b] Lafond, mari et femme, logent, au troisième ou quatrième, rue de la Monnaie, près le Pont-Neuf, chez la demoiselle Alexandre, marchande de modes. (*Note de madame Denis.*)

[1] *La Pucelle;* voyez la pièce n° XXIV. B.

papiers et livres, s'il s'en trouve, remis à madame Denis, et le surplus à qui il appartiendra. MIGNOT DENIS.

XXIII (p. 196.)

A M. BERRYER,

LIEUTENANT DE POLICE.

Ce dimanche 2 mai 1751.

J'ai l'honneur de vous prier, monsieur, de vouloir bien ordonner que des papiers volés à M. de Voltaire par son valet de chambre, nommé Lonchant, conjointement avec la demoiselle Lafond, soient remis comme vous avez eu la bonté de me le promettre. La personne par qui vous avez fait faire la saisie, en vertu d'un ordre du roi, m'a dit qu'elle avait fait mettre sous le scellé deux manuscrits entiers de la tragédie de *Rome sauvée*, un tome in-quarto de lettres manuscrites appartenantes à M. de Voltaire, et un exemplaire du *Voltariana*. Je vous prie en grace d'ordonner que ce scellé soit levé, et d'ordonner qu'on me remette entre les mains ces papiers.

Je vous en aurai une vraie obligation.

J'ai l'honneur d'être très parfaitement, monsieur, votre très humble et très obéissante servante, MIGNOT DENIS.

XXIV (p. 196.)

A M. BERRYER,

LIEUTENANT DE POLICE.

Ce 5 mai 1751.

Dans la crainte où je suis, monsieur, que vous n'ayez pas reçu ma lettre que j'ai eu l'honneur de vous écrire pour vous prier d'ordonner la levée du scellé mis sur des papiers volés à M. de Voltaire par Lonchant, son valet de chambre, et une femme nommée Lafond, je vous réitère mes prières, afin que ces papiers me soient rendus, comme vous et M. le comte d'Argenson me l'avez promis. L'huissier m'a dit qu'on avait trouvé chez Lonchant deux manuscrits entiers de *Rome sauvée*, et le *Voltariana*; et chez Lafond un tome de lettres manuscrites appartenantes à M. de Voltaire, et que Lonchant m'a avoué depuis avoir pris dans sa bibliothèque. Je vous demande en grace de me faire rendre le tout : je vous en aurai une vraie obligation.

J'ai l'honneur d'être avec respect, monsieur, votre très humble et très obéissante servante, Mignot Denis.

NOTE DU LIEUTENANT DE POLICE.

Répondu à madame Denis, le 5 mai 1751, que j'ai donné des ordres au commissaire Rochebrune de lever les scellés, et de lui remettre les manuscrits et ouvrages qu'elle demande.

XXV (p. 196).

A M. BERRYER,

LIEUTENANT DE POLICE.

Ce 20 mai 1751.

Permettez-moi, monsieur, de vous rendre compte de la réussite de l'affaire dans laquelle vous m'avez obligé si efficacement. Quand Lonchant a vu que mon portier et mes autres domestiques étaient prêts à faire leur déposition chez un commissaire, et que M. le maréchal de Richelieu s'était chargé de faire faire celle de l'homme qui avait copié chez moi pendant mon absence, que vous daignez faire usage de ces dépositions, la peur a pris si vivement à ce Lonchant et à la femme qui était sa complice, qu'il m'est venu trouver, m'a tout avoué, et m'a tout rendu. Il avait exactement tous les papiers de mon oncle, c'est-à-dire son *Histoire universelle*, celle du *Siècle de Louis XIV*, les *Campagnes de Louis XV*, et cette *Pucelle*, qui sans vos bontés serait devenue la fiancée du roi de Garbe. J'espère que cette petite leçon rendra à l'avenir M. de Voltaire moins confiant. Nous sommes tous deux pénétrès des soins que vous avez bien voulu prendre; je voudrais vous convaincre de ma reconnaissance, et des sentiments avec lesquels j'ai l'honneur d'être, monsieur, votre très humble et très obéissante servante, MICNOT DENIS.

XXVI (p. 205).

DÉTAILS

SUR L'AFFAIRE DE FRANCFORT[1].

L'année 1752 est remarquable, dans la vie de Voltaire, par la mésintelligence qui naquit entre lui et Maupertuis, que jusqu'alors il avait traité avec toutes les apparences de l'estime et de l'amitié; une querelle littéraire entre le même Maupertuis et le professeur Koënig, à laquelle Frédéric et Voltaire prirent part chacun dans un sens différent; des tracasseries suscitées par La Beaumelle, venu à Berlin vers la fin de 1751, opérèrent dans la cour littéraire du roi une révolution qui changea ce temple de la sagesse en une arène d'injures, de calomnies, et d'injustices. Voltaire fut la principale victime de ces dissensions; plus il avait de gloire, plus il devait avoir d'ennemis et d'envieux. Je donnerai sur ces querelles les détails dont je fus le témoin : je dois dire avant que si ces misérables discussions ne fussent venues troubler la tranquillité dont il jouissait, et le système d'indépendance qu'il s'était formé, il est probable que jamais il n'eût songé à quitter la Prusse. L'amitié de Frédéric, la liberté de penser et d'écrire, si chère à son génie; l'existence honorable que lui procuraient ses travaux et les bienfaits du roi, l'avaient conduit à regarder ce pays comme sa patrie. Il méditait même d'y attirer madame Denis sa nièce, et de l'y établir; mais en très peu de temps le dégoût succéda à l'enthousiasme, et, dès qu'il crut porter des fers, Voltaire ne songea plus qu'aux moyens de les briser.

[1] Ce morceau est extrait de *Mon séjour auprès de Voltaire*, par Colini, 1807, in-8° (pages 34 et suiv.). B.

On ne sera cependant pas surpris de ces troubles, si l'on veut envisager la situation respective des principaux acteurs. Maupertuis, arrivé avant Voltaire à la cour de Frédéric, revêtu du titre de président de l'académie de Berlin, considéré comme bon géomètre, jaloux à l'excès, prétendait au droit exclusif d'être l'ami ou le protecteur des Français de quelque mérite qui se rendaient dans la capitale de la Prusse : il était d'un caractère dur; les gens de lettres ne l'aimaient point, parcequ'il voulait primer dans tous les genres. Il avait des idées bizarres, qu'il décorait du nom de philosophiques. On connaît ses projets de percer un trou jusqu'au centre de la terre, de disséquer des cerveaux de géants pour faire des découvertes sur la nature de l'ame, d'enduire les malades de poix-résine, de créer une ville latine, et autres idées aussi extravagantes, que Voltaire livra au ridicule. Dans son discours de réception à l'académie française, il entreprit de prouver les rapports qui existaient entre l'éloquence et la géométrie, et l'influence de celle-ci sur l'autre. Son extérieur était aussi singulier que son esprit; il rendit célèbre sa perruque ronde et courte, composée de cheveux roux et de crins poudrés en jaune.

Voltaire, dont le vaste génie et les lumières éclairaient l'Europe et éclipsaient ses contemporains; Voltaire, le flambeau de son siècle, aussi grand poète que profond historien, occupé sans relâche à combattre les préjugés, ennemi du despotisme et de l'intolérance, jouissant d'une réputation colossale et d'une grande fortune, avait cédé, en venant à Berlin, aux instances pressantes et réitérées de Frédéric. Il réunissait en lui toutes les connaissances sur lesquelles les favoris du roi établissaient leur renommée, et celui-ci lui marquait une préférence bien méritée, mais qui devint un motif de haine et de jalousie.

La Beaumelle, récemment arrivé à Berlin de Copenhague, où il avait tenu un cours de littérature française, se produisait comme homme de lettres, et répandait un livre intitulé *Qu'en dira-t-on? ou mes Pensées*, son titre unique à la gloire.

Il se présenta à tous les beaux-esprits de la cour de Frédéric avec une arrogance qui fit douter de ses talents. On eût dit qu'il n'était venu à Berlin que pour tout réformer. Selon lui, il n'y avait dans cette cour ni assez d'esprit, ni assez de goût. Sa critique n'épargnait personne; il disait que le langage d'Algarotti n'était qu'un baragouin. Dès la première visite, La Beaumelle déplut à Voltaire, et Voltaire à La Beaumelle[1]. Ce dernier avait inséré dans le *Qu'en dira-t-on?* des éloges outrés de Frédéric, et des phrases injurieuses aux gens de lettres. Il disait : « Qu'on parcoure l'histoire ancienne et « moderne, on ne trouvera point d'exemple de prince qui « ait donné sept mille écus de pension à un homme de lettres, « à titre d'homme de lettres. Il y a eu de plus grands poëtes « que Voltaire; il n'y en eut jamais de si bien récompensé, « parceque le goût ne met jamais de bornes à ses récompenses. « Le roi de Prusse comble de bienfaits les hommes à talents, « précisément par les mêmes raisons qui engagent un petit « prince d'Allemagne à combler de bienfaits un bouffon ou un « nain. »

Ce ridicule parallèle fut, au souper du roi, une source féconde de plaisanteries; chacun des convives s'égaya et sur l'ouvrage et sur l'auteur; c'était la meilleure manière de s'en venger. Le lendemain cependant, Maupertuis rapporta ces sarcasmes à La Beaumelle, et les mit tous sur le compte de Voltaire. Il parvint à lui persuader que l'intention de son adversaire était d'empêcher qu'il n'eût les bonnes graces du roi, et de l'éloigner de Berlin. La Beaumelle n'était déjà que trop disposé à devenir l'ennemi de Voltaire; il crut aux rapports de Maupertuis, et jura une haine éternelle à un homme qui n'en avait point pour lui. Il fallait bien peu connaître Voltaire pour lui attribuer une semblable conduite. Avec un peu de réflexion, La Beaumelle aurait jugé que celui à qui

---

[1] La Beaumelle parla à Voltaire, dans cette visite, du manuscrit des *Lettres de madame de Maintenon;* celui-ci desira connaître cet ouvrage. La Beaumelle s'y refusa, et avoua même depuis qu'il craignait que Voltaire ne le vendît en secret. De pareilles injures ne s'oublient pas.

(*Note de Colini.*)

on prêtait une aussi basse jalousie avait trop de réputation et de crédit pour augmenter l'un et l'autre par l'humiliation d'un jeune écrivain à peine connu dans le monde littéraire. Mais ce grand homme ne puisait pas son indulgence dans sa supériorité, elle était dans son caractère. Je l'ai vu accueillir avec bonté des jeunes gens dont les heureuses dispositions promettaient aux sciences de dignes soutiens, les aider de ses conseils et de sa bourse, et même commencer leur réputation dans le monde. Il est évident qu'on cherchait à le rendre odieux, ses ouvrages étant à l'abri de la critique. Voltaire ne fesait la cour à personne, et n'aimait pas qu'on la lui fît, parceque des deux parts il eût perdu un temps précieux. Il se bornait à composer ses ouvrages, et à plaire au roi. Cette manière de vivre lui attira l'envie de beaucoup de personnes qui s'étudièrent à lui faire des ennemis. On commença par La Beaumelle, et on réussit.

La Beaumelle, pour se venger, composa en partie à Berlin ses notes critiques sur le *Siècle de Louis XIV*. Il était occupé de ce travail lorsqu'il fut obligé de quitter la Prusse, après avoir été enfermé à Spandau pour une affaire scandaleuse.

La querelle qui éclata entre Voltaire et Maupertuis fit en Europe beaucoup plus de bruit, et eut des suites plus sérieuses. Elle commença par une simple discussion philosophique entre Maupertuis et Koënig. Maupertuis, dans un mémoire inséré dans sa *Cosmologie* et dans les *Actes* de l'académie des sciences de Berlin, avait avancé que la nature, pour ses opérations, employait toujours un *minimum* (ou moindre action); et il présentait cette assertion comme un principe général et constant, dont il se vantait avec emphase d'avoir fait la découverte. Koënig, qui, avant son séjour en Prusse, était professeur de philosophie à La Haye, et qui alors était membre de l'académie que présidait Maupertuis, avertit celui-ci que le principe de la *moindre quantité d'action* n'était pas sans objections, et lui fit parvenir quelques réflexions par lesquelles il révoquait en doute la généralité de ce principe. Le président ne se donna pas la peine de les parcourir, et, en les renvoyant à Koënig, lui fit dire qu'il pouvait les imprimer, et qu'il y répondrait.

Cette dissertation parut en effet dans le journal de Leipsick, au mois de mars 1752. On y rapportait un fragment d'une lettre de Leibnitz, dans lequel il était question de ce principe général de la nature, auquel ce célèbre philosophe paraissait s'opposer. Maupertuis croit que par ce fragment on veut lui enlever l'honneur d'avoir découvert la *moindre action*. Il somme Koënig de produire l'original de cette lettre : celui-ci répond qu'il n'en a qu'une copie qui lui a été donnée par un savant respectable, mort en Suisse, et dont les papiers étaient dispersés. Maupertuis, irrité, accuse Koënig d'avoir forgé cette lettre; il fait assembler les membres de l'académie de Berlin, séduit ou intimide les plus faibles, et le professeur est déclaré *faussaire en philosophie*. Le 13 avril, cette absurde sentence est imprimée et publiée; Koënig renvoie son diplôme d'académicien, et fait paraître un ouvrage intitulé *Appel au public*, dans lequel il défend victorieusement son honneur outragé.

Voltaire, indigné du procédé de Maupertuis, prit la défense de Koënig; n'eût-il eu contre le premier aucun sujet intérieur d'animosité, on l'aurait vu se ranger du parti de l'opprimé. On doit reconnaître à ce trait le grand homme que l'injustice, exercée à l'égard d'un seul de ses semblables, révoltait autant que si elle lui eût été personnelle; on reconnaîtra celui qui fut le défenseur et le bienfaiteur des Sirven et des Calas, qui enleva à l'ignominie le nom de l'infortuné chevalier de La Barre, et qui plaida avec tant de chaleur contre la féodalité la cause des habitants du mont Jura.

Maupertuis avait voulu perdre Koënig dans l'opinion publique; Voltaire se contenta de rendre Maupertuis ridicule. Ce fut alors que parurent la *Diatribe du docteur Akakia*, la *Séance mémorable*, et tous ces écrits, chefs-d'œuvre de plaisanterie, où le badinage le plus ingénieux se trouve confondu avec la plus saine philosophie, et dans lesquels il se moquait de la ville latine, du trou à percer jusqu'au centre de la terre, de la dissection des cerveaux de Patagons, et de la poix-résine dont le président voulait que l'on enduisît les malades. Au nombre de ces ouvrages il faut distinguer celui qui a pour titre, *Lettre d'un Académicien de Berlin à un Académicien de Paris*, avec les réponses. Les unes étaient de Voltaire, et condamnaient Maupertuis ; les autres étaient de Frédéric, et défendaient le président. Cette guerre n'eût eu probablement d'autres suites que d'amuser la cour et la ville, si Maupertuis se fût contenté de se servir des armes qu'employait son adversaire ; mais, trop faible dans ce genre de lutte, il eut recours à des moyens plus puissants, et qui eurent tout le succès qu'il en desirait. Frédéric était aussi jaloux de sa réputation d'homme de lettres que de sa réputation militaire. La connaissance qu'il avait du caractère du roi favorisa ses plans.

Il publia que Voltaire avait répondu au général Manstein, qui le pressait de revoir ses Mémoires : « Mon ami, à une « autre fois. Le roi vient de m'envoyer son linge sale à blan- « chir ; je blanchirai le vôtre après. » Qu'il avait dit dans une autre occasion, en parlant de Frédéric, « Cet homme-là est « César et l'abbé Cotin. »

Je ne ferai aucune réflexion sur ces calomnies, qui cependant n'en sont point aux yeux de beaucoup de personnes. Est-il croyable que Voltaire eût insulté en face le général Manstein dans la personne de son souverain et dans la sienne ? J'ai suivi ce grand homme dans tous les pays qu'il parcourut avant de se fixer sur les bords du lac de Genève ; il m'honorait de son amitié et d'une entière confiance. Pendant le cours de nos voyages, la Prusse, et les événements auxquels il eut quelque part, furent les sujets de nos entretiens, et toujours je l'entendis désavouer les indiscrétions que la haine de Maupertuis lui avait attribuées.

Frédéric fut sensible à ces rapports, et, sans en approfondir la source et le motif, il s'éloigna de Voltaire, et se déclara ouvertement pour Maupertuis. Cette disgrace n'arrêta point le cours des brochures contre le président, qui établissait un nouveau genre de tribunal dans la république des lettres, qui n'en connaît pas d'autre que celui du public. Cette opiniâtreté révolta Frédéric; et le 24 décembre de cette année, il fit brûler la *Diatribe du docteur Akakia* par la main du bourreau.

Cette exécution se fit devant la maison de M. de Francheville, où logeait alors Voltaire, qui était venu de Potsdam à Berlin pour prendre part aux divertissements du carnaval. Je fus témoin, à ma fenêtre, de cette *brûlure*, sans en comprendre le sujet. J'allai sur-le-champ rendre compte à Voltaire de ce que j'avais vu. « Je parie, dit-il, que c'est mon « *Docteur* qu'on vient de brûler. » Il ne se trompait pas. Dans la même matinée, le marquis d'Argens et l'abbé de Prades vinrent le voir, peu après cette exécution : peut-être y venaient-ils de la part du roi, afin qu'ils pussent lui rendre compte de la contenance de Voltaire. Il fut sans doute sensible à cette injure; il ne pensait pas que des plaisanteries dussent provoquer un acte diffamant, presque toujours accompagné d'une prise de corps. Cependant, fort de sa conscience, et certain de ne s'être porté à aucun excès criminel, il finit par plaisanter sur cette exécution; mais il fut plus que jamais affermi dans la résolution de quitter Potsdam et le Brandebourg, ce qu'il ne réalisa cependant que trois mois après.

Madame la comtesse de Bentinck, née comtesse d'Oldenbourg, femme d'un grand mérite et d'une grande fermeté, était l'amie de Voltaire. Elle ne cessa pas de l'être pendant cette catastrophe littéraire. Frédéric paraissait ne vouloir que vaincre l'obstination de Voltaire, et ne songeait point à en tirer une satisfaction plus éclatante. Celui-ci cependant passait pour disgracié; mais il lui eût été facile de détruire ces bruits en renonçant à cette fierté qui seule déplaisait au roi, et en devenant souple et rampant comme ses adversaires.

Vers la fin de cette année, parut l'édition du *Siècle de Louis XIV*, avec des notes critiques de La Beaumelle [1]. Cet

---

[1] La Beaumelle écrivit à Voltaire qu'il le poursuivrait jusqu'aux enfers:

écrivain, forcé de quitter la Prusse quelques mois auparavant, avait fini et fait imprimer cet ouvrage à Francfort-sur-le-Mein. Voltaire le sut par la comtesse de Bentinck, et fit venir le livre. La critique était plus digne de la pitié que de la colère de ce grand homme; mais il ne put voir d'un œil indifférent un de ses meilleurs ouvrages attaqué par un jeune présomptueux dont il eût fait son apologiste au moyen de quelques caresses. Il répondit par un *Supplément* beaucoup plus mordant que les notes de son commentateur.

L'exécution de l'*Akakia* parut à Voltaire une mesure trop vive entre gens de lettres; car jusque-là Frédéric n'avait agi qu'en cette qualité. Dix jours après cette scène, il écrivit au roi, qui était encore à Berlin, une lettre passionnée et respectueuse, dans laquelle il lui exposait qu'il était inconsolable de lui avoir déplu, et que, persuadé qu'il était indigne des marques de distinction dont il avait bien voulu l'honorer et le décorer, il prenait la liberté de les remettre à ses pieds. Il joignit à cette lettre la croix de l'ordre du Mérite, en fit un paquet qu'il cacheta lui-même, et sur l'enveloppe il écrivit de sa main ces quatre vers :

> Je les reçus avec tendresse;
> Je vous les rends avec douleur :
> C'est ainsi qu'un amant, dans son extrême ardeur [1],
> Rend le portrait de sa maitresse.

celui-ci, dans la réponse qu'il fit au cartel que Maupertuis lui adressa à Leipsick, s'exprime de la sorte au sujet de cette menace : « De plus, si « vous me tuez, ayez la bonté de vous souvenir que M. de La Beaumelle « m'a promis de me poursuivre jusqu'aux enfers; il ne manquera pas de « m'y aller chercher, quoique le trou qu'on doit creuser par votre ordre « jusqu'au centre de la terre, et qui doit mener tout droit en enfer, ne « soit pas encore commencé. Il y a d'autres moyens d'y aller, et il se trou-« vera que je serai mal mené dans l'autre monde, comme vous m'avez per-« sécuté dans celui-ci. » (*Note de Colini.*)

[1] Ce troisième vers a été changé dans le *Commentaire historique;* il s'y trouve ainsi :

> Comme un amant jaloux, dans sa mauvaise humeur.

Je l'ai laissé ici tel que je le vis sur le paquet envoyé à Frédéric.

(*Note de Colini.*)

Le jeune Francheville fut chargé d'aller porter ce paquet au château, et de s'adresser à M. Federsdoff, à qui Voltaire avait en même temps écrit un billet pour le prier de remettre ce paquet entre les mains du roi. Ce Federsdoff était auprès du monarque une espèce de factotum, qui réunissait les emplois les plus disparates. Il était à-la-fois secrétaire, intendant, valet de chambre, grand-maître-d'hôtel, grand-échanson, et grand-panetier. Le même jour, après midi, un fiacre arrêta devant notre porte; c'était Federsdoff qui venait, de la part du roi, rapporter à Voltaire la croix de l'ordre et la clef de chambellan. Il y eut entre eux une longue conférence : j'étais dans la pièce voisine, et je compris, à quelques exclamations, que ce ne fut qu'après un débat très vif que Voltaire se détermina à reprendre les présents qu'il avait renvoyés.

Duvernet, et d'autres après lui, rendent compte de cette circonstance d'une manière peu exacte. Ils disent que Voltaire, étant un jour dans l'antichambre du roi à Potsdam, dit à son domestique « de le débarrasser de ces marques honteuses de « la servitude, et de lui ôter ce carcan. » Ils ajoutent que Voltaire les suspendit à la clef de la porte de la chambre du roi, après quoi il partit pour Berlin. Il n'est rien de plus faux dans toutes ces circonstances. D'abord Voltaire n'avait point de domestique à sa suite quand il allait chez le roi : ce fut à Berlin, et non à Potsdam, que la croix de l'ordre et la clef de chambellan furent renvoyées; il n'est pas vraisemblable non plus qu'il ait eu la témérité de tenir, dans l'antichambre du roi, un langage aussi peu réservé, lui qui, dans la plus grande intimité, n'en parlait jamais qu'avec respect. Croira-t-on, d'ailleurs, qu'au château de Potsdam, du temps de Frédéric, on pût se promener dans les appartements avec des domestiques, pendre tout ce que l'on voulait à la porte de la chambre même du roi, et s'en aller ensuite paisiblement? Sans doute Voltaire n'attachait à ces objets que le prix qu'ils peuvent avoir aux yeux du philosophe; il n'en fesait point les instruments d'une vanité ridicule, mais il les avait reçus comme des témoignages d'estime et de considération, et il n'était pas assez fanatique pour les jeter, comme des babioles, au nez de celui qui les lui avait donnés.

Quelques jours après, le roi quitta Berlin. Voltaire y resta environ deux mois, pendant lesquels il fit une maladie causée par l'excès du travail, et par toutes les contrariétés qu'il venait d'éprouver. Je n'ai point donné le détail de son procès avec un Juif, nommé Hirschel, qui lui vola environ deux mille écus; je n'ai pas parlé des pamphlets qui lui furent faussement attribués, tels que *le Tombeau de la Sorbonne*, et une *Vie privée de Frédéric;* des contrefaçons que l'on fesait, presque sous ses yeux, de plusieurs de ses ouvrages que l'on mutilait, ou auxquels on ajoutait, de manière à les rendre méconnaissables. Toutes ces anecdotes ont été publiées, et je ne m'attache qu'à celles qui ne sont point connues, ou sur lesquelles je puis donner des détails plus exacts.

Lorsqu'il se sentit assez de forces pour supporter la fatigue d'un voyage, il demanda au roi la permission d'aller prendre les eaux de Plombières, dont les médecins lui conseillaient de faire usage. Il resta quelque temps sans avoir une réponse positive, ce qui l'inquiétait beaucoup. Le dernier jour de février, il eut avec moi un entretien particulier. Il me dit qu'il se préparait à quitter la maison de M. de Francheville, et qu'il avait déjà déclaré au père qu'il ne pouvait plus garder son fils; qu'il avait donné pour raison qu'étant dans l'intention d'aller à Plombières y soigner sa santé, il ne voulait pas emmener un sujet du roi, ce qui déplairait à sa majesté. « Mon « véritable motif, ajouta-t-il, est que je ne veux pas auprès « de moi ce jeune homme, qui serait moins l'un de mes secré-« taires qu'un agent dont on se servirait pour rendre compte « à Berlin de toutes mes démarches. Vous viendrez seul avec « moi. » Il me chargea en même temps d'avoir soin de faire toutes les dépenses nécessaires à une sorte de ménage que nous allions avoir, et pour lequel il m'avança une somme convenable. Il avait été jusqu'alors défrayé par le roi. Je fus donc à-la-fois chargé d'écrire sous sa dictée, de mettre au net ses ouvrages, et de pourvoir à tous les besoins d'un ménage qui allait devenir errant.

Le 5 mars, je fus très occupé. Voltaire avait chez lui beaucoup de livres qui appartenaient à la bibliothèque du roi; il me chargea d'en faire la recherche, et de les rendre; ce que j'exécutai. Je mis ensuite ses papiers en ordre, et fis emballer ses effets. Ce jour même nous quittâmes la maison de M. de Francheville, qui était située au centre de Berlin, et nous nous rendîmes loin de là dans une autre du faubourg Stralan. Elle appartenait à un gros marchand nommé Schweiger, et sa position en formait une espèce de maison de campagne. Nous vécûmes onze jours dans cette solitude. Notre petit ménage était composé du maître, d'une cuisinière, d'un domestique, et de moi, économe et directeur de la troupe. Malgré son éloignement de la ville, Voltaire recevait des visites. La comtesse de Bentinck, cette femme illustre et sensible, digne de gouverner un empire, lui fut constamment attachée, et venait souvent lui apporter des consolations. Le médecin Coste était aussi au nombre de ses amis, et lui prodiguait les secours de son art; il lui avait conseillé les eaux de Plombières. Cependant la permission n'arrivait pas; ces retards donnaient à Voltaire les plus grandes inquiétudes. Il craignait quelque événement funeste, et que l'on n'eût pris la résolution de l'empêcher de sortir du Brandebourg. Cette idée le tourmentait, et lui donnait encore plus d'impatience.

J'allais quelquefois promener avec lui dans un grand jardin dépendant de la maison. Lorsqu'il desirait être seul, il me disait: « A présent, laissez-moi un peu rêvasser. » C'était son expression, et il continuait sa promenade. Un soir, dans ce jardin, après avoir causé ensemble sur sa situation, il me demanda si je saurais conduire un chariot attelé de deux chevaux. Je le fixai un moment, et, comme je savais qu'il ne fallait pas contrarier sur-le-champ ses idées, je lui répondis affirmativement. « Écoutez, me dit-il, j'ai imaginé un moyen
« de sortir de ce pays. Vous pourriez acheter deux chevaux.
« Il ne sera pas difficile de faire ensuite emplette d'un cha-
« riot. Lorsqu'on aura des chevaux, il ne paraîtra pas étrange
« que l'on fasse une provision de foin. — Eh bien, monsieur,

« lui dis-je, que ferons-nous du chariot, des chevaux, et du
« foin?—Le voici: nous emplirons le chariot de foin. Au
« milieu du foin nous mettrons tout notre bagage. Je me pla-
« cerai, déguisé, sur le foin, et me donnerai pour un curé
« réformé qui va voir une de ses filles, mariée dans le bourg
« voisin. Vous serez mon voiturier. Nous suivrons la route la
« plus courte pour gagner les frontières de la Saxe, où nous
« vendrons chariot, chevaux, et foin; après quoi nous pren-
« drons la poste pour nous rendre à Leipsick. » Il ne pouvait
s'empêcher de rire en me communiquant ce projet, et il accompagnait son récit de mille réflexions gaies et singulières.
Je lui répondis que je ferais ce qu'il voudrait, et que j'étais
disposé à lui donner toutes les preuves de dévouement qui
dépendraient de moi; mais que, ne sachant pas l'allemand,
je ne pourrais répondre aux questions qui me seraient adressées; que d'ailleurs ne sachant pas très bien conduire, je ne
pouvais répondre de ne pas verser mon pasteur dans quelque
fossé, ce qui m'affligerait beaucoup. Nous finîmes par rire ensemble de ce projet. Il ne tenait pas beaucoup à le réaliser,
mais il aimait à imaginer des moyens de sortir d'un pays où
il se regardait comme prisonnier. « Mon ami, me dit-il, si la
« permission d'aller aux eaux ne vient sous peu de temps, je
« saurai de manière ou d'autre sortir de l'île d'Alcine. » Depuis que l'on avait brûlé son livre, il craignait plus que jamais
les princes et les grands, et vantait sans cesse le bonheur de
vivre libre, et loin d'eux.

Enfin le roi envoya de Potsdam la permission d'aller à Plombières, et témoigna à Voltaire le désir de le voir avant son
départ. Sans perdre un moment nous fîmes nos malles, et dis-
posâmes tout pour quitter la Prusse. Nous partîmes de Berlin,
et arrivâmes à Potsdam à sept heures du soir. Voltaire occupa
au château le même appartement qu'il avait eu d'abord, mais
cette fois il ne fit pas un long séjour dans cette fameuse rési-
dence de Frédéric. Il laissa emballés ses papiers et ses effets.
Le 19, après dîner, il se rendit dans le cabinet du roi. Leur
entretien dura deux heures; il y avait deux mois qu'ils ne s'é-

taient vus. Au sortir de cette entrevue, qui dut former une scène intéressante entre d'aussi grands acteurs, Voltaire avait l'air tellement satisfait, qu'il me fut facile de juger que la paix était faite. En effet, j'appris de lui que Frédéric était entièrement revenu à la confiance et à l'amitié, et que Maupertuis lui-même avait été dans quelques saillies immolé à leur réconciliation.

Voltaire ne resta à Potsdam que six jours, pendant lesquels il soupa toujours avec Frédéric. Il appela depuis ces repas familiers des soupers de Damoclès; l'aventure de Francfort maîtrisait sans doute ses idées lorsqu'il composa ces *Mémoires*[1] que publia l'indiscrétion, et qui renferment à-la-fois l'éloge et la satire des actions du roi de Prusse.

Le 26, Frédéric devait aller en Silésie faire la revue de ses troupes. Il restait encore à Voltaire des arrangements à prendre avant de partir. Nous passâmes ensemble une partie de la nuit du 23 au 24. Il me remit plusieurs sacs d'argent, me chargea d'aller le lendemain à Berlin, accompagné d'un domestique, les porter au banquier Splitgerfer, et prendre de lui des lettres de change. J'exécutai cette commission, et retournai à Potsdam le 25, dans la matinée.

Ce fut le lendemain que Voltaire quitta Potsdam, pour n'y plus revenir. Il alla de bonne heure prendre congé du roi, qui, de son côté, partait pour la Silésie. Frédéric lui fit promettre de revenir lorsqu'il aurait fait usage des eaux de Plombières. Il quitta le monarque, et monta aussitôt dans sa voiture de voyage que j'avais fait préparer, et nous prîmes la route de Leipsick.

Telle fut la fin du séjour de Voltaire en Prusse, où il était venu chercher le repos, un abri contre l'intolérance et la persécution, et où il trouva, dans ceux mêmes qui suivaient la même carrière que lui, des ennemis plus acharnés que les fanatiques qui l'avaient poursuivi en France.

C'est à tort que quelques auteurs ont prétendu que Voltaire et Frédéric se quittèrent brouillés, et que celui-ci de-

[1] Voyez tome XL, page 35. B.

manda la croix et la clef qu'il n'avait pas voulu recevoir. Il est constant qu'au moment du départ ils étaient entièrement réconciliés, qu'ils avaient, plusieurs jours de suite, soupé gaîment ensemble, et que les querelles littéraires qui avaient occasioné la rupture étaient oubliées. Il est encore constant que le roi, lorsque Voltaire se disposa à prendre congé de lui, ne redemanda point, non seulement les décorations qu'il avait déjà refusées, mais encore aucun livre, aucune lettre, aucuns papiers. Aussi grand homme que grand roi, Frédéric pouvait-il connaître le ressentiment? Il avait quelquefois daigné appeler Voltaire son ami; on peut dire qu'ils se séparèrent tels qu'ils s'étaient revus en 1750. Les deux personnages les plus illustres de leur siècle devaient en être aussi les plus sages.

Le procès du Juif Hirschel, les tracasseries suscitées par La Beaumelle et par Maupertuis, la disgrace dans laquelle Voltaire vécut pendant trois mois, ne refroidirent pas un instant son ardeur pour le travail. Il semblait, au contraire, puiser dans ses occupations un adoucissement à ses peines, et l'oubli de ses infirmités. Au commencement de l'année 1753, il répondit aux notes critiques de La Beaumelle sur le *Siècle de Louis XIV*, par le *Supplément* dont j'ai parlé plus haut. L'indignation lui avait mis la plume à la main. Je lui observais souvent qu'il devait mépriser cette critique, que La Beaumelle n'avait cherché à l'irriter que dans le dessein de s'attirer une réponse qui fît parler davantage de lui, et que Voltaire n'était pas fait pour lutter contre un champion aussi faible. Mes représentations furent inutiles; sa réponse parut.

Au mois de février de la même année, il commença le quinzième chant de *la Pucelle*. Qui aurait pensé qu'au milieu de nombreuses contrariétés, entre un procès désagréable et la crainte d'avoir déplu à un roi, un homme de lettres s'occupât d'un sujet qui exige la plus grande sérénité d'ame, de la liberté d'esprit, de la gaîté, et toutes les ressources de l'imagination? Mais ce qui aurait paralysé les moyens d'un homme ordinaire donnait plus d'essor à cet homme étonnant. Il possédait l'art d'affaiblir les chagrins par des objets contraires. Ce poëme était devenu pour lui un délassement nécessaire. Il lui fesait quelquefois oublier tout ce qu'il venait d'éprouver de la part d'un souverain qu'il avait adoré, dont les sollicitations l'avaient engagé à s'expatrier pour venir en Prusse, où, fuyant les bastilles, il était prisonnier dans un palais; où, fuyant Fréron et Desfontaines, il avait trouvé Maupertuis et La Beaumelle; où, croyant être à l'abri des persécutions du fanatisme, et de l'humiliation de voir brûler publiquement ses ouvrages à Paris, le bourreau de Berlin avait livré aux flammes l'*Akakia*.

L'homme de lettres que l'on offense a le droit de se venger en se servant des armes que l'on a employées contre lui[1]. Qui oserait entrer dans cette carrière s'il ne se trouvait pas des écrivains assez courageux pour immoler à la sûreté publique les libellistes et les folliculaires, de même que la maréchaussée purge les grands chemins des vagabonds et des voleurs? On ne doit donc pas s'étonner que Voltaire, outragé dans sa personne et dans ses ouvrages, ait eu recours aux seuls moyens de vengeance qui fussent en son pouvoir. Ces moyens eussent été faibles aux mains d'un autre que lui; dans les siennes, ils étaient toujours victorieux. Encore froissé des injustices qu'il venait d'éprouver, il composa les *Voyages de Scarmentado*[2], conte ingénieux, qui renferme des allusions visiblement applicables aux événements dans lesquels il avait figuré. Il fit des additions considérables au roman de *Zadig*.

On reconnaît facilement dans cet ouvrage Voltaire, sous le nom du sage Zadig; les calomnies et les méchancetés des courtisans, la fausse interprétation donnée par ceux-ci à des demi-vers trouvés dans un buisson, la disgrace du héros, sont autant d'allégories dont l'explication se présente naturellement. C'est ainsi qu'il se vengea de ses ennemis; ceux-ci

---

[1] Je ne prétends pas ici justifier la vengeance hors la littérature. Ses effets sont plus souvent funestes qu'utiles. Il suffit d'avoir vécu pour connaître cette vérité. (*Note de Colini*.)

[2] Voyez pages VII et V de ma Préface du tome XXXIII. B.

perdirent sans doute beaucoup dans l'opinion, mais ils eurent l'avantage d'être tirés de l'oubli, et de donner quelque célébrité à leurs noms, que l'on ignorerait encore s'ils n'étaient point inscrits dans les productions de Voltaire.

Tels furent les travaux littéraires qui occupèrent ce grand homme dans les derniers moments de son séjour en Prusse. Nous en partîmes, comme je viens de le dire, le 26 mars 1753, à neuf heures du matin, et nous arrivâmes à Leipsick le 27, à six heures du soir. Cette ville était pour lui une station où il se proposait de s'arrêter le temps nécessaire pour se concerter avec madame Denis sa nièce, et avec ses amis de Paris. Nous ne restâmes point à l'auberge; il loua un appartement dans la rue Neumarkstran.

Cependant les libraires de l'Allemagne et de la Hollande s'imaginant que l'*Akakia* était la cause du départ de Voltaire, et qu'un ouvrage à qui l'on avait fait l'honneur de le brûler aurait un débit prodigieux, se hâtèrent de l'imprimer; il en sortit de dix presses différentes, et s'en répandit un grand nombre d'exemplaires. Maupertuis croit que Voltaire ne s'est arrêté à Leipsick que dans l'intention de l'insulter de plus près et avec plus d'avantage : ne prenant conseil que de sa colère, il écrit à son antagoniste cette lettre si connue, dans laquelle il le menaçait de sa *vengeance, et de la plus malheureuse aventure.*

Voltaire répondit à cette rodomontade anti-philosophique, et si peu digne d'un président d'académie, par une lettre pleine de plaisanteries, dont le style était approprié aux idées géométriques de Maupertuis. Il lui disait à la fin : « Au
« reste, je suis encore bien faible ; vous me trouverez au lit,
« et je ne pourrai que vous jeter à la tête ma seringue et mon
« pot de chambre : mais dès que j'aurai un peu de force, je
« ferai charger mes pistolets *cum pulvere pyrio*, et en multi-
« pliant la masse par le carré de la vitesse, jusqu'à ce que
« l'action et vous soient réduits à zéro, je vous mettrai du
« plomb dans la cervelle; elle paraît en avoir besoin. »

A cette lettre il joignit un avertissement qui parut dans les papiers publics; il était conçu ainsi :

« Un quidam ayant écrit une lettre à un habitant de Leip-
« sick, par laquelle il menace ledit habitant de l'assassiner, et
« les assassinats étant visiblement contraires aux priviléges de
« la foire, on prie tous et un chacun de donner connais-
« sance dudit quidam, quand il se présentera aux portes de
« Leipsick. C'est un philosophe qui marche en raison de
« l'air distrait et de l'air précipité, l'œil rond et petit, la per-
« ruque de même, le nez écrasé, la physionomie mauvaise,
« ayant le visage plein et l'esprit plein de lui-même, portant
« toujours scalpel en poche, pour disséquer les gens de haute
« taille. Ceux qui en donneront connaissance auront mille
« ducats de récompense, assignés sur les fonds de la ville
« latine que ledit quidam fait bâtir, ou sur la première co-
« mète d'or ou de diamant, qui doit tomber nécessairement
« sur la terre, selon la prédiction dudit quidam. »

Maupertuis, déconcerté, renonça au projet ridicule d'appeler en duel un homme que la menace paraissait ne pas intimider; il établit sa vengeance sur un plan qui, malheureusement, eut tout le succès qu'il en attendait; je parlerai plus bas de cet incident, dans lequel je jouai un rôle forcé et peu agréable.

Nous restâmes à Leipsick vingt-trois jours, pendant lesquels Voltaire écrivit à Paris beaucoup de lettres, dont il était forcé d'attendre les réponses. Il arrangea ses papiers et ses livres dans des caisses, et chargea un négociant de la ville de les expédier pour Strasbourg. Il employa le reste de son temps à faire des visites aux savants professeurs de l'université, à s'entretenir avec Gottsched sur l'état de la littérature allemande, et à voir de temps en temps Breitkopf, imprimeur renommé dans l'Allemagne, et qui avait alors sous presse différents ouvrages de Voltaire pour Walther, libraire de Dresde. Nous ne quittâmes point cette ville sans avoir vu les beaux jardins qui l'entourent.

De Leipsick nous nous rendîmes à Gotha, et descendîmes à l'auberge des Hallebardes. Leurs altesses sérénissimes monsieur le duc et madame la duchesse de Saxe-Gotha eurent à peine appris que Voltaire était dans leur ville, qu'ils l'engagèrent à prendre un appartement au château; il accepta, et trouva dans cette cour une société choisie, des égards, et des consolations.

La princesse, surtout, lui prodigua constamment les attentions les plus empressées; son goût et son esprit fesaient d'elle une des femmes les plus aimables et les plus éclairées de son temps. Voltaire cherchait toutes les occasions de reconnaître tant de bontés; et sur le desir qu'elle témoigna d'avoir de lui un abrégé de l'histoire d'Allemagne, il le commença au milieu de la bibliothèque ducale. Je travaillai assidument, pendant les trente-trois jours que nous restâmes à Gotha, à recueillir des matériaux. C'est ainsi que la république des lettres dut à une femme les *Annales de l'Empire*, l'ouvrage le plus méthodique et le plus concis que Voltaire ait jamais fait.

Le poëme de *la Religion naturelle*, composé l'année précédente à Potsdam, et adressé à Frédéric, changea de dédicace à Gotha, et fut présenté à la duchesse avec ces beaux vers qui en forment l'exorde; ce poëme, imprimé sous plusieurs titres, n'eut jamais, de l'aveu de Voltaire, que celui de *Religion naturelle*. J'en ai encore une copie faite par moi à Gotha, et qui ne porte point d'autre titre.

Nous quittâmes cette cour le 25 mai 1753[1], dirigeant notre route vers Strasbourg par Francfort-sur-le-Mein. Le 26 au soir, nous arrivâmes à Cassel. Le landgrave était alors à Wabern; il desira voir le célèbre voyageur, et le fit prier aussitôt, par le prince héréditaire, de s'y rendre. Comment résister à tant de marques d'estime de la part de l'un des princes les plus renommés de l'Europe? Voltaire se rendit le lendemain à midi à Wabern, où il passa deux jours en conférence

---

[1] Voltaire, arrivé à Leipsick le 27 mars (voyez page 386), y resta vingt-trois jours (voyez ci-dessus). Il en sortit donc le 19 ou 20 avril pour aller à Gotha, où il demeura trente-trois jours (voyez l'alinéa au-dessus du précédent). Voilà pourquoi j'ai imprimé « 25 mai » au lieu de 15 mai qu'on lit partout, même dans l'édition originale de l'ouvrage de Colini. B.

avec Guillaume VIII et le prince héréditaire, qu'il surnomma depuis le *juste et bienfesant* landgrave de Hesse.

Je ne puis omettre ici une particularité qui donna à Voltaire quelques inquiétudes. Le lendemain de notre arrivée à Cassel, l'aubergiste nous dit que le baron de Pollnitz était aussi dans cette ville. Nous le rencontrâmes en effet le même jour. Voltaire, qui en fesait peu de cas, ne lui dit qu'un mot en passant; mais la présence du baron, qui peu de temps avant était à Berlin et à Potsdam, lui fit faire plusieurs fois cette réflexion : « Que fait donc Pollnitz à Cassel? »

Duvernet, dans la *Vie de Voltaire*, rapporte, sous cette même année 1753, que le roi de Prusse, à son retour de la Silésie, s'entretenant un jour avec l'abbé de Prades et le baron de Pollnitz, leur dit, dans un moment d'amertume, que Voltaire, qui était alors à Leipsick, « passerait désormais sa « vie à le déshonorer, et que cette idée le tourmentait; » que Pollnitz répondit au roi : « Sire, ordonnez, et je vais le poi- « gnarder au sortir de cette ville; » et que cette offre fut rejetée avec indignation. Faut-il ajouter foi à cette anecdote? Pour moi, je ne crois ni à la confidence du roi, ni à la réponse imprudente de Pollnitz. Frédéric avait le sentiment de sa gloire et de sa renommée; il ne devait point penser que Voltaire eût la volonté et même le pouvoir de le *déshonorer;* il n'est pas non plus présumable que le baron se soit aussi effrontément offert à faire le métier d'assassin, et cela en présence d'un tiers; qu'il ait eu la pensée de poignarder un homme célèbre, sur qui toute l'Allemagne avait les yeux ouverts; et qu'il ait fait une proposition aussi révoltante à un roi juste et éclairé, qui était capable de faire enfermer pour toujours, comme une bête féroce, l'auteur d'un semblable projet.

Il y a toute apparence que cette conversation entre Frédéric et les deux personnages de sa cour qu'il estimait le moins n'eut jamais lieu, ou qu'elle fut remplie d'une autre manière. Duvernet ajoute « qu'on fut instruit de ce fait « par un homme qui le tenait de l'abbé de Prades, avec qui il

« s'était trouvé enfermé dans la citadelle de Magdebourg. »
Quel était ce prisonnier? pourquoi ne pas le nommer? L'abbé
de Prades lui-même, prisonnier avec cet homme, était-il un
sûr garant de l'authenticité de ce fait, lui qui intrigua, qui
ne put parvenir à réussir à la cour de Potsdam, et qui se
croyait bonnement philosophe, parce qu'il plaisantait toujours sur les débats et les arrêts de la Sorbonne? Il est plus
raisonnable de croire qu'il a voulu se faire honneur d'un
entretien secret avec le roi, et s'ériger en sauveur de Voltaire
par cette réponse que Duvernet rapporte : « Quoi ! vous pen-
« sez que sa majesté voudra souiller sa gloire par l'assassinat
« d'un homme qu'elle a aimé ? »

Ce n'est pas que je refuse d'ajouter foi à cette anecdote,
uniquement parce qu'elle présenterait un homme revêtu de
titres de noblesse, un courtisan qui, pour faire sa cour à
son souverain, se serait offert à commettre un assassinat :
l'histoire fournit beaucoup de traits de cette nature; mais en
réfléchissant aux craintes que l'on attribue à Frédéric, craintes qui ne s'accordent point avec son caractère ferme et
héroïque; en pesant avec attention le terme de *déshonorer*
que l'on met dans la bouche d'un roi couvert de gloire, je
ne puis m'empêcher de reconnaître, dans le récit de Duvernet, un air de fausseté qui doit le rendre plus que suspect
aux amis de la vérité.

Que l'on ne soit pas étonné de ce que je m'arrête si long-
temps sur cette discussion. Si elle ne paraît pas à quelques
lecteurs d'un grand intérêt, qu'ils me pardonnent en faveur
de mes intentions. Les historiens, en général, sont peu cir-
conspects : ils cherchent à piquer la curiosité; et lorsque
leur sujet ne fournit pas assez d'anecdotes, ils ont recours aux
conjectures, et les transforment en faits positifs. Ce n'est
qu'en tremblant que l'on doit consigner dans un livre de
telles inculpations; la réputation d'un homme est une glace
qu'un souffle ternit, que le moindre choc peut briser, et que
l'on ne saurait aborder avec trop d'attention. Le tribunal de
l'opinion doit ressembler à celui qui veille à la sûreté publi-

que; il faut à l'un et à l'autre des preuves claires comme le jour; ils ne doivent condamner qu'après les avoir acquises.

Il est plus probable, et on aurait mieux fait de le présumer, qu'après le départ de Voltaire on s'entretint de son voyage, des lieux par lesquels il devait passer, des princes qu'il visiterait; que l'on aura formé des conjectures sur sa route, sur la retraite qu'il choisirait en France, sur la réception qui lui serait faite dans sa patrie; enfin, que Frédéric aurait exprimé le désir de connaître ce que Voltaire disait de lui, à quels ouvrages il travaillait. En suivant cette supposition, on pourra croire que la curiosité donna au roi l'idée, non de faire massacrer Voltaire, mais de le faire suivre : alors on comprendra facilement pourquoi Pollnitz se trouvait à Cassel en même temps que nous, et y jouait un rôle peu honorable à la vérité, mais bien moins odieux que celui qui lui est si légèrement donné par Duvernet. Je n'ai d'ailleurs, à cet égard, aucune notion certaine. Ce que je puis affirmer, c'est qu'au retour du roi, les ennemis de Voltaire firent tous leurs efforts pour le rendre suspect, et lui attirer un traitement humiliant. Ils ne réussirent que trop, comme on va le voir.

Nous partîmes de Wabern le 30 mai au matin, et arrivâmes le soir à Marbourg. Nous avions, le lendemain, fait à peine une lieue, lorsque Voltaire ordonna au postillon d'arrêter. Il fesait usage de tabac, et ne retrouvait ni dans ses poches ni dans celles de la voiture la tabatière d'or dont il se servait.

Je m'aperçois que, depuis notre départ de Potsdam, je n'ai pas rendu compte de la manière dont Voltaire voyageait. Il avait sa propre voiture. C'était un carrosse coupé, large, commode, bien suspendu, garni partout de poches et de magasins. Le derrière était chargé de deux malles, et le devant, de quelques valises. Sur le banc étaient placés deux domestiques, dont un était de Potsdam, et servait de copiste. Quatre chevaux de poste, et quelquefois six, selon la nature des chemins, étaient attelés à la voiture. Ces détails ne sont rien par eux-mêmes, mais ils font connaître la manière de voyager d'un homme de lettres qui avait su se créer une fortune égale à sa réputation. Voltaire et moi occupions l'intérieur de la voiture, avec deux ou trois portefeuilles qui renfermaient les manuscrits dont il fesait le plus de cas, et une cassette où étaient son or, ses lettres de change, et ses effets les plus précieux. C'est avec ce train qu'il parcourait alors l'Allemagne. Aussi à chaque poste et dans chaque auberge étions-nous abordés et reçus à la portière avec tout le respect que l'on porte à l'opulence. Ici c'était M. le *baron* de Voltaire, là M. le *comte* ou M. le *chambellan*, et presque partout c'était son *excellence*, qui arrivait. J'ai encore des mémoires d'aubergistes qui portent, Pour son *excellence M. le comte* de Voltaire, avec secrétaire et suite. Toutes ces scènes divertissaient le philosophe, qui méprisait ces titres dont la vanité se repaît avec complaisance, et nous en riions ensemble de bon cœur [1].

Ce n'était point non plus par vanité qu'il voyageait de la sorte. Déjà vieux et maladif, il aimait et aima toujours les commodités de la vie. Il était fort riche, et fesait un noble usage de sa fortune. Ceux qui ont voulu faire passer Voltaire pour un avare le connaissaient bien peu. Il avait pour l'argent les mêmes principes que pour le temps; il fallait, selon lui, économiser pour être libéral. Dès son entrée dans la carrière des lettres, il visa à l'indépendance, et la richesse lui parut le plus sûr moyen d'y parvenir. L'immense produit de la souscription pour *la Henriade* fut placé dans des entreprises sûres et légitimes, ses capitaux s'accrurent par quelques épargnes sur les revenus, et bientôt il se trouva en état de tenir un rang, de ne dépendre de personne, pas même des libraires, auxquels, à dater de son établissement à Ferney, il abandonna ses ouvrages sans aucune rétribution. Que serait-

---

[1] On s'entretenait, en présence de Voltaire, de l'un de ses parents qui avait un grade distingué dans le militaire, et l'on se servait de ce grade pour le nommer. « Mon parent, dit Voltaire, est sensible à votre souvenir; mais la simplicité de nos cantons n'admet point ces titres fastueux. » (*Note de Colini.*)

il devenu après son départ de Potsdam, sans les ressources qu'il s'était ménagées? Aurait-il eu les moyens de bâtir des châteaux, d'acheter des terres, de créer cet asile où il vécut les vingt dernières années de sa vie, libre et tranquille? Il eût donc fallu dévorer les affronts des Maupertuis pour se maintenir auprès de Frédéric, ou mendier les faveurs d'un autre prince. Alors point d'indépendance, et sans l'indépendance le génie perd sa vigueur, l'imagination resserrée ne produit plus rien de grand, l'homme de lettres imprime à ses ouvrages le cachet de sa servitude. Que les écrivains dénués de fortune imitent Voltaire; alors peut-être ne seront-ils pas exposés à une vieillesse languissante et infortunée.

Revenons à Marbourg, ou plutôt à l'endroit où nous nous arrêtâmes lorsque Voltaire s'aperçut qu'il n'avait pas sa tabatière. Il ne montra point dans cette occasion l'inquiétude qui eût agité un homme attaché à l'argent; la boîte cependant était d'un grand prix. Nous tînmes sur-le-champ conseil, sans sortir de la voiture. Voltaire croyait avoir laissé cette tabatière dans la maison de poste de Marbourg. Envoyer un domestique ou le postillon à cheval pour en faire la recherche, c'était s'exposer à ne jamais la revoir: je m'offre à faire cette course à pied, il accepte, et je pars comme un trait; j'arrive essoufflé, j'entre dans la maison de la poste, tout y était encore tranquille; je monte sans être vu à la chambre dans laquelle Voltaire avait couché, elle était ouverte. Rien sur la commode, rien sur les tables et sur le lit. A côté de ce dernier meuble était une table de nuit que couvrait un pan de rideau; je le soulève, et j'aperçois la tabatière: m'en emparer, descendre les escaliers, et sortir de la maison, tout cela fut l'affaire d'un moment. Je cours rejoindre le carrosse, aussi joyeux que Jason après la conquête de la toison d'or. Ce bijou, d'une grande valeur, était un de ces dons que les princes prodiguaient à Voltaire comme un témoignage de leur estime; il était doublement précieux. Mon illustre compagnon de voyage le retrouva avec plaisir, mais aussi avec la modération du désintéressement; il me parut plus affecté de la peine que j'avais prise, que joyeux d'avoir recouvré sa tabatière. C'est, il me semble, dans de pareilles occasions que l'homme se montre tel qu'il est, et que l'on peut juger son ame et ses passions.

Nous continuâmes notre route; et après avoir traversé Giessen, Butzbach, et Friedberg, dont nous visitâmes les salines, nous arrivâmes à Francfort-sur-le-Mein vers les huit heures du soir.

Nous nous disposions à partir le lendemain, les chevaux de poste et la voiture étaient prêts, lorsqu'un nommé Freytag, résident du roi de Prusse, se présente, escorté d'un officier recruteur et d'un bourgeois de mauvaise mine. Ce cortége surprit beaucoup Voltaire. Le résident l'aborda, et lui dit en baragouinant qu'il avait reçu l'ordre de lui demander la croix de l'ordre du Mérite, la clef de chambellan, les lettres ou papiers de la main de Frédéric, et l'œuvre de *poëshie* du roi son maître.

Voltaire rendit sur-le-champ la croix et la clef; il ouvrit ensuite ses malles et ses portefeuilles, et dit à ces messieurs qu'ils pouvaient prendre tous les papiers de la main du roi; qu'à l'égard de l'œuvre de *poëshie*, il l'avait laissée à Leipsick, dans une caisse destinée pour Strasbourg; mais qu'il allait écrire dans le moment pour la faire venir à Francfort, et qu'il resterait dans la ville jusqu'à ce qu'elle fût arrivée. Cet arrangement fut ratifié et signé des deux côtés. Freytag écrivit ce billet : « Monsir, sitôt le gros ballot de Leipzig « sera ici, où est l'œuvre de *poëshie* du roi mon maître, et « l'œuvre de *poëshie* rendu à moi, vous pourrez partir où « vous paraîtra bon. A Francfort, 1er juin 1753. Freytag, « résident du roi mon maître. » Voltaire écrivit au bas du billet : « Bon pour l'œuvre de *poëshie* du roi votre maître. « Voltaire. »

Après cette assurance de la part du résident, Voltaire crut devoir rester tranquille jusqu'à l'arrivée de la caisse. Il fit part de ce contre-temps à madame Denis, qui l'attendait à Strasbourg; et, sans inquiétude pour l'avenir comme sans ressentiment du passé, il continua de travailler aux *Annales de l'Empire.*

Madame Denis, à la réception de la lettre, se rendit à Francfort sans perdre un instant. Je la vis alors pour la première fois, et je ne prévoyais pas que, victime de son dévouement, elle se trouverait enveloppée dans la catastrophe qui menaçait son oncle.

La caisse renfermant l'œuvre de *poëshie* arriva le 17 juin ; elle fut portée le jour même chez Freytag. J'allai le lendemain pour être présent à l'ouverture, et le prévenir que, conformément au billet que lui Freytag avait signé, Voltaire se proposait de partir sous trois heures ; il me répondit brusquement qu'il n'avait pas le temps, et que l'on ouvrirait la caisse dans l'après-dînée. Je retourne à l'heure convenue ; on me dit que de nouveaux ordres du roi enjoignent de tout suspendre, et de laisser les choses dans l'état où elles sont. Je reviens, presque découragé, retrouver Voltaire, et lui rendre compte de mes démarches. Il se transporte chez le résident, et demande communication des ordres du roi. Freytag balbutie, refuse, et vomit force injures.

Voltaire irrité, craignant des événements plus funestes, et se croyant libre d'user de la faculté que lui donnait l'écrit du résident, prit la résolution de s'évader. Voici quel était son plan : il devait laisser la caisse entre les mains de Freytag ; madame Denis serait restée avec nos malles, pour attendre l'issue de cette odieuse et singulière aventure ; Voltaire et moi devions partir, emportant seulement quelques valises, les manuscrits et l'argent renfermés dans la cassette. J'arrêtai en conséquence une voiture de louage, et préparai tout pour notre départ, qui ressemblait assez à la fuite de deux coupables [1].

A l'heure convenue, nous trouvâmes le moyen de sortir de

[1] On prétend que Beaumarchais a dit : « Si l'on m'accusait d'avoir volé « les tours de Notre-Dame, je commencerais par me sauver, et je discu- « terais ensuite. » (*Note de Colini.*) — On attribue ce mot au président de Lamoignon. B.

l'auberge sans être remarqués. Nous arrivâmes heureusement jusqu'au carrosse de louage; un domestique nous suivait, chargé de deux portefeuilles et de la cassette; nous partîmes avec l'espoir d'être enfin délivrés de Freytag et de ses agents.

Arrivés à la porte de la ville qui conduit au chemin de Mayence, on arrête le carrosse, et l'on court instruire le résident de notre tentative d'évasion. En attendant qu'il arrivât, Voltaire expédie son domestique à madame Denis. Freytag paraît bientôt dans une voiture escortée par des soldats, et nous y fait monter en accompagnant cet ordre d'imprécations et d'injures. Oubliant qu'il représente le roi son maître, il monte avec nous, et, comme un exempt de police, nous conduit ainsi à travers la ville, et au milieu de la populace attroupée.

On nous conduisit de la sorte chez un marchand, nommé Schmith, qui avait le titre de conseiller du roi de Prusse, et était le suppléant de Freytag. La porte est barricadée, et des factionnaires apostés pour contenir le peuple assemblé. Nous sommes conduits dans un comptoir; des commis, des valets, et des servantes, nous entourent; madame Schmith passe devant Voltaire d'un air dédaigneux, et vient écouter le récit de Freytag, qui raconte de l'air d'un matamore comment il est parvenu à faire cette importante capture, et vante avec emphase son adresse et son courage.

Quel contraste! Que l'on se représente l'auteur de *la Henriade* et de *Mérope*, celui que Frédéric avait nommé son ami, ce grand homme qui de son vivant reçut à Paris, au milieu du public enivré, les honneurs de l'apothéose, entouré de cette valetaille, accablé d'injures, traité comme un vil scélérat, abandonné aux insultes des plus grossiers et des plus méchants des hommes, et n'ayant d'autres armes que sa rage et son indignation!

On s'empare de nos effets et de la cassette; on nous fait remettre tout l'argent que nous avions dans nos poches; on enlève à Voltaire sa montre, sa tabatière, et quelques bijoux qu'il portait sur lui; il demande une reconnaissance, on la refuse. « Comptez cet argent, dit Schmith à ses commis; ce « sont des drôles capables de soutenir qu'il y en avait une « fois autant. » Je demande de quel droit on m'arrête, et j'insiste fortement pour qu'il soit dressé un procès-verbal. Je suis menacé d'être jeté dans un corps-de-garde. Voltaire réclame sa tabatière, parcequ'il ne peut se passer de tabac; on lui répond que l'usage est de *s'emparer de tout*.

Ses yeux étincelaient de fureur, et se levaient de temps en temps vers les miens, comme pour les interroger. Tout-à-coup, apercevant une porte entr'ouverte, il s'y précipite et sort. Madame Schmith compose une escouade de courtauts de boutique et de trois servantes, se met à leur tête, et court après le fugitif. « Ne puis-je donc, s'écria-t-il, pourvoir aux « besoins de la nature? » On le lui permet; on se range en cercle autour de lui, on le ramène après cette opération.

En rentrant dans le comptoir, Schmith, qui se croit offensé personnellement : lui crie, « Malheureux ! vous serez traité « sans pitié et sans ménagement, » et la valetaille recommence ses criailleries. Voltaire, hors de lui, s'élance une seconde fois dans la cour ; on le ramène une seconde fois.

Cette scène avait altéré le résident et toute sa séquelle : Schmith fit apporter du vin, et l'on se mit à trinquer à la santé de son excellence monseigneur Freytag. Sur ces entrefaites arriva un nommé Dorn, espèce de fanfaron que l'on avait envoyé sur une charrette à notre poursuite. Apprenant aux portes de la ville que Voltaire venait d'être arrêté, il rebrousse chemin, arrive au comptoir; et s'écrie : « Si je « l'avais attrapé en route, je lui aurais brûlé la cervelle ! » On verra bientôt qu'il craignait plus pour la sienne qu'il n'etait redoutable pour celle des autres.

Après deux heures d'attente, il fut question d'emmener les prisonniers. Les portefeuilles et la cassette furent jetés dans une malle vide qui fut fermée avec un cadenas, et scellée d'un papier cacheté des armes de Voltaire et du chiffre de Schmith. Dorn fut chargé de nous conduire. Il nous fit entrer dans une mauvaise gargote, à l'enseigne du Bouc, où douze soldats, commandés par un bas-officier, nous attendaient. Là, Voltaire fut enfermé dans une chambre, avec trois soldats portant la baïonnette au bout du fusil; je fus séparé de lui, et gardé de même. Et c'est à Francfort, dans une ville qualifiée *libre*, que l'on insulta Voltaire, que l'on viola le droit sacré des gens, que l'on oublia des formalités qui eussent été observées à l'égard d'un voleur de grand chemin! Cette ville permit que l'on m'arrêtât, moi étranger à cette affaire, contre qui il n'existait aucun ordre; que l'on me volât mon argent, et que je fusse gardé à vue comme un malfaiteur. Dussé-je vivre des siècles, je n'oublierai jamais ces atrocités.

Madame Denis n'avait point abandonné son oncle. A peine eut-elle appris que Voltaire venait d'être arrêté, qu'elle se hâta d'aller porter ses réclamations au bourgmestre. Celui-ci, homme faible et borné, avait été séduit par Schmith. Non seulement il refusa d'être juste et d'écouter madame Denis, mais encore il lui ordonna de garder les arrêts dans son auberge. Ceci explique pourquoi Voltaire fut privé des secours de sa nièce pendant la scène scandaleuse du comptoir.

Depuis sa détention à la Bastille jusqu'à sa mort, Voltaire n'eut jamais à souffrir un traitement aussi désagréable. Que La Beaumelle écrivît contre lui et contre ses ouvrages, il ne tardait pas à anéantir La Beaumelle et sa critique; que Fréron publiât périodiquement des invectives, *le Pauvre Diable* et *l'Écossaise* vengeaient la littérature de ce despote injuste et intolérant; que la Sorbonne et le parlement fisssent brûler ses ouvrages et l'accusassent d'athéisme, il se vengeait en élevant des temples à l'Éternel et en fesant de bonnes actions[1]. Mais, à Francfort, il se trouva livré à des hommes qui ignoraient les égards dus aux grands talents, dont l'extravagance

---

[1] Il est constant que Louis XV fut tellement assiégé par les évêques et par la Sorbonne, que l'on fut sur le point d'obtenir contre Voltaire une lettre de cachet. Il ne dut son salut qu'aux bienfaits qu'il répandait autour de lui, et qui furent révélés au roi par ses amis. De grands seigneurs, à qui il avait prêté des sommes considérables, étaient au nombre de ses persécuteurs. (*Note de Colini.*)

égalait la grossièreté, et qui croyaient donner une preuve de zèle à leur souverain en outrageant de la manière la plus cruelle un homme qui était à leurs yeux un grand coupable, par cette seule raison que la demande de Frédéric annonçait une disgrace. Ce n'est pas la première fois que les subalternes ont abusé du nom de leur maître et outre-passé ses ordres. L'ignorance des agents est plus à craindre que la sévérité éclairée du souverain. Il est en tout une mesure que peu d'hommes savent apprécier.

Je ne dois pas oublier une anecdote qui donnera une idée du désintéressement de Voltaire. Lorsque nous fûmes arrêtés à la porte de Francfort, et tandis que nous attendions dans la voiture la décision de *monseigneur Freytag*, il tira quelques papiers de l'un de ses portefeuilles, et dit, en me les remettant: *Cachez cela sur vous.* Je les cachai dans ce vêtement qu'un écrivain ingénieux a nommé le vêtement nécessaire, bien décidé à empêcher toutes les perquisitions que l'on voudrait faire dans cet asile. Le soir, à l'auberge du Bouc, trois soldats me gardaient dans ma chambre, et ne me perdaient pas de vue. Je brûlais cependant de connaître ces papiers, que je croyais de la plus grande importance, dans l'acception ordinairement donnée à ce mot. Pour satisfaire ma curiosité et tromper la vigilance de mes surveillants, je me couchai tout habillé; caché par mes rideaux, je tirai doucement le précieux dépôt du lieu où je l'avais mis; c'était ce que Voltaire avait fait du poëme de *la Pucelle*. Il avait prévu que si cet ouvrage venait à se perdre, ou à tomber au pouvoir de ses ennemis, il lui serait impossible de le refaire. Je le sauvai. Telle était la passion de ce grand homme pour ses ouvrages. Il préférait la perte des richesses à la perte des productions de son génie.

Son cœur était bon et compatissant; il attendait de ses semblables les mêmes qualités. Tandis qu'il était dans la cour de Schmith, occupé à satisfaire un besoin de la nature, on vint m'appeler, et me dire d'aller le secourir. Je sors, je le trouve dans un coin de la cour, entouré de personnes qui l'observaient; de crainte qu'il ne prît la fuite, et je le vois courbé, se mettant les doigts dans la bouche, et fesant des efforts pour vomir. Je m'écrie, effrayé, « Vous trouvez-vous donc mal ? » Il me regarde, des larmes sortaient de ses yeux; il me dit à voix basse: *Fingo... fingo...* (je fais semblant.) Ces mots me rassurèrent; je fis semblant de croire qu'il n'était pas bien, et je lui donnai le bras pour rentrer dans le comptoir. Il croyait par ce stratagème apaiser la fureur de cette canaille, et la porter à le traiter avec plus de modération.

Le *redoutable* Dorn, après nous avoir déposés à l'auberge du Bouc, se transporta avec des soldats à celle du Lion d'or, où madame Denis gardait les arrêts par l'ordre du bourgmestre. Il laissa son escouade dans l'escalier, et se présenta à cette dame, en lui disant que son oncle voulait la voir, et qu'il venait pour la conduire auprès de lui. Ignorant ce qui venait de se passer chez Schmith, elle s'empressa de sortir; Dorn lui donna le bras. A peine fut-elle sortie de l'auberge, que les trois soldats l'entourèrent, et la conduisirent, non pas auprès de son oncle, mais à l'auberge du Bouc, où on la logea dans un galetas meublé d'un petit lit, n'ayant, pour me servir des expressions de Voltaire, que des soldats pour femmes de chambre, et leurs baïonnettes pour rideaux. Dorn eut l'insolence de se faire apporter à souper; et, sans s'inquiéter des convulsions horribles dans lesquelles une pareille aventure avait jeté madame Denis, il se mit à manger, et à vider bouteille sur bouteille.

Cependant Freytag et Schmith firent des réflexions: ils s'aperçurent que des irrégularités monstrueuses pouvaient rendre cette affaire très mauvaise pour eux. Une lettre arrivée de Potsdam indiquait clairement que le roi de Prusse ignorait les vexations commises en son nom. Le lendemain de cette scène, on vint annoncer à madame Denis et à moi que nous avions la liberté de nous promener dans la maison, mais non d'en sortir. L'œuvre de *poëshie* fut remis, et les billets que Voltaire et Freytag s'étaient faits furent échangés.

Freytag fit transporter à la gargote où nous étions logés la

malle qui contenait les papiers, l'argent, et les bijoux. Avant d'en faire l'ouverture, il donna à signer à Voltaire un billet par lequel celui-ci s'obligeait à payer les frais de capture et d'emprisonnement. Une clause de ce singulier écrit était que les deux parties ne parleraient jamais de ce qui venait de se passer. Les frais avaient été fixés à cent vingt-huit écus d'Allemagne. J'étais occupé à faire un double de l'acte, lorsque Schmith arriva. Il lut le papier, et, prévoyant sans doute, par la facilité avec laquelle Voltaire avait consenti à le signer, l'usage terrible qu'il en pouvait faire quelque jour, il déchira le brouillon et la copie, en disant : « Ces précautions sont inu-
« tiles entre gens comme nous. »

Freytag et Schmith partirent avec cent vingt-huit écus d'Allemagne. Voltaire visita la malle dont on s'était emparé la veille sans remplir aucune formalité. Il reconnut que ces messieurs l'avaient ouverte, et s'étaient approprié une partie de son argent. Il se plaignit hautement de cette escroquerie; mais messieurs les représentants du roi de Prusse avaient à Francfort une réputation si bien établie, qu'il fut impossible d'obtenir aucune restitution.

Cependant nous étions encore détenus dans la plus détestable gargote de l'Allemagne, et nous ne concevions pas pourquoi on nous retenait, puisque tout était fini. Le lendemain, Dorn parut, et dit *qu'il fallait présenter une supplique à son excellence monseigneur de Freytag*, et l'adresser en même temps à M. de Schmith. « Je suis persuadé qu'ils feront tout
« ce que vous desirez, ajouta-t-il; croyez-moi, M. Freytag
« est un gracieux seigneur. » Madame Denis n'en voulut rien faire. Ce misérable fesait l'officieux pour qu'on lui donnât quelque argent. Un louis le rendit le plus humble des hommes, et l'excès de ses remerciements nous prouva que dans d'autres occasions il ne vendait pas fort cher ses services.

Le secrétaire de la ville vint nous visiter. Après avoir pris des informations, il s'aperçut que le bourgmestre avait été trompé. Il fit donner à madame Denis et à moi la liberté de sortir; Voltaire eut la maison pour prison, jusqu'à ce qu'on eût reçu de Potsdam des ordres positifs. Mais craignant de garder long-temps les arrêts s'ils s'en reposait sur ces messieurs, il écrivit une lettre à l'abbé de Prades, lecteur de Frédéric. Le 5 juillet 1753, il en reçut une réponse précise, qui mit un terme à tout ce scandale, et lui rendit toute sa liberté, non pas par le ministère de Freytag et de Schmith, mais par celui du magistrat de la ville.

Le lendemain 6, nous rentrâmes à l'auberge du Lion d'or. Voltaire fit aussitôt venir un notaire, devant lequel il protesta solennellement de toutes les vexations et injustices commises à son égard. Je fis aussi ma protestation, et nous préparâmes notre départ pour le lendemain.

Peu s'en fallut qu'un mouvement de vivacité de Voltaire ne nous retînt encore à Francfort, et ne nous replongeât dans de nouveaux malheurs. Le matin, avant de partir, je chargeai deux pistolets que nous avions ordinairement dans la voiture. En ce moment, Dorn passa doucement dans le corridor et devant la chambre, dont la porte était ouverte. Voltaire l'aperçoit dans l'attitude d'un homme qui espionne. Le souvenir du passé allume sa colère; il se saisit d'un pistolet, et se précipite vers Dorn. Je n'eus que le temps de m'écrier et de l'arrêter. Le *brave*, effrayé, prit la fuite, et peu s'en fallut qu'il ne se précipitât du haut en bas de l'escalier. Il courut chez un commissaire, qui se mit aussitôt en devoir de verbaliser. Le secrétaire de la ville, le seul homme qui dans toute l'affaire se montra impartial, arrangea tout, et le même jour nous quittâmes Francfort. Madame Denis y resta encore un jour pour quelques arrangements, et partit ensuite pour Paris.

Je n'ai encore rien dit des raisons qui ont motivé l'indigne traitement fait à Voltaire. Voici ce que j'en ai pu savoir. Après son départ du Brandebourg, ses ennemis cherchèrent à faire naître des soupçons dans l'esprit de Frédéric. Des épigrammes malignes et injurieuses furent attribuées à Voltaire, qui n'était point là pour confondre ses calomniateurs. On fit entendre au roi que son ancien favori allait se réfugier à Vienne auprès de l'ennemi naturel de sa majesté, et que s'il avait quelques écrits de sa main royale, il ne manquerait pas d'en faire un mauvais usage. Cette dernière considération engagea Frédéric, qui craignait la flétrissure autant pour ses lauriers poétiques que pour sa réputation militaire, à prendre quelques précautions. Il avait à Francfort un résident; il le chargea de se faire remettre tous les papiers de sa main, et un volume, imprimé, de poésies. Cet ordre était bien simple; et on vient de voir avec quelle docilité Voltaire s'y soumit. Il paraît que ceux qui furent chargés à Berlin de transmettre les ordres du roi y ajoutèrent ou les dénaturèrent. L'imbécile Freytag, qui n'avait d'autres gages que ce qu'il pouvait dérober aux passants, y mit encore plus du sien ; de là les violences exercées contre nous. Le roi de Prusse n'avait certainement pas donné l'ordre de nous emprisonner dans une gargote, et de garder, avec des soldats, un poëte, son secrétaire, et une femme; il n'avait jamais prescrit que l'on nous injuriât, que l'on nous fît vider nos poches, que l'on nous volât nos effets et notre argent.

Il est probable que le volume des poésies du roi fut le vrai motif de cet ordre. Cet ouvrage n'était pas une édition faite pour le public; il avait été imprimé secrètement en 1751, dans une chambre du château de Potsdam, à un très petit nombre d'exemplaires, dont le roi avait gratifié ses plus intimes favoris. Voltaire était du nombre, et ce présent était acquis avec d'autant plus de justice que l'auteur de *la Henriade* avait corrigé et retouché tout ce que ce recueil renfermait de meilleur. Il paraît que dans le volume en question se trouvait un poëme comique, intitulé *le Palladium*. Voici ce que Voltaire écrivait de Potsdam à madame Denis, à Paris, au mois de janvier 1751, c'est-à-dire dans le temps où il jouissait auprès du roi de Prusse de la plus grande faveur:

« Savez-vous bien qu'il a même fait un poëme dans le goût
« de ma *Pucelle*, intitulé *le Palladium?* Il s'y moque de plus
« d'une sorte de gens; mais je n'ai point d'armée comme lui,
« et je n'ai jamais gagné de batailles. »

Qu'on pèse ces derniers mots; on reconnaîtra sans peine

que ce *Palladium* tournait en ridicule des individus d'une classe élevée, et que Frédéric, craignant de se faire de nouveaux ennemis si cet ouvrage paraissait, comptant peu sur la discrétion de Voltaire, le fit arrêter à Francfort, pour ravoir cette satire.

Voltaire songea toute sa vie à se venger des violences qu'il avait souffertes à Francfort, et jamais le souvenir et le ressentiment de cette injure ne s'affaiblirent dans son esprit. Plusieurs des lettres qu'il m'écrivit après notre séparation renferment des invectives contre cette ville, contre Freytag et Schmith. Il m'excita dans plusieurs occasions à porter plainte contre les auteurs de ces mauvais traitements, dont j'avais eu une bonne part, et même à intenter une action contre les magistrats qui avaient toléré de pareilles atrocités. En 1759, pendant la guerre de sept ans, il m'écrivit à Strasbourg, où j'étais alors, pour me faire savoir que le prince de Soubise, qui commandait l'armée française en Allemagne, dirigeait sa marche sur Francfort, et qu'il fallait saisir le moment où ce général occuperait la ville, pour lui présenter, dans un mémoire, le détail exact de cette affaire, et lui demander sa protection pour obtenir du magistrat la punition des coupables et la restitution de ce que l'on m'avait volé. Je fis le mémoire, et le lui envoyai pour avoir son avis; il n'en fut pas satisfait, et m'adressa, courrier par courrier, un autre mémoire de sa façon, et en même temps la minute d'une lettre qu'il desirait que j'écrivisse au prince de Soubise.

Cet empressement à écrire de sa propre main sur une affaire depuis laquelle il s'était écoulé cinq années prouve qu'il en conservait le souvenir le plus amer. Ce qu'il avait essuyé de plus cruel à Francfort était l'avilissement et le mépris, deux injures qui ne s'oublient jamais. Je ne fis aucun usage des pièces qu'il m'avait envoyées, et je renonçai à toutes poursuites. J'avais cependant perdu dans cette occasion mon argent comptant, et quelques effets. J'ai encore ce mémoire, auquel je ne puis donner la publicité qu'il mériterait s'il n'était un monument de haine et de vengeance. Une juste animosité le dicta; mais certains personnages y sont présentés sous un jour si défavorable, que j'ai cru devoir laisser cet écrit dans l'oubli, ainsi que j'y ai laissé ma vindicte personnelle. Cinquante années d'ailleurs sont une prescription plus que suffisante, qui m'ôte le droit de toucher aux pièces du procès.

Je place ici seulement la lettre qu'il m'écrivit, et la minute de celle qu'il m'engagea d'adresser au prince de Soubise.

« Voici, mon cher Colini, la lettre que vous pouvez écrire.
« Adressez-vous au notaire qui reçut votre protestation ; fai-
« tes présenter la requête au vénérable..... conseil ; il la refu-
« sera ; vous en appellerez au conseil aulique, et je vous ré-
« pond que Freytag sera condamné. Vous n'aurez qu'à en-
« voyer la requête à madame de Bentinck, et la supplier de
« vous donner son avocat. M. le comte de Sauer pourra vous
« servir. J'agirai fortement en temps et lieu.

« *N. B.* Vous pouvez me citer comme témoin de vos effets
« volés. »

*A son altesse sérénissime monseigneur le prince de Soubise,
maréchal de France.*

« Monseigneur, permettez qu'un sujet de sa majesté impé-
« riale, dont votre altesse défend la cause, implore votre pro-
« tection dans la plus juste demande contre le brigandage le
« plus horrible. Peut-être un mot de votre bouche peut obli-
« ger le conseil de Francfort à me rendre justice ; peut-être
« son attachement à nos ennemis, sa haine contre la France
« et contre tous les bons sujets de sa majesté impériale, lui
« feront soutenir les iniquités du nommé Freytag ; mais je
« suis dans la nécessité d'implorer votre protection pour obte-
« nir une sentence prompte, favorable ou injuste, afin que je
« puisse me pourvoir au conseil aulique. C'est cette sentence
« expéditive que je demande par la protection de votre altesse ;
« elle est faite pour secourir les opprimés.

« Permettez que je mette aussi à vos pieds ma requête au
« conseil de Francfort. Je suis, etc. »

XXVII (p. 204).

REQUÊTE[1] DU SIEUR DE VOLTAIRE
AU ROI DE FRANCE.

Recommandée à monseigneur le comte d'Argenson, ministre de la guerre.

Sire, le sieur de Voltaire prend la liberté de faire savoir à sa majesté qu'après avoir travaillé deux ans et demi avec le roi de Prusse, pour perfectionner les connaissances de ce prince dans la littérature française, il lui a remis avec respect sa clef, son cordon, et ses pensions; qu'il a annullé par écrit le contrat que sa majesté prussienne avait fait avec lui, promettant de le rendre dès qu'il sera maître de ses papiers, et de n'en faire aucun usage, et ne voulant d'autre récompense que celle d'aller mourir dans sa patrie. Il allait aux eaux de Plombières avec la permission de votre majesté. La dame Denis vint au-devant de lui à Francfort, avec un passeport.

Le nommé Dorn, commis du sieur Freytag, qui se dit résident du roi de Prusse à Francfort, arrête, le 20 juin, la dame Denis, veuve d'un officier de votre majesté, munie de son passeport; il la traîne lui-même dans les rues avec des soldats, sans aucun ordre, sans la moindre formalité, sans le moindre prétexte, la conduit en prison, et a l'insolence de passer la nuit dans la chambre de cette dame. Elle a été trente-six heures à l'article de la mort, et n'est pas encore rétablie le 28 juin.

Pendant ce temps-là, un marchand, nommé Schmith, qui se dit conseiller du roi de Prusse, fait le même traitement au sieur de Voltaire et à son secrétaire, et s'empare sans procès-verbal de tous leurs effets. Le lendemain, Freytag et Schmith viennent signifier à leurs prisonniers qu'il doit leur en coûter cent vingt-huit écus par jour pour leur détention.

[1] Voyez aussi tome LVI, pages 317 et suivantes, les pièces rangées dans la *Correspondance* sous les n°⁵ 1983, 1984, 1985, 1989, 1990, et 1992. B.

Le prétexte de cette violence et de cette rapine est un ordre que les sieurs Freytag et Schmith avaient reçu de Berlin au mois de mai, de redemander au sieur de Voltaire le livre imprimé des poésies françaises de sa majesté prussienne, dont sa majesté prussienne avait fait présent audit sieur de Voltaire.

Ce livre étant à Hambourg, le sieur de Voltaire se constitua lui-même prisonnier sur sa parole par écrit, à Francfort, le 1er juin, jusqu'au retour du livre; et le sieur Freytag lui signa, au nom du roi son maître, ces deux billets, l'un servant pour l'autre :

« Monsieur, sitôt le grand ballot que vous dites d'être à
« Hambourg ou Leipzig, qui contient l'œuvre de poéshie du
« roi, sera ici, et l'œuvre de poéshie rendu à moi, vous pour-
« rez partir où bon vous semblera. »

Le sieur de Voltaire lui donna encore, pour gages, deux paquets de papiers de littérature et d'affaires de famille, et le sieur Freytag lui signa ce troisième billet :

« Je promets de rendre à M. de Voltaire deux paquets
« d'écriture cachetés de ses armes, sitôt que le ballot où est
« l'œuvre de poéshie que le roi demande sera arrivé. »

L'œuvre de poésie revint le 9 juin, à l'adresse même du sieur Freytag, avec la caisse de Hambourg. Le sieur de Voltaire était évidemment en droit de partir le 20 juin. Et c'est le 20 juin que lui, sa nièce, son secrétaire, et ses gens, ont été traduits en prison de la manière ci-dessus énoncée.

XXVIII (p. 213).

A M. LE COMTE D'ARGENSON.

Des Délices, près Genève, 25 mai 1755.

Mon oncle étant trop malade, monseigneur, pour avoir l'honneur de vous écrire, je vous supplie, en son nom et au mien, de vouloir bien employer vos bontés pour nous, votre autorité et votre équité pour prévenir une chose très désagréable, sur laquelle je vous ai confié mes craintes depuis si long-temps.

On fait courir dans Paris des morceaux très informes de ce poëme intitulé *la Pucelle*, fait il y a plus de vingt années : comme ces fragments sont imparfaits, chacun se donne la liberté de remplir les lacunes à sa fantaisie. On m'en a envoyé des morceaux dont la licence n'est pas tolérable : cela est fait par des gens qui ont aussi peu de décence que de goût.

Des libraires cherchent, dit-on, à imprimer ces rapsodies : un ordre de votre part, monseigneur, pourrait prévenir ce scandale.

Nous vous supplions, mon oncle et moi, avec la plus vive instance, de rendre ce service aux belles-lettres et au bon goût, dont vous êtes le protecteur : ce sera une nouvelle obligation que nous vous aurons. Il serait bien cruel que mon oncle, à son âge, accablé de maladies dans sa retraite, eût l'affliction de voir paraître sous son nom un ouvrage qui n'a jamais été fait pour être imprimé, et qu'on a rendu si indigne de lui. Il paie bien cher sa réputation par l'avidité de ceux qui se servent si souvent de son nom pour tromper le public. Mais que ne fait-on pas pour de l'argent, et pour nuire aux talents qui excitent l'envie ? La mienne serait de vous convaincre du profond respect avec lequel j'ai l'honneur d'être, monseigneur, votre très-humble et très-obéissante servante, Denis.

XXIX (p. 213).

AUX SYNDICS DE LA LIBRAIRIE.

La librairie, messieurs, est en France un établissement trop noble pour que je ne vous prie pas de vous joindre à moi afin d'empêcher qu'on ne l'avilisse.

J'apprends deux choses contraires à tous vos réglements : la première, qu'un imprimeur, nommé le sieur Prieur, a acheté, à ce qu'il dit, une partie des mémoires que j'avais composés dans les bureaux des ministres, pour servir un jour à l'histoire des plus glorieux événements du règne du roi. Je déclare que ces mémoires informes, qui ont été volés dans les dépôts respectables où je les avais laissés, ne sont point faits pour voir le jour.

La seconde prévarication dont on me menace est l'impression d'un ouvrage impertinent composé par quelques jeunes gens sans goût et sans mœurs, sur un ancien canevas que j'avais fait il y a plus de trente ans. Il est intitulé *la Pucelle d'Orléans*. Les fragments de cette indigne rapsodie, qui courent sous mon nom dans Paris, m'ont été envoyés. Ils déshonoreraient la librairie. Je vous fais les plus vives instances pour prévenir le débit de toutes ces œuvres de ténèbres : quand je veux faire imprimer quelque ouvrage de moi, j'en fais présent hautement aux libraires. L'honneur des lettres et la justice exigent qu'on n'imprime pas ce que je ne veux pas donner, et encore moins ce que je n'ai pas fait. J'attends ce service de vous.

Je suis avec zèle, messieurs, votre très humble et très obéissant serviteur, VOLTAIRE.

XXX (p. 213).

A M. BERRYER,

LIEUTENANT DE POLICE.

Aux Délices, route de Genève, 30 août 1755.

Monsieur, je crois devoir avoir l'honneur de vous envoyer la copie de la lettre que j'écris aux syndics de la librairie. C'est une affaire dont j'ai déjà informé M. d'Argenson, et que je recommande à votre protection et à votre justice avec les instances les plus pressantes.

Je dois aussi, monsieur, vous donner avis qu'il y a dans Paris un réfugié nommé Grasset, fort connu de Corbi, et qui est en relation avec les libraires. Il montre partout votre contre-seing. Il s'en sert, ainsi que de celui de M. le comte d'Argenson, pour son commerce frauduleux. C'est d'ailleurs un voleur public, chassé en dernier lieu de Genève. Il n'échappera pas à vos lumières et à votre vigilance, s'il est encore à Paris. Il est connu de plusieurs libraires; il va à Marseille, c'est tout ce que j'en sais pour le présent. Permettez-moi de renouveler les assurances du dévouement respectueux avec lequel je serai toujours, monsieur, votre très-humble et très obéissant serviteur, VOLTAIRE.

XXXI (p. 213).

RÉPONSE DU LIEUTENANT DE POLICE

A VOLTAIRE.

14 septembre 1755.

J'ai reçu, monsieur, la lettre que vous m'avez fait l'honneur de m'écrire le 30 du mois dernier. Je ferai attention dans l'occasion aux différentes choses dont vous me faites part, afin de vous prouver l'envie que j'ai de vous donner des marques de mon zèle, et de vous rendre tous les services qui dépendront de moi.

Je suis avec un dévouement sincère, etc.

XXXII (p. 213).

LETTRE DE M. DE SAINT-SAUVEUR,

MINISTRE DU ROI A LA HAYE,

A M. BERRYER.

Amsterdam, 6 novembre 1755.

Voici enfin le poëme de *la Pucelle d'Orléans,* non celui que l'on prétend que L. B. fait imprimer, mais celui que le sieur Marc-Michel Rey annonce dans son *Journal des savants* du mois d'octobre, ainsi que vous le verrez par le cahier détaché que je joins ici, et que l'on croit imprimé à Francfort, quoique supposé à Louvain. Je suis sûr que c'est le premier exemplaire qui a été distribué ici, et je me félicite d'être venu à bout de me le procurer, par le desir extrême que j'avais de vous satisfaire sur cet article.

Si, comme on me l'a encore assuré ce matin, L. B. en fait une édition, il doit être très mortifié pour son intérêt d'avoir été prévenu; mais comme ennemi de V., il doit être bien content de voir, par la publicité de cet ouvrage, son auteur devenir encore plus odieux. Voilà du moins comme il doit penser, puisque c'a dû être le premier mobile de l'idée qui lui est venue de faire imprimer cet ouvrage.

Mais il serait bien singulier que ce fût V. lui-même qui eût fait faire cette première édition à la hâte [1], sur l'avis secret qu'il aurait eu de celle que L. B. prépare, pour le frustrer par-là du bénéfice que L. B. attend de son édition, et plus singulier encore qu'il eût tronqué ou mitigé l'édition qui paraît, à dessein de se préparer le désaveu de celle à laquelle L. B. travaille, soit dans la crainte que cette pièce ne paraisse trop grave, si elle est rendue fidèlement d'après le manuscrit, soit par l'appréhension qu'il a que L. B. n'y ajoute du sien pour rendre l'ouvrage encore plus odieux. Ce qui m'induisait à le croire ainsi (et je ne suis pas le seul) est que quelqu'un qui prétend avoir connaissance de l'ouvrage que L. B. fait imprimer, et qu'il n'a point voulu nommer, a dit à mon libraire que cet ouvrage est beaucoup plus impie que l'*Épître à Uranie*; il a ajouté que cet ouvrage devait avoir sept feuilles d'impression, de 24 pages chacune, dont il ne sera absolument distribué ici aucun exemplaire, L. B. voulant les faire passer tous en pays étranger, et quelques uns même par la poste, à la faveur de la petitesse du format. Mon homme m'a répété, à cette occasion, qu'il ne s'est point trompé, et qu'il est sûr d'avoir vu sur la table de L. B. des épreuves d'un ouvrage en vers, du format d'une lettre ployée

---

[1] La quantité de fautes dont elle est remplie semble annoncer la précipitation avec laquelle elle a été exécutée.

en quatre ou à peu près, sur lesquelles il est certain d'avoir lu *Poëme de la Pucelle d'Orléans* en toutes lettres, et au haut des pages, *chant, etc.*; et que L. B. les avait couvertes sur-le-champ de divers papiers. Peu de temps achèvera de nous instruire sur cela, car je ne perdrai point de vue l'édition de L. B., et je ferai tout au monde pour m'en procurer, à quelque prix, un exemplaire pour vous.

J'ai l'honneur d'être avec le dévouement le plus parfait et l'attachement le plus respectueux, monsieur, votre très humble et très obéissant serviteur, DE SAINT-SAUVEUR.

Nota. Le poëme est de 5,564 vers. J'ai eu la curiosité de les compter.

XXXIII (p. 220).

PROCÈS-VERBAL[1]

Concernant un livre intitulé *Abrégé de l'Histoire universelle*, attribué à M. de Voltaire; chez Jean Néaulme, libraire à La Haye et à Berlin, 1753.

Cejourd'hui 22 février 1754, après midi, fut présent devant les soussignés notaires, messire François-Marie Arouet de Voltaire, gentilhomme ordinaire de la chambre du roi, et membre de l'académie française, de celles de Rome, de Bologne, de Toscane, d'Angleterre, d'Écosse, et de Russie; lequel nous a représenté un manuscrit in-4°, usé de vétusté, relié en un carton qui paraît aussi fort vieux, intitulé *Essai sur les révolutions du monde et sur l'histoire de l'esprit humain, depuis le temps de Charlemagne jusqu'à nos jours*, 1740; lequel ledit sieur comparant a dit avoir reçu hier 21 du courant, venant de sa bibliothèque de Paris, dans un paquet contresigné Bouret.

---

[1] Je donne ce *Procès-verbal* d'après un imprimé in-12 de neuf pages, beaucoup plus ample que l'impression qui est pages 121-123 de *Mon séjour auprès de Voltaire*, par Colini, 1807, in-8°. L'exemplaire que je possède de l'imprimé du Procès-verbal contient six lignes manuscrites, que je crois de Colini. B.

Il nous a montré pareillement un livre imprimé en deux volumes in-12, intitulé *Abrégé de l'histoire universelle, depuis Charlemagne jusqu'à Charles-Quint, par M. de Voltaire; à La Haye, chez Jean Néaulme, en l'année* 1753; et nous avons reconnu que ledit abrégé était en quelque partie tiré du manuscrit dudit sieur comparant à nous exhibé, en ce que tous deux commencent de la même façon : *Plusieurs esprits infatigables ayant,* etc.

Nous avons reconnu pareillement la différence très grande qui est entre ledit manuscrit et ledit imprimé par les observations suivantes :

1° Nous avons trouvé à la première page du manuscrit, ligne 3 : *Les historiens en cela ressemblent à quelques tyrans dont ils parlent : ils sacrifient le genre humain à un seul homme.*

Et, dans l'édition de Jean Néaulme, nous avons trouvé : *Les historiens, semblables en cela aux rois, sacrifient le genre humain à un seul homme.*

Sur quoi l'auteur a protesté qu'il se pourvoirait en temps et lieu contre ceux qui ont défiguré son ouvrage d'une manière si odieuse.

2° Page 39 du manuscrit : *Le roi de Perse eut un fils qui s'étant fait chrétien fut indigne de l'être, et se révolta contre lui.*

Dans l'édition de Jean Néaulme on a supprimé malignement ces mots essentiels, *fut indigne de l'être.*

3° Page 46 dudit manuscrit, à l'article de Mahomet : *Le vulgaire turc ne voit pas ces fautes, les adore; et les imans n'ont pas de peine à persuader ce que personne n'examine.*

On a mis dans l'imprimé : *Le vulgaire, qui ne voit pas ces fautes, les adore; et les docteurs emploient un déluge de paroles pour les pallier.*

Cette affectation de mettre *docteurs* à la place d'*imans* nous a paru sensible.

4° Page 65 du manuscrit : *Il était impossible de ne pas révérer une suite presque non interrompue de pontifes qui* avaient consolé l'Église, étendu la religion, adouci les mœurs des Hérules, des Goths, des Vandales, des Lombards, et des Francs.

Tout ce passage, qui contient plus de deux pages, est entièrement oublié dans l'édition de Hollande.

5° Page 71 du manuscrit : *C'est une chose très remarquable que de près de quatre-vingts sectes qui avaient déchiré l'Église depuis sa naissance, aucune n'avait eu un Romain pour auteur, si on excepte Novatien.*

Ce passage ne se trouve, non plus que tout ce qui suit, dans l'édition de Jean Néaulme.

6° Page 99 du manuscrit : *Il paraît qu'il y avait alors environ sept à huit fois moins d'argent en France, en Italie, et vers le Rhin, qu'il n'y en a aujourd'hui.*

L'édition de Hollande porte : *Il paraît qu'il y avait alors autant d'argent qu'aujourd'hui.*

Par quoi l'auteur se plaint de l'ignorance autant que de la mauvaise foi de celui qui a vendu à Jean Néaulme un manuscrit si différent du véritable.

7° Page 282 du manuscrit : *Rome a toujours condamné ces coutumes ridicules et barbares; il y a toujours eu plus de gravité, plus de décence à Rome qu'ailleurs. Et on sentait qu'en tout cette Église était faite pour donner des leçons aux autres.*

Ni ce passage, ni les deux précédents, ne se trouvent dans l'édition de Hollande.

8° Page 208 du manuscrit et suivantes, tout ce qui est dit dans cet endroit sur les croisades ne se trouve point dans l'imprimé.

9° Le chapitre 41e, intitulé, dans le manuscrit, *Mœurs et usages aux* 13e *et* 14e *siècles*, n'est point dans l'imprimé.

10° Le chapitre 42e, page 334 du manuscrit, intitulé *De l'Orient, et particulièrement de Gengiskan*, n'est point dans l'imprimé.

11° Page 370 du manuscrit, dans le chapitre des templiers, depuis ces mots : *A l'endroit où est à présent la statue équestre de Henri IV*, il y a cinq pages entières qui ne sont point dans l'imprimé.

12° Le chapitre 45°, *De l'Espagne*, page 584 du manuscrit, n'est point dans l'imprimé.

13° Page 608 du manuscrit, tout ce qui suit ces mots : *Si j'avais blessé mon fils*, n'est point dans l'imprimé.

14° Page 626 du manuscrit, depuis ces mots : *Tant de bénéfices et si chèrement*, tout ce qui suit jusqu'à la page 635 n'est point dans l'imprimé.

Ce premier tome du manuscrit qui contient 663 pages, et qui finit au concile de Constance, est quatre fois plus considérable que les deux tomes entiers imprimés. Et on ne trouve plus que 66 pages dans l'imprimé après l'article du concile de Constance.

L'auteur nous a dit qu'il attend incessamment de Paris le second volume de son manuscrit, qui est aussi épais que le premier, et qui finit au temps de Philippe second; et qu'ainsi son véritable ouvrage est huit fois plus ample que celui qu'on a mis sous son nom. Nous avons en outre confronté le manuscrit du premier tome, manuscrit à nous exhibé, avec l'édition de Jean Néaulme, intitulée *Abrégé de l'histoire universelle*; et nous n'avons pas trouvé une seule page dans laquelle il n'y ait de grandes différences.

Et le sieur comparant a protesté contre l'édition que Jean Néaulme a osé mettre abusivement sous son nom, la déclarant subreptice, la condamnant comme remplie d'erreurs et de fautes, et digne du mépris de tous les lecteurs.

De tout ce que dessus, après un examen exact, ledit sieur comparant a requis acte, à lui octroyé pour servir et valoir ce qu'il appartiendra. Fait, lu et passé à Colmar dans la maison du sieur Jean-Ulric Goll, où réside ledit sieur comparant.

Et a signé avec nousdits notaires la minute, restée vers Besson l'un d'iceux; les renvois et ratures ci-dessus approuvés. CALLOT et BESSON [1].

---

[1] Dans l'exemplaire que je possède du *Procès-verbal* imprimé en neuf pages, sont, au bas de la page 9, six lignes que je crois fort être de la main de Colini, et que voici :

« Le 27 dudit mois, par-devant les mêmes notaires, a été représenté et

XXXIV (p. 227).

OBSERVATIONS

DE M. DE CHAUVELIN L'AMBASSADEUR,

Sur une lettre de M. de Voltaire au roi de Prusse, écrite par ordre du ministère, 1759[1].

La lettre est très-bien ; le fond et le ton en sont à merveille ; je n'y ferai que deux observations.

1° Je ne sais si je lui présenterais aussi décisivement l'idée de restitution ; je crois qu'elle lui sera toujours amère, et je ne sais si elle ne blesserait pas sa gloire autant que son intérêt. Peut-être faudrait-il adoucir ce passage.

2° Je crois qu'il conviendrait de lui expliquer davantage le fond d'un système de pacification fondé sur les idées propres à lui, qu'il développe dans sa dernière lettre. En conséquence je lui dirais, ce me semble :

Vous ne voulez pas faire la paix sans les Anglais ; vous avez raison, votre honneur y est intéressé. Mais pourquoi ne feriez-vous pas faire la paix aux Anglais en même temps qu'à vous ? n'avez-vous pas acquis assez de droits sur leur estime, assez d'ascendant sur eux, pour qu'ils sacrifient quelques uns de leurs avantages à l'honneur de vous assurer les vôtres ? Alors les Français, en compensation d'un tel bienfait, ne seront-ils pas excités et autorisés à déterminer leurs alliés à des sacrifices équivalents à ceux que les Anglais auront faits pour eux en votre faveur ? Alors ne serez-vous pas l'auteur et le mobile de cette condescendance réciproque qui ramènera tout à un équilibre desirable et utile à tout l'uni-

constaté le second volume dudit manuscrit, contenant cinq cent quatre-vingt-onze pages avec douze cahiers séparés, etc.

« *N. B.* On s'est trompé dans quelques gazettes en mettant ce procès-verbal au 25 février ; il est du 22. » B.

[1] On n'a point trouvé cette lettre au roi ; voyez celle qu'il écrit à Voltaire, du 22 de septembre 1759. K.

vers? En un mot, si vous déterminez les Anglais à ne pas envahir l'empire des mers, la propriété de toutes les colonies, et le commerce universel, doutez-vous que les Français n'engagent vos ennemis à renoncer aux prétentions qui vous seraient nuisibles?

Il me semble que cette tirade, maniée par le génie de M. de Voltaire, embellie des graces nerveuses de son style, et ajoutée aux notions qu'il a déjà prises du roi de Prusse, et des objets les plus propres à l'émouvoir, peut mettre dans tout son jour l'idée d'un plan qu'il serait très-heureux que ce prince saisît, adoptât, et conduisît à sa maturité.

XXXV (p. 279).

NOTE DE BERTIN[1],

MINISTRE ET SECRÉTAIRE D'ÉTAT.

Le roi desire que si Voltaire vient à mourir, on fasse sur-le-champ mettre le scellé sur ses papiers, ou qu'au moins on en distraie tout ce qui pourra concerner toutes correspondances ou écrits concernant les princes et leur cour, ministres ou gouvernement, et en particulier la cour ou gouvernement de France; comme aussi tout écrit ou manuscrit concernant la religion et les mœurs, même ceux d'histoire, de littérature ou de philosophie, dans lesquels il larde toujours du sien.

M. D. L. B. sent que, pour cet effet, il faut envoyer les ordres dès à présent, et que cependant ils soient secrets.

Voici ce que j'ai imaginé:

1° Une lettre à monsieur l'intendant de Bourgogne, qui lui donne ordre d'envoyer à son subdélégué de Gex, s'il est le plus voisin de Genève, un paquet cacheté, avec ordre de le

---

[1] Copié sur l'original, entièrement de la main de Bertin, qui avait écrit au haut de la pièce: *Si M. D. L. B. peut tenir tout prêt pour lundi au soir.*

Il paraît que M. de La Barbérie eut égard à la note, puisque la lettre d'envoi est du 19 juillet 1774, qui était le mardi. B.

garder ainsi cacheté jusqu'à ce que ledit subdélégué reçoive de monsieur l'intendant ou *de moi* l'ordre de le décacheter; le tout pour une affaire importante.

2º Dans le paquet une lettre pour le subdélégué, avec les ordres nécessaires et *une instruction*. On dit une instruction, 1º parce qu'en province on n'y entend rien, M. de La Barberie peut se souvenir de la façon dont les officiers de maréchaussée, d'ailleurs instruits, se sont comportés en semblable occasion; 2º parcequ'il faut prévoir le cas où il n'y aura aucun juge ou officier de justice appelé pour apposer les scellés; et en ce cas il fera la recherche des papiers partout, les fera mettre à part dans une malle ou plusieurs, en dressera procès-verbal qu'il fera signer à l'héritier ou représentant, ou autre concierge, et remettra la malle et le scellé[1] à la garde d'un homme sûr, sauf à en faire ensuite un inventaire avec coté et paraphe, plus de loisir et toujours contradictoirement, où le juge sera appelé et en fonctions; et en ce cas le subdélégué requerra la distraction des papiers en question pour en être ordonné par sa majesté, et il les recevra en en dressant s'il veut de son côté procès-verbal, donnant son reçu au bas du verbal du juge ou au bas de l'inventaire[2] qui en sera fait en même temps ou après et à loisir, et remettra en même temps l'ordre; ou enfin s'il trouve le scellé mis, il le croisera, examinera s'il n'y avait pas quelque endroit où fussent des papiers[3], et où il n'y eût pas de scellé pour l'y mettre, dressera son verbal et nous l'adressera.

3º Ma lettre d'envoi du paquet au subdélégué, qui lui dit de le garder jusqu'à nouvel ordre de la part de monsieur l'intendant ou de moi, ou de M. Hennin, notre résident à Genève; le tout sous le secret.

4º Une lettre à M. Hennin pour lui adresser une lettre de moi au subdélégué de Gex, qui lui donne ordre d'ouvrir son paquet, et par laquelle je manderai à M. Hennin de n'envoyer

---

[1] En marge, Bertin avait écrit: *Pour cet article, des ordres particuliers.* B.
[2] Ici encore Bertin avait mis en marge: *Autres ordres particuliers.* B.
[3] Ici encore il y a en marge: *Autres ordres.* B.

ma lettre audit subdélégué qu'au moment où M. de Voltaire décéderait, ou serait sans ressource ; mais de la lui faire passer alors tout au plus tôt, et de garder le secret.

1° Lettres et correspondances ;

2° Présence des parents, et en leur absence du procureur du roi ;

3° Le gardien du scellé ;

4° Dont il constatera la remise ;

5° Le scellé de l'héritier ou du concierge, et leur signature au verbal.

XXXVI (p. 279).

RAPPORT AU ROI[1].

DÉPARTEMENT DANANDE.

Sa majesté ayant desiré que tous les ouvrages et autres écrits qui se trouveront dans les maisons du sieur de Voltaire, lors de son décès, soient mis sous les yeux de sa majesté pour les examiner, il a été expédié un mémoire d'instruction[2] sur la conduite que doit tenir le subdélégué de l'intendant de Bourgogne, pour que ces papiers lui soient remis, après qu'il en aura été dressé un procès-verbal et un inventaire.

Il a aussi été expédié trois ordres à l'effet de cette opération.

Le premier enjoint à l'officier de justice qui serait appelé pour apposer des scellés dans les maisons du sieur de Voltaire, de remettre au subdélégué de monsieur l'intendant de Bourgogne tous les ouvrages et manuscrits qui s'y trouveront, après que ces papiers auront été cotés et paraphés, et qu'il en aura été dressé procès-verbal.

Le deuxième, qui servira dans le cas où les scellés auraient

---

[1] Copié sur l'original, ayant marge à droite et à gauche ; au haut de la marge à droite on lit *Décision*. La décision fut mise au bas du rapport.

Ce rapport, sans signature, avait été fait par Bertin, ministre et secrétaire d'état. B.

[2] Voyez cette pièce, n° XLV. B.

déjà été apposés dans les maisons du sieur de Voltaire, lorsque le subdélégué de l'intendant y sera arrivé, enjoint aux héritiers du sieur de Voltaire ou à leurs représentants, ou, à défaut des uns et des autres, aux concierges de ses maisons, de lui ouvrir lesdites maisons, de lui faire voir tous les scellés qui auront été apposés, afin qu'il les croise par les siens, et qu'il puisse en apposer d'autres dans les autres endroits où il le jugerait nécessaire. Cet ordre fait défenses à tous officiers de justice de lever les scellés sans y appeler le subdélégué de l'intendant qui les aura croisés, et ordonne que tous les ouvrages, écrits, manuscrits, et autres papiers dont il requerra la distraction, lui soient remis, après qu'il en aura été dressé inventaire, et qu'ils auront été cotés et paraphés.

Le troisième ordre ordonne que, dans le cas où il n'y aurait point d'officier de justice appelé pour apposer les scellés, les héritiers du sieur de Voltaire ou leurs représentants, et à leur défaut les concierges des maisons, seront tenus d'ouvrir au subdélégué de l'intendant toutes les chambres et cabinets, armoires et autres endroits des maisons du sieur de Voltaire, dans lesquels il peut se trouver des papiers, et de remettre au subdélégué tous ceux dont il requerra la distraction, après qu'il en aura été dressé procès-verbal, et qu'ils auront été cotés et paraphés en leur présence.

Votre majesté est suppliée d'approuver et d'autoriser l'expédition du mémoire d'instruction et des ordres ci-dessus.

Bon [1].

XXXVII (p. 279).

LETTRE DU MINISTRE BERTIN.

(M......, subdélégué de monsieur l'intendant de Bourgogne [2].)

Marly,.... juillet 1774.

Monsieur l'intendant de Bourgogne, M....., qui vous fera passer ma lettre, vous enverra en même temps un paquet ca-

---

[1] Sur l'original que j'ai vu, ce dernier mot est de la main de Louis XVI. B.
[2] Copié sur la minute. B.

cheté que vous garderez sans l'ouvrir, jusqu'à ce que vous en receviez l'ordre, soit de monsieur l'intendant, de M. Hennin, résident de France à Genève, ou de moi-même. Aussitôt que vous aurez reçu l'ordre de l'ouvrir, vous lirez avec attention ce qu'il contient, et vous exécuterez les ordres qui vous seront donnés, toute affaire cessante. Je n'ai pas besoin de vous dire qu'il est nécessaire que vous gardiez le secret sur la réception de ce paquet, jusqu'à ce que vous ayez reçu l'ordre de l'ouvrir.

Je suis, etc.

XXXVIII (p. 279).

LETTRE DE M. BERTIN.

(Monsieur l'intendant de Bourgogne[1].)

Marly,.... juillet 1774.

Le roi, monsieur, m'a ordonné de vous adresser le paquet ci-joint, que vous aurez agréable d'envoyer, cacheté comme il est, à celui de vos subdélégués qui est le plus voisin de Genève. L'intention de sa majesté est que vous donniez ordre à ce subdélégué de garder le paquet cacheté, et de ne l'ouvrir que lorsqu'il recevra, soit de vous ou de moi, l'ordre de le décacheter. Ce paquet concerne une affaire importante, et vous aurez soin de recommander à votre subdélégué d'exécuter, lorsqu'il en sera temps, les ordres qu'il contient, toute affaire cessante.

Je suis, etc.

P. S. Je joins au paquet une lettre pour votre subdélégué, que vous lui enverrez en même temps que le paquet, par laquelle je lui marque de ne l'ouvrir que lorsqu'il en recevra les ordres.

Vous concevez qu'il est nécessaire de garder le secret sur la réception et l'envoi de ce paquet.

---

[1] Copié sur la minute. L'intendant de Bourgogne était Amelot de Chaillou; voyez tome LXV, page 195; sa réponse est ci-après, sous le n° XLI. On voit par la réponse que la lettre était datée du 19. B.

XXXIX (p. 279).

LETTRE DE M. BERTIN.

(M. Hennin[1].)

Marly,....juillet 1774.

Je vous envoie, monsieur, une lettre pour le subdélégué de l'intendant de Bourgogne, résident à...., que je vous prie de ne lui envoyer que dans le moment où M. de Voltaire viendra à mourir, ou sera sans aucune ressource; mais aussitôt qu'il sera dans cet état, je vous prie de faire passer, le plus promptement qu'il sera possible, ma lettre à ce subdélégué. Jusqu'à ce que vous en fassiez usage, vous voudrez bien garder le secret sur ce que je vous marque.

Je suis, etc.

XL (p 279).

LETTRE DE M. BERTIN.

(Monsieur le subdélégué de l'intendance à Gex[2].)

Marly, 19 juillet 1774.

Aussitôt, monsieur, que vous recevrez la présente lettre, que j'ai chargé M. Hennin de vous faire passer, vous aurez agréable d'ouvrir le paquet que je vous ai adressé le 19 juillet, et d'exécuter les ordres contenus dans le mémoire d'instruction que vous trouverez dans le paquet. Vous ne perdrez aucun temps pour cela, et vous vous conformerez, s'il vous plaît, exactement à ce qui est porté dans ce mémoire.

Je suis, monsieur, votre très humble et très obéissant serviteur, BERTIN.

---

[1] Copié sur la minute. B.
[2] Copié sur la minute et sur l'original. Cette lettre était jointe aux pièces XLV, XLVI, XLVII, XLVIII. B.

XLI (p. 279).

LETTRE DE L'INTENDANT DE BOURGOGNE[1].

Dijon, ce 23 juillet 1774.

Monsieur[2], j'ai reçu par le courrier d'hier la lettre que vous m'avez fait l'honneur de m'écrire, en date du 19 de ce mois, ainsi que le paquet et la lettre qui y était jointe, adressée à mon subdélégué du pays de Gex, qui est effectivement le plus voisin de Genève, n'en étant éloigné que de trois petites lieues. Je lui fais passer par le courrier de ce soir le paquet cacheté tel que je l'ai reçu, et je lui donne ordre de le garder cacheté, et de ne l'ouvrir que lorsqu'il recevra soit de vous, monsieur, soit de M. Hennin, résident du roi à Genève, soit de moi, l'ordre de le décacheter; et je lui recommande d'exécuter, lorsqu'il en sera temps, les ordres qu'il contient, toute autre affaire cessante; et lui recommande également de garder le secret sur la réception de ce paquet. Je vous prie aussi, monsieur, d'être bien persuadé de ma discrétion à cet égard.

Je suis avec un profond respect, monsieur, votre très humble et très obéissant serviteur, Amelot.

XLII (p. 279).

LETTRE

DU SUBDÉLÉGUÉ DE L'INTENDANT DE BOURGOGNE, A GEX[3].

Monseigneur,

Monsieur l'intendant de Bourgogne m'a fait passer la lettre que vous m'avez fait l'honneur de m'écrire le 19 du présent mois, avec le paquet cacheté que vous m'y annoncez, et que

---

[1] Copié sur l'original. C'est la réponse au n° XXXVIII. B.
[2] M. Bertin. B.
[3] Copié sur l'original. B.

je ne dois ouvrir que lorsque j'y serai autorisé par vous, monseigneur, par monsieur l'intendant, ou par M. Hennin. Je vous prie, monseigneur, d'être persuadé de mon exactitude à me conformer à ce que vous me faites l'honneur de m'écrire relativement à ce paquet, et de mon zèle à exécuter les ordres qu'il renferme.

Je suis avec un profond respect, monseigneur, votre très humble et très obéissant serviteur, NUBRY[1].

A Gex, le 31 juillet 1774.

XLIII (p. 279).

LETTRE DU MINISTRE BERTIN[2]

A M. HENNIN,

RÉSIDENT DE FRANCE A GENÈVE.

Fontainebleau, 17 octobre 1774.

J'ai eu l'honneur de vous écrire, monsieur, de la part du roi, pendant le voyage de Compiègne, pour vous confier l'objet des ordres dont vous êtes dépositaire, et de vous inviter à me faire part de vos observations sur cet objet, et surtout sur les démarches ou précautions ultérieures que l'on pourrait avoir à prendre, si vous en aviez quelqu'une à me faire. Je n'ai point reçu de réponse. J'ai eu occasion d'en dire, il y a quelques jours, un mot à sa majesté, et je lui ajoutai que je vous écrirais. Je vous prie donc de me faire réponse, ne fût-ce que pour accuser la réception de ma première lettre et de celle-ci, en cas que vous n'ayez aucune réflexion à me proposer à ce sujet, et de mettre votre réponse sous double enveloppe. Au surplus, je dois vous prévenir que, s'il y avait quelque démarche à faire en pays étranger, le roi n'est point dans l'intention, du moins quant à présent, que son nom pa-

---

[1] La première lettre de la signature est tellement formée, que je ne sais si l'on doit lire Nubry ou Aubry. B.

[2] Copié sur la minute. B.

raisse. Ainsi je vous prie de vous régler sur cela en cas d'événement, et jusqu'à ce que vous eussiez des ordres contraires.

Je suis avec un parfait attachement, monsieur, votre, etc.

XLIV (p. 279).

LETTRE

DE L'INTENDANT DE BOURGOGNE[1]

A M. BERTIN.

A Paris, le 15 janvier 1775.

Monsieur, vous avez adressé, le 19 juillet de l'année dernière, à M. Amelot, mon prédécesseur à l'intendance de Bourgogne, un paquet cacheté pour le faire passer au subdélégué le plus voisin de Genève, avec ordre de le garder, et de ne l'ouvrir que lorsqu'il recevrait, soit de vous, monsieur, soit de M. Hennin, résident de France à Genève, soit de M. Amelot, l'ordre de le décacheter. M. Amelot s'est conformé à vos intentions, ainsi que le subdélégué de Gex, à qui le paquet a été envoyé. Comme il s'est écoulé six mois depuis cette époque, et que M. Hennin, sans s'ouvrir sur l'objet dont il s'agit, a fait entendre à mon subdélégué que l'affaire relative au paquet n'aurait pas lieu, je vous prie, monsieur, de me mander s'il doit toujours garder ce paquet, ou s'il convient qu'il me le renvoie pour vous être remis. Je me conformerai à ce que vous croirez devoir prescrire à cet égard.

Je suis avec un profond respect, monsieur, votre très humble et très obéissant serviteur, DUPLEIX.

[1] Copié sur l'original. B.

XLV (p. 279).

INSTRUCTION[1].

De par le Roi.

Sa majesté desirant examiner par elle-même les ouvrages et autres écrits qui se trouveront dans les maisons du sieur de Voltaire, lors de son décès, a ordonné et ordonne au subdélégué de l'intendant de Bourgogne, résident à Gex, de se transporter dans les maisons du sieur de Voltaire aussitôt qu'il aura ouvert le paquet, dans lequel est enfermé le présent mémoire d'instruction.

Si, lorsque ledit subdélégué sera arrivé, le juge du lieu ou autre officier de justice a été appelé pour apposer les scellés, le subdélégué lui remettra l'ordre du roi coté n° 1, dont il se fera donner un reçu[2], et il requerra la distraction de tous les ouvrages, manuscrits, et autres papiers écrits de la main du sieur de Voltaire, ou de quelque autre que ce soit, qui pourraient concerner les rois, princes, et autres souverains, leur cour, leurs ministres, ou le gouvernement de leurs états, et en particulier la cour et le gouvernement de France, ainsi que les lettres et correspondances avec lesdits rois, princes, et ministres, comme aussi tous ouvrages, écrits ou manuscrits, concernant la religion et les mœurs, même ceux d'histoire, de philosophie, ou de toute espèce de littérature.

Il se fera remettre lesdits papiers, dont il sera dressé procès-verbal et fait inventaire par l'officier de justice qui aura été appelé pour mettre les scellés, et par ledit subdélégué, en présence des héritiers du sieur de Voltaire ou de leurs représentants, ou, en leur absence, en présence du procureur du roi, soit dans l'instant même, soit dans un autre temps plus commode.

Dans ce dernier cas, les papiers ci-dessus seront mis dans

---

[1] J'ai vu de cette pièce, 1° la minute, 2° la mise au net, 3° l'expédition. B.
[2] Voyez n° XLVI. B.

une ou plusieurs malles qui seront scellées du cachet de l'officier de justice et de celui du subdélégué; et lesdites malles seront remises à la garde d'un homme sûr, qui en donnera son récépissé : les scellés ne seront levés qu'en présence du juge et du subdélégué qui les auront apposés, ainsi que des héritiers ou leurs représentants, ou, en leur absence, du procureur du roi; et l'inventaire desdits papiers sera fait en présence et signé des uns et des autres.

Si, lors de l'arrivée du subdélégué, les scellés étaient déjà mis, ledit subdélégué remettra aux parents, héritiers du sieur de Voltaire, ou à leurs représentants, ou, au défaut des uns et des autres, aux concierges de ses maisons, ou autres gardiens de scellés, l'ordre coté n° 2, dont il constatera la remise[1], afin que tous les appartements lui soient ouverts; il croisera les scellés qui auront déjà été apposés, et il examinera s'il n'y aurait pas quelque endroit où il y eût des papiers, et où le scellé n'eût pas été mis. Dans ce cas, il le mettra lui-même en présence de l'héritier ou de son représentant, s'il se trouve sur le lieu; ou au défaut, en présence du concierge de la maison ou autres gardiens des scellés; il en dressera son procès-verbal, qu'il fera signer par l'héritier ou autre personne qui aura assisté audit scellé.

Dans le cas où il n'y aurait point d'officier de justice appelé pour apposer les scellés, ledit subdélégué remettra l'ordre[2] coté n° 3 aux parents, héritiers du sieur de Voltaire, ou à leurs représentants, ou, au défaut des uns et des autres, aux concierges des maisons, afin qu'elles lui soient ouvertes; et il en constatera la remise : il fera lui-même la recherche la plus exacte des papiers ci-dessus désignés, en présence de l'héritier ou de son représentant, ou enfin, au défaut de l'un ou de l'autre, en présence du concierge ou autre personne convenable ; il fera mettre tous lesdits papiers dans une ou plusieurs malles auxquelles il apposera son scellé, et fera apposer celui de l'héritier ou de son représentant, ou, en leur absence, celui

[1] Voyez n° XLVII. B.
[2] Voyez n° XLVIII. B.

du concierge ou autre personne dont il se sera fait assister dans la recherche des papiers ; et il remettra lesdites malles à la garde d'un homme sûr, qui en donnera son récépissé, sauf à faire ensuite l'inventaire desdits papiers plus à loisir, avec cotes et paraphes, en présence de l'héritier ou de la personne qui l'aura assisté dans la recherche desdits papiers, par laquelle il fera signer ledit inventaire. Il dressera du tout procès-verbal, qu'il signera et fera signer par ladite personne.

Il adressera ledit procès-verbal au sieur Bertin, ministre et secrétaire d'état, en l'informant de tout ce qu'il aura fait.

Fait à Marly, le 19 juillet 1774.

LOUIS.

BERTIN.

XLVI (p. 279).

ORDRE[1].

DE PAR LE ROI.

Il est enjoint au juge, notaire, ou autre officier de justice chargé d'apposer les scellés dans les maisons du sieur de Voltaire, de remettre au subdélégué de l'intendant de Bourgogne, qui montrera le présent ordre, tous les ouvrages et manuscrits qui se trouveront dans les maisons dudit sieur de Voltaire, et qui pourraient concerner les rois, princes, et autres souverains, leur cour, leurs ministres, ou le gouvernement de leurs états, et en particulier la cour et le gouvernement de France, comme aussi tous ouvrages, écrits ou manuscrits, concernant la religion et les mœurs, même ceux d'histoire, de philosophie, et de toute espèce de littérature. Ordonne sa majesté audit officier de justice de dresser procès-verbal et de faire inventaire desdits papiers, après qu'ils auront été cotés et paraphés, tant par lui que par ledit subdélégué, qui signera aussi ledit procès-verbal et inventaire.

Fait à Marly, le 19 juillet 1774.

LOUIS.

BERTIN.

[1] J'ai vu de cette pièce, 1° la minute, 2° l'expédition. B.

XLVII (p. 279).

ORDRE[1].

De par le Roi.

Il est enjoint aux parents et héritiers du sieur de Voltaire, ou, leurs représentants, ou au défaut des uns et des autres, aux concierges de ses maisons, d'ouvrir lesdites maisons au subdélégué de l'intendant de la province de Bourgogne chargé du présent ordre, de lui faire voir tous les scellés qui auront été apposés, lesquels scellés seront croisés par ledit subdélégué, en présence de la personne à laquelle le présent ordre aura été remis; et dans le cas où ledit subdélégué jugerait convenable d'apposer des scellés dans quelque endroit où il n'y en aurait point été mis, ordonne sa majesté qu'ils seront par lui apposés en présence de ladite personne, qui signera conjointement avec ledit subdélégué le procès-verbal qui sera dressé de cette opération. Fait sa majesté défenses au juge ou autres officiers de justice qui auront apposé les premiers scellés, et à tous autres, de les lever sans y appeler le subdélégué de l'intendant qui les aura croisés. Ordonne sa majesté audit officier de justice de remettre audit subdélégué tous les ouvrages, écrits, manuscrits, et autres papiers dont il requerra la distraction lors de la levée desdits scellés, desquels papiers il sera fait inventaire après qu'ils auront été cotés et paraphés, tant par l'officier de justice que par le subdélégué, lesquels procès-verbal et inventaire seront signés de l'un et de l'autre.

Fait à Marly, le 19 juillet 1774.

Louis.

Bertin.

[1] J'ai vu de cette pièce, 1° la minute, 2° l'expédition. B.

XLVIII (p. 279).

ORDRE[1].

DE PAR LE ROI. [2]

Il est enjoint aux parents, héritiers du sieur de Voltaire, ou à leurs représentants, ou, au défaut des uns et des autres, aux concierges de ses maisons, d'ouvrir au subdélégué de l'intendant de la province de Bourgogne, chargé du présent ordre, toutes les chambres, cabinets, armoires, et autres endroits desdites maisons dans lesquelles il peut se trouver des papiers, et de remettre audit subdélégué tous ceux dont il requerra la distraction; desquels papiers, après qu'ils auront été cotés et paraphés, tant par ledit subdélégué que par l'héritier dudit sieur de Voltaire, son représentant ou autre personne qui aura accompagné ledit subdélégué, il sera fait inventaire et procès-verbal par ledit subdélégué, en présence de la personne qui l'aura accompagné dans la recherche qu'il en aura faite, et qui seront signés par l'un et par l'autre.

Fait à Marly, le 19 juillet 1774.

LOUIS.

BERTIN.

XLIX (p. 294).

COPIE

DE LA PROFESSION DE FOI DE M. DE VOLTAIRE,

Exigée par M. l'abbé Gaultier, son confesseur[3].

Je, soussigné, déclare qu'étant attaqué depuis quatre jours

[1] J'ai vu de cette pièce, 1° la minute, 2° l'expédition. B.

[2] Dans le dossier que j'ai vu, on lisait en tête de cette pièce, et de la main de Bertin : *Le roi m'a ordonné verbalement de retirer ces papiers. M. D. L. B. m'en parler.*
Dans cette pièce étaient le n° 2, le n° 1, et *l'Instruction* (n° XLV). M. D. L. B. est M. de La Barberie, l'un des commis de Bertin; voyez n° XXXV. B.

[3] Je donne cette pièce d'après la *Correspondance* de Grimm. B.

d'un vomissement de sang, à l'âge de quatre-vingt-quatre ans, et n'ayant pu me traîner à l'église, et monsieur le curé de Saint-Sulpice ayant bien voulu ajouter à ses bonnes œuvres celle de m'envoyer M. l'abbé Gaultier, prêtre, je me suis confessé à lui; et que si Dieu dispose de moi, je meurs dans la sainte religion catholique où je suis né, espérant de la miséricorde divine qu'elle daignera pardonner toutes mes fautes; et que si j'avais jamais scandalisé l'Église, j'en demande pardon à Dieu et à elle.

A signé VOLTAIRE, le 2 mars 1778, dans la maison de M. le marquis de Villette.

En présence de M. l'abbé Mignot, mon neveu, de M. le marquis de Villevielle, mon ami. — *Signé*, l'abbé MIGNOT, VILLEVIELLE.

Nous déclarons la présente copie conforme à l'original, qui est demeuré entre les mains du sieur abbé Gaultier, et que nous avons signé l'un et l'autre, comme nous signons le présent certificat. Fait à Paris, ce 27 mai 1778. — L'abbé MIGNOT, VILLEVIELLE.

L'original ci-dessus mentionné a été présenté à monsieur le curé de Saint-Sulpice, qui en a tiré copie.—L'abbé MIGNOT, VILLEVIELLE.

L (p. 297).

CERTIFICAT DE L'ABBÉ GAULTIER.

Le 30 mai 1778.

Je, soussigné, certifie à qui il appartiendra que je suis venu à la réquisition de M. de Voltaire, et que je l'ai trouvé hors d'état de l'entendre en confession. GAULTIER, prêtre.

LI (p. 297).

CONSENTEMENT DU CURÉ DE SAINT-SULPICE.

Le 30 mai 1778.

Je consens que le corps de M. de Voltaire soit emporté sans cérémonie, et je me dépars à cet égard de tous droits curiaux. DE TERSAC.

LII (p. 297).

LETTRE DE L'ÉVÊQUE DE TROYES[1]

AU PRIEUR DE SCELLIÈRES[2].

Je viens d'apprendre, monsieur, que la famille de M. de Voltaire, qui est mort depuis quelques jours, s'était décidée à faire transporter son corps à votre abbaye, pour y être enterré, et cela parceque le curé de Saint-Sulpice leur avait déclaré qu'il ne voulait pas l'enterrer en terre sainte.

Je desire fort que vous n'ayez pas encore procédé à cet enterrement, ce qui pourrait avoir des suites fâcheuses pour vous; et si l'inhumation n'est pas faite, comme je l'espère, vous n'avez qu'à déclarer que vous n'y pouvez procéder sans avoir des ordres exprès de ma part.

J'ai l'honneur d'être bien sincèrement, monsieur, votre très humble et très obéissant serviteur,

† Évêque de Troyes.

2 juin 1778.

LIII (p. 297).

RÉPONSE DU PRIEUR.

A Scellières, 3 juin.

Je reçois dans l'instant, monseigneur, à trois heures après midi, avec la plus grande surprise, la lettre que vous m'avez fait l'honneur de m'écrire, en date du jour d'hier 2 juin : il y a maintenant plus de vingt-quatre heures que l'inhumation du corps de M. de Voltaire est faite dans notre église, en présence d'un peuple nombreux. Permettez-moi, monseigneur, de vous faire le récit de cet événement, avant que j'ose vous présenter mes réflexions.

---

[1] Claude-Mathias-Joseph de Barral, né à Grenoble le 6 septembre 1716, sacré évêque le 29 mars 1761, mort après 1789. B.

[2] Gaspard-Edme-Germain Potherat de Corbierre. B.

Dimanche au soir[1], 31 mai, M. l'abbé Mignot, conseiller au grand conseil, notre abbé commendataire, qui tient à loyer un appartement dans l'intérieur de notre monastère, parceque son abbatiale n'est pas habitable, arriva en poste pour occuper cet appartement. Il me dit, après les premiers compliments, qu'il avait eu le malheur de perdre M. de Voltaire, son oncle; que ce monsieur avait desiré dans ses derniers moments d'être porté après sa mort à sa terre de Ferney, mais que le corps, qui n'avait pas été enseveli, quoique embaumé, ne serait pas en état de faire un voyage aussi long; qu'il desirait, ainsi que sa famille, que nous voulussions bien recevoir le corps en dépôt dans le caveau de notre église; que ce corps était en marche, accompagné de trois parents, qui arriveraient bientôt. Aussitôt monsieur l'abbé Mignot m'exhiba un consentement de M. le curé de Saint-Sulpice, signé de ce pasteur, pour que le corps de M. de Voltaire pût être transporté sans cérémonie; il m'exhiba, en outre, une copie collationnée, par ce même curé de Saint-Sulpice, d'une profession de foi catholique, apostolique, et romaine, que M. de Voltaire a faite entre les mains d'un prêtre approuvé, en présence de deux témoins, dont l'un est M. Mignot, notre abbé, neveu du pénitent, et l'autre un M. le marquis de Villevielle. Il me montra en outre une lettre du ministre de Paris, M. Amelot, adressée à lui et à M. Dompierre d'Hornoy, neveu de M. l'abbé Mignot, et petit-neveu du défunt, par laquelle ces messieurs étaient autorisés à transporter leur oncle à Ferney ou ailleurs. D'après ces pièces, qui m'ont paru et qui me paraissent encore authentiques, j'aurais cru manquer au devoir de pasteur, si j'avais refusé les secours spirituels dus à tout chrétien, et surtout à l'oncle d'un magistrat qui est depuis vingt-trois ans abbé de cette abbaye, et que nous avons beaucoup de raisons de considérer; il ne m'est pas venu dans la pensée que monsieur le curé de Saint-Sulpice ait pu refuser la sépulture à un homme dont il avait légalisé la profession de foi, faite tout au plus six semaines avant son décès, et dont

[1] Voyez n° LIV. B.

il avait permis le transport tout récemment au moment de sa mort : d'ailleurs je ne savais pas qu'on pût refuser la sépulture à un homme quelconque, mort dans le corps de l'Église, et j'avoue que, selon mes faibles lumières, je ne crois pas encore que cela soit possible. J'ai préparé en hâte tout ce qui était nécessaire. Le lendemain matin, sont arrivés dans la cour de l'abbaye deux carrosses, dont l'un contenait le corps du défunt, et l'autre était occupé par M. d'Hornoy, conseiller au parlement de Paris, petit-neveu de M. de Voltaire; par M. Marchant de Varennes, maître-d'hôtel du roi, et M. de La Houlière, brigadier des armées, tous deux cousins du défunt : après midi, M. l'abbé Mignot m'a fait à l'église la présentation solennelle du corps de son oncle, qu'on avait déposé; nous avons chanté les vêpres des morts; le corps a été gardé toute la nuit dans l'église, environné de flambeaux. Le matin, depuis cinq heures, tous les ecclésiastiques des environs, dont plusieurs sont amis de M. l'abbé Mignot, ayant été autrefois séminaristes à Troyes, ont dit la messe en présence du corps, et j'ai célébré une messe solennelle à onze heures, avant l'inhumation, qui a été faite devant une nombreuse assemblée. La famille de M. de Voltaire est repartie ce matin, contente des honneurs rendus à sa mémoire, et des prières que nous avons faites à Dieu pour le repos de son ame. Voilà les faits, monseigneur, dans la plus exacte vérité. Permettez-moi, quoique nos maisons ne soient pas soumises à la juridiction de l'ordinaire, de justifier ma conduite aux yeux de votre grandeur : quels que soient les priviléges d'un ordre, ses membres doivent toujours se faire gloire de respecter l'épiscopat, et se font honneur de soumettre leurs démarches, ainsi que leurs mœurs, à l'examen de nosseigneurs les évêques. Comment pouvais-je supposer qu'on refusait ou qu'on pouvait refuser à M. de Voltaire la sépulture qui m'était demandée par son neveu, notre abbé commendataire depuis vingt-trois ans, magistrat depuis trente ans, ecclésiastique qui a beaucoup vécu dans cette abbaye, et qui jouit d'une grande considération dans notre ordre; par un conseiller au parlement de Paris, petit-neveu du défunt ; par des officiers d'un grade supérieur, tous parents, et tous gens respectables ? Sous quel prétexte aurais-je pu croire que monsieur le curé de Saint-Sulpice eût refusé la sépulture à M. de Voltaire, tandis que ce pasteur a légalisé de sa propre main une profession de foi faite par le défunt, il n'y a que deux mois ; tandis qu'il a écrit et signé de sa propre main un consentement que ce corps fût transporté sans cérémonie ? Je ne sais ce qu'on impute à M. de Voltaire ; je connais plus ses ouvrages par sa réputation qu'autrement ; je ne les ai pas lus tous ; j'ai ouï dire à monsieur son neveu, notre abbé, qu'on lui en imputait de très répréhensibles, qu'il avait toujours désavoués : mais je sais, d'après les canons, qu'on ne refuse la sépulture qu'aux excommuniés, *lata sententia*, et je crois être sûr que M. de Voltaire n'est pas dans ce cas. Je crois avoir fait mon devoir en l'inhumant, sur la réquisition d'une famille respectable, et je ne puis m'en repentir. J'espère, monseigneur, que cette action n'aura pas pour moi des suites fâcheuses ; la plus fâcheuse, sans doute, serait de perdre votre estime ; mais, d'après l'explication que j'ai l'honneur de faire à votre grandeur, elle est trop juste pour me la refuser.

Je suis, avec un profond respect,

LE PRIEUR DE SCELLIÈRES.

LIV (p. 297).

PROCÈS-VERBAL

DE L'INHUMATION DE VOLTAIRE.

Cejourd'hui huitième jour de juin 1778, nous, G.-E.-G. Potherat de Corbierre, prieur de l'abbaye de Scellières, ordre de Cîteaux, au diocèse de Troyes en Champagne, et dom Nicolas Meunier, religieux conventuel de ladite maison, soussignés, capitulairement assemblés au son de la cloche, en la manière accoutumée, en conséquence des ordres à nous donnés par révérendissime Nicolas Chanlatte, abbé de Pontigny, dudit ordre de Cîteaux, en sa lettre missive du 5 du présent mois de juin, pour satisfaire tant auxdits ordres de mondit révérendissime abbé, en lui rendant compte de toutes les circonstances relatives et particulières à l'inhumation de messire François Arouet de Voltaire, écuyer, gentilhomme ordinaire de la chambre du roi, l'un des quarante de l'académie française, faite en cette église de l'abbaye de Scellières, que pour justifier notre conduite à cet égard,

Disons, déclarons, attestons, et certifions à tous à qui il appartiendra, et particulièrement à notre révérendissime abbé, ainsi que nous en sommes par lui requis, que messire Alexandre-Jean Mignot, conseiller du roi en ses conseils, etc., abbé commendataire de notredite abbaye de Scellières, est arrivé en icelle abbaye le dimanche 31 mai dernier, à environ sept heures du soir, à l'effet d'y occuper un appartement qu'il tient de nous à loyer, au défaut de son abbatiale, laquelle est inhabitable, et nous a dit, après les premiers compliments,

Que messire Arouet de Voltaire, son oncle, décédé à Paris, devant, conformément à sa dernière volonté, être inhumé à Ferney, lieu par lui choisi pour sa sépulture, son corps, non enseveli, que l'on devait transporter audit Ferney, ne serait pas, quoique embaumé, en état de soutenir un si long voyage; pourquoi mondit sieur Mignot et la famille dudit défunt sieur de Voltaire desireraient que nousdits prieur et religieux voulussions bien en recevoir le corps en dépôt dans le caveau de l'église de notre monastère, lequel corps, non enseveli, comme dit est, est en effet arrivé en la cour de ce monastère vers l'heure de midi, le premier du présent mois de juin, dans son carrosse, lequel était suivi d'un autre carrosse contenant MM. de Dompierre, chevalier, seigneur d'Hornoy, conseiller au parlement de Paris, petit-neveu du défunt; Marchant de Varennes, ancien maître d'hôtel ordinaire du roi; Marchant de La Houlière, brigadier des armées du roi, cousins issus de germain dudit défunt;

Que, à l'instant, nosdits sieurs Mignot et de Dompierre d'Hornoy ont exhibé et lu, 1° une lettre de M. Amelot, ministre de Paris, à eux adressée, laquelle les a autorisés à transporter le corps de leur oncle et grand-oncle à Ferney ou ailleurs;

2° La copie collationnée, certifiée véritable et conforme à son original, et signée du sieur de Tersac, curé de Saint-Sulpice de Paris, le 29 mai dernier, d'un acte signé dudit sieur de Voltaire, contenant la profession de foi catholique, apostolique, et romaine, et déclaration qu'il a été entendu en confession par M. l'abbé Gaultier, prêtre approuvé sur ladite paroisse; ledit acte fait et signé, comme dit est, le 2 mars aussi dernier;

3° Un certificat délivré et signé par ledit sieur Gaultier, prêtre, en date du 30 dudit mois de mai dernier, portant que ledit sieur Gaultier a été requis par ledit sieur de Voltaire de l'entendre de nouveau en confession, ce qu'il n'a pu faire, l'en ayant trouvé hors d'état;

4° Le consentement par écrit donné et signé le 30 mai dernier par ledit sieur curé de Saint-Sulpice, par lequel il se départ de tous ses droits curiaux, et permet que le corps de M. de Voltaire soit emporté sans cérémonie;

Que, en effet, le même jour 1er juin, vers quatre heures de relevée, le corps dudit sieur de Voltaire, enfermé dans un cercueil ordinaire, a été présenté à la porte principale d'entrée de l'église de notre susdit monastère, à nosdits prieur et religieux par mondit sieur abbé Mignot, en soutane, rochet et camail, accompagné de nosdits sieurs Marchant de Varennes et de La Houlière, et de Dompierre d'Hornoy, en habit de deuil; de maître Marc-Étienne Beaudouin, prêtre curé de la paroisse de Saint-Nicolas de Pont-sur-Seine; lequel corps, déposé dans le chœur de notredite église, étant environné de cierges et de flambeaux, nosdits prieur et religieux avons chanté les vêpres des morts, et y est resté gardé pendant toute la nuit par ledit dom Meunier, religieux, l'un de nous, et par les nommés Millet et Payen, l'un fermier, et l'autre meunier de notredite abbaye;

Que le lendemain 2 dudit présent mois de juin, à commencer de l'heure de cinq heures du matin, ledit maître Étienne Beaudouin, curé dudit Saint-Nicolas de Pont; maître Beaudouin, vicaire de ladite paroisse; maître Bouillerot, prêtre curé de la paroisse de Romilly-sur-Seine; maître Guenard, curé de Crancey; père Denisard, religieux cordelier, prêtre desservant l'église de Saint-Hilaire de Faverolles; maître Simon Dauche, curé de la paroisse de Saint-Martin dudit Pont-sur-Seine, tous invités, par ledit sieur abbé Mignot, aux obsèques dudit sieur de Voltaire, son oncle, ont célébré chacun une messe basse; lesquelles messes basses étant finies, et les vigiles étant chantées, vers les onze heures du matin du même jour, nousdit dom de Corbierre, prieur, lesdits Denisard, diacre, et Beaudouin, vicaire sous-diacre, lesdits maîtres Guenard et Dauche, chantres, tous revêtus des ornements noirs appartenans à la fabrique de la paroisse de Romilly, avons célébré solennellement une messe haute de *requiem*, le corps présent et avant son inhumation; à laquelle messe haute le curé de Romilly susnommé, et maître Blin, vicaire de la susdite paroisse de Romilly, tous deux revêtus de leurs surplis, ont assisté, s'étant rendus et transportés en notredite église accompagnés de leurs choristes, porte-croix, thuriféraire, bedeau, suisses, sonneurs, et fossoyeurs, tous lesquels ledit sieur curé de Romilly avait offerts à nous susdits prieur et religieux par sa lettre dudit jour 1er juin, présent mois;

Finalement que, en présence dudit sieur curé de Romilly, de tous les ecclésiastiques ci-dessus dénommés, dudit sieur abbé Mignot, et autres parents ci-dessus dits dudit défunt sieur Arouet de Voltaire, devant une nombreuse assemblée, et incontinent après ladite messe haute, nous, prieur susdit célébrant, avons fait l'inhumation du corps dudit défunt sieur de Voltaire dans le milieu de la partie de notre église séparée du chœur, et en face d'icelui. Après laquelle inhumation nousdit dom de Corbierre avons dressé acte d'icelle ledit jour 2 juin, sur les registres destinés à cet effet, portant que le corps dudit sieur de Voltaire, inhumé en ladite église, comme dit est, y est en dépôt jusqu'à ce que, conformément à sa dernière volonté, il puisse être transféré audit lieu de Ferney, où il a choisi sa sépulture.

Et, pour justifier à mondit sieur abbé dudit acte de sépulture, il en sera, par nous dom de Corbierre, envoyé extrait certifié véritable et conforme à son original, dont et de tout ce que dessus, les jour et an susdits, avons fait et rédigé le présent procès-verbal, en la forme que dessus, que nous avons signé, et, autant qu'il nous a été possible, fait signer par les ecclésiastiques et autres personnes y dénommées.

Signé POTHERAT DE CORBIERRE, prieur; MEUNIER; BOUILLEROT, curé de Romilly-sur-Seine; BLIN, vicaire de Romilly-sur-Seine; GUÉRARD, curé de Crancey; DAUCHE, curé de Pont-sur-Seine; BEAUDOUIN, prêtre vicaire; DENISARD, vicaire de Saint-Hilaire de Faverolles.

LV (p. 297).

LETTRE DE L'ABBÉ MIGNOT[1]

A GROSLEY.

Je suis très sensible, monsieur, à l'intérêt que vous voulez bien me marquer sur la perte que j'ai faite : j'ose dire qu'elle est pour le public presque autant que pour moi. Les circonstances qui l'ont accompagnée me l'ont cependant rendue bien amère. Si vous voyez M. l'abbé de Saint-Caprais, il pourra vous donner des détails qui vous apprendront ce que j'ai eu à

---

[1] Cette lettre est *sans date*, dit M. Patris-Debreuil, qui l'a publiée à la page 456 du tome II des *OEuvres inédites de Grosley*. Elle dément, ainsi que la pièce suivante, les bruits qui avaient circulé de l'enlèvement du corps de Voltaire. B.

souffrir de la piété ardente, qui souvent n'est ni juste ni charitable.

J'ai encore à vous remercier du fait particulier que vous avez bien voulu me déférer. Je vous fournirai, si vous le voulez bien, des armes pour le détruire. Il est faux, par la raison qu'il est impossible. Le corps de mon pauvre oncle est parti de Paris dans un carrosse, la nuit du 31 mai au 1ᵉʳ juin. Un autre carrosse suivait, dans lequel étaient mon neveu M. d'Hornoy[1], conseiller au parlement, deux de nos parents, MM. Marchant[2], l'un maître-d'hôtel du roi, l'autre brigadier des armées. Ni le corps, ni ces messieurs, n'ont été arrêtés dans aucune auberge, n'ont descendu à aucune poste. Ces messieurs n'ont pas souffert que personne approchât de la voiture qui contenait le corps, et qui a toujours été fermée pendant tout le chemin. Ils sont arrivés à mon abbaye le 1ᵉʳ juin, à midi. Alors nous avons fait transporter le corps, à l'insu de tous les postillons et de tous les domestiques de la maison, dans une salle basse, où je l'ai enfermé sous clef jusqu'au moment de l'ensevelir. Ce triste devoir a été rempli par un fossoyeur du village de Romilly, en présence d'un valet de chambre à moi, qui n'avait pas vu M. de Voltaire plus de deux fois dans sa vie, et d'un autre domestique de madame Denis, ma sœur, qui n'avait non plus jamais servi M. de Voltaire, et qui sûrement ne lui voulait aucun mal. Ces trois personnes sont seules entrées dans la chambre, et n'y ont pas demeuré plus d'une demi-heure. J'ai fait, à trois heures après midi, la présentation solennelle du corps à l'église, où il est demeuré exposé jusqu'à onze du matin, qu'il a été inhumé.

Vous voyez, monsieur, par ce détail très certain, et affirmé par plusieurs gens respectables, tels que MM. Marchant, mon neveu, et les religieux de mon abbaye, que le conte qu'on vous a fait est un de ces propos oiseux qu'on se divertit à faire courir. Aucun des gens de M. de Voltaire n'a accompagné son corps. Le transport a été fait dans le

---

[1] Mort en 1828; voyez ma note, tome LVI, page 662. B.

[2] Voyez tome LIV, page 555. B.

plus profond secret, sans que personne s'en soit douté sur la route. Donc les messieurs qui se prétendent témoins oculaires ou auriculaires ont rêvé ce qu'il leur plaît d'avancer.

Je vous remercie beaucoup d'avoir bien voulu me mettre à portée de détruire cette plate histoire, et je suis fort aise qu'elle m'ait procuré un témoignage de votre souvenir, ainsi que l'occasion de vous assurer de la profonde estime avec laquelle j'ai l'honneur, etc. L'ABBÉ MIGNOT.

P. S. Il me prend envie de vous envoyer la profession de M. de Voltaire[1], d'après laquelle monsieur l'archevêque de Paris et votre révérendissime évêque voulaient que la sépulture lui fût refusée.

LVI (p. 297).

EXTRAIT

D'UNE LETTRE DE M. BOUILLEROT,

CURÉ DE ROMILLY-SUR-SEINE,

A M. PATRIS DEBREUIL[2].

L'enlèvement du corps de Voltaire est une vraie fable. J'ai été témoin de son inhumation, de son exhumation, de sa déposition dans l'église de Romilly, et enfin de sa translation pour Paris; mais je n'ai aucune connaissance du procès-verbal qui fut dressé alors, et qui, je pense, doit se trouver dans les archives de la municipalité de Paris, qui députa M. Charron, un de ses membres, pour présider à ce transport. Il se proposait de faire un recueil de toutes les réceptions qu'on leur fit dans les divers endroits où ils passèrent; recueil qui eût pu être intéressant, mais qui n'eut pas lieu.

Lors de l'exhumation de Voltaire, on trouva un cadavre

---

[1] N° XLIX des *Pièces justificatives*. B.

[2] M. Patris-Debreuil, à qui est adressée la lettre, a donné cet extrait page 463 du tome II des *OEuvres inédites de Grosley*, qu'il a publiées en 1813. Il ne donne pas la date de la lettre. B.

décharné, desséché, mais entier, et dont toutes les parties étaient jointes[1]. On l'enleva de la fosse avec beaucoup de précaution, et il ne se détacha que le calcanéum[2], qu'une personne emporta. Le corps fut exposé pendant deux jours aux regards du public, dans l'église de Romilly, puis renfermé dans un sarcophage placé quelque temps dans la sacristie, ensuite déposé dans le chœur, sous une tente, jusqu'au jour de la translation.

Voilà l'exacte vérité, et tout ce qui est à ma connaissance.

LVII (p. 299).

PASSAGE DU POËME DES *MOIS*,

PAR ROUCHER,

Supprimé par la censure en 1779.

Que dis-je? O de mon siècle éternelle infamie!
L'hydre du Fanatisme, à regret endormie,
Quand Voltaire n'est plus, s'éveille, et lâchement
A des restes sacrés refuse un monument.
Eh! qui donc réservait cet opprobre à Voltaire?
Ceux qui, déshonorant leur pieux ministère,
En pompe, hier peut-être, auraient enseveli
Un Calchas soixante ans par l'intrigue avili,
Un Séjan, un Verrès, qui, dans des jours iniques,
Commandaient froidement les rapines publiques.
Leur règne a fait, trente ans, douter s'il est un Dieu;
Et cependant leurs noms, vivants dans le saint lieu,
S'élèvent sur le marbre, et jusqu'au dernier âge
S'en vont faire au ciel même un magnifique outrage.
Et lui qui ranima, par d'étonnants succès,
L'honneur déjà vieilli du cothurne français;
Lui qui nous retira d'une crédule enfance,

---

[1] Ces circonstances m'ont été confirmées, en 1831, par M. Charron, qui présidait à l'exhumation, et qui est mort en 1832. B.

[2] Voyez ma note, page 311. B.

Qui des persécutés fit tonner la défense;
Lui-même, en qui brillaient plus de talents divers
Qu'il n'en faut à cent rois pour régir l'univers;
Voltaire n'aurait pas de tombe où ses reliques
Appelleraient le deuil et les larmes publiques!
Eh! qu'importe après tout à cet homme immortel
Le refus d'un asile à l'ombre d'un autel?
La cendre de Voltaire, en tout lieu révérée,
Lui fait de tous les lieux une terre sacrée:
Où repose un grand homme, un dieu vient habiter.

LVIII (p. 301).

LETTRE DU SIEUR CLÉMENT, DE DIJON.

A Dijon, ce 6 décembre 1759.

Monsieur, si je ne savais pas que votre sagesse vous fait assez mépriser les petitesses des grands pour n'en pas être susceptible, je ne serais pas surpris que vous eussiez dédaigné de répondre à la lettre que j'ai osé vous écrire, et où mon cœur vous a peint tout ce qu'il ressentait. J'étais convaincu, quand ma main vous a tracé des caractères fidèles interprètes de mes sentiments, que la noblesse des vôtres ne vous permettait pas d'être insensible à la douleur d'un malheureux, et que vous saviez essuyer des pleurs que l'infortune a fait couler : j'étais persuadé que l'on n'implore pas en vain votre bonté, que vos bras s'ouvraient facilement pour y donner un asile à l'innocence, que votre cœur enfin était encore plus grand que votre esprit. Voilà ce dont j'étais persuadé, dont je le suis encore, et ce qui m'a enhardi à vous exposer ma triste situation dans ma première lettre. Jugez à présent, monsieur, si votre silence peut ne pas m'affliger. Peut-être, hélas! vous êtes-vous imaginé que vous me verriez payer votre amitié, vos bienfaits, par la plus noire ingratitude; que je serais assez lâche, assez criminel pour n'en être pas plus reconnaissant. Ah! monsieur, n'ayez pas, si vous le voulez, égard à mes autres prières, mais ne me faites pas l'injure de soupçonner ainsi ma probité! C'est le seul bien qui me reste; c'est ce bien précieux que je voudrais délivrer de la contagion générale. Vos soupçons le flétriraient; votre générosité, votre grandeur d'ame peuvent en conserver, en relever l'éclat. Ma tendresse, mon zèle, mon respect, voilà mes seuls biens; ils sont à vous, ils y seront toujours. Quand même vous me refuseriez ce que je vous demande avec tant d'ardeur, mais que vous n'êtes pas en droit de m'accorder; quand, dis-je, vous me le refuseriez, je serais toujours convaincu que votre vertu le permet, que des raisons qui me sont inconnues vous y engagent, et je ne soupirerais alors qu'après le bonheur de les connaître. Enfin, monsieur, quelles que soient vos bontés, faites-les savoir à un jeune homme que l'incertitude met dans l'état le plus triste, et qui ne vous en aimera pas moins quand vous ne recevriez pas les vœux qu'il vous adresse.

Peut-être, monsieur, n'avez-vous pas reçu ma première lettre. Si cela était, et que vous desirassiez la voir, vous pourriez me le dire.

Voici mon adresse : *A Clément fils, chez son père, procureur à Dijon, derrière les Minimes.*

LIX (p. 301).

AUTRE LETTRE DE CLÉMENT, DE DIJON.

Dijon, 17 mai 1760.

Monsieur, permettez qu'un de ceux qui aiment le plus les belles-lettres, sans pouvoir les cultiver, et les génies qui les cultivent avec succès, vous renouvelle aujourd'hui des hommages sincères qui le flattent plus que vous. Les sentiments que mon ingénuité vous a découverts ont paru vous toucher; je suis assez payé de ma tendresse, si vous l'avez sentie comme moi.

La bonté que vous m'avez témoignée m'engage à vous demander une grace. Dans quelques moments que de tristes occupations laissent à mon goût pour la poésie, j'ai eu le dessein téméraire d'entreprendre une tragédie sur le sujet le plus singulier et le plus intéressant qui soit peut-être dans notre histoire moderne. C'est la mort de Charles Ier, et l'usurpation de Cromwell. Les difficultés de traiter ce sujet étaient grandes, et un an de travail ne les a pas encore surmontées. Je n'ai fait jusqu'ici que le plan de ma pièce, après l'avoir changé plusieurs fois, et brûlé impitoyablement un acte entier et plus qui ne répondaient pas à l'idée que je m'étais formée de la beauté de mon sujet. Je ne me suis cependant pas découragé, et j'ai recommencé de nouveau. Ce qui a cependant ralenti mon ardeur, c'est que j'ai appris que vous travaillez depuis quelque temps sur le même fond, et que vous donneriez tôt ou tard cette pièce au public.

Vous devez bien penser, monsieur, que ma témérité n'irait pas jusqu'à me donner un concurrent tel que vous. Il n'appartient qu'à peu de génies d'entrer dans la même lice que ses maîtres, et de les vaincre. J'abandonnerais bientôt mon dessein, si j'étais sûr qu'il fût le vôtre, d'autant plus que ce serait peut-être le seul ouvrage que je pusse faire pendant ma vie obscure, relégué dans le fond d'une ville où il y a des gens d'esprit qui ne s'en servent pas, et qui haïssent ou méprisent ceux qui s'en servent. Mes jours seront abrégés par le travail, seul bien, seul plaisir que la fortune n'a pu m'ôter : et Cromwell seul, à qui je donnerai tout ce que j'ai encore à vivre, conservera la mémoire d'un jeune homme qui fut vieux trop tôt, parcequ'il pensa de trop bonne heure.

Oui, monsieur, j'ai tâché de cultiver les Muses dès l'âge de sept ans; et vous pouvez juger combien une étude assidue use la santé d'un enfant. Mais excusez-moi si je vous entretiens si long-temps de choses si peu intéressantes. Apprenez-moi donc, je vous prie, si je dois continuer mon projet, et si vous ne l'avez pas vous-même exécuté. Daignez m'éclairer de vos leçons; j'en ai trop besoin, et mon zèle est trop vif pour que vous ne m'en donniez pas. Vos lumières pourront me découvrir des obstacles que je n'ai pas prévus, ou des beautés que je ne pouvais imaginer. Vous m'animerez dans un travail difficile, vous me montrerez les écueils. Je m'y précipiterais sans vous, et votre génie m'aidera à les franchir. Ne refusez pas, de grace, un jeune homme qui cherche à s'instruire, et qui respecte ses maîtres; qui vous aime parcequ'il aime vos ouvrages, et que votre ame y est; qui vous doit tout, parceque vos écrits lui ont appris à penser.

Je suis, monsieur, avec toute l'estime du cœur, etc.
CLÉMENT.

LX (p. 301).

IIIe LETTRE DE CLÉMENT, DE DIJON.

Paris, le 5 décembre 1768.

J'ai brisé mes entraves, monsieur; j'ai secoué la poussière classique. Me voici libre, et à peu près heureux à Paris, dans le centre des arts, où j'ai depuis si long-temps desiré de cultiver les lettres. Mais, monsieur, que les arts, les lettres, et le bon goût, ont étrangement dépéri dans ce pays! que tout ce que j'y vois s'accorde peu avec les idées que je m'étais formées d'après la lecture de nos modèles! Je me trouve ici comme tombé des nues. Je n'y entends personne, et l'on ne m'y entend point. On me parle de comédies qui font pleurer, et je vois des tragédies qui me font rire. On me dit de travailler dans ce goût-là, et je ne sais ce que c'est que ce goût-là. Cependant il faudra bien m'y faire, et je commence à entrevoir que cela n'est pas difficile.

En vérité, monsieur, je ne sais ce qu'on pensera un jour de notre siècle; mais je sais bien, moi, qu'il ressemble furieusement à celui de Sénèque et de Silius Italicus. C'est vous qui avez vu finir les beaux jours de notre littérature, et qui nous en avez si long-temps consolés; et vous avez la douleur de ne laisser après vous aucun espoir de nous consoler de votre absence.

Pardonnez, monsieur, cette complainte à un triste partisan du vieux goût, à un admirateur de vos ouvrages. Il n'est pas possible que je m'accoutume jamais à trouver beau ce qui ne le sera jamais qu'à condition que Molière, Racine, Boileau, et vous, serez détestables.

Mais je viens enfin au principal objet de ma lettre, qui est de vous remercier de la connaissance que vous m'avez procurée de M. de La Harpe. Je n'ai qu'à me louer de sa politesse et de ses conseils, et surtout de la vénération qu'il témoigne pour vous. Il jure par votre nom, comme Philoctète jurait par Hercule; et je ne doute point qu'il ne remplisse glorieusement le rôle de Philoctète. Il serait certainement bien en état de s'opposer au torrent, et de combattre les monstres de notre littérature : mais le mal est trop invétéré; son exemple vient trop tard, et il ne fera que se sauver du naufrage général.

Je n'ai pas trouvé les esprits fort prévenus en faveur de ma *Médée* non magicienne. On me sait mauvais gré d'avoir ôté cette brillante décoration qui fait un si bel effet aux yeux des clercs et du peuple. On me dit aussi que ces évocations magiques de Longepierre ne sont pas sans agrément, et qu'après tout ses vers redeviennent assez bons pour nos oreilles. J'ai eu beau dire, après vous, qu'une femme sorcière ne peut nous toucher ni nous intéresser; que la magie détruit tout l'effet, et rend tout autre personnage que Médée ridicule devant elle; que c'est un monstre dégoûtant de tuer ses enfants sans raison, puisqu'elle peut les emmener dans son char : j'ai dit mille autres choses semblables, mais on ne m'en a tenu compte; et, dans ce siècle philosophe, j'ai trouvé qu'on aimait encore assez les sorcières, sans y croire.

Enfin, monsieur, j'ai remis ma pièce entre les mains de M. Lekain, et j'attends son avis pour la lire à messieurs les comédiens assemblés. Je n'en augure pas un grand succès, mais je m'en consolerai en fesant mieux.

Comme mes revenus ne sont pas assez considérables pour vivre ici en simple feseur de vers, je cherche à m'y placer un peu honnêtement, ou comme secrétaire ou comme instituteur dans quelque maison considérable. Si par vos connaissances, monsieur, vous pouviez m'aider dans mes vues, je joindrais cette bonté à celles que vous avez déjà eues pour moi, et ma reconnaissance vivrait autant que moi-même.

J'ai l'honneur d'être, monsieur, avec l'admiration et l'attachement le plus sincère, etc. CLÉMENT.

LXI (p. 302).

MANDEMENT

DE MONSEIGNEUR ARCHEVÊQUE ET COMTE DE VIENNE,

Touchant l'édition annoncée des OEuvres du sieur de Voltaire.

Jean-George Le Franc de Pompignan, par la grace de Dieu et du saint-siége apostolique, archevêque et comte de Vienne, primat des primats des Gaules, vice-gérant du souverain pontife dans la province viennoise et dans sept autres provinces, au clergé séculier et régulier, et à tous les fidèles de notre diocèse, salut et bénédiction.

MES TRÉS CHERS FRÈRES.

On annonce dans ce royaume une édition complète des *OEuvres du sieur de Voltaire*: les souscriptions sont ouvertes; et, pour en grossir le nombre, on fait retentir de toutes parts, après la mort de cet écrivain, les mêmes éloges de son génie et de ses écrits qui lui ont été prodigués pendant sa vie.

S'il ne s'agissait ici que de l'intérêt des lettres, nous ne regarderions pas, mes chers Frères, les préparatifs de cette entreprise comme un objet de notre sollicitude pastorale; nous demeurerions tranquilles spectateurs de l'empressement de quelques uns de vous à y prendre part, et de l'indifférence des autres; nous renverrions au tribunal du public (dont les jugements peuvent flotter quelque temps, mais deviennent tôt ou tard des arrêts irrévocables) le soin de fixer le rang de Voltaire dans la classe des écrivains.

Mais un intérêt plus sacré, celui des mœurs et de la religion, nous force à élever la voix : cet intérêt, mes Frères, a les mêmes droits sur vos cœurs; il n'est point d'ouvrages littéraires dont vous ne deviez lui sacrifier la recherche et la lecture, fussent-ils supérieurs à tout ce qui a paru admirable en ce genre. Apprenez donc ce que vous avez à craindre du recueil dont on propose la souscription; et, si plusieurs d'entre vous n'en connaissent l'auteur que par la réputation de ses talents, qu'ils considèrent avec nous le funeste abus qu'il en a fait.

Quel a été le caractère distinctif de Voltaire? Poëte, orateur, historien, philosophe, ou, pour parler plus juste, écrivant sur des matières philosophiques, il a partagé ces divers attributs avec des auteurs, ses devanciers ou ses contemporains; il n'est ni le seul, ni le premier qui ait entrepris de les réunir. Laissons dire à ses admirateurs qu'il a excellé en tout, et au-dessus de tous. Si cela était vrai, le rôle unique qu'il a joué sur le théâtre de la littérature n'en serait que plus déplorable, car on ne connaît que lui parmi les écrivains qui, dans cette carrière où il est entré de si bonne heure, et dans le cours d'une des plus longues vies, n'ait cessé d'insulter à la religion. Il a été poëte, pour chanter sur tous les tons de la poésie les leçons de l'impiété; orateur, pour déclamer contre l'autel et contre ses ministres; historien, pour altérer les faits au préjudice de la révélation, de l'Église, et des saints; philosophe, ou jaloux de le paraître, pour obscurcir les vérités les plus précieuses des nuages du scepticisme. C'est ainsi qu'il est devenu dans notre siècle le coryphée des incrédules, le patriarche de l'irréligion; il a dû à ce titre, plus encore qu'à ses talents littéraires, le bruit qu'il a fait dans le monde, les honneurs outrés et inouïs que l'enthousiasme de ses partisans lui a décernés.

Ce n'est pas qu'il n'y ait eu de nos jours, et malheureusement en trop grand nombre, d'autres écrivains qui aient attaqué la religion, quelques uns même avec plus de profondeur et de méthode que lui, et qui, dès-lors, auraient dû être plus dangereux, si c'était par le raisonnement et par l'examen que l'incrédulité acquît beaucoup plus de prosélytes; mais Voltaire connaissait assez la cause à laquelle il s'était dévoué, pour sentir qu'il lui fallait d'autres armes que celles d'une controverse sérieuse ; il connaissait assez les hommes pour leur présenter des piéges plus attirants ; il suivait d'ailleurs son génie, ses connaissances, ses goûts : né avec d'heureuses dispositions pour la poésie, il en a fait l'assaisonnement du poison qu'il voulait répandre ; naturellement moqueur et satirique, il s'est servi du ridicule et de la plaisanterie pour aiguiser ses traits contre la religion ; il n'a pas négligé le charlatanisme d'une érudition contrefaite : sa philosophie a eu cela de commode pour les esprits superficiels et frivoles, que, les promenant sans ordre et sans suite d'objets en objets, de questions en questions, effleurant tout avec eux, et ne discutant rien, les invitant à parler comme lui un langage dédaigneux et tranchant, elle leur persuadait que, pour devenir eux-mêmes philosophes, ils n'avaient qu'à le croire sur sa parole.

Un seul ouvrage, ou des ouvrages d'une même espèce, n'auraient pas satisfait sa haine contre le christianisme, ni le desir dont il brûlait de se signaler en le combattant ; il a épuisé dans cette vue tous les genres de littérature et en prose et en vers. Qui pourrait compter les productions de cette plume licencieuse que les glaces de la vieillesse n'ont pu lui faire tomber des mains ? il est vrai que ces innombrables écrits, quelque titre qu'il leur donnât, de quelque forme qu'il les revêtît, n'avaient jamais été, pour le fond des choses, qu'un tissu de répétitions. Dans le déclin de son âge, il y distillait encore le même venin ; mais son génie, usé, affaibli, n'y versait plus les mêmes agréments : n'importe, son nom était leur passe-port ; à la faveur de ce nom fameux, et de la matière qu'ils traitaient, chers à des lecteurs incrédules, ou disposés à le devenir, ils excitaient la curiosité ; on les accueillait avidement ; ils ont maintenu Voltaire dans la triste possession de régner, jusqu'à la fin de ses jours, dans la secte des mécréants.

Cet empire n'avait rien perdu ; au contraire, il ne s'était que plus affermi par les obscénités dont il avait souillé ses écrits ;

elles s'accordaient (ou pour le dire sans jugement téméraire, et c'est ici que s'explique l'oracle de Jésus-Christ, *la bouche parle de l'abondance du cœur*), elles s'accordaient avec la dépravation du sien; elles entraient dans le plan de l'impiété, qui, rompant toutes les digues, respecte moins que les autres celles de la pudeur; elles favorisaient la vogue rapide de ces écrits dont il inondait le public : aussi a-t-il *retracé* tout ce qu'il y avait eu de plus obscènes écrivains, avec cette différence que la hardiesse cynique des pensées et des expressions n'avait été dans ceux-ci que le fruit du libertinage des mœurs, ou d'une imagination déréglée; dans Voltaire, c'était une effronterie systématique.

Eh! que devait-on attendre d'un homme qui avait pris pour base de sa philosophie le fatalisme, dont les inévitables et invincibles décrets enchaînent la volonté de l'homme, subjuguent la nature entière, captivent jusqu'à la Divinité, et anéantissent sa providence? Que deviennent alors les lois divines et humaines, les barrières qui séparent le vice de la vertu, les peines et les récompenses d'une autre vie, les mœurs, la probité, l'ordre public? On ne lui reproche pas d'avoir expressément tiré toutes ces conséquences; convenons qu'il les désavoue quelquefois, et ne prenons pas droit contre lui des variations où il est souvent tombé! Un fait constant au milieu de ces variations, c'est qu'il n'a rétracté ou adouci dans aucun de ses écrits, qu'il a même inculqué dans ses derniers, son dogme favori du fatalisme, le germe de tous les crimes, la consolation et la ressource des scélérats désespérés.

Ajouterons-nous à tant d'excès et de travers l'amour effréné de *la liberté populaire*, *l'aversion pour l'autorité souveraine*, *l'esprit d'indépendance*, sentiments dont la publication, d'une périlleuse conséquence dans tout état policé, est singulièrement condamnable dans un état monarchique tel que *la France*; l'aigreur et la malignité de son style contre ceux dont il se déclarait l'ennemi; son audace en plus d'une occasion contre la magistrature, ce *corps respectable*, auquel il n'a jamais pardonné la juste flétrissure imprimée sur quelques uns de ses écrits? Nous avouons que ces dernières observations, sans être étrangères au ministère épiscopal, sont encore plus du ressort des puissances du siècle : nous ne cherchons pas à les irriter contre sa mémoire ; *elles connaissent leurs droits, leurs intérêts*, et ce n'est pas à nous qu'il appartient d'exciter sur cela leur vigilance ; mais il était de notre devoir et du dessein de cette instruction d'y rassembler tous les traits qui montrent dans cet écrivain l'un des séducteurs prédits et dépeints par les apôtres[1], hommes superbes, amoureux d'eux-mêmes, instigateurs des *voluptés criminelles, mordants et emportés dans leurs discours censeurs, méprisants de la domination, blasphémateurs de la divine majesté.*

Voilà donc ce que c'est que cette édition promise avec tant d'emphase, un amas de sarcasmes, de *maximes anarchiques*, d'ordures, et d'impiétés.

Qu'on ne dise pas qu'on en peut retrancher tout ce qui peut déplaire à des lecteurs vertueux; ce retranchement est imaginaire, si l'édition elle-même n'est pas totalement supprimée. Voltaire n'a pas fait un seul ouvrage de considération dans lequel il n'ait outragé la religion ou directement, ou d'une manière oblique ou détournée. C'est ce que nous avons vérifié, lorsque, engagés par les malheurs des temps dans la discussion d'une foule de livres impies, nous portâmes notre principale attention sur ceux de Voltaire. Qui ne connaît d'ailleurs un des stratagèmes de la moderne typographie? A la suite d'ouvrages tolérés, ou pour lesquels on a surpris, sous des prétextes spécieux, une approbation, on en imprime du même auteur, et dans le même format, pour lesquels on n'aurait osé demander de priviléges, ni de permission, même *tacite*; ils se répandent avec tous les autres, soit par un effet de cette curiosité qui s'attache aux livres furtivement distribués, soit pour ne pas diviser une édition qu'on peut se procurer tout entière. C'est ce qui arriverait infailliblement à celle qu'on nous annonce, quand même on promettrait de n'y pas insérer ce que Voltaire a composé de plus scandaleux et de plus choquant contre la religion et contre les mœurs.

[1] II *Tim.*, 3, 2; II *Petr.* II; *Ep. cath. B. Jud.*

Défiez-vous, mes très chers Frères, défendez-vous avec une inflexible fermeté, de l'amorce qu'on vous prépare. S'il vous faut des livres propres à inspirer, à entretenir l'amour des lettres, à former et à cultiver le goût, ils ne vous manqueront pas : vous en trouverez beaucoup d'autres qui rempliront ces vues, aussi bien et mieux que ceux de Voltaire. Voudriez-vous, pour un simple amusement d'esprit, compromettre votre foi et vos mœurs ? Voudriez-vous introduire dans vos familles des principes qui ne seraient bons qu'à bannir le respect du nœud conjugal, la piété des enfants envers leurs pères et leurs mères, la fidélité des domestiques ? Voudriez-vous devenir complices des ravages affreux dont les progrès de l'irréligion menacent la société civile ? Tout vous presse d'écouter notre voix : le bonheur que vous pouvez goûter dans cette vie n'y est pas moins intéressé que votre salut éternel.

A ces causes, nous déclarons à tous nos diocésains qu'aucun d'eux ne peut, sans pécher mortellement, souscrire à l'édition des OEuvres de Voltaire, les acheter, les lire, les retenir, les communiquer. Nous mettons ces OEuvres au nombre des livres spécialement défendus dans notre diocèse, et dont la lecture emporte, par conséquent, les peines encourues en pareil cas. Nous exhortons les curés, les autres directeurs des ames, tous ceux qui ont quelque autorité, d'empêcher, par tous les moyens qui dépendent d'eux, la distribution, l'acquisition ou la lecture desdites OEuvres.

Sera notre présent mandement répandu dans tout notre diocèse, lu et publié aux prônes des messes paroissiales, dans les villes et principaux lieux de notre diocèse, le dimanche immédiatement après sa réception; savoir, à Vienne, Annonay, le Bourg-Argental, Romans, Saint-Marcellin, la Côte-Saint-André, Beaurepaire, Saint-Vallier, Crémieu, Bourgoin, et La Tour-du-Pin.

Donné à Vienne, dans notre palais archiépiscopal, le 31 mai 1781.

† Jean-George, archevêque de Vienne.

Par monseigneur :

Pichot, secrétaire.

LXII (p. 310).

EXTRAIT DU MONITEUR,

Relatif à la translation des cendres de Voltaire au Panthéon (n° du 20 juin 1791).

On connaît la lettre que M. Villette[1] écrivit au nom d'un grand nombre de citoyens à monsieur le maire de Paris, pour qu'à la vente de l'abbaye de Scellières, où les cendres de Voltaire étaient déposées, la municipalité les réclamât. On sait que plusieurs paroisses se disputèrent l'honneur de les avoir; et qu'enfin, d'après une pétition[2] présentée à l'assemblée nationale par M. Charron, officier municipal, il a été décrété[3] qu'il serait rendu aux cendres de Voltaire des hon-

[1] *Lettre de* Ch. Villette *à monsieur le maire de Paris.*

Les cendres de Voltaire reposent à l'entrée de l'église de l'abbaye de Scellières, district de Nogent-sur-Seine, département de l'Aube. La municipalité de Romilly, dont dépend cette abbaye, desire transporter en sa paroisse les dépouilles mortelles de ce grand homme, et les garder en dépôt jusqu'à ce que la capitale les réclame; mais elle pense qu'elle ne le doit pas faire sans y être légalement autorisée. M. Favreau, maire de Romilly, s'est présenté au comité de constitution, qui n'a rien répondu à sa requête.

Il est temps enfin que la municipalité de Paris s'occupe de cette translation, qui paraît former aujourd'hui le vœu général. Il est temps enfin qu'elle remplisse un devoir sacré envers le génie universel qui a le plus honoré la France, et Paris, où il est né.

M. Bailly, comme chef de la commune, est particulièrement invité à prendre en considération cette demande. A son refus, un grand nombre de bons citoyens se proposent de se rendre processionnellement à Scellières, et de rendre, en leur particulier, aux mânes de Voltaire, un hommage qu'il avait droit d'attendre du corps municipal, au nom de la nation.

(*Chronique de Paris,* du 15 mars 1791.)

[2] On peut voir cette pétition dans le *Moniteur* du 10 mai 1791, article *Bulletin de l'assemblée,* séance du 8 mai.

[3] *Extrait du procès-verbal de l'assemblée nationale.* — *Du dimanche 8 mai 1791.*

L'assemblée nationale décrète que le corps de Marie-François Arouet

neurs publics, et qu'elles seraient déposées dans le monument destiné à conserver celles des grands hommes.

Ces détails, dont M. Charron lui-même a rendu compte au directoire du département, le 4 de ce mois (juin 1791), forment la matière d'un rapport d'après lequel ce corps administratif a pris l'arrêté suivant sur la translation de Voltaire:

« M. Charron, officier municipal, a représenté au directoire
« qu'avant le décret de l'assemblée nationale du 8 mai der-
« nier, sanctionné le 15, qui ordonne que le corps de Voltaire
« sera transféré de l'abbaye de Scellières dans l'église parois-
« siale de Romilly, sous la surveillance de la municipalité
« dudit lieu, il avait été chargé par la municipalité des opé-
« rations préliminaires à la translation de Voltaire; il a rendu
« compte au directoire du travail qu'il avait préparé à ce
« sujet, et dans lequel il embrasse tous les détails de l'entrée
« triomphale de Voltaire dans Paris, et de la fête nationale
« qui pourrait avoir lieu à cette occasion.

de Voltaire sera transféré de l'église de l'abbaye de Scellières dans l'église paroissiale de Romilly, sous la surveillance de la municipalité dudit lieu de Romilly, qui sera chargée de veiller à la conservation de ce dépôt, jusqu'à ce qu'il ait été statué par l'assemblée sur la pétition de ce jour, qui est renvoyée au comité de constitution.

Collationné à l'original, par nous, secrétaires de l'assemblée nationale. A Paris, le 8 mai 1791;

LACHARMIE; GEOFFROY; F.-C. BAILLOT; BESSE, curé de Saint-Aubin.

Extrait du procès-verbal de l'assemblée nationale. — Du lundi 30 mai 1791.

L'assemblée nationale, après avoir entendu le rapport du comité de constitution,

Décrète que Marie-François Arouet de Voltaire est digne de recevoir les honneurs décernés aux grands hommes; qu'en conséquence, ses cendres seront transférées de l'église de Romilly dans celle de Sainte-Geneviève, à Paris.

Elle charge le directoire du département de cette ville de l'exécution du présent décret.

Collationné à l'original, par nous, secrétaires de l'assemblée nationale. A Paris, le 30 mai 1791.

LACHARMIE; RICARD, dép. de Toulon; HUOT-COXCOURT.

« Le directoire, approuvant le plan et les mesures qui lui
« ont été soumises, nomme M. Charron pour continuer, en
« qualité de son commissaire spécial, les soins qu'il s'est déjà
« donnés à cet égard. Il fixe le jour de la fête au lundi 4 juillet,
« et charge la municipalité de prendre toutes les précautions
« d'ordre et de police qu'une telle circonstance rend néces-
« saires dans Paris.

« *Signés* ANSON, vice-président; BLONDEL,
« secrétaire. »

Les cendres de Voltaire seront portées dans un char, orné
d'allégories relatives au génie des arts, et traîné par quatre [1]
chevaux blancs presque nus, couverts d'une simple draperie :
il sera suivi des Muses et des Arts personnifiés. De jeunes filles,
des enfans vêtus de blanc précéderont la statue qui doit lui
être élevée; des chœurs de musiciens accompagneront cette
marche, dont le cortége sera composé ainsi qu'il suit :

Un détachement de cavalerie avec ses trompettes, le bataillon des enfants, la députation des colléges, un corps de musique,
les députations des clubs et sociétés patriotiques, cent quatre-
vingt-douze députés des sections, un corps de musiciens,
les artistes, les gens de lettres, les académies, lycée, musée, etc.,
corps de musique et de tambours, les quarante-huit juges de
paix, les tribunaux et leurs huissiers, MM. les députés de l'assemblée électorale, une députation de l'armée parisienne, le
conseil général de la commune, le département et ses huissiers,
gardes de la prevôté, ministres du roi, gardes de la prevôté,
députés du corps législatif [2], grand corps de musique, le char,
le procureur général syndic, et le commissaire à la translation,
tambours, les vétérans, musique, groupe d'artistes, députation
des théâtres, troupe de femmes vêtues de blanc, ayant une couronne de roses sur la tête, une ceinture bleue, et portant des
guirlandes et des couronnes; groupe de jeunes gens, portant des

---

[1] Il fut traîné par douze chevaux; voyez ci-après, page 460. B.

[2] Dans la séance du 9 juillet, l'assemblée constituante arrêta qu'elle en-
verrait *au triomphe de Voltaire une députation de douze de ses membres*
(voyez le *Moniteur* du 10 juillet 1791).

enseignes sur lesquelles seront écrites des pensées de Voltaire; chœurs de musiciens, chantant les strophes d'un hymne à Voltaire, groupe d'artistes enveloppant la statue de Voltaire, faite par M. Houdon; corps de cavalerie fermant la marche.

Ce magnifique cortége partira, le 4 juillet matin, du boulevart Saint-Antoine, suivra les boulevarts jusqu'à la place Louis XV, le quai des Tuileries, le Pont-Royal, le quai Voltaire : station devant la maison de M. Charles Villette. Le cortége suivra le quai Voltaire, les rues Dauphine, de la Comédie, et du Théâtre-Français, la rue des Fossés-Monsieur-le-Prince, la place Saint-Michel, la rue Saint-Hyacinthe, la porte Saint-Jacques, la place du Panthéon français ou de la nouvelle Sainte-Geneviève.

LXIII (p. 310).

RÉCIT

DE LA TRANSLATION DES CENDRES DE VOLTAIRE AU PANTHÉON.

(Extrait du *Moniteur* du 13 juillet 1791.)

Dimanche, 10 de ce mois, monsieur le procureur-syndic du département et une députation du corps municipal se sont rendus, savoir, le procureur syndic aux limites du département, et la députation de la municipalité à la barrière de Charenton, pour recevoir le corps de Voltaire. Un char de forme antique portait le sarcophage dans lequel était contenu le cercueil. Des branches de laurier et de chêne, entrelacées de roses, de myrtes, et de fleurs des champs, entouraient et ombrageaient le char, sur lequel étaient deux inscriptions : l'une,

Si l'homme est créé libre, il doit se gouverner;

l'autre,

Si l'homme a des tyrans, il les doit détrôner [1].

---

[1] Ce sont les deux premiers vers du troisième des *Discours sur l'Homme*; voyez tome XII, page 63. B.

Plusieurs députations, tant de la garde nationale que des sociétés patriotiques, formaient un cortége nombreux, et ont conduit le corps sur les ruines de la Bastille. On avait élevé une plate-forme sur l'emplacement qu'occupait la tour dans laquelle Voltaire fut renfermé : son cercueil, avant d'y être déposé, a été montré à la foule innombrable des spectateurs qui l'environnaient; et les plus vifs applaudissements ont succédé à un religieux silence. Des bosquets garnis de verdure couvraient la surface de la Bastille. Avec les pierres provenant de la démolition de cette forteresse, on avait formé un rocher, sur le sommet et autour duquel on voyait divers attributs et allégories. On lisait sur une de ces pierres :

> Reçois en ce lieu où t'enchaîna le despotisme,
> Voltaire,
> les honneurs que te rend la patrie.

La cérémonie de la translation au Panthéon français avait été fixée pour le lundi 11 ; mais une pluie survenue pendant une partie de la nuit et de la matinée avait déterminé d'abord à la remettre au lendemain : cependant, tout étant préparé, et la pluie ayant cessé, on n'a pas cru devoir la retarder; le cortége s'est mis en marche à deux heures après midi.

Voici l'ordre qui était observé : un détachement de cavalerie, les sapeurs, les tambours, les canonniers, et les jeunes élèves de la garde nationale, la députation des colléges, les sociétés patriotiques, avec diverses devises; on a remarqué celle-ci :

> Qui meurt pour sa patrie, meurt toujours content;

députation nombreuse de tous les bataillons de la garde nationale, groupe armé de forts de la Halle. Les portraits en relief de Voltaire, J.-J. Rousseau, Mirabeau et Désilles, environnant le buste de Mirabeau, donné par M. Palloy à la commune d'Argenteuil; ces bustes étaient entourés des camarades de d'Assas, et des citoyens de Varennes et de Nancy. Les ouvriers employés à la démolition de la Bastille, ayant à leur tête M. Palloy, portaient des chaînes, des boulets, et des cuirasses, trouvés lors de la prise de cette forteresse. Sur un brancard était le *Procès-verbal des électeurs de* 1789, et l'*Insurrection parisienne*, par M. Dusaulx [1]. Les citoyens du faubourg Saint-Antoine, portant le drapeau de la Bastille, avec un plan de cette forteresse représentée en relief, et ayant au milieu d'eux une citoyenne en habit d'amazone, uniforme de la garde nationale, laquelle a assisté au siége de la Bastille, et a concouru à sa prise; un groupe de citoyens armés de piques, dont une était surmontée du bonnet de la liberté, et de cette devise : *De ce fer naquit la liberté*. Le quatre-vingt-troisième modèle de la Bastille, destiné pour le département de Paris, porté par les anciens gardes-françaises, revêtus de l'habit de ce régiment; la société des Jacobins (on a paru étonné que cette société n'ait pas été réunie avec les autres); les électeurs de 1789 et 1790, les cent-suisses et les gardes-suisses; députation des théâtres, précédant la statue de Voltaire, entourée de pyramides chargées de médaillons portant les titres de ses principaux ouvrages. La statue d'or, couronnée de lauriers, était portée par des hommes habillés à l'antique. Les académies et les gens de lettres environnaient un coffre d'or renfermant les 70 volumes de ses OEuvres, donnés par M. Beaumarchais. Députation des sections, jeunes artistes, gardes nationaux et officiers municipaux de divers lieux du département de Paris, corps nombreux de musique vocale et instrumentale. Venait ensuite le char portant le sarcophage dans lequel était renfermé le cercueil.

Le haut était surmonté d'un lit funèbre, sur lequel on voyait le philosophe étendu, et la Renommée lui posant une couronne sur la tête. Le sarcophage était orné de ces inscriptions :

Il vengea Calas, La Barre, Sirven, et Montbailly.
Poëte, philosophe, historien, il a fait prendre un grand essor
à l'esprit humain, et nous a préparés à devenir libres.

---

[1] *De l'Insurrection parisienne, et de la prise de la Bastille; discours historique, prononcé par extrait dans l'assemblée nationale,* 1790, in-8°. Tel est le titre d'un ouvrage de J. Dusaulx, traducteur de Juvénal. B.

Le char était traîné par douze chevaux gris-blancs [1], attelés sur quatre de front, et conduits par des hommes vêtus à la manière antique. Immédiatement après le char, venaient la députation de l'assemblée nationale, le département, la municipalité, la cour de cassation, les juges des tribunaux de Paris, les juges de paix, le bataillon des vétérans : un corps de cavalerie fermait la marche.

Ce cortége a suivi les boulevarts depuis l'emplacement de la Bastille, et s'est arrêté vis-à-vis l'Opéra [2]. Le buste de Voltaire ornait le frontispice du bâtiment; des festons et des guirlandes de fleurs entouraient des médaillons sur lesquels on lisait : *Pandore, le Temple de la Gloire, Samson.* Après que les acteurs eurent couronné la statue et chanté un hymne, on se remit en route, et on suivit les boulevarts jusqu'à la place Louis XV, le quai de la Conférence, le Pont-Royal, le quai Voltaire.

Devant la maison de M. Charles Villette, dans laquelle est déposé le cœur de Voltaire, on avait planté quatre peupliers très élevés, lesquels étaient réunis par des guirlandes de feuilles de chêne, qui formaient une voûte de verdure, au milieu de laquelle il y avait une couronne de roses que l'on a descendue sur le char, au moment de son passage. On lisait sur le devant de cette maison :

<blockquote>Son esprit est partout, et son cœur est ici.</blockquote>

Madame Villette a posé une couronne sur la statue d'or. On voyait couler des yeux de cette aimable dame des larmes qui

---

[1] « L'objet de la pompe funèbre de Voltaire, *pour laquelle la reine Marie-Antoinette fournit deux chevaux blancs,* dit Grégoire, était moins d'honorer la mémoire du poëte que d'afficher le mépris pour la religion. » Page *l* du *Discours préliminaire de l'Histoire des sectes religieuses*, 1810, deux volumes in-8°. L'ouvrage qui avait été saisi en 1810, fut rendu au mois de juin 1814, mais sous la condition de faire des changements. On réimprima les faux-titres et titres, et l'on fit onze cartons. L'un de ces cartons porte précisément sur le passage que je cite. Les mots que j'ai imprimés en caractères italiques furent supprimés. B.

[2] L'Opéra était alors au théâtre de la porte Saint-Martin. B.

lui étaient arrachées par le souvenir que lui rappelait cette cérémonie. On avait élevé devant cette maison un amphithéâtre, qui était rempli de jeunes demoiselles vêtues de blanc, une guirlande de roses sur la tête, avec une ceinture bleue, et une couronne civique à la main. On chanta devant cette maison, au son d'une musique exécutée en partie par des instruments antiques, des strophes d'une ode de MM. Chénier et Gossec. Madame Villette et la famille Calas ont pris rang à ce moment; plusieurs autres dames vêtues de blanc, de ceintures et rubans aux trois couleurs, précédaient le char.

On a fait une autre station devant le théâtre de la Nation [1]. Les colonnes de cet édifice étaient décorées de guirlandes de fleurs naturelles. Une riche draperie cachait les entrées; sur le fronton on lisait cette inscripton : *Il fit Irène à 83 ans.* Sur chacune des colonnes était le titre d'une des pièces de théâtre de Voltaire, renfermées dans trente-deux médaillons. On avait placé un de ses bustes devant l'ancien emplacement de la Comédie française, rue des Fossés-Saint-Germain; il était couronné par deux génies; et on avait mis au bas cette inscription : *A 17 ans il fit OEdipe.* On exécuta devant le théâtre de la Nation un chœur de l'opéra de *Samson.* Après cette station, le cortége s'est remis en marche, et est arrivé au Panthéon à dix heures. Le cercueil y a été déposé; mais il sera incessamment transféré dans l'église Sainte-Geneviève, et sera placé auprès de ceux de Mirabeau et de Descartes.

Cette cérémonie a été une véritable fête nationale. Cet hommage rendu aux talents d'un grand homme, à l'auteur de *la Henriade* et de *Brutus*, a réuni tous les suffrages. On a cependant remarqué quelques émissaires répandus dans la

---

[1] C'était le titre que portait alors le théâtre appelé aujourd'hui *Odéon.* Le 9 avril 1782, les comédiens français en avaient fait l'ouverture sous le titre de *Théâtre-Français;* en 1789, ils prirent celui de *Théâtre de la Nation*, en conservant toutefois celui de *comédiens ordinaires du roi.* En 1791, une partie de ces acteurs passa au *théâtre des Variétés*, qui prit alors le titre de *Théâtre-Français de la rue de Richelieu :* c'est ce théâtre qu'occupent aujourd'hui les comédiens français ordinaires du roi. B.

foule, et qui critiquaient avec amertume le luxe de ce cortége ; mais les raisonnements des gens sensés les ont bientôt réduits au silence. Partout on voyait les bustes de Voltaire couronnés; on lisait les maximes les plus connues de ses immortels ouvrages. Elles étaient dans la bouche de tout le monde.

Dans toute la longueur de la route que ce superbe cortége a traversée, une foule innombrable de citoyens garnissait les rues, les fenêtres, les toits des maisons. Partout le plus grand ordre; aucun accident n'est venu troubler cette fête. Les applaudissements les plus nombreux accueillaient les divers corps qui composaient la marche. On ne peut trop louer le zèle et l'intelligence de ceux qui ont ordonné cette fête. On doit particulièrement des éloges à MM. David et Cellerier. Le premier a fourni les dessins du char, qui est un modèle du meilleur goût. Le second s'est distingué par son activité à suivre les travaux de cette fête, et par le talent dont il a fait preuve dans l'ingénieuse décoration de l'emplacement de la Bastille.

Le temps, qui avait été très orageux toute la matinée, a été assez beau pendant tout le temps que le cortége était en marche, et la pluie n'a commencé qu'au moment où il arrivait à Sainte-Geneviève. Cette fête a attiré à Paris un grand nombre d'étrangers.

LXIV (p. 310).

ADDITION

Faite aux *Muses rivales* de La Harpe (scène 8), à la reprise de cette pièce, le 10 juillet 1791, sur le Théâtre-Français.

....
Les honneurs que pour lui j'aimais à préparer [1].
    Et que puissent-ils réparer
Les torts que les ingrats.....! Pourriez-vous bien le croire !

---

[1] Ces vers sont dans la bouche d'Apollon. B.

Le Fanatisme encore insulte à sa mémoire.
Ce monstre, dont sa main renversa les autels,
Veut le punir du bien qu'il a fait aux mortels,
Lui dispute des morts la demeure dernière.
Oui, les tyrans sacrés, qu'il osa mépriser,
Se vengent sur sa cendre. Il est trop vrai, Voltaire
Leur avait arraché l'empire de la terre ;
   On lui défend d'y reposer.
Je vous vois tous frémir de cet indigne outrage,
Vous plaignez un si lâche et si triste esclavage...
   Rassurez-vous, il doit finir.
Le destin à mes yeux rapproche l'avenir ;
L'avenir m'est présent, et déja se consomme
L'ouvrage que long-temps prépara ce grand homme.
Vous, enfants du génie, admirez son pouvoir :
Voltaire a, le premier, affranchi la pensée ;
Il instruisit la France, à le lire empressée.
La France aux nations a montré leur devoir.
Tous les droits sont remis dans un juste équilibre :
Le peuple est éclairé, l'homme pense, il est libre.
Il rejette ses fers dès qu'il connaît ses droits ;
Il n'a plus de tyrans dès qu'il connaît des lois.
La France est délivrée ; elle peut être juste.
Aux talents bienfaiteurs elle ouvre un temple auguste,
Où ces amis du ciel et de l'humanité
Reposent dans la gloire et l'immortalité.
Quel contraste ce jour à nos regards expose !
L'outrage fut honteux ; que le retour est beau !
   Celui qu'on privait d'un tombeau,
   Voltaire obtient l'apothéose :
Sur un char de triomphe il entre dans Paris.
Quel appareil pompeux ! quel concours ! La patrie
L'appelle et tend les bras à cette ombre chérie.
De la Bastille en poudre il foule les débris.
Magistrats, citoyens de tout rang, de tout âge,
   La valeur, la beauté, les arts,
En foule autour de lui confondent leur hommage,
Voltaire de sa gloire a rempli ces remparts.
O Calas ! ô Sirven ! sortez de la poussière :
Innocents opprimés qu'il servit constamment,

Pour qui sa voix parla devant l'Europe entière,
Jouissez encore un moment.
Vous, serfs du mont Jura, ce jour est votre fête :
Il adoucit le joug que vous avez porté ;
Il voulut le briser : agitez sur sa tête
Le bonnet de la liberté !
Que le Fanatisme rugisse !
Que le Despotisme pâlisse !
Que de ces deux fléaux l'univers soulagé
Répète un même cri qui partout retentisse :
« Le monde est satisfait, le grand homme est vengé. »
Graces, à sa statue apportez vos guirlandes, etc.

LXV (p. 310).

PROCÈS-VERBAL

DU DÉPLACEMENT
DES SARCOPHAGES DE VOLTAIRE ET DE ROUSSEAU.

L'an mil huit cent vingt et un, le vingt-neuf décembre, dix heures du matin.

En exécution de la décision de S. Exc. monseigneur le ministre de l'intérieur, en date du 25 de ce mois, à nous transmise par monsieur le conseiller d'état, directeur des travaux de Paris, et relative aux dispositions à faire dans la chapelle souterraine de la nouvelle église de Sainte-Geneviève, où se trouvent déposés provisoirement depuis plusieurs années les deux sarcophages de Voltaire et de J.-J. Rousseau; ladite décision portant que monsieur le maire du douzième arrondissement, et le commissaire de police du quartier Saint-Jacques, seront appelés à présider au déplacement de ces deux monuments, qui seront sur-le-champ rétablis dans les deux caveaux d'une salle voûtée qui se trouve à l'extrémité de la principale galerie souterraine, et qu'il sera dressé procès-verbal de cette opération ;

Nous, Claude-Étienne Delvincourt, adjoint au maire du douzième arrondissement de la ville de Paris, doyen de la faculté de droit, membre de la Légion d'Honneur, chevalier de l'ordre de Saint-Michel, etc.

Et Henri-Nicolas Marrigue, commissaire de police de ladite ville de Paris, quartier Saint-Jacques, officier de police judiciaire, auxiliaire de monsieur le procureur du roi, nous sommes transportés en la nouvelle église Sainte-Geneviève, où étant, nous avons trouvé le sieur Louis-Pierre Baltard, architecte de ladite église, auquel monsieur le directeur des travaux de Paris avait donné avis de notre transport, et le sieur Pierre-Jean-Ambroise Boucault, inspecteur des travaux de la nouvelle église de Sainte-Geneviève, François-Marie Jay, inspecteur adjoint, et Jacques Étienne, gardien des souterrains, lequel nous a conduits de suite dans la chapelle souterraine de l'église, et dont la porte d'entrée se trouve placée en face des bâtiments du collége de Henri IV.

Là, ledit sieur Baltard nous a représenté deux sarcophages en menuiserie, que nous avons reconnus pour être ceux de Voltaire et de J.-J. Rousseau, par les emblèmes, bas-reliefs, et inscriptions qui les décorent, et dont plusieurs sont dégradés par le temps.

Ayant invité le chef ouvrier qui accompagnait ledit sieur Baltard à procéder à l'enlèvement du sarcophage de Voltaire, qui était posé du côté du midi, et ayant sa statue en marbre blanc placée en face dans une niche, il a fait renverser ce sarcophage sur le côté, et on a retiré de dedans une caisse en chêne, longue d'un mètre quatre-vingt-douze centimètres, large de cinquante-six centimètres, fermée par deux plates-bandes en fer, formant équerre, et rattachant le dessus aux deux côtés, ainsi que par dix-sept forts clous, les extrémités des côtés de ladite caisse assemblées à queue d'aronde.

Le sieur Étienne, gardien, nous a dit que cette caisse renferme les ossements de Voltaire.

En conséquence, nous avons reconnu qu'il était impossible, en raison de la dimension, de faire transporter ce sarcophage au travers des galeries souterraines; nous l'avons fait démonter avec soin, et l'avons fait transporter par parties dans la salle voûtée qui se trouve à l'extrémité de la principale galerie souterraine. Là, nous l'avons fait remonter, et poser de suite dans le caveau à gauche pratiqué dans la salle, et avons fait replacer dessous, sans qu'elle ait été ouverte, la caisse qui a été reconnue pour contenir les ossements de Voltaire.

Cette première opération terminée, nous sommes entrés dans la chapelle souterraine, et avons fait procéder à l'ouverture du sarcophage de J.-J. Rousseau, qui était placé au côté nord de ladite chapelle, par un ouvrier du sieur Meulen, serrurier, demeurant enclos du Panthéon, la clef de ce sarcophage n'ayant point été remise entre nos mains. Son ouverture ayant été faite, on a retiré de l'intérieur une caisse en plomb, ayant sur sa surface une inscription en lettres moulées, gravées dans l'épaisseur du plomb, laquelle est ainsi conçue : *Hic jacent ossa Joannis-Jacobi Rousseau*, 1778; ladite caisse, longue d'un mètre soixante-dix-neuf centimètres, large de cinquante-trois centimètres, haute de trente-six centimètres, et ayant deux forts anneaux mobiles en fer à ses deux extrémités.

Nous avons reconnu qu'il existait sur l'arête, au-dessus de l'inscription, trois gerçures à l'endroit de la soudure.

Le sieur Étienne, gardien, nous a dit que cette caisse en plomb renferme les ossements de J.-J. Rousseau. Nous avons donc fait démonter également pièce par pièce le sarcophage de J.-J. Rousseau, et l'avons fait transporter dans le caveau de droite pratiqué dans la salle voûtée où venait d'être déposé celui de Voltaire. Là, nous l'avons fait remonter, et avons fait replacer dans son intérieur, sans qu'elle ait été ouverte, la caisse en plomb renfermant les ossements de J.-J. Rousseau; et avons de suite fait refermer la porte du sarcophage, dont la clef, qui venait d'être faite par le sieur Meulen, a été remise entre nos mains, pour être jointe à une expédition du présent.

De tout ce que dessus, nous maire et commissaire de police du douzième arrondissement, avons dressé en triple expédition le présent procès-verbal, que nous avons signé avec les susnommés après lecture, et sous l'approbation de ce qui y est contenu, et disons qu'il sera déposé tant au ministère de l'intérieur qu'à la direction des travaux de Paris, et à la douzième mairie.

Fait et clos à Paris, les jour, mois et an que dessus, à trois heures de relevée.

Signé DELVINCOURT, H.-N. MARRIGUE, BALTARD, BOUCAULT, JAY, et ÉTIENNE.

Pour copie conforme,
Le conseiller d'état, directeur des bâtiments civils,
HÉLY D'OISSEL.

LXVI (p. 310).

PROCÈS-VERBAL

DE REPLACEMENT
DES SARCOPHAGES DE VOLTAIRE ET DE ROUSSEAU.

L'an mil huit cent trente, le quatre septembre, à quatre heures de relevée.

Nous, Dauphin-Louis-Victor Raffeneau, commissaire de police de la ville de Paris, quartier Saint-Jacques, officier de police judiciaire, auxiliaire de monsieur le procureur du roi,

En exécution des instructions en date du 26 août dernier, par lesquelles monsieur le conseiller d'état, préfet de police, nous charge de nous concerter avec messieurs les délégués de monsieur le directeur des travaux publics de Paris, pour rétablir, conformément aux intentions du ministre de l'intérieur, à la place qu'ils occupaient précédemment dans la nef souterraine du Panthéon, les sarcophages de Voltaire et de Rousseau, qui, en 1821, ont été enlevés et transférés dans les caveaux situés sous le porche de ce monument, nous sommes transportés au Panthéon, où ayant trouvé M. Baltard, architecte de ce monument, spécialement délégué à cet effet par monsieur le directeur des travaux publics de Paris, nous sommes descendus, accompagnés du sieur Boucault, inspecteur, dans les galeries souterraines, et y avons vu deux sarcophages, l'un contenant le cercueil de Rousseau, placé à la seconde travée de la galerie du nord, et l'autre contenant le cercueil de Voltaire, placé vis-à-vis, à la deuxième travée de la galerie du midi.

M. Baltard nous ayant dit que, d'après les intentions de monsieur le directeur des travaux publics, ces deux sarcophages ont été, il y a peu de jours, retirés des caveaux où ils pourrissaient, et transférés au lieu où ils sont actuellement, et qui est celui où ils étaient antérieurement à 1821.

Nous avons procédé à leur examen, et avons constaté ce qui suit :

Le cercueil renfermant les cendres de Rousseau est en plomb, parfaitement soudé, si ce n'est au centre de l'arête supérieure, du côté du nord, une légère crevasse qui provient évidemment d'une rupture faite dans le transport, et ne présente aucune effraction.

Sur la plaque supérieure est gravée en creux l'inscription suivante :

> Hic jacent ossa Joannis-Jacobi Rousseau,
> anno 1778.

Ledit cercueil est enclavé dans un sarcophage en bois peint et sculpté, mais dans un tel état de dégradation, que la moitié du couvercle est tombée en morceaux lors du transport; l'autre moitié, qui fait face au midi, est dans le plus grand état de délabrement, ainsi que tout le reste de ce monument, aujourd'hui couvert d'une mousse moisie, produite par l'humidité excessive et perpétuelle du caveau dans lequel il est resté si long-temps.

Sur chacun des deux grands côtés du parallélogramme on aperçoit encore quelques traces de cette inscription :

> Ici repose l'homme
> de la nature et de la vérité.

Le cercueil renfermant les cendres de Voltaire est extérieurement en bois de chêne, parfaitement intact; deux bandes de scellés que M. Boucault déclare y avoir été apposées en 1821, existent encore, ainsi que les cachets; seulement la bande placée du côté du midi est légèrement endommagée, mais sans qu'il y ait aucune trace d'effraction.

Le sarcophage, également en bois, est aussi très dégradé, mais beaucoup moins cependant que celui de Rousseau, parcequ'il était déposé dans un caveau au midi, où les infiltrations sont moins abondantes, et l'humidité moins permanente.

Le couvercle est surmonté d'une boule et d'une lyre; presque tous les ornements sont brisés, et tombent de vétusté.

On lit encore sur les côtés de ce sarcophage les inscriptions ci-après, savoir:

Sur le petit côté, vers l'est:

> AUX MANES DE VOLTAIRE.
> L'ASSEMBLÉE
> NATIONALE
> A DÉCRÉTÉ, LE 30 MAI
> 1791, QU'IL AVAIT MÉRITÉ
> LES HONNEURS DUS AUX
> GRANDS HOMMES.

Sur celui de l'ouest:

> IL DÉFENDIT
> CALAS, SIRVEN,
> DE LA BARRE,
> MONTBAILLY, ETC.

Sur le grand côté, vers le nord:

> POETE, HISTORIEN,
> PHILOSOPHE, IL
> AGRANDIT L'ESPRIT
> HUMAIN, ET LUI
> APPRIT QU'IL
> DEVAIT ÊTRE LIBRE.

Sur celui du midi:

IL COMBATTIT LES
ATHÉES ET LES FANATIQUES,
IL INSPIRA LA TOLÉRANCE.
IL RÉCLAMA LES DROITS
DE L'HOMME CONTRE LA SERVITUDE
DE LA FÉODALITÉ.

Ensuite dudit examen, nous avons été conduits dans les caveaux où les deux sarcophages avaient été déposés en 1821, et nous sommes assurés que c'est seulement à leur humidité et au défaut d'air que doit être attribué l'état de dégradation desdits sarcophages.

A cinq heures moins un quart, les jour et an que dessus, a été clos le présent procès-verbal, qui a été dressé en double original, dont l'un sera envoyé à monsieur le conseiller d'état, préfet de police, et l'autre à monsieur le directeur des travaux publics de Paris; et nous avons signé, ainsi que messieurs Baltard et Boucault.

Ainsi signé : RAFFENEAU, BALTARD, BOUCAULT.

Pour copie conforme,
Le conseiller d'état, directeur des bâtiments civils,
HÉLY D'OISSEL.

LXVII (p. 321).

NOTE SUR M. DE VOLTAIRE,

ET FAITS PARTICULIERS CONCERNANT CE GRAND HOMME,

RECUEILLIS PAR MOI[1]
POUR SERVIR A SON HISTOIRE PAR M. L'ABBÉ DUVERNET.

L'amitié d'un grand homme est un bienfait des dieux.
OEdipe, acte I, scène 1.

Puis-je ne pas me glorifier d'un titre qui a fait à-la-fois mon état, ma fortune, et le bonheur de ma vie ? L'extrait que j'en

[1] Lekain. K.

vais donner justifiera l'épigraphe que j'ai choisie, et qui pourrait paraître un peu trop orgueilleuse.

La paix de 1748, en rappelant les plaisirs de tout genre dans la ville de Paris, devint l'époque mémorable d'une nouvelle institution de quelques sociétés bourgeoises qui se réunirent pour le seul plaisir de jouer la comédie.

La première fut établie à l'hôtel de Soyecourt; au faubourg Saint-Honoré; la seconde, à l'hôtel de Clermont-Tonnerre, au Marais; la troisième, à l'hôtel de Jabach, rue Saint-Merry. C'est de ce dernier théâtre dont je suis le fondateur.

De tous les jeunes gens qui jouissaient alors de quelque célébrité sur ces différents théâtres, et dont quelques uns se sont fixés dans nos provinces, je suis le seul qui soit resté à Paris; et c'est une faveur que je dois plus à ma bonne étoile qu'à la supériorité de mon talent. Voici comment la chose est arrivée :

Le propriétaire de l'hôtel de Jabach, forcé de faire des réparations urgentes dans l'intérieur de la salle que nous occupions, nous mit dans la nécessité de demander à messieurs les comédiens de Clermont-Tonnerre la permission de jouer alternativement avec eux sur leur théâtre; traité qui fut stipulé entre eux et nous au mois de juillet 1749, en payant la moitié des frais. Nous y débutâmes par *Sidney* et *George Dandin.*

Il n'est pas difficile de se figurer que la concurrence de ces deux sociétés excita dans le public quelques contestations, dont le résultat ne pouvait être favorable aux uns sans diminuer de la considération dont les autres avaient joui jusqu'alors. On était partagé sur les talents de messieurs *tels* et *tels*, sur ceux des demoiselles *telles* et *telles*. Les unes étaient plus jolies, plus décentes que les autres; mais ces dernières avaient plus d'usage du théâtre, plus de grace, plus de finesse, etc. C'est ainsi que le public s'amusait, et prenait parti, soit pour messieurs de Tonnerre, soit pour messieurs de Jabach. Mais qui pourra jamais croire qu'une société de jeunes gens, qui réunissait le plaisir et la décence, pût exciter la jalousie et les plaintes des grands chantres de Melpomène!

Le crédit de ces derniers nous fit fermer notre théâtre; et ce fut un prêtre janséniste qui en obtint la réhabilitation. M. l'abbé de Chauvelin, conseiller-clerc au parlement de Paris, daigna s'intéresser pour des élèves contre leurs maîtres, et nous fit jouer *le Mauvais Riche*, comédie nouvelle en cinq actes et en vers, de M. d'Arnaud. La pièce eut peu de succès, au jugement de la plus brillante assemblée qu'il y eût alors à Paris. C'était au mois de février 1750.

M. de Voltaire y fut invité par l'auteur; et, soit indulgence pour M. d'Arnaud, soit pure bonté pour les acteurs qui s'étaient donné toute la peine imaginable pour faire valoir un ouvrage faible et sans intérêt, ce grand homme parut assez content, et s'informa scrupuleusement qui était celui qui avait joué le rôle de l'*amoureux*. On lui répondit que c'était le fils d'un marchand orfèvre de Paris, lequel jouait la comédie pour son plaisir, mais qui aspirait réellement à en faire son état. Il témoigna à M. d'Arnaud le desir de me connaître, et le pria de m'engager à l'aller voir le surlendemain.

Le plaisir que me causa cette invitation fut encore plus grand que ma surprise; mais ce que je ne pourrais peindre, c'est ce qui se passa dans mon ame à la vue de cet homme, dont les yeux étincelaient de feu, d'imagination et de génie. En lui adressant la parole, je me sentis pénétré de respect, d'enthousiasme, d'admiration, et de crainte; j'éprouvais à-la-fois toutes ces sensations, lorsque M. de Voltaire eut la bonté de mettre fin à mon embarras en m'ouvrant ses deux bras, et en *remerciant Dieu d'avoir créé un être qui l'avait ému et attendri en proférant d'assez mauvais vers.*

Il me fit ensuite plusieurs questions sur mon état, sur celui de mon père, sur la manière dont j'avais été élevé, et sur mes idées de fortune. Après l'avoir satisfait sur tous ces points, et après ma part d'une douzaine de tasses de chocolat mélangé avec du café, seule nourriture de M. de Voltaire depuis cinq heures du matin jusqu'à trois heures après midi, je lui répondis, avec une fermeté intrépide, que je ne connaissais d'autre bonheur sur la terre que de jouer la comédie; qu'un hasard cruel et douloureux me laissant le maître de mes actions, et jouissant d'un petit patrimoine d'environ sept cent cinquante livres de rente, j'avais lieu d'espérer qu'en abandonnant le commerce et le talent de mon père, je ne perdrais rien au change si je pouvais un jour être admis dans la troupe des comédiens du roi.

« Ah! mon ami, s'écria M. de Voltaire, ne prenez jamais ce parti-là; croyez-moi, jouez la comédie pour votre plaisir, mais n'en faites jamais votre état. C'est le plus beau, le plus rare, le plus difficile des talents; mais il est avili par des barbares, et proscrit par des hypocrites. Un jour la France estimera votre art, mais alors il n'y aura plus de Baron, plus de Lecouvreur, plus de Dangeville. Si vous voulez renoncer à votre projet, je vous prêterai dix mille francs pour commencer votre commerce, et vous me les rendrez quand vous pourrez. Allez, mon ami, revenez me voir vers la fin de la semaine; faites bien vos réflexions, et donnez-moi une réponse positive. »

Étourdi, confus, et pénétré jusqu'aux larmes des bontés et des offres généreuses de ce grand homme, que l'on disait avare, dur, et sans pitié, je voulus m'épancher en remercîments. Je commençai quatre phrases sans pouvoir en terminer une seule. Enfin je pris le parti de lui faire ma révérence en balbutiant; et j'allais me retirer, lorsqu'il me rappela pour me prier de lui réciter quelques lambeaux des rôles que j'avais déjà joués. Sans trop examiner la question, je lui proposai, assez maladroitement, de lui déclamer le grand couplet de Gustave, au second acte. *Point, point de Piron*, me dit-il avec une voix tonnante et terrible; *je n'aime pas les mauvais vers; dites-moi tout ce que vous savez de Racine.*

Je me souvins heureusement qu'étant au collège Mazarin, j'avais appris la tragédie entière d'*Athalie*, après avoir entendu répéter nombre de fois cette pièce aux écoliers qui devaient la jouer. Je commençai donc la première scène, en jouant alternativement Abner et Joad. Mais je n'avais pas encore tout-à-fait rempli ma tâche, que M. de Voltaire s'écria aussitôt, avec un enthousiasme divin : « Ah! mon Dieu, les beaux vers! Ce qu'il y a de bien étonnant, c'est que toute la pièce est écrite avec la même chaleur, la même pureté, depuis la première scène jusqu'à la dernière; c'est que la poésie en est partout inimitable. Adieu, mon cher enfant, ajouta-t-il en m'embrassant; je vous prédis que vous aurez la voix déchirante, que vous ferez un jour les plaisirs de Paris : mais ne montez jamais sur un théâtre public! »

Voilà le précis le plus vrai de ma première entrevue avec M. de Voltaire. La seconde fut plus décisive, puisqu'il consentit, après les plus vives instances de ma part, à me recueillir chez lui comme son pensionnaire, et à faire bâtir au-dessus de son logement un petit théâtre où il eut la bonté de me faire jouer avec ses nièces et toute ma société. Il ne voyait qu'avec un déplaisir horrible qu'il nous en avait coûté jusqu'alors beaucoup d'argent pour amuser le public et nos amis.

La dépense que cet établissement momentané causa à M. de Voltaire, et l'offre désintéressée qu'il m'avait faite quelques jours auparavant, me prouvèrent, d'une manière bien sensible, qu'il était aussi généreux et aussi noble dans ses procédés que ses ennemis étaient injustes, en lui prêtant le vice de la sordide économie. Ce sont des faits dont j'ai été le témoin. Je dois encore un autre aveu à la vérité, c'est que M. de Voltaire m'a non seulement aidé de ses conseils pendant plus de six mois, mais qu'il m'a défrayé pendant ce temps, et que, depuis que je suis au théâtre, je puis prouver avoir été gratifié par lui de plus de deux mille écus. Il me nomme aujourd'hui son *grand acteur*, son *Garrick*, son *enfant chéri* : ce sont des titres que je ne dois qu'à ses bontés pour moi; mais ceux que j'adopte au fond de mon cœur sont ceux d'un *élève respectueux et pénétré de reconnaissance*.

Pourrais-je n'être pas affecté d'un sentiment aussi respectable, puisque c'est à M. de Voltaire seul que je dois les premières notions de mon art, et que c'est à sa seule considération que M. le duc d'Aumont a bien voulu m'accorder mon ordre de début au mois de septembre 1750?

Il est résulté de ces premières démarches que, par une persévérance à toute épreuve, je suis enfin, au bout de dix-sept mois, parvenu à surmonter tous les obstacles de la ville et de la cour, et à me faire inscrire sur le tableau de messieurs les comédiens du roi, au mois de février 1752.

Quiconque voudra bien lire tous ces détails, en observer la filiation, reconnaîtra que je suis loin de ressembler à ces cœurs ingrats qui rougissent d'un bienfait, et qui, pour consommer leur scélératesse, calomnient indignement leurs bienfaiteurs. J'en ai connu plus d'un de cette espèce à l'égard de M. de Voltaire. J'ai été témoin des vols qui lui ont été faits par des gens de toutes sortes d'états. Il a plaint les uns, méprisé tacitement les autres, mais jamais il n'a tiré vengeance d'aucun. Les libraires, qu'il a prodigieusement enrichis par les différentes éditions de ses ouvrages, l'ont toujours déchiré publiquement; mais il n'y en a pas un seul qui ait osé l'attaquer en justice, parceque tous avaient tort.

M. de Voltaire est toujours resté fidèle à ses amis. Son caractère est impétueux, son cœur est bon, son ame est compatissante et sensible : modeste au suprême degré sur les louanges que lui ont prodiguées les rois, les gens de lettres, et le peuple réuni pour l'entendre et l'admirer; profond et juste dans ses jugements sur les ouvrages d'autrui; rempli d'aménité, de politesse, et de graces dans le commerce civil; inflexible sur les gens qui l'ont offensé : voilà son caractère dessiné d'après nature.

On ne pourra jamais lui reprocher d'avoir attaqué le premier ses adversaires; mais, après les premières hostilités commises, il s'est montré comme un lion sorti de son repaire, et fatigué de l'aboiement des roquets qu'il a fait taire par le seul aspect de sa crinière hérissée. Il y en a quelques uns qu'il a écrasés en les courbant sous sa patte majestueuse; les autres ont pris la fuite.

Je lui ai entendu dire mille fois qu'il était au désespoir de n'avoir pu être l'ami de Crébillon; qu'il avait toujours estimé son talent plus que sa personne, mais qu'il ne lui pardonnerait jamais d'avoir refusé d'approuver *Mahomet*.

Je ne dirai rien de la sublimité de ses talents en tout genre. Il n'en est aucun où il n'ait répandu beaucoup d'érudition, de grace, de goût, et de philosophie. Du reste, c'est à l'Europe entière à faire son éloge. Ses ouvrages, répandus d'un pôle à l'autre, sont des matériaux suffisants pour l'entreprendre. Heureux celui qui saura les apprécier, et parler dignement d'un homme aussi célèbre et aussi rare! Tout le monde connaît sa facilité pour écrire, mais personne n'a vu ce dont mes yeux ont été les témoins pour sa tragédie de *Zulime*.

Son secrétaire avait égaré ou brûlé, comme brouillon inutile, le cinquième acte de cette tragédie. M. de Voltaire le refit de nouveau en très peu de temps, et sur de nouvelles idées qui lui furent suscitées par les circonstances.

Je lui ai vu faire un nouveau rôle de Cicéron, dans le quatrième acte de *Rome sauvée*, lorsque nous jouâmes cette pièce au mois d'auguste 1750, sur le théâtre de madame la duchesse du Maine, au château de Sceaux. Je ne crois pas qu'il soit possible de rien entendre de plus vrai, de plus pathétique, et de plus enthousiaste que M. de Voltaire dans ce rôle. C'était, en vérité, Cicéron lui-même tonnant de la tribune aux harangues sur le destructeur de la patrie, des lois, des mœurs, et de la religion. Je me souviendrai toujours que madame la duchesse du Maine, après lui avoir témoigné son étonnement et son admiration sur ce nouveau rôle, qu'il venait de composer, lui demanda quel était celui qui avait joué le rôle de Lentulus Sura, et que M. de Voltaire lui répondit : *Madame, c'est le meilleur de tous*. Ce pauvre hère qu'il traitait avec tant de bonté, c'était moi-même; et ce n'était pas ce qui flatta le plus les marquis, les comtes, et les chevaliers dont j'étais alors le camarade.

Je ne finirai point cet article sans citer encore quelques anecdotes qui sont à ma connaissance, et qui serviront peut-être à donner encore quelques idées particulières du caractère de M. de Voltaire.

Personne n'ignore qu'à la mort du célèbre Baron, ainsi qu'à la retraite de Beaubourg, l'emploi tragique et comique de ces deux grands comédiens fut donné à Sarrasin, qui ne suivait alors que de bien loin les traces de ses maîtres. C'est ce qui lui attira une assez bonne plaisanterie de M. de Voltaire, lorsque ce dernier le chargea du rôle de Brutus dans la tragédie de ce nom. On répétait la pièce au théâtre, et la mollesse de Sarrasin dans son invocation au dieu Mars, le peu de fermeté, de grandeur, et de majesté, qu'il mettait dans le premier acte, impatienta tellement M. de Voltaire, qu'il lui dit avec une ironie sanglante : « Monsieur, songez donc que vous êtes Brutus, le plus ferme de tous les consuls romains, et qu'il ne faut point parler au dieu Mars comme si vous disiez : Ah ! bonne Vierge, faites-moi gagner un lot de cent francs à la loterie ! »

Il résulte de ce nouveau genre de donner des leçons, que Sarrasin n'en fut ni plus vigoureux ni plus mâle, parceque ni l'une ni l'autre de ces qualités n'étaient en lui, et qu'il ne fut vraiment bon acteur que dans les choses pathétiques. Il ignorait l'art de peindre les passions avec énergie. On ne lui vit jamais l'ame de Mithridate, ni la noblesse d'Auguste.

L'on connaît la célébrité que mademoiselle Dumesnil s'était acquise dans le rôle de Mérope, et qu'elle a constamment soutenue pendant vingt ans ; cette même célébrité ne fut cependant pas à l'abri du sarcasme de M. de Voltaire. Lorsqu'il fit répéter *Mérope* pour la première fois, il trouvait que cette fameuse actrice ne mettait ni assez de force ni assez de chaleur dans le quatrième acte, quand elle invective Polyphonte. « Il faudrait, lui dit mademoiselle Dumesnil, avoir le diable au corps pour arriver au ton que vous voulez me faire prendre. — Eh ! vraiment oui, mademoiselle, lui répondit M. de Voltaire, c'est le diable au corps qu'il faut avoir pour exceller dans tous les arts. » Je crois que M. de Voltaire disait alors une grande vérité.

Il était un jour questionné sur la préférence que les uns accordaient à mademoiselle Dumesnil sur mademoiselle Clairon, et sur l'enthousiasme que cette dernière excitait, au grand regret de celle qui lui avait servi de modèle. Ceux qui tenaient encore au vieux goût prétendaient que, pour attacher l'ame, la remuer, et la déchirer, *il fallait avoir*, comme mademoiselle Dumesnil, *de la machine à Corneille*, et que mademoiselle Clairon n'en avait point. *Elle l'a dans la gorge*, s'écria M. de Voltaire ; et la question fut jugée.

Une très jeune et jolie demoiselle, fille d'un procureur au parlement, jouait avec moi le rôle de Palmire dans *Mahomet*, sur le théâtre de M. de Voltaire. Cette aimable enfant, qui n'avait que quinze ans, était fort éloignée de pouvoir débiter avec force et énergie les imprécations qu'elle vomit contre son tyran. Elle n'était que jeune, jolie, et intéressante ; aussi M. de Voltaire s'y prit-il à son égard avec plus de douceur ; et, pour lui remontrer combien elle était éloignée de la situation de son rôle, il lui dit : « Mademoiselle, figurez-vous que Mahomet est un imposteur, un fourbe, un scélérat qui a fait poignarder votre père, qui vient d'empoisonner votre frère, et qui, pour couronner ses bonnes œuvres, veut absolument coucher avec vous. Si tout ce petit manége vous fait un certain plaisir, ah ! vous avez raison de le ménager comme vous faites ; mais pour peu que cela vous répugne, voici, mademoiselle, comme il faut vous y prendre. »

Alors M. de Voltaire, répétant lui-même cette imprécation, donna à cette pauvre innocente, rouge de honte et tremblante de peur, une leçon d'autant plus précieuse, qu'elle joignait le précepte à l'exemple. Elle devint par la suite une actrice très agréable.

En 1755, étant aux Délices, près de Genève, dans la maison que M. de Voltaire venait d'acquérir du procureur général Tronchin, je devins le dépositaire de *l'Orphelin de la Chine*, que l'auteur avait fait d'abord en trois actes, et qu'il nommait ses *magots*. C'est en conférant avec lui sur cet ouvrage d'un caractère noble et d'un genre aussi neuf, qu'il me dit : « Mon ami, vous avez les inflexions de la voix naturellement douces; gardez-vous bien d'en laisser échapper quelques unes dans le rôle de Gengis. Il faut bien vous mettre dans la tête que j'ai voulu peindre un tigre qui, en caressant sa femelle, lui enfonce ses griffes dans les reins. Si vos camarades trouvent quelques longueurs dans le cours de l'ouvrage, je leur permets de faire des coupures; ce sont des citoyens qu'il faut quelquefois sacrifier au salut de la république : mais faites en sorte que l'on en use modérément, car les faux connaisseurs sont souvent plus à craindre, pour ces sortes de changements, que ceux qui sont bonnement ignorants. »

Après mon départ de Ferney, au mois d'avril 1762, M. de Voltaire eut la fantaisie de faire jouer sur son petit théâtre sa tragédie de *l'Orphelin de la Chine*. Le libraire Cramer s'était exercé avec M. le duc de Villars sur le rôle de Gengis. Il n'y a personne qui ne soit instruit de la prétention de ce grand seigneur pour bien enseigner à jouer la comédie : aussi fit-il de son élève Cramer un froid et plat déclamateur, et c'est ce dont M. de Voltaire ne tarda pas à s'apercevoir. Dès la première répétition, il sentit plus que jamais que l'on pouvait être en même temps duc, bel-esprit, et le fils d'un grand homme; mais que ni l'un ni l'autre de ces titres ne donnait du talent pour exercer les beaux-arts, des connaissances pour les approfondir, et du goût pour les bien juger.

M. de Voltaire se mit à persifler son Cramer, et promit de le tourmenter jusqu'à ce qu'il eût changé sa diction. Le fidèle Genevois fit des études incroyables pour oublier tout ce que son maître lui avait appris, et revint au bout de quinze jours à Ferney pour répéter de nouveau son rôle avec M. de Voltaire, qui, s'apercevant d'un grand changement, s'écria avec joie à madame Denis: « Ma nièce, Dieu soit loué! Cramer a « dégorgé son duc. »

Depuis plus de trente ans l'on n'avait pas encore vu de cabale aussi forte que celle qui s'éleva contre M. de Voltaire à la première représentation de la tragédie d'*Oreste* (si toutefois on en excepte celle qui fut faite contre *Adélaïde du Guesclin*), sifflée depuis cinq heures jusqu'à huit. Cependant la plus saine partie du public, celle dont le jugement seul demeure, parcequ'il est impartial, l'emportait de temps en temps sur les fanatiques de Crébillon, et témoignait alors sa satisfaction par les acclamations les moins suspectes. C'est dans un de ces momens de transport et d'ivresse que M. de Voltaire, s'élançant à mi-corps de sa loge, se mit à crier de toutes ses forces : « Applaudissez, applaudissez, braves Athéniens! c'est du So- « phocle tout pur. »

Cette franchise et cette admirable présence d'esprit caractérisaient à chaque heure du jour l'homme unique dont nous avons recueilli quelques anecdotes. En voici une qui le montre tel que la nature l'avait formé, c'est-à-dire vif, éloquent, et toujours philosophe.

En 1743, à la troisième ou quatrième représentation de *Mérope*, M. de Voltaire fut frappé d'un défaut de dialogue dans les rôles de Polyphonte et d'Érox. De retour de chez madame la marquise du Châtelet, où il avait soupé, il rectifia ce qui lui avait paru vicieux dans cette scène du premier acte, fit un paquet de ses corrections, et donna ordre à son domestique de les porter chez le sieur Paulin, homme très estimable, mais acteur très médiocre, et qu'il élevait, disait-il, à la brochette pour jouer les tyrans. Le domestique observa à son maître qu'il était plus de minuit, et qu'à cette heure il lui était impossible de réveiller M. Paulin. « Va, va, lui répliqua « l'auteur de *Mérope*, les tyrans ne dorment jamais. »

FIN DES PIÈCES JUSTIFICATIVES.

TABLE

DES MATIÈRES DU PREMIER VOLUME.

PRÉFACE GÉNÉRALE du nouvel Éditeur. Page 1

ÉLOGES DE VOLTAIRE. — AVERTISSEMENT des Éditeurs de l'édition de Kehl. 3

ÉLOGE DE VOLTAIRE, par le roi de Prusse; lu à l'académie des sciences et belles-lettres de Berlin, dans une assemblée publique extraordinaire, convoquée pour cet objet le 26 novembre 1778. 5

ÉLOGE DE VOLTAIRE, par M. de La Harpe. 33

VIE DE VOLTAIRE, par M. le marquis de Condorcet. — Avis du nouvel Éditeur. 116

VIE DE VOLTAIRE. 117

CHOIX DE PIÈCES JUSTIFICATIVES pour la *Vie de Voltaire*. — AVERTISSEMENT des Éditeurs de l'édition de Kehl. 324

PIÈCES JUSTIFICATIVES pour la *Vie de Voltaire*. — I. Acte de baptême de Voltaire. 325

II. Les *J'ai vu*, attribués faussement à M. de Voltaire. ibid.

III. REGNANTE PUERO. 327

IV. Mémoire instructif des discours que m'a tenus le sieur Arouet depuis qu'il est de retour de chez M. de Caumartin. 328

V. Lettre du commissaire Ysabeau, touchant les papiers, prétendus jetés dans les latrines par le sieur Arouet fils. 329

VI. Vers de S. A. S. le prince de Conti à M. de Voltaire. 330

VII. Lettre de M. Prault fils, libraire à Paris, à madame de Champbonin, à Vassy. 332

VIII. Lettre (1re) de Jore à M. de Voltaire. 334

IX. Lettre (11e) du même au même. 335

X. Lettre (111e) du même au même. 336

XI. Lettre ($1v^e$) du même au même. ibid.

XII. Lettre (v^e) du même au même. 337

XIII. Lettre ($v1^e$) du même au même. 338

XIV. Lettre de Mannory à M. de Voltaire. 339

XV. Lettre du sieur de Bonneval à M. de Voltaire. 340

XVI. Lettre de M. de Champbonin à son fils. 341

BIOGRAPHIE. 31

XVII. Rapport fait à l'académie des sciences par MM. Pitot et Clairaut, le 26 d'avril 1741, sur le *Mémoire de M. de Voltaire.* 342

XVIII. Lettre de l'abbé Desfontaines à M. de Voltaire. 345

XIX. Lettre de M. Saint-Hyacinthe à M. de Burigny. 346

XX. Lettre de M. de Burigny à M. l'abbé Mercier, sur les démêlés de M. de Voltaire avec M. de Saint-Hyacinthe. 349

XXI. Cent écus à gagner. 367

XXII. Mémoire de madame Denis. 368

XXIII. A M. Berryer, lieutenant de police. 369

XXIV. A M. Berryer. ibid.

XXV. A M. Berryer. 370

XXVI. Détails sur l'affaire de Francfort. 371

XXVII. Requête du sieur de Voltaire au roi de France, recommandée à monseigneur le comte d'Argenson, ministre de la guerre. 406

XXVIII. A M. le comte d'Argenson. 407

XXIX. Aux syndics de la librairie. 408

XXX. A M. Berryer, lieutenant de police. 409

XXXI. Réponse du lieutenant de police à Voltaire. 410

XXXII. Lettre de M. de Saint-Sauveur, ministre du roi à La Haye, à M. Berryer. ibid.

XXXIII. Procès-verbal concernant un livre intitulé *Abrégé de l'histoire universelle*, attribué à M. de Voltaire, chez Jean Néaulme, libraire à La Haye et à Berlin, 1753. 412

XXXIV. Observations de M. de Chauvelin l'ambassadeur, sur une lettre de M. de Voltaire au roi de Prusse, écrite par ordre du ministre, 1759. 416

XXXV. Note de Bertin, ministre et secrétaire d'état. 417

XXXVI. Rapport au roi, département Danaude. 419

XXXVII. Lettre du ministre Bertin (à M....., subdélégué de monsieur l'intendant de Bourgogne). 420

XXXVIII. Lettre de Bertin (à monsieur l'intendant de Bourgogne). 421

XXXIX. Lettre de M. Bertin (à M. Hennin). 422

XL. Lettre de M. Bertin (à monsieur le subdélégué de l'intendance à Gex). ibid.

XLI. Lettre de l'intendant de Bourgogne. 423

XLII. Lettre du subdélégué de l'intendant de Bourgogne à Gex. ibid.

XLIII. Lettre du ministre Bertin à M. Hennin, résident de France à Genève. 424

XLIV. Lettre de l'intendant de Bourgogne à M. Bertin. 425

XLV. Instruction. 426

XLVI. Ordre. 428

XLVII. Ordre. 429

XLVIII. Ordre. 430
XLIX. Copie de la profession de foi de M. de Voltaire, exigée par M. l'abbé Gaultier, son confesseur. ibid.
L. Certificat de l'abbé Gaultier. 431
LI. Consentement du curé de Saint-Sulpice. ibid.
LII. Lettre de l'évêque de Troyes au prieur de Scellières. 432
LIII. Réponse du prieur. ibid.
LIV. Procès-verbal de l'inhumation de Voltaire. 435
LV. Lettre de l'abbé Mignot à Grosley. 439
LVI. Extrait d'une lettre de M. Bouillerot, curé de Romilly-sur-Seine, à M. Patris Debreuil. 441
LVII. Passage du poëme des *Mois*, par Roucher, supprimé par la censure en 1779. 442
LVIII. Lettre du sieur Clément, de Dijon. 443
LIX. Autre lettre de Clément, de Dijon. 444
LX. Troisième lettre de Clément, de Dijon. 446
LXI. Mandement de monseigneur archevêque, comte de Vienne, touchant l'édition annoncée des *OEuvres de Voltaire*. 448
LXII. Extrait du *Moniteur*, relatif à la translation *des cendres de Voltaire au Panthéon* (n° du 20 juin 1791). 454
LXIII. Récit de la translation des cendres de Voltaire au Panthéon. (Extrait du *Moniteur* du 13 juillet 1791). 457
LXIV. Addition faite aux *Muses rivales* de La Harpe, à la reprise de cette pièce, le 10 juillet 1791, sur le Théâtre Français. 462
LXV. Procès-verbal du déplacement des sarcophages de Voltaire et de Rousseau, en 1821. 464
LXVI. Procès-verbal de replacement des sarcophages de Voltaire et de Rousseau, en 1830. 467
LXVII. Note sur M. de Voltaire, et faits particuliers concernant ce grand homme, recueillis par moi (Lekain), pour servir à son histoire par M. l'abbé Duvernet. 470

FIN DE LA TABLE.

IMPRIMERIE DE H. FOURNIER,
RUE DE SEINE, N.º 14.

www.ingramcontent.com/pod-product-compliance
Lightning Source LLC
Chambersburg PA
CBHW071617230426
43669CB00012B/1965